DE PICASSO À BARCELÓ
LES ARTISTES ESPAGNOLS

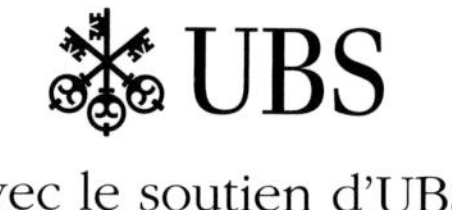

Avec le soutien d'UBS

Fondation Pierre Gianadda
Martigny Suisse

DE PICASSO À BARCELÓ LES ARTISTES ESPAGNOLS

Commissaire de l'exposition: María Antonia de Castro

Traduction des textes: François Boisivon

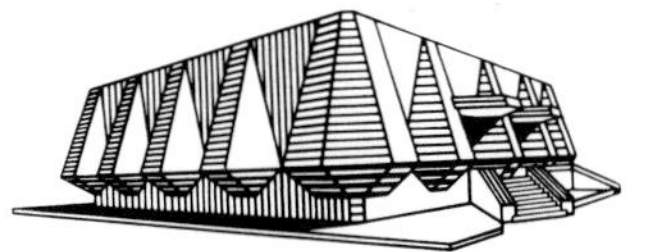

31 janvier au 9 juin 2003
Tous les jours de 10 h à 18 h

Cette exposition est placée sous le haut patronage de

Sa Majesté
la Reine Doña Sofía d'Espagne

En 1978 était inaugurée la Fondation Pierre Gianadda, que j'ai créée pour perpétuer le souvenir de mon frère Pierre, décédé tragiquement en voulant porter secours à ses camarades.

Léonard Gianadda

C'était il y a vingt-cinq ans.

Présence espagnole

Peu de temps avant le vernissage de cette exposition, une lettre de la *Casa de S. M. El Rey* à Madrid m'informait que Sa Majesté la Reine Sophie d'Espagne acceptait que notre manifestation fût placée sous son haut patronage. J'en ai éprouvé une grande satisfaction, d'autant plus que je garde un souvenir encore très présent d'une première rencontre. C'était le 5 février 1992, à l'occasion du vernissage de l'exposition *Picasso, période rose*, à Barcelone, pour laquelle j'avais prêté *Arlequin. Tête de fou* (p. 13). En attendant l'arrivée de Sa Majesté, qui devait inaugurer l'exposition, de nombreux prêteurs étaient réunis dans une salle du palais de Pedralbes. Jamais attente ne me sembla aussi agréable, et pour cause: je me trouvais plongé dans un véritable vivier de collectionneurs... C'était l'époque où nous préparions l'exposition *Degas*, et ce fut une vraie pêche miraculeuse. Rarement exposition s'est enrichie aussi vite, et j'en suis encore reconnaissant à la Reine Sophie, que je remercie vivement de l'honneur qu'elle nous fait aujourd'hui et du soutien qu'elle nous apporte.

* * *

Dans nos collections, l'art espagnol du XXe siècle est très présent, notamment dans le parc de sculptures de la Fondation qui expose *Tête* de Miró (p. 91), œuvre ludique à souhait, qui trône au milieu d'une pièce d'eau des jardins depuis une vingtaine d'années déjà. Une autre sculpture me réjouit tout particulièrement: *De Musica II*, de Chillida, *découverte* dans une galerie madrilène de la FIAC à Paris, en 1988. Les négociations pour son acquisition avaient malheureusement échoué, à mon grand regret, ce que j'avais difficilement accepté... jusqu'au jour où, quelques années plus tard, je l'ai retrouvée chez Artcurial à Paris: peu de temps après, le Chillida devenait une pièce majeure de notre parc de sculptures (p. 155). Eduardo Chillida s'est toujours montré heureux de cette acquisition par la Fondation, il me l'a souvent rappelé, et ce n'est pas sans émotion que je me souviens que nous avons été élus le même jour à l'Académie des Beaux-Arts, sous la Coupole, le 27 juin de l'année dernière.

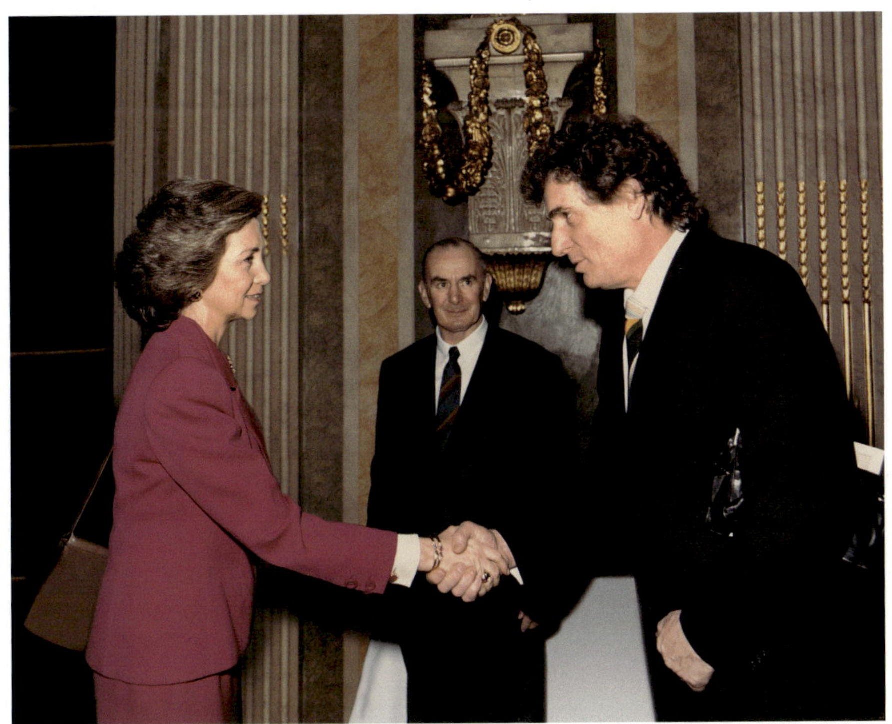

Sa Majesté la Reine Sophie d'Espagne. Barcelone, le 5 février 1992.

D'autres œuvres font également partie de notre fonds: à nouveau Chillida (pp. 17 et 153), Antoni Tàpies (pp. 15 et 163), mais surtout *Nu aux jambes croisées* de Picasso (p. 11), exposé en permanence grâce au dépôt de la Collection Louis et Evelyn Franck. Ainsi, l'intérêt que nous réservons à l'art espagnol est bien réel, vivant, et nous éprouvons aujourd'hui une satisfaction certaine à présenter cette exposition à nos visiteurs. *De Picasso à Barceló* est appelé à montrer la contribution fondamentale des artistes espagnols à la modernité, à travers le cubisme, la figuration des années vingt, le surréalisme, l'abstraction, le pop, le néoexpressionnisme et les plus récentes tendances de la sculpture contemporaine. Les quelque soixante-dix œuvres qui articulent l'exposition offrent également un panorama général des orientations les plus fortes de l'art espagnol contemporain.

Cette exposition est à l'origine d'un vrai miracle: elle a permis, il y a quelques jours seulement, de redécouvrir dans une collection suisse, par hasard mais avec beaucoup de chance, une œuvre de Juan Gris, peinte en 1926, qui n'a jamais été exposée depuis 1928 (p. 78)!

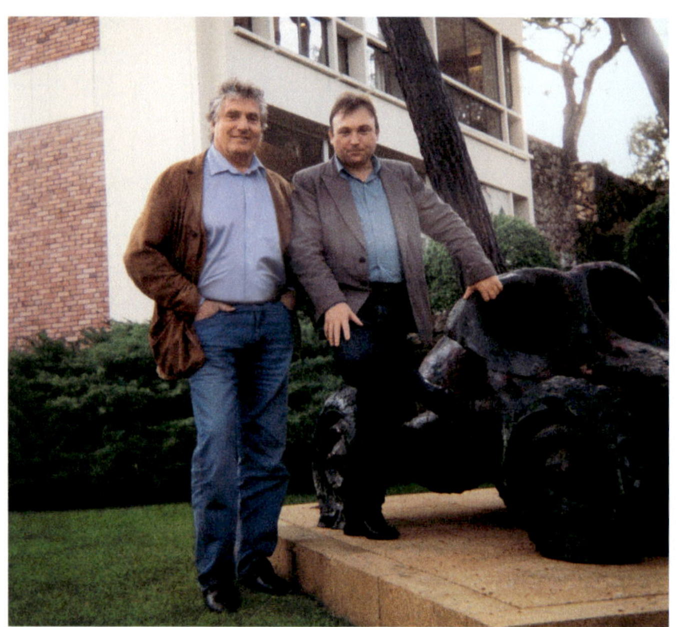

Miquel Barceló lors de sa rétrospective à la Fondation Maeght, à Saint-Paul, le 13 avril 2002.

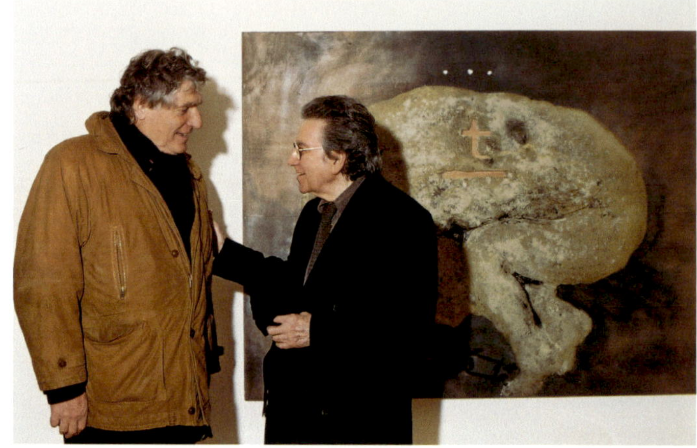

Antoni Tàpies à la Galerie Lelong, à Zurich, le 24 novembre 2001, lors de l'acquisition de *Vision première* (p. 163).

J'aimerais dire ma gratitude à Marguette Bouvier qui fut, dès la première heure, une inconditionnelle de la Fondation. Avec sa fille, Cisca de Ceballos, elles sont à l'origine de cette exposition, car elles m'ont permis de faire la connaissance de María Antonia de Castro, commissaire de l'exposition, que je remercie tout particulièrement de sa disponibilité, de sa compétence et de son amitié. Ma reconnaissance s'adresse également aux auteurs des textes qui enrichissent avec bonheur et intérêt ce catalogue, aux artistes présents dans l'exposition qui nous ont apporté un soutien inconditionnel et, bien entendu, à tous les prêteurs, musées et collectionneurs privés qui, une fois de plus, nous accordent pour une longue durée leur confiance par des prêts essentiels de leurs collections. Je l'apprécie d'autant plus que cette exposition marque une étape importante pour notre Fondation, qui célèbre cette année son 25e anniversaire.

Léonard Gianadda
Président de la
Fondation Pierre Gianadda
Membre de l'Institut

Remerciements

La Fondation Pierre Gianadda et les organisateurs de l'exposition tiennent à exprimer leur vive reconnaissance aux artistes, musées, institutions, fondations, galeries et collectionneurs privés qui, par leur générosité, en ont permis la réalisation. Leur gratitude s'adresse également aux auteurs des textes de ce catalogue et à toutes les personnes qui ont apporté leur soutien.

Espagne
Barcelona
Colección de Arte Contemporáneo,
Fundación "la Caixa"
Mme María de Corral

Figueras (Gerona)
Fundación Gala-Salvador Dalí
M. Antonio Pitxot, Director

Madrid
Banco Bilbao Vizcaya Argentaria (BBVA)
M. Carlos E. García Hevia,
Director de Patrimonio Histórico

Colección Instituto de Crédito Oficial
Mme Faina Zurita, Directora

Fundación Juan March
M. José Capa, Director de Exposiciones

Museo Nacional Centro de Arte Reina Sofía
M. Juan Manuel Bonet, Director

Museo Thyssen-Bornemisza
M. Tomàs Llorens, Director

Palma de Mallorca
Fundación Pilar y Joan Miró, Mallorca
M. Aurelio Torrente Larrosa

San Sebastián
Banco Guipuzcoano en Igara
M. Jesús María Mijangos Ugarte

Museo Chillida-Leku
Famille Chillida

Valencia
Instituto Valenciano de Arte Moderno (IVAM).
Generalitat Valenciana
M. Kosme María de Barañano, Director

Vitoria-Gasteiz
ARTIUM de Álava, Centro Museo Vasco
de Arte Contemporáneo
M. Javier González de Durana, Director

Zaragoza
Banco Zaragozano
M. Luis Sol Mestre, Jefe del Gabinete de Prensa y
Relaciones Institucionales

France
Paris
Bibliothèque nationale de France
M. Jean-Noël Jeanneney, Président

Centre Georges Pompidou
Musée national d'art moderne/
Centre de création industrielle
M. Alfred Pacquement, Directeur

Musée national Picasso
M. Gérard Régnier, Directeur et Conservateur en chef

Saint-Paul
Fondation Maeght
M. Jean-Louis Prat, Directeur

Suisse
Berne
Kunstmuseum Bern
M. Matthias Frehner, Directeur

Genève
Musée d'art et d'histoire
M. Cäsar Menz, Directeur

Art & Public
M. Pierre Huber, Directeur

Zurich
Art Focus
M. Max Kohler, Directeur

Galerie Bruno Bischofberger
M. Tobias Mueller, Directeur

Nos remerciements s'adressent également à:

Mme Montserrat Agüer
Mme Oiana Aizarnazabal
M. Eduardo Alaminos
M. Lalo Azcona
Mme Pilar Baos
Mme Ana Berinstain
Mme Carmen Bernárdez
M. François Boisivon
M. Hubert Boisselier
Mme Marguette Bouvier
M. Gonzalo Calderón
M. Daniel Castillejo
M. Carlos Catalán
Mme Francisca de Ceballos
Mme Catherine Christen
Mme Catherine Clerc
M. Borja Coca
M. Gerardo Delgado
M. Christian Domínguez
Mme Dominique Dupuis-Labbé
Mme Gabriela Eigensatz
Mme Elvireta Escobio
Mme Paloma Esteban
Mme María Ferrador
Mme Belén Galán
Mme Eloisa García
Mme Marta González
Mme Nelly Hofmann
M. Juan José Lahuerta
M. Quentin Laurens
Mme Brigitte Leal
Mme Maya Lengi
Mme Soledad Lorenzo
M. Daniel Marchesseau
M. Alain Michet
M. Luis Pérez-Mínguez
Mme Dolores Miró
M. et Mme Emilio Fernández Miró
M. Joan Punyet-Miró
Mme Cristina Mulinos
M. Bruno Racine
Mme Mercedes Replinger
Mme Carmen Román
Mme Isabel Sagüés
Mme María José Salazar
Mme Carmen Sánchez
Mme Charo Sanz
M. Vicente Todolí
M. Alfonso de la Torre
M. Miguel Valle-Inclán
M. Roger Veluzat

ainsi qu'à tous les collectionneurs qui ont souhaité garder l'anonymat.

Un merci tout particulier pour leur soutien essentiel à:

Excmo. Sr. Don Miguel Ángel Cortés
Secretario de Estado para la
Cooperación Internacional y para Iberoamérica

Ilmo. Sr. Don Jesús Silva
Director General de Relaciones Culturales y Científicas
Ministerio de Asuntos Exteriores de España

Excmo. Sr. Don Luis Alberto de Cuenca
Secretario de Estado de Cultura
Ministerio de Educación, Cultura y Deporte de España

ainsi qu'à Son Excellence M. Juan Manuel Egea Ibáñez, Ambassadeur d'Espagne à Berne

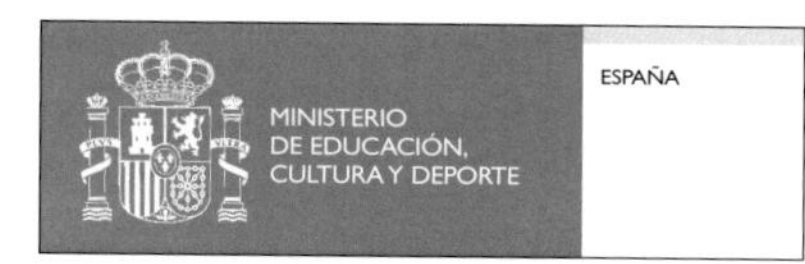

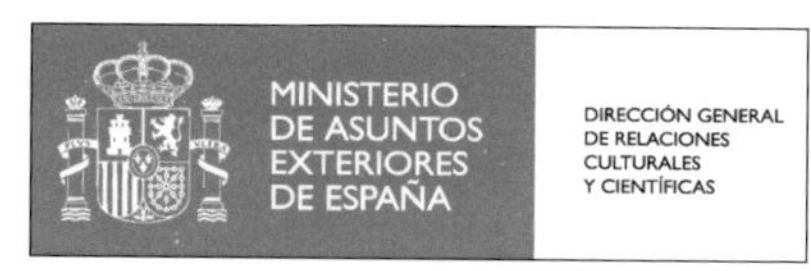

Les artistes espagnols, de Picasso à Barceló

María Antonia de Castro
Historienne de l'art

Présentation

Le rôle joué par les artistes espagnols dans la naissance et le développement de l'art moderne au début du XXe siècle est bien connu. A cet égard, il n'est pas indifférent que Picasso, Gris, Miró, González et Dalí aient travaillé à Paris, centre vital de la première modernité, capitale qui diffusa leurs trouvailles. Ce qu'on sait généralement de l'art espagnol postérieur à la Seconde Guerre mondiale est plus ponctuel et diffus. Si les œuvres de Saura, de Tàpies, de Chillida ou de Millares ne sont pas absolument ignorées au sein du mouvement abstrait européen des années cinquante et soixante, on ne peut pas en dire autant des créations non lyriques ou non gestuelles de l'abstraction espagnole. Sans parler de ceux qui, dans les années soixante-dix, amorcèrent à contre-courant un retour à la peinture dont on peut penser qu'il devançait l'esthétique des *nouveaux sauvages* allemands et des tenants de la trans-avant-garde italienne. Ces derniers, il est vrai, purent compter, à la différence des Espagnols, sur des porte-parole capables de se faire entendre hors des frontières nationales. En revanche, le public européen fréquente aujourd'hui facilement l'œuvre de Barceló, de Sicilia ou de Juan Muñoz, qui pratiquent volontiers une sorte de nomadisme, de Majorque au Mali, de Naples ou de Madrid à Paris ou à Londres, et qui constituent la première génération espagnole pleinement intégrée, en tant que telle, dans le circuit international. Leur valeur intrinsèque mise à part, cette célébrité est certainement le produit d'une relance des expositions dans les dernières décennies du siècle passé, et plus encore de la réconciliation de l'Espagne avec une modernité qu'elle s'est pleinement et rapidement appropriée.

De ces considérations au fil de la plume, on peut tirer diverses conclusions, que l'exposition ici présentée a voulu mettre en avant. La première est que, hors d'Espagne, on a le plus souvent une vision floue, estompée, du panorama global de la création espagnole au XXe siècle et du réseau particulier de relations que les artistes ont établies entre eux et avec la modernité. Le fait que certains aient décidé de venir

Los artistas españoles, de Picasso a Barceló

María Antonia de Castro
Historiadora del arte

Presentación

Es bien conocido el papel jugado por los artistas españoles en el nacimiento y desarrollo del arte moderno durante las primeras décadas del siglo XX. Parte de este protagonismo se debió al hecho de que Picasso, Gris, Miró, González y Dalí, crearon su obra en París, centro vital de la primera modernidad, y ciudad que difundió sus hallazgos. Del arte español posterior a la Segunda Guerra Mundial las noticias han llegado de forma más puntual y dispersa. Aunque la obra de Saura, Tàpies, Chillida o Millares no sea absolutamente desconocida dentro del movimiento abstracto europeo de los años cincuenta y sesenta, no puede suponerse un similar conocimiento de las creaciones no gestuales de la abstracción española. Casi totalmente ignorados han sido los artistas españoles que, ya en los años setenta, preludiaron un retorno a la pintura, en lo que fue una primicia a contracorriente de lo que sucedió después en Europa con la pintura de los Nuevos Salvajes *alemanes o los artistas de la* Transvanguardia *italiana. Artistas que, al revés de los españoles, tuvieron buenos portavoces para difundir su obra internacionalmente. Por el contrario, el público europeo puede acercarse hoy con familiaridad a la obra de Barceló, de Sicilia o de Juan Muñoz. Artistas que mantienen una forma de nomadismo entre varios puntos del mapa: Mallorca, Malí, Nápoles, Madrid, París y Londres. Puede decirse de ellos que se trata de la primera generación de artistas españoles jóvenes plenamente integrados como tales en el circuito internacional. Aparte de valoraciones intrínsecas a su obra, esta proyección se debe también al auge expositivo acaecido en las dos últimas décadas del siglo pasado, pero sobre todo a la nueva sintonía que España marca con respecto a la modernidad, lo que la integra en ella plenamente y con rapidez.*

De estas consideraciones a vuela pluma hay varias consecuencias que afectan de forma inmediata a algunos aspectos de los que ha querido ocuparse la exposición que aquí se presenta. La primera de ellas se refiere a lo difuminado e impreciso de la visión que se ha tenido fuera de España acerca del panorama global de la creación española del siglo XX, así como del peculiar

vivre à Paris a certainement contribué à l'absence d'une perspective générale de l'art espagnol hors d'Espagne. En résultent, d'un point de vue européen, les proportions démesurées prises par l'image de certains artistes, et particulièrement de Picasso. On serait donc tenté – et ce serait une erreur – de lui donner, dans l'art espagnol, une importance du même ordre, au regard de figures plus modestes comme Julio González et Juan Gris. L'œuvre de ces derniers fut, cependant, un point de référence pour de nombreux peintres et sculpteurs espagnols dont l'action compta dans la rénovation de leur art. Manque aussi, et pas seulement à l'extérieur, une vision globale de l'œuvre de Miró et, ce qui importe le plus ici, de sa dernière période, pour pouvoir constater les influences réciproques qui s'établirent entre lui-même et l'abstraction. Les raisons ne sont pas mieux connues de la démystification corrosive des figures de Miró et de Picasso qui sous-tend les codes du pop, encore moins le pourquoi de cette acrimonie contre tout ce qui n'est pas étranger, à mon sens caractéristique de l'Espagne, aux antipodes de l'assimilation si naturelle en France d'œuvres venues de tous horizons, et notamment de celles des membres historiques espagnols de l'avant-garde. Cette ferveur ironique et critique explique en grande partie ce qui est advenu à l'histoire de l'art et aux artistes espagnols. Mais il se révèle aussi indispensable de savoir à quel point furent liés en Espagne modernité et engagement politique, et de connaître les raisons profondes d'une telle fusion, voire synonymie. Pour revenir à Picasso, il peut sembler paradoxal, depuis une perspective extra-péninsulaire, de constater que, de tout son œuvre, la période la plus reconnue dans le milieu artistique espagnol, pour ne pas dire la seule, comme nous le verrons plus loin, fut celle de sa figuration classique, qui appartient, si l'on suit l'historiographie, aux années vingt, mais qui, dans l'Espagne des années trente et quarante et même des années cinquante, continuera d'être le seul Picasso qu'on veut bien voir. Cet aspect de son œuvre – qui ne se limite pas à une seule période – a non seulement servi d'enjeu à certains secteurs, intéressés à diffuser une vision biaisée d'un artiste dont il

complejo de relaciones que los artistas han establecido entre sí y con la modernidad. El hecho de que algunos artistas se fueran a vivir a París ha contribuido, sin duda, a la falta de una perspectiva general del arte español fuera de España. Resultado de lo cual es el agigantamiento, desde un punto de vista europeo, de la sombra de algunos artistas como Picasso. Lo que puede llevar a error si se supone una similar medida de su protagonismo en el arte español, particularmente, frente a la influencia de figuras más modestas como Julio González y Juan Gris. Sin embargo, la obra de ambos se ha constituido en punto de referencia para muchos pintores y escultores españoles de notable importancia en la renovación del arte español. También se echa en falta, y no sólo en el exterior, una visión global de toda la obra de Miró y, lo que más importa aquí, de su última etapa creativa para poder constatar el doble intercambio que la abstracción y Miró establecieron. Tampoco se conocen los motivos de la desmitificación corrosiva que de él y de Picasso se hizo en clave Pop, ni menos el porqué de esa acritud crítica y mordiente con todo lo propio, en mi opinión, tan hispánica y tan contraria a la natural asimilación francesa de la obra de artistas no necesariamente autóctonos, como es el caso de todos los vanguardistas históricos españoles. Este componente mordaz y crítico explica por sí sólo muchas de las cosas ocurridas en la historia del arte y de los artistas españoles. Como también resulta imprescindible conocer el alto grado de asimilación que en España se dio entre modernidad y compromiso político y las profundas razones históricas que hubo para que se produjera esa simbiosis casi ineludible. Y tratando de Picasso... desde la perspectiva extrapeninsular puede resultar paradójico comprobar que, de toda la obra picassiana, la etapa más reconocida en el ambiente artístico español, por no decir la única como luego veremos, fuera el período de su figuración clásica, que según la historiografía pertenece a los años veinte, pero que en la España de los treinta-cuarenta y aún de los cincuenta seguirá siendo el único Picasso que se quería ver. Y que este aspecto clásico de su obra –no limitable a un único período– no sólo fue clave para

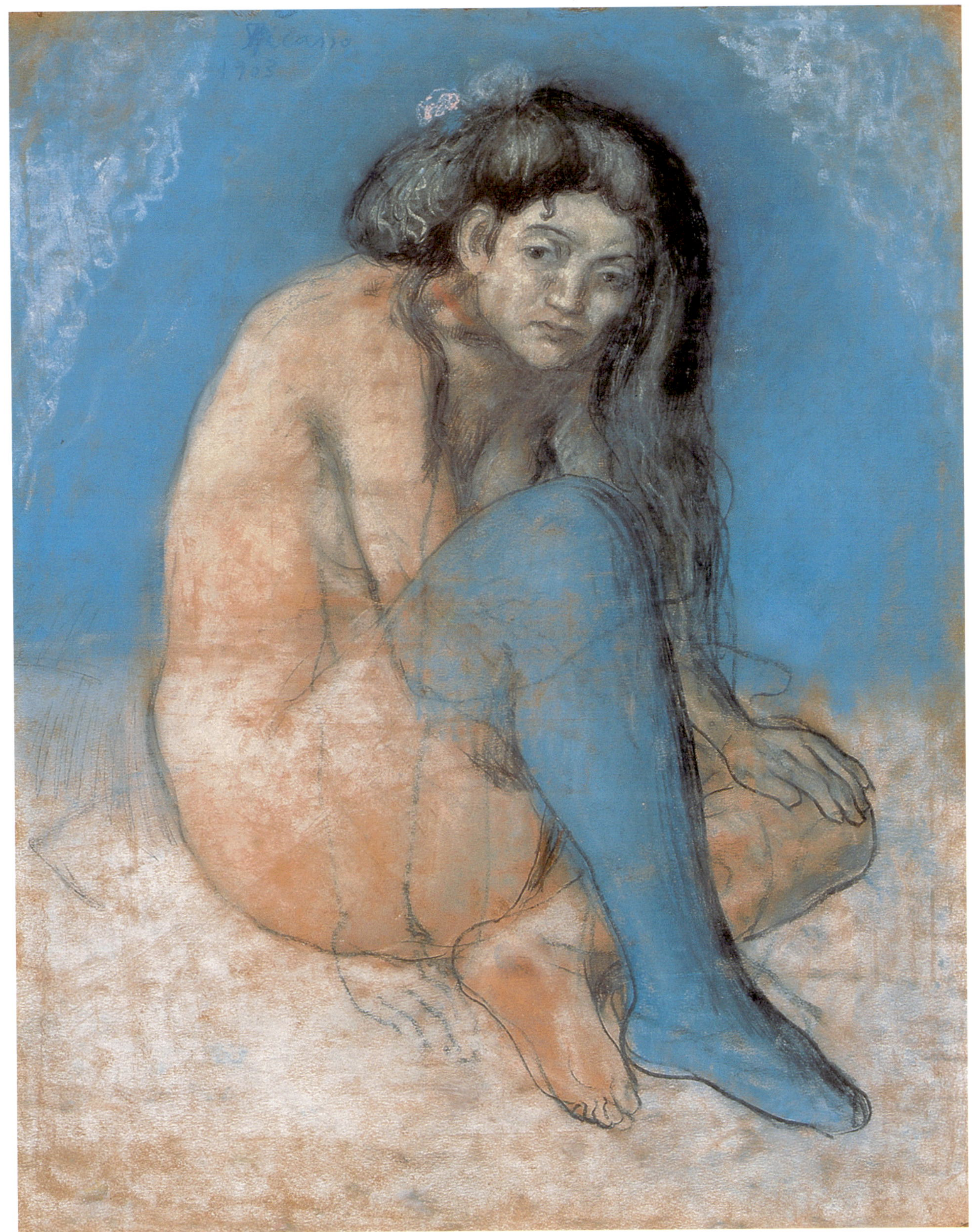

Pablo Picasso
Nu aux jambes croisées
Desnudo con iernas cruzadas
1903
Pastel sur papier monté sur toile
57×43 cm
Collection Louis et Evelyn Franck
En dépôt à la Fondation Pierre Gianadda, Martigny

était inutile de discuter le génie, mais fut aussi fondamental aux yeux des peintres espagnols réunis autour de la revue *Cahiers d'Art*, dont le travail eut une énorme répercussion interne. Si le cubisme ne rencontra pas le succès qui eût permis de créer un courant fertile – il y a des exceptions, comme on peut le voir dans cette exposition –, il n'en fut pas de même avec le surréalisme, tout au contraire. A la fin des années quarante, des artistes comme Tàpies burent aux sources du surréalisme et, comme il arriva, à la même époque, avec l'expressionnisme abstrait aux Etats-Unis, la mise en œuvre de la création automatique de formes et de signes chère aux amis d'André Breton eut une forte incidence sur l'art abstrait espagnol, avide d'une communication immédiate entre signe pictural et expressivité subjective.

On peut aussi supposer que certains lieux communs de l'espagnolisme subsistent dans la réception de l'art abstrait espagnol, identifié, presque exclusivement, avec son expression la plus essentiellement dramatique, c'est-à-dire avec les toiles de jute déchirées de Millares ou les visages défaits des femmes de Saura. On a, en revanche, bien peu glosé sur l'abstraction structurée et rythmique de Palazuelo, ses relations avec la sagesse arabe et orientale, sur l'analyse méthodique à laquelle le sculpteur basque Jorge Oteiza soumet l'espace, parvenant à une sculpture que l'œil extérieur qualifierait, non sans raison, de minimaliste. Chillida fut un artiste célébré en Europe, et d'abord en Allemagne, du fait de sa relation à Heidegger, mais la profonde composante humaniste de sa personne et de son œuvre, qui le rapproche de Tàpies, demeure à l'arrière-plan. Tout comme son côté animiste, oserais-je dire, qui confère à l'espace et à la matière de ses sculptures une résonance, une vibration, qui rappelle le travail de Palazuelo, avec lequel il partageait le même rapport à l'architecture et la même vision structurée des formes et du vide. Sans parler de sa parenté, du moins au départ, avec Oteiza. Clés d'une communauté ou d'antagonismes, qui ne sont visibles que dans une lecture d'ensemble de l'art espagnol, attentive, parallèlement, aux particularités de chaque artiste.

ciertos sectores a los que les interesaba difundir una visión sesgada de un artista cuyo genio ya era inútil querer discutir, sino para los pintores españoles reunidos en torno a la revista Cahiers d'Art, *cuya obra tuvo una enorme difusión interna. Pero si el Cubismo no cuajó lo suficiente como para llegar a crear una corriente fértil en resultados artísticos –hay excepciones como puede verse en la exposición– sin embargo con el Surrealismo ocurrió todo lo contrario. Del Surrealismo bebieron artistas como Tàpies a finales de los años cuarenta y, como sucedió con el Expresionismo abstracto estadounidense, la puesta en obra de la famosa generación automática de formas y signos liderada por el Surrealismo tuvo también una coincidente incidencia en el arte abstracto español, en el sentido de inmediata comunicación entre signo pictórico y expresividad subjetiva.*

Cabe suponer además que subsisten determinados tópicos respecto del españolismo del arte abstracto español, que es identificado casi exclusivamente con su vertiente más existencialmente dramática y desgarrada, es decir a través de las arpilleras rasgadas de Millares y de los rostros desechos de las mujeres de Saura. Sin embargo, muy poco se ha indagado en la abstracción estructurada y rítmica de Palazuelo, de sus relaciones con la sabiduría árabe y oriental, y del análisis metódico a que somete el espacio el escultor vasco Jorge Oteiza, con el resultado de una escultura que el ojo exterior calificaría, no sin razón, de minimalista. Chillida ha sido un artista reconocido en Europa, sobre todo, a través de Alemania, en parte debido a la relación que con él estableció Heidegger, pero permanece opaco el profundo componente humanístico del personaje y de la obra, aspecto además muy en sintonía con Tàpies; como también opaco, el aspecto, me atreveré a decir, animista con que dota al espacio y a la materia de sus esculturas de resonancia y vibración en una actividad paralela a la de Palazuelo con el que comparte una visión estructurada de las formas y del vacío por su común acercamiento a la arquitectura. Sin dejar de lado el parentesco de partida con Oteiza. Claves de acercamiento o de rechazo que no son visibles sino en una

Pablo Picasso
uin. Tête de fou
Arlequín.
Cabeza de loco
1905
Bronze
40×32×22 cm
Collection
Fondation
ierre Gianadda,
Martigny

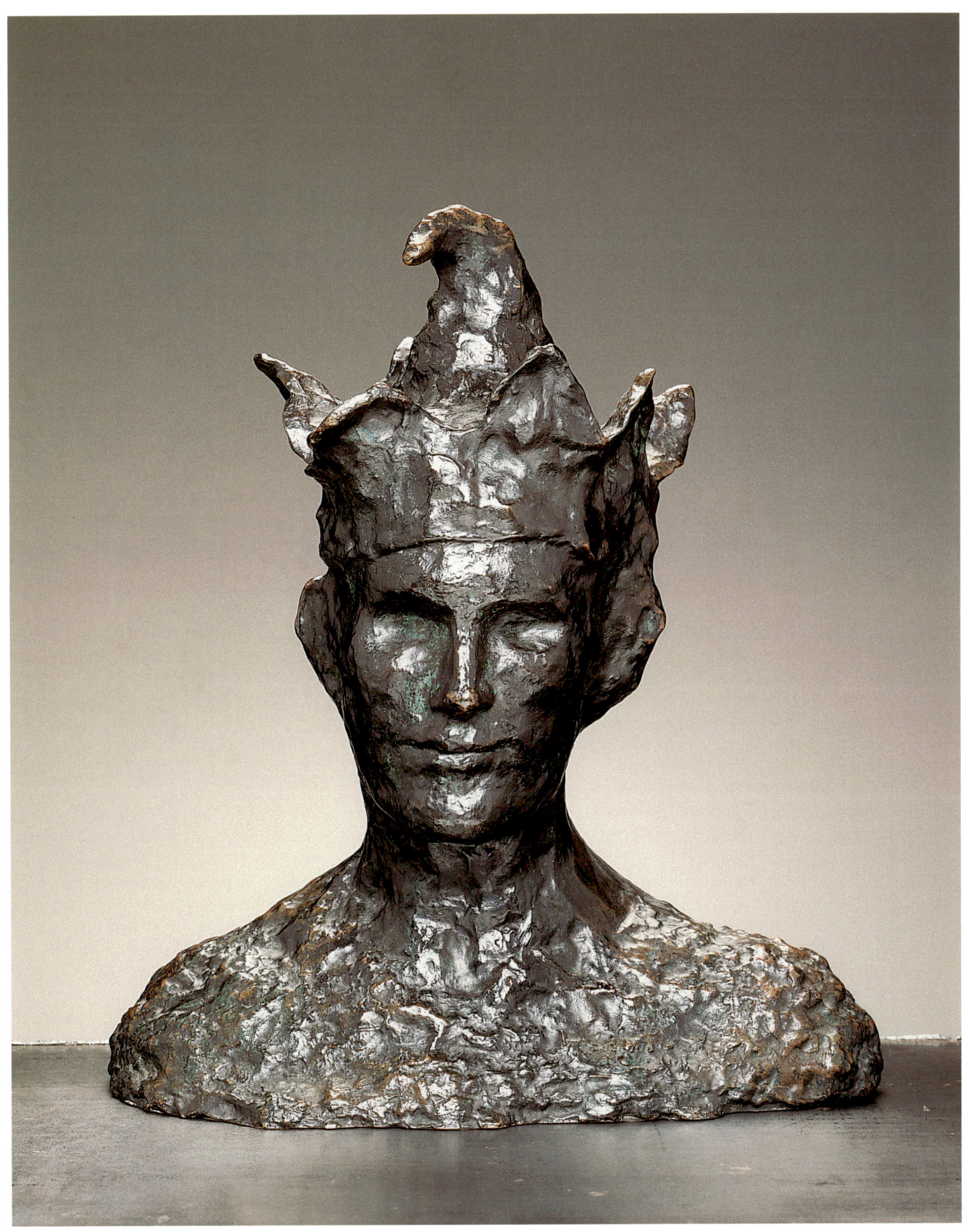

Il faudrait aussi s'interroger sur la naissance du pop sophistiqué d'Equipo Crónica et d'Arroyo, sur les modalités de cette relecture acide d'une modernité qui n'avait pas, sauf indirectement, foulé le sol espagnol. Et sur les raisons pour lesquelles l'œuvre de la génération des années soixante-dix, avec Alcolea et Gordillo, apparaît comme une réponse à l'art conceptuel et à sa problématique étouffante des rôles de l'artiste et du marché – dans un pays où l'un comme l'autre étaient invisibles –, plutôt qu'à la mort du dictateur.
Les paradoxes observés par un regard européen qui se porte sur l'art espagnol peuvent au contraire résulter, pour celui-ci, d'une combinaison logique de facteurs clés. La logique, finalement, dépendra des clés qu'on introduira dans ce récit – plutôt que dans l'histoire – de l'art – et des artistes – espagnol au XXe siècle. Clés qui ont fait des artistes, au même moment mais en différents lieux, les protagonistes et/ou les victimes – irions-nous jusqu'à dire – de l'aventure moderne. Et non seulement à l'époque des avant-gardes historiques, lorsque les artistes espagnols s'en allaient vivre à Paris, mais aussi jusque dans les années quatre-vingt. La première clé, qui permet de comprendre cette situation extrême, est livrée par les relations difficiles qui se sont établies entre la modernité et l'Espagne. Il est donc nécessaire, pour *voir* leur œuvre, de regarder aussi vers la toile de fond, sur laquelle se déroule la vie de ces artistes espagnols, qui ont élu le territoire de la modernité pour leur nouvelle patrie.
L'objectif de cette exposition est de jeter un peu de lumière sur quelques-unes des clés nécessaires à la connaissance de l'art espagnol et, partant, à la compréhension de l'art moderne, que les artistes espagnols ont contribué à construire. C'est donc le choix délibéré – difficile, parfois – de la modernité comme critère de base qui a présidé à la sélection des 18 artistes, sélection qui ne se veut pas exhaustive.
Le lieu, la Fondation Pierre Gianadda à Martigny, permet un certain recul, un nouveau regard. La perspective est nouvelle, d'un point de vue externe, car elle offre une vision panoramique de la modernité vue à travers le prisme espagnol; d'un point de vue interne,

lectura conjunta del arte español atenta paralelamente a las particularidades de cada artista.
No estaría de más preguntarse qué componentes tuvo la relectura ácida en sofisticada versión Pop de la modernidad española realizada por Equipo Crónica y Arroyo, cuando se trataba de una modernidad que no había pisado tierra española, sino en forma de ilustración. Y porqué la obra de la generación pictórica de los setenta, con Alcolea y Gordillo, surge más como respuesta a la opresiva problemática conceptual acerca del papel del artista y del mercado –en un país en el que ambos eran invisibles– que a la desaparición del dictador.
Las paradojas que observa una mirada europea en el arte español pueden ser para éste, por el contrario, el resultado lógico de una combinación de factores en clave. La lógica, en definitiva, depende de las claves que se introduzcan en este relato de los artistas españoles del siglo XX. Claves que los han convertido, al mismo tiempo pero en distintos lugares, en protagonistas y/o víctimas –podría llegar a decirse– de la aventura moderna. Y no sólo durante el tiempo de las vanguardias históricas, cuando los artistas españoles se fueron a vivir a París, sino hasta los años ochenta. La clave fundamental sobre la que gravita esta situación extrema viene explicada por las difíciles relaciones establecidas entre la modernidad y España. Por eso es necesario, para ver *la obra de los artistas españoles, mirar también hacia el telón de fondo que ha marcado la vida y la obra de los artistas españoles que, desde Picasso a Barceló, eligieron el territorio de la modernidad, casi como una nueva patria.*
El objetivo de esta exposición es el de arrojar alguna luz sobre algunas de las claves para conocer el arte español y en consecuencia para entender el arte moderno que los artistas españoles han contribuido a conformar. Por ello, ha sido la decidida, y a veces heroica, elección de la modernidad el criterio básico que ha guiado la selección de estos 18 artistas, selección que no pretende ser exhaustiva.
El lugar, la Fondation Pierre Gianadda de Martigny, es idóneo por la perspectiva lejana desde la que se sitúa

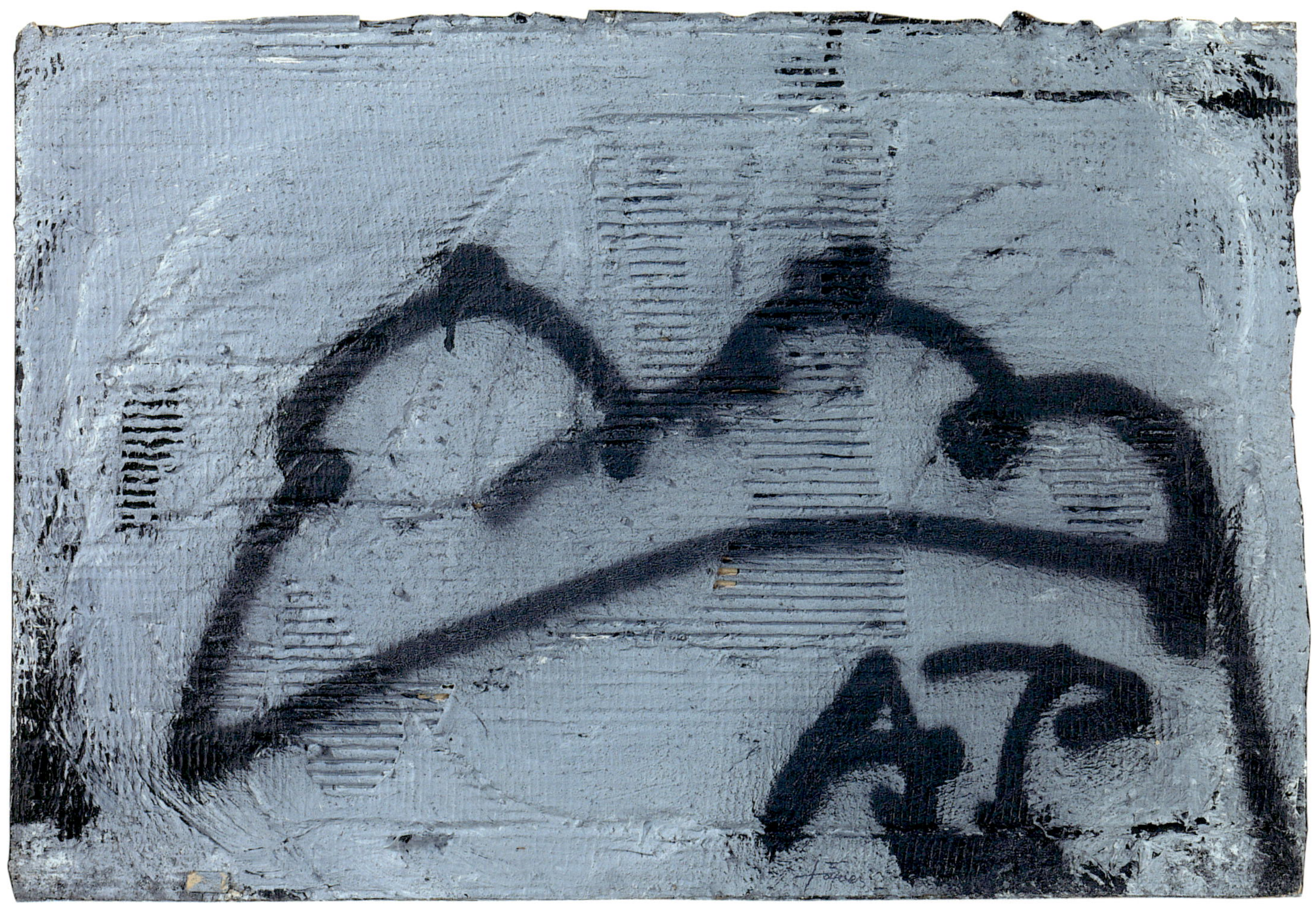

Antoni Tàpies
Spray noir
Spray negro
1988
Peinture sur carton
52,5×76,5 cm
Collection Fondation Pierre Gianadda, Martigny

car, indubitablement, ce recul affecte l'objet du regard. Depuis cette perspective européenne, en somme, certains aspects, évidents pour l'observateur proche, acquièrent à Martigny un relief insoupçonné, qui porte à réfléchir sur les thèmes évoqués plus haut.

La première séquence de l'exposition, dédiée aux avant-gardes historiques, est articulée autour des tendances fortes que les œuvres présentées ont tracées dans l'art moderne: cubisme, figuration des années vingt, surréalisme et période de la Guerre civile espagnole (1936-1939). Moments phares des premières décennies du siècle, vus à travers les œuvres de Picasso, Juan Gris, Miró, Dalí et Julio González. Cette première séquence réserve une place aux travaux postérieurs de Pablo Picasso et de Joan Miró – deux artistes à la vigueur et à la longévité exceptionnelles –, dans le but de souligner leur lien, pour Picasso, avec la génération la plus jeune de cette exposition, qui fait parler d'elle dans les années quatre-vingt, et, pour Miró, avec la génération abstraite, qui fait ses premiers pas dans les années cinquante et dégage, aujourd'hui encore, une extraordinaire énergie.

Cette génération abstraite occupe la deuxième séquence de l'exposition, et le choix des œuvres s'attache ici à montrer les trajectoires – débuts, évolution et aboutissement – au sein des différents courants de l'abstraction explorés par chaque artiste – la matière de Tàpies, la géométrie de Palazuelo, l'expressionnisme de Saura et la gestuelle de Millares. La sélection de moments significatifs de leur travail tente aussi de mettre au jour les parentés qui s'établissent entre eux. Deux sculpteurs, Jorge Oteiza et Eduardo Chillida, et quatre peintres, Saura, Palazuelo, Tàpies et Millares, donnent une idée très précise de la puissante individualité de chacun de ces créateurs, de la cohérence jamais démentie de leurs travaux et de leur vitalité.

Différentes œuvres d'Equipo Crónica et d'Eduardo Arroyo, de la fin des années soixante et du début des années soixante-dix, ouvrent la troisième séquence de l'exposition, qui marque une rupture radicale avec toute l'avant-garde antérieure et annonce une prise de distance par rapport aux préoccupations formelles des

esta nueva mirada al arte español. Nueva perspectiva para los extraños porque ofrece una particular panorámica española de la modernidad, pero también para los propios porque es irremediable que el cambio de punto de vista varíe el aspecto de lo mirado. Y visto desde esta perspectiva europea, ciertos aspectos que se dan por hecho para el observador más cercano adquieren en Martigny un relieve desconocido que induce a reflexionar sobre algunos de los temas arriba planteados.

La exposición se ha concebido en función de las obras, articuladas en la primera secuencia, dedicada a las vanguardias históricas, en torno a las tendencias fuertes que sus formas han trazado en el arte moderno: Cubismo; figuración de los años veinte; Surrealismo y período de la Guerra Civil española (1936-39). Momentos cumbres de las primeras décadas del siglo vistos a través de las obras de Picasso, Juan Gris, Miró, Dalí y Julio González. Esta primera secuencia destina un espacio a la obra final de Pablo Picasso y a la de Joan Miró. Dos artistas longevos y vigorosos en este período final. Con ello quiere resaltarse, además del valor intrínseco de estas obras, su vinculación, la de Picasso, con la generación más joven de la exposición que se da a conocer en los ochenta, sobre todo con Barceló, y la de Joan Miró con la generación abstracta que inicia su andadura en los años cincuenta y sigue hoy mostrando una extraordinaria energía.

Esta generación abstracta ocupa la segunda secuencia de la exposición, y la elección de las obras en este caso se ocupa de mostrar los momentos claves de la trayectoria de cada uno de los artistas correspondientes al inicio, evolución y obra última de cada uno de ellos. Procurando dar una visión del lenguaje formal de cada artista, dentro de las vertientes abstractas que cada uno explora –la matérica de Tàpies, la geométrica de Palazuelo, la expresionista de Saura y la gestual de Millares– mediante una selección que incorpore aspectos significativos de sus trabajos, intentando hacer visibles los parentescos que se establecen entre ellos. Dos escultores, Jorge Oteiza y Eduardo Chillida, y cuatro pintores, Saura, Palazuelo, Tàpies y Millares, dan una idea muy precisa de la poderosa individualidad de

Eduardo Chillida
Collage brun
Collage pardo
1975
Papier de carton collé
29×22 cm
Collection Fondation Pierre Gianadda, Martigny

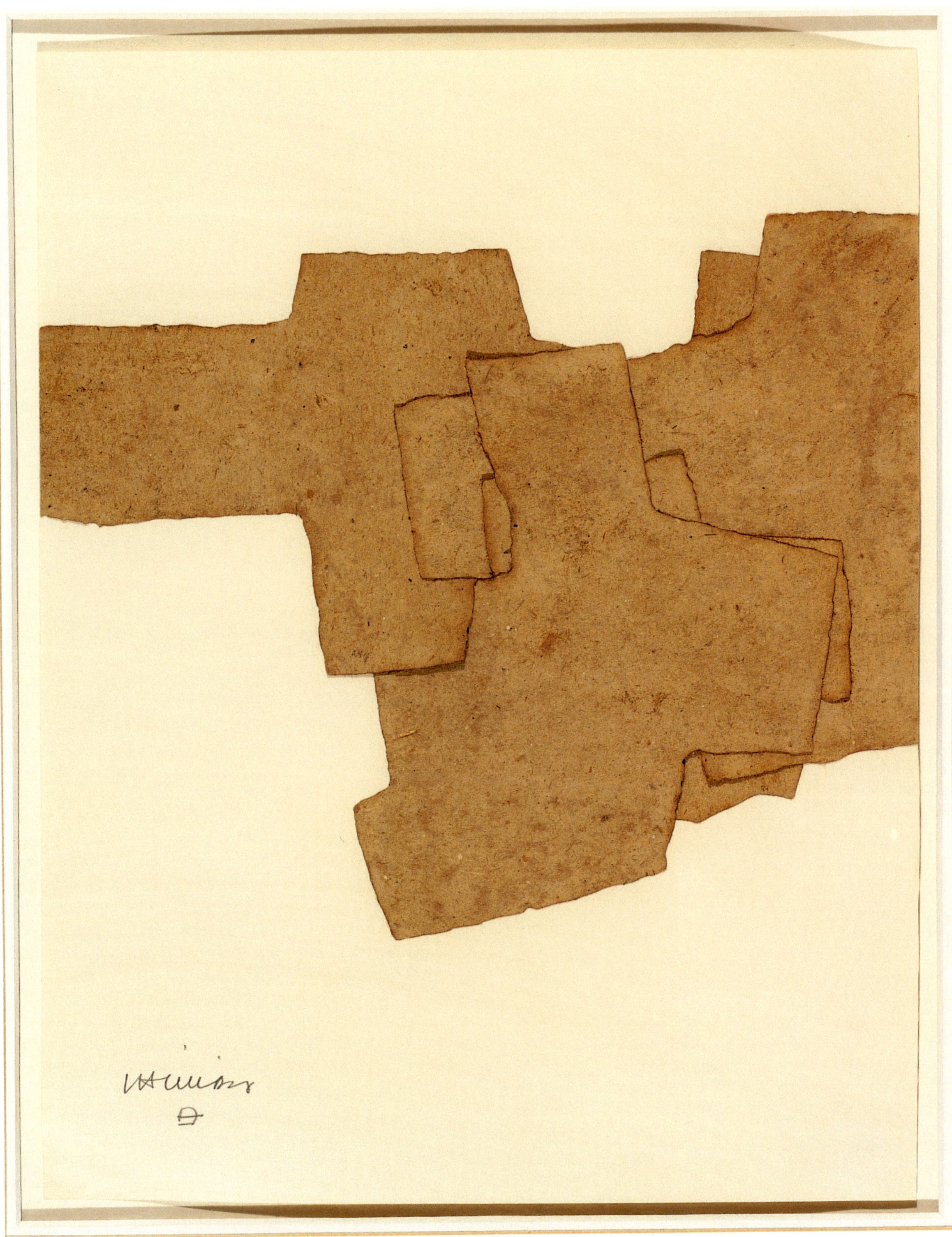

avant-gardes historiques, ainsi qu'au spiritualisme de la génération précédente.
Un tableau de grandes dimensions de Gordillo est chargé d'introduire le spectateur à la création de cet artiste isolé qui a joué un rôle charnière entre l'abstraction et la nouvelle esthétique, proche du pop, de la génération d'Alcolea. De celui-ci, une seule toile est présentée, très significative de la figuration moderne espagnole des années soixante-dix.
La dernière étape du parcours est constituée par l'œuvre de deux peintres qui reviennent dans les années quatre-vingt à une expression plus gestuelle, héritière du dernier Picasso. De Sicilia sont exposées l'une des premières œuvres à la cire et ses dernières créations, intentionnellement disposées à la suite d'un Tàpies aux vernis transparents. L'accrochage souligne la préoccupation commune des deux hommes pour une image transcendante de l'art. Différentes œuvres de Barceló, parmi lesquelles une sculpture, expriment bien les nuances telluriques de sa relation aux matériaux et aux thèmes. Enfin, la grande *Conversation Piece* de Juan Muñoz est symptomatique du nouvel enjeu scénographique de la sculpture, point de départ de la création de cet artiste, explorateur de la condition humaine.

cada uno de estos creadores en las diversas vertientes de la abstracción y de la vitalidad de estos trabajos que han seguido hasta hoy manteniendo una vigorosa coherencia con sus iniciales planteamientos.
Varias obras de Equipo Crónica y Eduardo Arroyo de finales de los sesenta y principios de los setenta abren la tercera secuencia de la exposición, que marca una ruptura estética radical con toda la vanguardia anterior y anuncia una toma de distancia respecto a las preocupaciones formales de las vanguardias históricas y al espiritualismo de la anterior generación vanguardista.
Un cuadro de Gordillo de gran dimensión es el encargado de introducir al espectador en la creación de este artista aislado que actuó como eje de bisagra entre el informalismo y la nueva estética cercana al Pop de la generación de Alcolea. Artista del cual se presenta un único cuadro sumamente significativo de la figuración española y moderna de los años setenta.
La exposición describe el último tramo del circuito con la obra de dos pintores que regresan en los años ochenta a una pintura de gesto expresivo en la herencia del último Picasso. De Sicilia se expone una de sus primeras obras realizadas con ceras y sus últimas creaciones. Intencionadamente situadas a continuación de un Tàpies de barnices transparentes, el montaje quiere aludir a la común preocupación de ambos artistas por la trascendencia de la imagen del arte. Varias obras de Barceló, entre ellas una escultura, describen bien los matices telúricos de su relación con los materiales y los temas.
La gran pieza Conversation Piece *de Juan Muñoz es muy explícita del nuevo ámbito escenográfico de la escultura desde el que creaba este artista, vinculado básicamente con la condición de lo humano.*

L'Espagne et la modernité

Un monde nouveau

Curiosité et désir d'assimiler toute nouveauté qui puisse apporter à l'art d'autres formes, tel est l'esprit de Picasso en 1904, l'année où il décide de demeurer à Paris. Quatre ans plus tôt, Julio González y avait débarqué avec son atelier d'orfèvrerie et sa famille. Paris est une ville palpitante, comme l'écrira Miró à l'un de ses amis: *«Ce Paris m'a complètement tourné la tête. Heureusement, comme dans de la chair vive, je me suis senti absorbé par le baiser de toute cette douceur qui est ici. Laissez-moi jouir, en silence, de ce monde nouveau.»*[1] C'est en mai 1920, moins de deux ans après la fin de la guerre, que Miró fait le voyage, timide, un peu complexé face à Picasso, avec, sous le bras, une *coca*, que sa mère lui a cuisinée, et sa passion pour la poésie. Il revient l'année suivante, mais cette fois avec deux tableaux, l'*Autoportrait* et le *Portrait de danseuse espagnole* (cat. nº 8). Certains biographes affirment que Picasso les a achetés, d'autres, que Miró les lui a

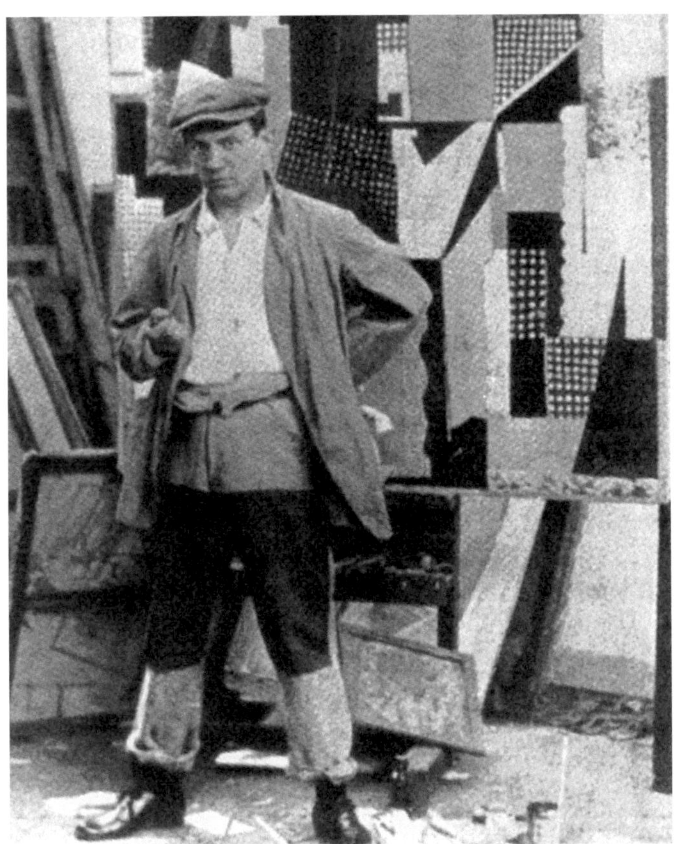

Picasso à son atelier, 5*bis*, rue Schoelcher, Paris, 1916.

[1] Joan Miró: *Cartes a J. F. Ràfols* («Lettres à J. F. Ràfols») *(1917/1958)*, Mediterrània-Biblioteca de Cataluña, Barcelone, 1993, p. 14.

España y la modernidad

Un mundo nuevo

Una asimilación y curiosidad abiertas a toda novedad que pudiera aportar otras formas para el arte sin distinciones cronológicas ni geográficas, ése era el espíritu de Picasso en 1904, el año que decide quedarse en París. Cuatro años antes había llegado Julio González con su taller de orfebrería y su familia. Una ciudad vital en la que se tenía la conciencia de estar viviendo la experiencia del "mundo nuevo" que Miró relataba a uno de sus amigos. "Este París me ha trastornado por completo. Afortunadamente como en carne viva me he sentido absorbido por el beso de toda esta dulzura de aquí. Dejadme disfrutar, ahora, calladamente, de este mundo nuevo".[1]

Miró llegaba en el mes de mayo de 1920, recién terminada la guerra, tímido y algo acomplejado ante Picasso, con una coca que su madre le había cocinado debajo del brazo y su afición a la poesía. Al año siguiente vuelve de nuevo a ver a Picasso, pero esta vez bajo el brazo lleva dos cuadros, el Autorretrato *y el* Retrato de bailarina española *(cat. n.º 8). Algunas biografías dicen que Picasso se los compró, y otras, que Miró se los regaló, lo cierto es que Picasso siempre los tuvo cerca.*

Para entonces Picasso ya gozaba de una estimable fama como creador del Cubismo junto con Braque y en compañía de Derain. Cuatro años antes, en 1916, había realizado Hombre junto a la chimenea *(cat. n.º 1), una pintura paradigmática de los resultados que podían obtenerse con la aplicación de la técnica del* collage *a la pintura. Técnica que había empezado a experimentar durante su estancia en Céret el verano de 1912 y que supuso una práctica decisiva para el desarrollo del primer Cubismo hacia una nueva fórmula. Resultado de la síntesis de representación del motivo en lisos planos fragmentarios, el cuadro adquiere la apariencia de una abstracción mental. Picasso había conseguido llegar a una fórmula revolucionaria que convertía el cuadro en una realidad en sí, con sus propias leyes, sus compromisos entre colores y formas y su libertad respecto a todo lo demás, ese mundo visible y tangible que a partir de ahora dejaría de llamarse real, en exclusiva. En pocos años el arte había descubierto su propia autonomía, ahora las leyes que le regían y los resultados que podían obtenerse estaban por explorar, Picasso no había sido el único, pero sí el precursor mítico con sus* Señoritas de Aviñon, *que serían expuestas por primera vez precisamente ese año de 1916.*

[1] *Joan Miró:* Cartes a J. F. Ràfols (1917/1958), *Mediterrània-Biblioteca de Cataluña, Barcelona, 1993, pág. 14.*

donnés. Ce qui est certain, c'est qu'il les a toujours eus près de lui.
A l'époque, Picasso jouissait déjà d'une gloire certaine comme créateur du cubisme, aux côtés de Braque, et son influence avait été sensible chez Derain. Quatre ans plus tôt, en 1916, il avait réalisé *Homme à la cheminée* (cat. nº 1), qui montre tout le parti qu'on peut tirer de l'application à la peinture des trouvailles du collage, technique dont les premières expérimentations datent de son séjour à Céret, l'été 1912, et qui se révéla décisive dans le développement du cubisme, dont elle permit de reformuler les postulats. Résultat d'une synthèse formelle – le motif, fragmenté, est découpé en plans qui viennent se projeter sur une même surface plane –, la toile prend l'apparence d'une abstraction mentale. La formule révolutionnaire de Picasso fait du tableau une réalité en soi, avec ses propres lois, ses articulations entre couleurs et formes, sa liberté vis-à-vis du reste, de tout le reste. Monde visible et tangible qui, à partir de là, cesse de s'identifier à ce qu'on appelle communément le réel. En quelques années, l'art avait découvert sa propre autonomie; les lois qui le régissaient et les résultats qu'on pouvait en inférer s'ouvraient à l'exploration. Picasso n'avait pas été le seul, mais avec ses *Demoiselles d'Avignon*, qui seraient exposées pour la première fois cette même année 1916, il devenait le héros mythique de cette libération.
Gertrude Stein, dans son *Picasso*, se souvient de cette époque passionnante pour tous ceux qui en furent, d'une façon ou d'une autre, les acteurs ou les témoins, Max Jacob, Apollinaire, Salmon, Derain, Braque, Gris… Elle raconte qu'à chaque fois que Picasso revenait d'Espagne, c'était avec l'idée mûrie de nouveaux tableaux, comme si prenaient forme là-bas toutes les possibilités qu'il entrevoyait à Paris. C'est du moins ce que dit Gertrude Stein, pour qui Picasso était avant tout un artiste espagnol.[2]
Juan Gris, qu'Apollinaire a qualifié de «*démon de la logique*»[3], séjourne, l'été 1913, à Céret, en même temps que Picasso. Les deux hommes sont amis. Gris, arrivé à Paris avec 16 francs en poche, capital provenant de la vente de tout son mobilier madrilène[4], fut accueilli par Picasso au Bateau-Lavoir. Tous deux s'essaient à coller des papiers sur la toile, et les discussions de Gris avec celui qu'il appelle, en plaisantant à demi, «maître», se révèlent extrêmement fertiles pour son œuvre, qui,

[2] Gertrude Stein: *Picasso*, Biblioteca la esfera, Madrid, 2002 (1938); *Picasso*, par Gertrude Stein, Paris, Floury, 1938.
[3] Guillaume Apollinaire, *in*: *L'Intransigeant*, 10 octobre 1912.
[4] Daniel-Henry Kahnweiler: *Juan Gris vida y pintura*, Madrid, 1971, p. 21; Daniel-Henry Kahnweiler: *Juan Gris, sa vie, son œuvre, ses écrits*, Paris, Gallimard, 1946.

Gertrude Stein describe sus recuerdos sobre este momento tan apasionante para todos los que estuvieron por allí de una u otra manera, Max Jacob, Apollinaire, Salmon, Derain, Braque, Gris… en su libro sobre Picasso. Cuenta también que, por entonces, Picasso cada vez que volvía de España traía maduradas las ideas de sus nuevos cuadros, como si en España tomaran forma todas las posibilidades que en París perseguía. Eso era lo que decía Stein, para quien Picasso era sobre todo un artista español.[2]
Juan Gris, al que Apollinaire había calificado de "demonio de la lógica"[3], *había coincidido el verano de 1913 con Picasso en Céret. Los dos eran amigos desde que Picasso le había acojido en el* Bateau-Lavoir *a su llegada a París con 16 francos en el bolsillo, capital*

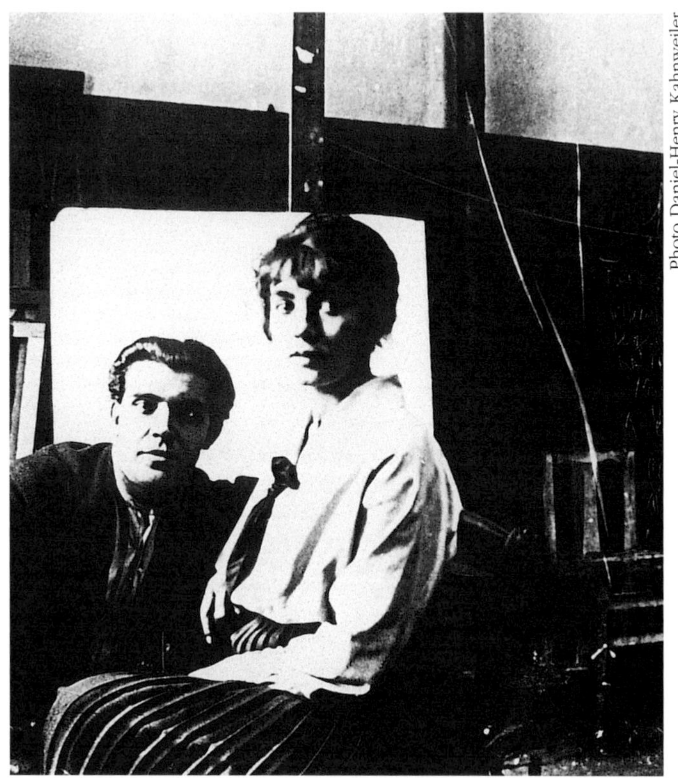
Photo Daniel-Henry Kahnweiler

Juan Gris et Josette à son atelier du Bateau-Lavoir, 1922.

resultante de la venta de todo su mobiliario de la casa de Madrid.[4] *Ambos andaban experimentando con papeles pegados a la superficie de los cuadros y las discusiones con el que llamaba medio en broma*

[2] *Gertrude Stein:* Picasso, *Biblioteca la esfera, Madrid, 2002 (1.ª ed. 1938).*
[3] *Guillaume Apollinaire en* L'Intransigeant, *10 de octubre de 1912.*
[4] *Daniel-Henry Kahnweiler:* Juan Gris vida y pintura, *Madrid, 1971, pág. 21.*

malgré son adhésion tardive au cubisme, jouera un rôle central dans le développement de celui-ci.

Plus méthodique que Picasso, plus ascétique et zurbaranesque, Gris envisage la toile comme une surface fragmentée de formes colorées auxquelles il juxtapose des objets. A l'époque du séjour à Céret, il applique différentes perspectives à cette structure géométrique abstraite, qui lui permettent d'organiser l'espace d'une façon très libre et ouverte (cat. nº 2). Mais Gris cherche à mieux contrôler les principes de la composition, à les organiser autour d'un motif central, pour parvenir à une synthèse entre formes, couleurs et objets: *«Mes tableaux commencent à avoir une unité dont ils avaient manqué jusqu'à présent»*, écrit-il en 1915[5] (cat. nº 3). Son cubisme synthétique, intégrant dans des formes abstraites des objets existants ou inventés, s'avance vers une peinture toujours plus intellectualisée. *«J'ai pu donner à ma peinture une réalité trop brutale et descriptive... J'espère qu'avec le temps je serai capable d'exprimer avec plus de précision, et au moyen d'éléments purement intellectuels, une réalité imaginaire.»*[6] Ainsi s'exprimait Juan Gris en 1919 (cat. nº 4).

Gris et Picasso explorèrent en parallèle les possibilités de cette heureuse découverte que fut pour l'esthétique moderne le cubisme synthétique. Ils empruntèrent deux voies très différentes, en travaillant pourtant sur les mêmes motifs: la guitare, le journal, le vase ou la partition, la figure féminine ou masculine... Modèles de référence, que l'un et l'autre utilisaient comme sujets d'expérience de ce nouveau langage de formes et de couleurs qui avait offert à la peinture un monde autonome. *«Peindre, et rien de plus. Peindre en recherchant une nouvelle expression, dénuée de tout réalisme inutile, avec une méthode homogène à ma pensée.»*[7]

Un an avant sa mort prématurée, en 1927, Gris peint deux tableaux à figures féminines (cat. nº 7), qui paraissent reprendre les principes du «Retour à l'ordre» alors en vigueur. Retour à une figuration modelée, aux contours ombrés du volume des figures. Détour déjà emprunté par Picasso, en 1916, dix ans plus tôt, rentrant, avec Olga, de son voyage en Italie pour les Ballets russes. Picasso, en avance, encore et toujours, partout. Gris, qui l'admirait, ne pouvait éviter quelque commentaire goguenard: *«Picasso fait encore de belles choses, quand il en a le temps, entre un ballet russe et un portrait mondain.»*[8]

---

[5] Douglas Cooper: *Letters of Juan Gris* («Lettres de Juan Gris»), *1913-27*, XXXI.

[6] Douglas Cooper: *op. cit.*, LXXX.

[7] Ángel González, Francisco Calvo, Simón Marchán: «Opiniones sobre el cubismo, P. Picasso» («Opinions sur le cubisme, P. Picasso»), *in*: *Escritos de arte de vanguardia* («Ecrits de l'art d'avant-garde») *1900/1945*, Madrid, Istmo, 1999.

[8] Daniel-Henry Kahnweiler: *op. cit.*, p. 40.

"maestro" resultaron sumamente fértiles para su obra que, aunque adherida tardíamente al Cubismo, tuvo un protagonismo central en su desarrollo.

Más metódico que Picasso, más ascético y zurbaranesco, Gris planea la composición del cuadro como una superficie fragmentada de formas coloreadas a las que yuxtapone objetos. Por la época del encuentro en Céret aplica diferentes perspectivas a esta estructura geométrica abstracta lo que consigue organizar el espacio de forma muy libre y abierta (cat. n.º 2). Pero Gris busca controlar más los principios de composición y organizarlos en torno a un motivo central para conseguir una síntesis entre formas, colores y objetos: "Mis cuadros empiezan a tener una unidad de la que habían carecido hasta ahora", *escribe en 1915*[5] *(cat. n.º 3). Esta integración en formas abstractas de objetos existentes e inventados de su cubismo sintético va avanzando hacia una pintura cada vez más intelectualizada. En 1919 el pintor afirma haber* "podido librar a mi pintura de una realidad demasiado brutal y descriptiva... Espero que con el tiempo llegaré a ser capaz de expresar con mucha precisión, y por medio de elementos puramente intelectuales una realidad imaginaria"[6] *(cat. n.º 4).*

Gris y Picasso estaban explorando en paralelo las posibilidades de aquel feliz hallazgo para la estética moderna que fue el Cubismo sintético. Lo hicieron por dos vías muy diferentes, aunque tratando los mismos motivos: la guitarra, el periódico, el vaso y la partitura, la figura femenina o masculina... Modelos de referencia que uno y otro utilizaron como sujetos de experimentación de ese nuevo lenguaje de formas y color que había recuperado para la pintura un mundo autónomo. "Pintar y nada más. Pintar buscando una nueva expresión desnuda de todo realismo inútil con un método unido sólo a mi pensamiento".[7]

Un año antes de su muerte prematura en 1927 Gris pinta dos cuadros con figuras femeninas (cat. n.º 7) que parecen haber asimilado los principios de vuelta al orden que impone la década. Esta vuelta a una figuración modelada que recupera el volumen sombreado de las figuras había sido ya iniciada por Picasso en 1916, diez años antes, después de su viaje a Italia con los Ballets Rusos y Olga. Picasso, siempre antes y, siempre, todo. Esporádicamente Gris, que le admiraba, no podía evitar la sorna de algún comentario: "Picasso sigue haciendo cosas preciosas cuando tiene tiempo entre un ballet ruso y un retrato mundano".[8]

---

[5] *Douglas Cooper:* Letters of Juan Gris, 1913-27, *XXXI.*

[6] *Douglas Cooper:* op. cit., *LXXX.*

[7] *Ángel González, Francisco Calvo, Simón Marchán: "Opiniones sobre el cubismo, P. Picasso" en* Escritos de arte de vanguardia 1900/1945, *Madrid, Istmo, 1999.*

[8] *Daniel-Henry Kahnweiler:* op. cit., *pág. 40.*

Durant les années vingt, Picasso s'adonne aux deux manières: les grandes compositions cubistes, d'une plénitude et d'un optimisme extraordinaires, et le classicisme des figures aux volumes affirmés. Les deux veines semblent se compléter, sans plus d'inconvénient. *Guitare*, de 1920 (cat. n° 5), et *La Lecture de la lettre*, de 1922 (cat. n° 9), caractérisent cette dichotomie interne qui lui permet d'utiliser simultanément différents langages plastiques, comme s'il voulait ne rien perdre des possibilités que la peinture lui offre. Gertrude Stein affirme que ce phénomène répond, chez Picasso, à une dissociation entre formes rondes et formes linéaires, droites, anguleuses. Indépendamment de la considération que méritent les interprétations de Gertrude Stein, on peut penser que ce parallélisme se maintient dans le temps au moins jusqu'à *Guernica*, où les deux manières se fondent, la «dissociation» étant visible dans les deux dessins préparatoires présentés ici (cat. n°s 21 et 22).

L'exposition réserve une section à la figuration classique qui, après la Première Guerre mondiale, revient en force dans la peinture. Bien que le «Retour à l'ordre» ait pu, en Espagne, coïncider avec un élan vers la modernité – ce dont témoigna son succès immédiat –, rappelons une fois encore que ce goût pour la figuration ne surgit pas, dans les années vingt, comme la vierge Aphrodite hors des eaux, mais qu'il est ramené sur le devant de la scène de la main même de Picasso (et de De Chirico), après avoir traversé les tranchées de l'avant-garde. Trois images de femmes, par Gris, Miró et Dalí, influencé par le Picasso de cette époque, et deux images masculines, par Picasso lui-même et Julio González, rendent compte, ici, de cinq manières fulgurantes, qui furent celles de ces artistes espagnols s'appropriant la figuration.

Chacune d'entre elles acquiert une signification particulière dans la trajectoire de son créateur. Pour Juan Gris, ce fut la période mélancolique de qui se sent proche de la fin. Plus jeunes, Dalí et Miró étaient au début du chemin vers la maturité de leur langage plastique. Etape transitoire chez Miró (cat. n° 8), qui abandonnera bientôt les apparences du monde extérieur pour donner le jour à des images surgies de l'imagination, phase d'échauffement pour Dalí (cat. n° 10), qui, sous l'apparence hyperréelle de ses images, va réveiller les monstres endormis. Pour González, orfèvre et peintre, c'est le départ d'une nouvelle façon d'appréhender la sculpture, qu'il révolutionnera avec ses plaques de métal (cat. n°s 14 et 15). Picasso réalise, lui, une série de peintures et de dessins qui rendront à la modernité le volume solennel de la figure classique (cat. n° 9).

Durante los años veinte Picasso simultaneará estas dos maneras, las grandes composiciones cubistas de extraordinaria plenitud y optimismo y la manera clásica con figuras de grandes volúmenes. Ambas vertientes parecen complementarse sin ningún inconveniente. Guitarra *de 1920 (cat. n.º 5) y* La lectura de la carta *de 1922 (cat. n.º 9) sintetizan esa personal dicotomía de Picasso que le permite utilizar varios lenguajes plásticos al mismo tiempo, como si no quisiera perderse ninguna de las posibilidades que la pintura pudiera ofrecerle. Gertrude Stein escribe que este fenómeno responde a una forma de disociación de Picasso entre las formas redondas y las formas lineales rectas y angulosas. Independientemente de la consideración que merezcan las interpretaciones de Gertrude Stein, no deja de ser cierto que este paralelismo coetáneo se mantuvo al menos hasta el* Guernica *en el que sintetiza ambas maneras, siendo visible esta disociación en los dos dibujos preparatorios que están en la exposición (cat. n.ºs 21 y 22).*

La exposición dedica un apartado a la figuración clasicista que, a finales de la Primera Guerra, vuelve con fuerza a la pintura. Aunque en España, este Retour à l'ordre *coincidió con una ida hacia la modernidad –lo que consagró su éxito de inmediato– hay que recordar de nuevo que esta figuración no surgía en los años veinte como una virgen casta, recuperada intacta del pasado, sino que volvía a escena de la mano de Picasso (y de De Chirico), después de haber atravesado las trincheras de la vanguardia. Tres imágenes de mujer, las de Gris, Miró y Dalí, influido por el Picasso de esta etapa, y dos imágenes masculinas de Picasso y Julio González concretan aquí las cinco fulgurantes maneras con que estos artistas españoles hicieron suya la figuración.*

Cada una de ellas, adquiere un significado propio en la trayectoria de sus creadores. Para Juan Gris, fue una etapa melancólica de quien siente próximo el final. Más jóvenes, Dalí y Miró estaban en el momento de iniciar su trayecto hacia la madurez de sus respectivos lenguajes plásticos. Etapa de tránsito para Miró (cat. n.º 8) que en breve abandonará las apariencias del mundo exterior, para dar luz a imágenes surgidas de la imaginación, y fase de calentamiento para Dalí (cat. n.º 10) que bajo la apariencia hiperreal de sus imágenes va a ir despertando a los demonios dormidos de la ensoñación. Para González, orfebre y pintor, significó el inicio de un nuevo trabajo en el terreno escultórico sobre planchas de metal que revolucionaría la escultura moderna (cat. n.ºs 14 y 15). Picasso, durante el que será conocido como período clasicista, realiza una serie de pinturas y dibujos en los que recupera para la modernidad el volumen solemne de la figura clásica (cat. n.º 9).

En Espagne

Miró raconte qu'en ce temps-là, Picasso lui avait dit: *«Ce qui manque à la Catalogne, c'est la passion et l'héroïsme: c'est pour ça que son art est comme il est. Crois-moi, si tu veux devenir peintre, ne quitte pas Paris.»*[9] Pour Miró, avec sa conception particulière de l'héroïsme, absorbé comme il l'était dans la douceur de Paris, il ne fit aucun doute qu'il fallait rester. Et il s'appliqua, en silence, à explorer son propre chemin, en quête d'un langage plus proche de celui des poètes que lui présentait Masson que de celui des peintres, y compris Picasso, dont il sut éviter l'influence. Comportement héroïque, car celle-ci s'exerçait pleinement sur les cercles de l'avant-garde, et qui lui valut l'estime de son aîné. Les deux hommes étaient au moins d'accord sur un point: le peu d'intérêt de ce qu'ils avaient laissé à la maison.

En Catalogne, qui était alors le centre d'activité artistique le plus animé d'Espagne, on s'était mis en quête d'une rénovation, tempérée par le nationalisme local, ce qui avait donné lieu à une sorte de mouvement culturel, appelé *noucentisme*. Appuyé par la bourgeoisie industrielle et promu par le critique Eugenio d'Ors, le *noucentisme* donnait pleine satisfaction à cette soif de modernité nationaliste, qui, plutôt que des gestes héroïques à la manière picassienne, cherchait ses propres racines dans la Méditerranée gréco-latine et éternelle.

Jaime Brihuega précise que, dans les premières décennies du siècle, le milieu artistique espagnol dépendait paradoxalement, bien plus que du rôle joué par les membres espagnols de l'avant-garde parisienne, des succès remportés sur la scène internationale par des artistes au talent indiscutable tels que Sorolla, Zuloaga, Anglada-Camarasa ou Sunyer, mais dont la peinture ne supposait aucune rupture avec le goût dominant.[10]

Cette vague conservatrice accueille avec enthousiasme le retour à la figuration classique, qui arrive en Espagne porté par un livre de Franz Roh, *Nachexpressionismus. Magischer Realismus* («Postexpressionnisme. Réalisme magique»), traduit en 1927[11], et par l'exposition qu'organise deux ans auparavant à Mannheim Gustav Friedrich Hartlaub sous le titre «Neue Sachlichkeit» («Nouvelle Objectivité»). Ce «Retour à l'ordre», impulsé de l'extérieur, vint corroborer l'idée que les avant-gardes n'avaient été qu'une parenthèse dans la longue histoire de l'art «véritable», c'est-à-dire de l'art figuratif plus ou moins rénové. En Espagne, une bonne partie

[9] Joan Miró: *op. cit., Cartes...*

[10] Jaime Brihuega: «Picasso y su entorno 1900-1939» («Picasso et son environnement 1900-1939»), *in: De Picasso a Barceló*, Madrid, MNCARS, 2001.

[11] Editorial *Revista de Occidente*, Madrid, 1927.

En España

Por aquellos días cuenta Miró que Picasso le había dicho: "A Cataluña le falta pasión y heroísmo: por eso su arte es como es. Créeme, si quieres convertirte en pintor, no te vayas de París".[9] *A Miró, con su particular idea del heroísmo y absorbido como estaba por la dulzura de París, no le cupo la duda de quedarse. Allí se aplicó calladamente en explorar un camino propio a la búsqueda de un lenguaje más cercano de los poetas que le presentó Masson que de los pintores, incluido Picasso, evitando –asunto heroico– la influencia ejercida por éste en los círculos de la vanguardia, lo que contribuirá a la estima que Picasso le profesó. En lo que estuvo del todo de acuerdo con él fue en lo anodino del panorama que habían dejado en casa.*

En Cataluña, que era por entonces el centro de actividad artística más animado de España, se andaba a la búsqueda de una renovación temperada por el nacionalismo local, lo que dio lugar a una suerte de movimiento cultural llamado Noucentisme. *Apoyado por la burguesía industrial, y promovido por el crítico Eugenio d'Ors, el* Noucentisme *daba plena satisfacción a esa ansia de modernidad nacionalista que, más que gestos heroicos a la manera picassiana, lo que buscaba eran sus propias raíces en el mediterráneo greco-latino y eterno.*

Jaime Brihuega puntualiza que, en las dos primeras décadas del siglo, y paradójicamente más que ante el papel que los artistas españoles estaban desempeñando en la vanguardia parisina, el ambiente artístico español estaba pendiente del éxito que pudieran obtener en el panorama internacional otros artistas, de indudable talento, como Sorolla, Zuloaga, Anglada-Camarasa o Sunyer, pero cuya pintura no suponía ruptura alguna con el gusto dominante.[10]

En esta onda conservadora se recibe con entusiasmo el retorno a la figuración clasicista que llega a España a través del libro de Franz Roh Nachexpressionismus. Magischer Realismus *("Postexpresionismo. Realismo mágico") que se traduce en 1927*[11] *y de la exposición que dos años antes organiza en Mannheim Gustav Friedrich Hartlaub con el título "Neue Sachlichkeit" ("Nueva Objetividad"). Este* Retour à l'ordre *procedente del exterior vino a corroborar la idea de que las vanguardias habían sido un paréntesis en la larga historia del arte "verdadero", es decir del arte figurativo más o menos renovado. En España una buena parte de los artistas y de la crítica creen finalmente finiquitada aquella pesadilla picassiana llamada Cubismo.*

[9] *Joan Miró:* op. cit., Cartes...

[10] *Jaime Brihuega: "Picasso y su entorno 1900-1939" en* De Picasso a Barceló, *Madrid, MNCARS, 2001.*

[11] *Editorial* Revista de Occidente, *Madrid, 1927.*

des artistes et de la critique crurent avoir définitivement liquidé ce cauchemar picassien nommé cubisme. Eugenio d'Ors, fervent supporteur du prétendu «art nouveau», qui avait obstinément tenté d'enrôler Picasso dans le mouvement *noucentiste*, et plus encore depuis la période «classique» des années vingt, considérait le cubisme, et par extension toutes les œuvres réalisées par Picasso en marge de sa création figurative, comme une sorte de *«toquade, un jeu passager»*, ou, pis encore, comme une éphémère période de *«Carême»* dans l'histoire de l'art moderne.[12]

Les réponses à un tel état de fait furent d'ordre privé, comme l'exposition cubiste organisée dès 1912 à la Galerie Dalmau de Barcelone, avec le *Nu descendant un escalier* de Duchamp en première mondiale.[13] De 1915 à 1919, de nombreux artistes européens, réfugiés de la Première Guerre, passèrent par cette galerie: Picabia, Gleizes, Marie Laurencin, Robert et Sonia Delaunay. Mais ces hôtes, découragés eux-mêmes par le manque de réceptivité, ne parvinrent pas à pénétrer le milieu culturel. Il y eut bien des artistes, des critiques, des galeristes qui tentèrent de rénover le panorama de l'art, mais ils ne réussirent peu ou prou qu'à faire provision de nouvelles venues de France, apportées par des revues comme *Cahiers d'Art*, autour de laquelle Zervos et Tériade avaient regroupé quelques-uns des artistes espagnols de Paris. Les étrangers de passage à Barcelone et les images, reproduites dans la revue, des expositions et des œuvres de Picasso, Braque ou d'autres avant-gardistes, auxquelles il faut ajouter la redécouverte des «arts primitifs», n'étaient que le miroir tendu où se regardaient les éléments rénovateurs de l'art espagnol en Espagne. L'art moderne,

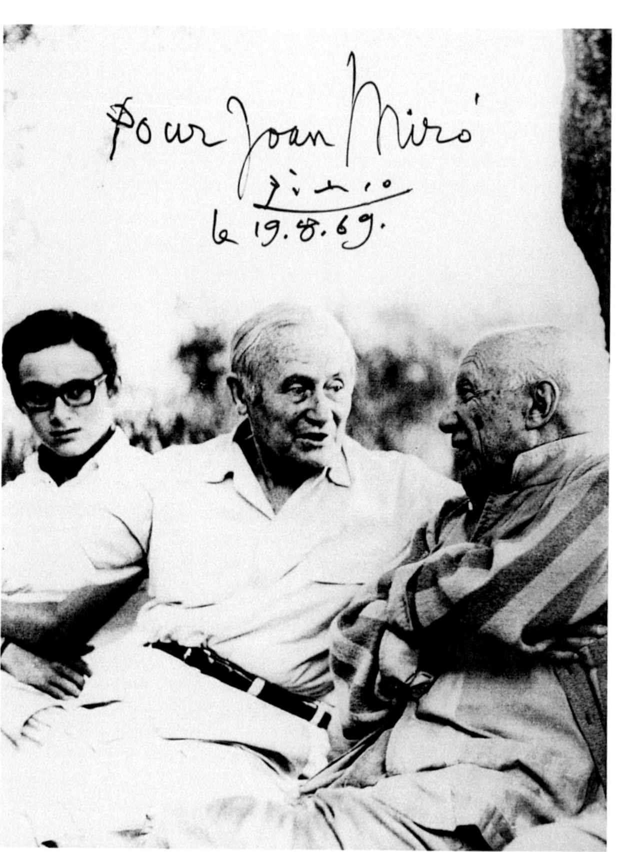

David, petit-fils de Joan Miró, et Pablo Picasso (Fundación Pilar y Joan Miró, Mallorca).

[12] Eugenio d'Ors: *Pablo Picasso* el Acantilado («Pablo Picasso l'Escarpé»), Barcelone, 2001. Madrid, p. 84, 1re éd. Aguilar, 1946; Eugenio d'Ors: *Pablo Picasso*, Paris, Des Chroniques du jour, 1930.

[13] Indépendamment des expositions personnelles de Picasso et de Braque, les cubistes s'étaient présentés ensemble pour la première fois au XXVIIe Salon des Indépendants de Paris en 1911.

Eugenio d'Ors, un crítico que apoyó el llamado "arte nuevo" y que tentó a Picasso durante años para incorporarle al movimiento noucentista, *particularmente a partir del período "clasicista" de los años veinte, consideraba el Cubismo, y por extensión el resto de las obras realizadas por Picasso al margen de su creación figurativa clásica, como un tipo de* "travesura, juego pasajero", *o lo que es peor, una etapa de* "Cuaresma" *efímera en la historia del arte moderno.*[12]

La situación encontraba respuesta en iniciativas privadas, como la impulsada por la Galería Dalmau de Barcelona que en 1912 había realizado una de las primeras exposiciones cubistas con el Nu descendant un escalier *de Duchamp como primicia mundial.*[13] *De 1915 a 1919 pasarían por la Galería Dalmau muchos de los artistas europeos refugiados de la Primera Guerra, Picabia, Gleizes, Marie Laurencin, Robert y Sonia Delaunay. Pero estas presencias, desalentadas también ellas por la falta de receptividad, no calaron en el ambiente cultural. Hubo artistas, críticos y galeristas que intentaron renovar el panorama del arte, pero consiguieron poco más que amalgamar las noticias que se importaban de París a través de revistas como* Cahiers d'Art, *en torno a la que Zervos y Tériade habían agrupado a algunos de los artistas españoles en París. Los extranjeros residentes temporalmente en Barcelona, y las imágenes que la revista reproducía de las exposiciones y obras realizadas por Picasso, Braque y otros vanguardistas, junto al redescubrimiento de las "artes primitivas", eran el espejo en que se miraba lo más renovador del arte español en España. Ninguno de ellos albergaba la duda de que el arte moderno se hacía en París, donde este nuevo vocabulario de formas*

[12] *Eugenio d'Ors:* Pablo Picasso *el Acantilado, Barcelona, 2001. Madrid, pág. 84, 1.ª ed. Aguilar, 1946.*

[13] *Independientemente de las exposiciones individuales de Picasso y de Braque, los cubistas se habían presentado juntos por vez primera en el XXVII Salón de los Independientes de París de 1911.*

cela ne laissait guère de doute, se faisait à Paris, où son nouveau vocabulaire de formes pouvait être accepté par une société entrée de plain-pied dans le XXe siècle et qui témoignait en outre d'une extraordinaire perméabilité à toutes les manifestations de cette conscience de vivre une expérience nouvelle et révolutionnaire. Le jeune Miró, devant *«le dégoût, l'indifférence et le rire»*[14] que son exposition à la Galerie Dalmau avait provoqués, prit la décision de se mettre en chemin vers la capitale de l'art moderne.

podía ser aceptado por una sociedad que había entrado de pleno en el siglo XX y manifestaba una extraordinaria porosidad hacia todas las manifestaciones que expresaban la conciencia de vivir una experiencia nueva y revolucionaria en múltiples órdenes. En España esta conciencia histórica no existió. El joven Miró, ante "el disgusto, la indiferencia y la risa"[14] *que su exposición de 1918 en la Galería Dalmau había provocado como respuesta, tomaba la decisión de hacer el camino hacia la capital del arte moderno.*

Paris, années trente

Miró s'était intégré à la modernité avec une peinture détailliste et représentative, qu'il abandonna peu à peu pour se tourner vers une foisonnante iconographie intérieure.[15] Un univers inconnu d'images en surgirait, que personne ne voyait comme lui, lui qui ne voulait pas perdre son regard d'enfant, qui emmenait en voyage des brins d'herbe de sa ferme catalane. Et il n'y eut personne, en effet, pour donner vie, comme lui, dans une sorte d'exhortation animiste, à la trace des escargots et aux étoiles, aux formes et aux signes qui coulaient de la réalité vers son imagination, ou que celle-ci puisait sans cesse au spectacle du monde (cat. nº 12), avec une légèreté et une spontanéité auxquelles Breton rendit hommage: *«C'est sans doute celui qui peut être considéré comme le plus surréaliste de nous tous.»*[16]

En Espagne, Dalí essaie différentes formules – dans la lignée du Picasso «classique», de l'ascèse du cubisme de Gris ou s'inspirant des inquiétantes figurations de Severini ou de De Chirico –, catalysant à lui seul dans sa première peinture tout un ensemble de tendances qui lui parviennent de Paris. Jusqu'à ce qu'il découvre l'épiphanie surréaliste, un esprit qui était le sien. Avide de se frotter aux bouillantes idées que Breton venait de verser dans le creuset du premier *Manifeste du surréalisme*, il part.

En 1929, Dalí est introduit par Miró sur la scène parisienne et présenté au groupe révolutionnaire surréaliste, qu'il va secouer par son génie provocateur, une peinture dessinée jusqu'à la miniature et ses peurs pathologiques devenues surréelles. Il a laissé à Madrid ses amis García Lorca et Luis Buñuel et, à Paris, ren-

París, años treinta

Miró se había ido integrando en la modernidad con una pintura detallista y representativa que abandona paulatinamente en busca de un universo interior donde bulle su personal iconografía.[15] *Inesperadamente va a surgir de ella un universo desconocido de imágenes que nadie veía como él –el que no quería perder su mirada de niño, el que viajaba con briznas de hierba de su masía catalana–. Nadie como él para dar vida, en una suerte de conjuro animista, al rastro de caracoles y estrellas, formas y signos que fluyen de la realidad a su imaginación y viceversa (cat. n.º 12) con una ligereza y espontaneidad ante los que Breton rindió su reconocimiento:* "Es tal vez quien puede ser considerado como el más surrealista de todos nosotros".[16]

Dalí en España ensaya varias fórmulas –en la herencia del Picasso "clasicista", en la ascética del Cubismo de Gris, en las inquietantes figuraciones de Severini y de De Chirico– catalizando él solo en su pintura inicial todo un compendio de las tendencias que llegaban desde París. Hasta que descubre la epifanía surrealista, un espíritu que era el suyo propio. Ávido por entrar en contacto con las bullentes ideas que Breton acababa de verter en el primer Manifiesto del Surrealismo, *decide marcharse.*

El año 1929 Dalí hace su presentación en el escenario de París de la mano de Miró para sacudir al revolucionario grupo surrealista con su provocador ingenio, una pintura dibujada hasta la miniatura y sus patológicos temores hechos forma surreal. Dalí había dejado en Madrid a sus amigos García Lorca y Luis Buñuel, y en París reencuentra a Paul Éluard y Gala. La visibilidad hiperreal de sus imágenes, su capacidad ana-

---

[14] J. Llorens Artigas: «La veu», Barcelone, 26 février 1918, *in*: Jaime Brihuega: *Las vanguardias artísticas en España* («Les Avant-gardes artistiques en Espagne») *1909-1936*, Madrid, Istmo, Col. Fundamentos, 1981, p. 201.

[15] «A partir de 1925, je ne dessinais plus que d'après mes propres hallucinations. Je vivais alors de quelques figues sèches par jour… La faim était la meilleure manière de les provoquer.» Cité par Roland Penrose: *Joan Miró*, Paris, Thames and Hudson, 1990.

[16] André Breton: *Le Surréalisme et la peinture*, Paris, Gallimard, 1965, pp. 36-37.

[14] *J. Llorens Artigas: "La veu", Barcelona, 26 de febrero de 1918, en Jaime Brihuega:* Las vanguardias artísticas en España 1909-1936, *Madrid, Istmo, Col. Fundamentos, 1981, pág. 201.*

[15] *"A partir de 1925 sólo dibujaba a partir de mis alucinaciones. Entonces vivía de unos pocos higos secos al día… El hambre era la mejor manera de provocarlas". Citado por Roland Penrose:* Joan Miró, *París, Thames and Hudson, 1990.*

[16] *André Breton:* Le Surréalisme et la peinture, *París, Gallimard, 1965, págs. 36-37.*

contre Paul Eluard et Gala. La minutie hyperréaliste de ses images, leur potentiel d'anamorphose et d'association, les textes et conférences qu'il donne sur la «méthode paranoïa-critique» font bientôt de lui une figure capitale du mouvement. Breton lui dédie le *Second Manifeste du surréalisme*, et en fait le dépositaire de son *«espérance la plus aveugle»*, mais le peu d'intérêt que Dalí accorde aux engagements antifascistes du groupe et son avidité déjà manifeste pour l'argent vont transformer l'admiration en rejet: Breton l'expulse du surréalisme. Néanmoins, ces années ont été pour lui celles de la fulgurance; il y a réalisé ses meilleures œuvres (cat. n°s 11 et 20), avant de quitter Paris pour New York, où il se transforme en spectacle surréaliste vivant. De retour en Espagne, il est reçu comme un génie, y compris par le régime de Franco, qui le décore de la Grand-Croix d'Isabelle la Catholique... un événement surréaliste.

A l'avers de cette figure de grand prestidigitateur que fut Dalí est celle de Julio González. Il était arrivé à Paris avant Picasso, il y réalisait des bijoux dans son atelier d'orfèvre, et voulait être peintre. Avec ses tableaux, et quelques belles sculptures de facture classique, il s'était présenté au Salon d'Automne et à celui des Indépendants. Il connaissait la soudure autogène et venait de se lancer dans la sculpture en fer lorsque Picasso lui demanda son aide pour donner forme à quelques-unes de ses idées. Cette rencontre se révèle extrêmement fertile pour les deux hommes. Picasso apprend la technique de la soudure et le forgeage du fer, que son vieil ami maîtrisait, et González devient un sculpteur de l'avant-garde, élargissant le champ d'action de la sculpture à un concept révolutionnaire, dont la clé réside dans la tension entre ligne et vide (cat. n°s 16 à 18). Il comprend très vite les intentions de Picasso et, en bon connaisseur de la troisième dimension, leur donne une forme magistrale, loin de toute rigidité. La *Danseuse à la marguerite* (cat. n° 17) déploie ses formes légères dans l'espace avec une liberté et une joie extraordinaires.

C'est le Picasso des figures aux volumes contondants et sculpturaux qui s'était rapproché de González, en 1928, pour explorer les possibilités formelles de la troisième dimension – il s'agissait, pour lui, de l'air. La possibilité du vide comme forme surgit du développement, dans la peinture et dans le dessin, du thème des métamorphoses. Picasso le décline en de multiples versions, poussant dans différentes directions sa fascination pour les corps en transformation. L'un des chemins empruntés est celui de la ligne abstraite et géométrique changée en figure. L'extrême simplicité d'un tableau comme *Tête de femme*, peint en 1927 (cat. n° 13), annonce déjà la nécessité imminente d'explorer la ligne et le vide avec des matériaux tangibles ouvrant sur la troisième

mórfica y asociativa, los textos y conferencias sobre el "método paranoico-crítico" le convierten en figura capital del movimiento. Breton le dedica el Segundo Manifiesto del Surrealismo *haciéndole depositario de su "esperanza más ciega" pero, el desinterés de Dalí por los compromisos antifascistas adquiridos por el grupo y su ya manifiesta avidez por el dinero, transforman la admiración en rechazo y Breton le expulsa del Surrealismo. Esta década había sido fulgurante en su vida, y en ella realiza seguramente sus mejores obras (cat. n.ºs 11 y 20) antes de dejar París para irse a Nueva York convertido en un espectáculo surrealista viviente. De regreso en España es recibido como un genio, incluso por el régimen de Franco que le otorga la Gran Cruz de Isabel la Católica..., todo un acontecimiento surrealista.*

El anverso de este gran prestidigitador que fue Dalí es la figura de Julio González. Había llegado antes que Picasso a París donde realizaba joyas modernistas en su taller de orfebre, y quería ser pintor. Con sus cuadros y unas nobles esculturas de factura clásica se había presentado en el Salon d'Automne *y en el de* Les Indépendants. *Conocía la soldadura autógena y acababa de empezar a hacer esculturas en hierro cuando Picasso le pide ayuda para concretar algunas de sus ideas. Este encuentro resultará extraordinariamente fértil para los dos, Picasso aprende la técnica de la soldadura y el forjado del hierro que su antiguo amigo manejaba con soltura y González se convierte en un escultor de la vanguardia, abriendo el campo de acción de la escultura hacia un concepto revolucionario, cuya clave radica en la tensión entre línea y vacío (cat. n.ºs 16 a 18). En muy poco tiempo asimila las intenciones de Picasso y, como buen conocedor de la tercera dimensión, las concreta magistralmente, abandonando la rigidez que dominó la escultura anterior. En la* Bailarina de la margarita *(cat. n.º 17) la figura despliega sus ligeras formas en el espacio con una extraordinaria libertad y alegría.*

Era el Picasso de las figuras de volúmenes contundentes, casi escultóricas, el que se había acercado a González en 1928 para abordar las posibilidades formales de la tercera dimensión, que para él era el aire. La posibilidad del vacío como forma, surge del desarrollo en pintura y dibujo del tema de las metamorfosis. Sobre este tema Picasso realiza muchas versiones, empujando en diferentes direcciones su fascinación por las formas en transformación. Uno de los caminos que toma, explora la transformación de la línea abstracta, geométrica, en figura. La extrema simplicidad de un cuadro como el Cabeza de mujer *de 1927 (cat. n.º 13) preludia ya la inmediata necesidad de experimentar la línea y el vacío con materiales tangibles que incluyan la tercera dimensión, dando juego al aire, y permi-*

Photo courtesy IVAM

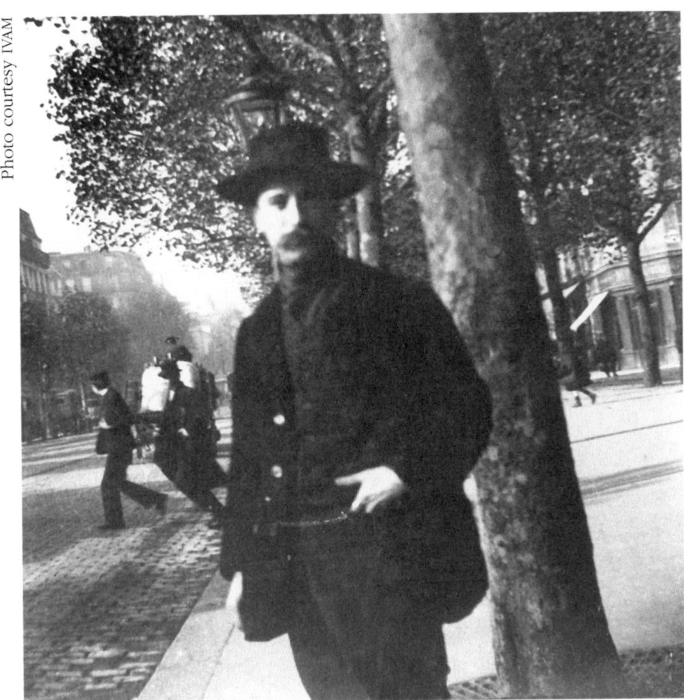

Julio González à Paris, 1900-1902.

dimension, donnant un rôle à l'air, permettant aux lignes de générer dans l'espace différentes formes.
En 1930, Picasso dessine les *Métamorphoses*, une série de 30 gravures pour illustrer le livre de Publius Ovidius Naso, que le jeune éditeur Albert Skira lui offre le jour de ses 50 ans. La vibration de la ligne noire sur la pureté de la page chante avec une aisance inégalable l'apothéose terrible et cruelle du monde mythique.
Mais des années tragiques dans l'histoire de l'Espagne approchent, qui vont susciter dans celle de l'art moderne une création fébrile, en réponse aux destructions de la guerre civile, la plus cruelle de toutes les guerres.
Les artistes espagnols réagissent aux événements et pressentent le recul d'une Espagne déjà en conflit avec la modernité. Chacun d'eux à la façon qui est la sienne. Dalí, qui avait réalisé un tableau prémonitoire de la guerre, passe sur la pointe des pieds; Miró, *«devant l'épreuve, ne peindra pas des témoignages, mais des exorcismes, violents, directs, instinctifs, les vingt-sept masonites de l'été 1936»*[17] (cat. nº 19); González crie son refus dans une image modelée, la *Montserrat* du Pavillon espagnol de 1937, que Picasso lui avait conseillé de remplacer par l'une de ses sculptures en métal soudé. Et c'est Picasso, vivant passionnément, héroïquement, le désastre, qui peint, dans l'urgence,

[17] Jacques Dupin: *Miró*, Paris, Flammarion, 1993.

tiendo a las líneas transformarse en distintas formas entre el espacio.
En 1930 Picasso dibuja las Metamorfosis, *una serie de 30 grabados para ilustrar el libro de Publio Ovidio Nason que el joven editor Albert Skira le regala el día de su 50 cumpleaños. La vibración de la línea negra dibujada sobre el blanco nítido de la página, recobra la apoteosis terrible y cruel del mundo mítico con una maestría única.*
Pero se avecinan años trágicos en la historia de España que van a tener en la historia del arte moderno una contrapartida de creación febril que oponer a la destrucción de la guerra civil, la más cruel de las guerras.
Los artistas españoles reaccionan ante los acontecimientos y preveen el retroceso que puede significar en las ya difíciles relaciones entre España y la modernidad. Cada uno lo hace de forma distinta, Dalí que había realizado un cuadro premonitorio de la guerra, pasa de puntillas frente al alzamiento de Franco, Miró "durante la prueba no pintará testimonios sino exorcismos, violentos, directos, instintivos, las veintisiete masonitas del verano de 1936"[17] *(cat. n.º 19), González concreta su rechazo en una imagen modelada, la* Montserrat *del Pabellón Español de 1937, que Picasso le había aconsejado sustituir por uno de sus trabajos en metal soldado. Va a ser Picasso el que viva con pasión y heroísmo este desastre, pintando a borbotones una de las obras claves del siglo XX. En los estudios previos al* Guernica, *Picasso, con un ritmo enfebrecido, va sacando de las sombras imágenes que se convierten en paradigmas universales del dolor (cat. n.os 21 y 22).*

Después de las tres guerras

La guerra lo cambia todo, los mayores progresos y los peores desastres son su obra. La obra del arte lo único que puede hacer es anticiparse a los cambios y expresar sus premoniciones a través de imágenes. Después de la Segunda Guerra, la revolución vanguardista su intuición y su esfuerzo por crear las imágenes nuevas de un mundo nuevo, se vacían de sentido, al menos de sentido heroico y anticipador, cuando la transformación se había impuesto de lado a lado de la realidad, y lo moderno estaba ya en la forma cotidiana de vivir en toda Europa. En toda Europa, pero no en España. En España, dejada al margen por los Aliados y por las potencias del Eje, había ganado la guerra un régimen que se instaura sobre el principio imaginario de la eternidad. Todo había ocurrido para que todo siguiera igual, para que todo mantuviera el orden que el presente inventaba a su conveniencia para el pasado

[17] *Jacques Dupin:* Miró, *París, Flammarion, 1993.*

l'une des œuvres clés du XXe siècle. Dans les études préparatoires de *Guernica*, à un rythme enfiévré, il fait sortir de l'ombre des images qui deviendront les paradigmes universels de la douleur (cat. n°s 21 et 22).

Après les trois guerres

La guerre a tout changé. Elle a engendré les plus grands progrès, les pires désastres. La seule chose que peut faire l'œuvre d'art, c'est anticiper les changements, exprimer, au travers d'images, ses prémonitions. Après la Deuxième Guerre mondiale, la révolution avant-gardiste, ses intuitions, ses efforts pour créer les images d'un monde nouveau se vident de sens, à tout le moins perdent leur sens héroïque d'anticipation: la réalité s'est transformée de part en part; dans toute l'Europe, la modernité a envahi la vie quotidienne. Dans toute l'Europe, mais pas en Espagne, laissée en marge par les Alliés et les puissances de l'Axe, où un régime fondé sur le principe imaginaire de l'éternité a gagné la guerre. Tout était arrivé pour que tout reste comme avant, pour que tout maintienne l'ordre que le présent inventait à sa convenance, pour le passé et pour le futur. La rue avait été le théâtre d'une persécution si violente, entre voisins, entre frères, dans chaque famille, qu'une fois le sang nettoyé, s'imposa le silence. Miró dut fuir la vengeance d'anarchistes qui l'avaient fiché pour avoir assisté au mariage de sa sœur avec *«un imbécile d'extrême droite»*[18]. Miró héroïque, à sa manière, comme s'il se jouait du sérieux de la vie (cat. n° 23), plus héroïque et plus libre encore à la fin, après ses voyages à New York et son passage par l'abstraction, après le Japon et ses jardins vides. Le dernier Miró (cat. n°s 25 à 27), qui se laisse absorber par l'énergie de la pure peinture: *«Sur la toile posée à plat par terre, je verse de la couleur liquide, puis je remets la toile verticale. C'est alors que la couleur coule [...]. Quand [cela] me paraît suffisant, je l'arrête en remettant la toile à plat.»*[19] Il deviendra bientôt un point de référence pour les jeunes abstraits new-yorkais et les artistes de l'abstraction espagnole.
Miró dans l'Espagne de la dictature, regardé avec suspicion, mais soutenu, irrémédiablement. Picasso en France, ennemi, communiste, toujours contre tout, jusque dans ces derniers tableaux (cat. n° 24). Picasso, qui voulut toujours être Espagnol, mourut deux ans avant Franco, dans le sud de la France. Il ne revint pas. Il ne pouvait pas revenir, puisqu'il s'était déclaré soli-

[18]Joan Miró: *Ceci est la couleur de mes rêves*, conversations avec Georges Raillard, Paris, Seuil, 1977.
[19]Joan Miró, cité par Yvon Taillandier: «Miró: Maintenant je travaille par terre», *in*: *XXe siècle*, Paris, 1974, vol. 43, n° 43, pp. 15-16, extrait du catalogue *Joan Miró*, dirigé par Jean-Louis Prat, Fondation Pierre Gianadda, Martigny, 1997.

Photo Luis Pérez-Mínguez

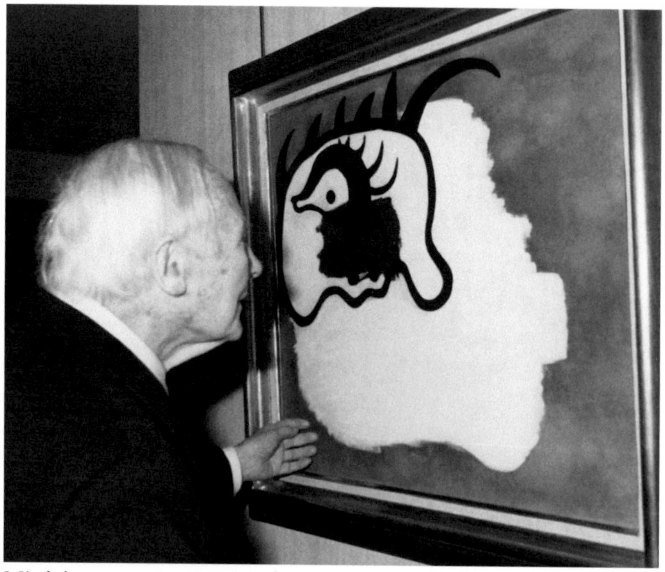

Miró à son exposition à la Galerie Theo, Madrid, 1978.

y para el futuro. En la calle había habido una persecución tan sangrienta de vecino a vecino, de hermano a hermano, en cada familia que, una vez limpiada la sangre, se impuso el silencio.
Miró tuvo que salir huyendo de unos anarquistas que le habían fichado por asistir en Barcelona a la boda de su hermana con "un imbécil de extrema derecha" [18]. *Miró heroico, a su manera, como si jugase con la seriedad de la vida (cat. n.º 23), más heroico y más libre aún al final, después de sus viajes a Nueva York y de sus tránsitos por la abstracción, después de Japón y sus jardines vacíos. El último Miró (cat. n.ºs 25 a 27) que se deja absorber por la energía de la pura pintura* "derramo el color líquido sobre la tela que está en el suelo y la levanto. El color chorrea... Cuando me parece, lo paro poniendo la tela horizontal de nuevo" [19] *va a ser un punto de referencia para los jóvenes abstractos de Nueva York y para los artistas abstractos españoles.*
Miró en la España de la dictadura, mirado con recelo, pero soportado sin remedio. Picasso en Francia, enemigo, comunista, siempre contra todo, hasta sus últimos cuadros (cat. n.º 24). Picasso, que siempre quiso ser español, murió antes, dos años antes que Franco, en el sur de Francia. Él no volvió, no podía volver porque se había declarado solidario con el

[18]*Joan Miró:* Ceci est la couleur de mes rêves, *conversaciones con Georges Raillard, París, Seuil, 1977.*
[19]*Joan Miró, citas de Yvon Taillandier: "Miró: Maintenant je travaille par terre" en* XXe siècle, *París, 1974, vol. 43, n.º 43, págs. 15-16, extraído del catálogo* Joan Miró, *dirigido por Jean-Louis Prat, Fondation Pierre Gianadda, Martigny, 1997.*

daire du Gouvernement de la République, à laquelle il avait fait don de *Guernica*. Mais *Guernica* s'en était allé à New York, parce qu'en Espagne, on ne voulait pas le voir. La modernité niée. De cela, il n'y avait aucun doute. Il était pourtant impossible de l'éliminer. L'avant-garde s'identifiait à la gauche et à la République, contre laquelle s'était soulevé Franco, et celui-ci avait promulgué un art nationaliste, enraciné dans les valeurs éternelles d'une Espagne impériale, teinté d'un certain indigénisme populaire. Mais qui pouvait y croire?

Les nouvelles avant-gardes

Le début des années cinquante voit paraître une nouvelle avant-garde, qui développera son œuvre dans le sillage de l'art informel. Tàpies, Palazuelo, Saura, Chillida, Oteiza et Millares surgissent avec une puissance inhabituelle et adoptent des postulats esthétiques radicaux. «*L'assimilation rapide des idées de l'abstraction et leurs développements immédiats et originaux furent possibles parce que la rénovation espagnole trouvait dans l'abstraction une expression vers laquelle la portaient des critères identitaires convergents à partir desquels s'articula un langage plastique vécu comme une croyance et comme une forme de survie.*»[20]

Malgré les différences d'âges et de conceptions esthétiques, ce qui unit cette nouvelle génération artistique, au-delà de son adhésion à l'abstraction, c'est son ralliement, en première ligne et depuis l'Espagne, à l'esprit des avant-gardes internationales. L'existence d'une avant-garde critique en Espagne aura pour conséquence immédiate un changement radical du panorama artistique, particulièrement visible à Madrid, qui fait rapidement preuve d'une grande vitalité. Contre toute attente, le régime franquiste ne s'opposa pas au mouvement.

[20] Víctor Nieto Alcaide: «El color de la negación del color» («La Couleur de la négation de la couleur»), *in*: *El color de las Vanguardias. Pintura española contemporánea 1950-1990 en la colección Argentaria* («La Couleur des avant-gardes. Peinture espagnole contemporaine de la collection Argentaria 1950-1990»), Madrid, 1993, pp. 20-29.

Gobierno de la República al que donó el Guernica, *pero el* Guernica *se iba a Nueva York porque en España no podía ser visto. La modernidad había sido negada, de eso no había duda. Pero era imposible eliminarla, la vanguardia estaba identificada con la izquierda y con la República contra la que se levantó Franco, el cual impulsó un arte nacionalista arraigado en los valores eternos de una España imperial, teñido de cierto indigenismo popular. Pero ¿Quién podía creérselo?*

Las nuevas vanguardias

En los primeros años de la década de los cincuenta irrumpe una nueva generación de vanguardia que desarrolla su obra en torno al informalismo. Tàpies, Palazuelo, Saura, Chillida, Oteiza y Millares surgen con inusitada potencia y adoptan postulados estéticos radicales. "La rápida asimilación de los planteamientos informalistas y sus inmediatos y originales desarrollos se produjeron porque en el informalismo la renovación española encontró un lenguaje en el que concurrían numerosos puntos de confluencia y de identidad desde los cuales se articula un lenguaje plástico que se imaginó como una creencia y como una forma de supervivencia".[20]

Esta nueva generación artística, entre cuyos componentes hay diferencias de edad y de planteamientos estéticos notables, tiene en común, además de su adhesión a la abstracción, el hecho de incorporarse en primera línea y desde España al espíritu de las vanguardias internacionales. La existencia de una vanguardia crítica en España tendrá como consecuencia inmediata un cambio radical del panorama artístico, particularmente notorio en Madrid, que desarrolla en poco tiempo una gran vitalidad. Contra lo que pudiera pensarse el régimen franquista no se opuso al surgimiento de esta nueva vanguardia, España se había quedado aislada

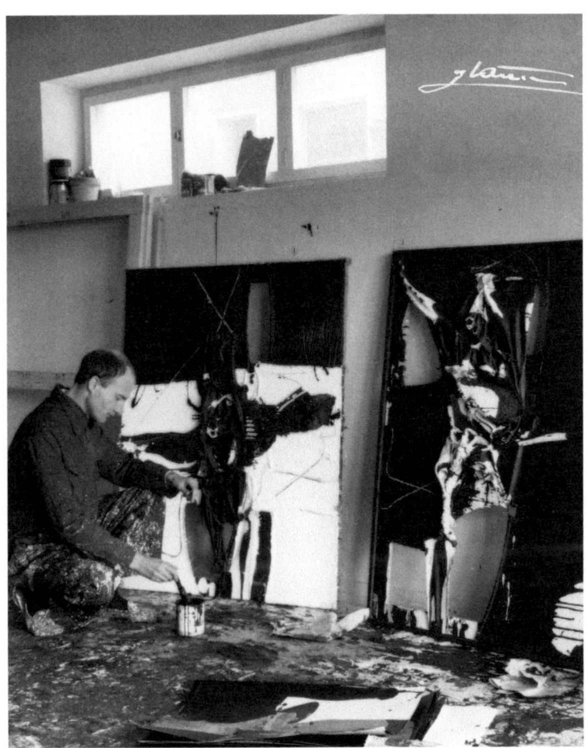

Manolo Millares à son atelier.

[20] *Víctor Nieto Alcaide: "El color de la negación del color" en* El color de las Vanguardias. Pintura española contemporánea 1950-1990 en la colección Argentaria, *Madrid, 1993, págs. 20-29.*

Après la défaite des puissances de l'Axe, l'Espagne se trouvait isolée, et une avant-garde artistique offrant une image modernisée du pays pouvait favoriser une reconnaissance en Europe. De plus, l'Espagne gravitait dans l'orbite des Etats-Unis, qui n'avaient vu aucun inconvénient à faire de l'expressionnisme abstrait une bannière symbolique du «monde libre». Cette ouverture des mentalités prit un tour concret en 1951 lorsque les instances officielles organisèrent une grande exposition, la Ire Biennale hispano-américaine de l'art, qui intégrait les artistes abstraits à la génération des avant-gardes. L'événement suscita une certaine surprise et marqua un changement de cap dans la politique artistique.

En vérité, le principal écueil sur lequel butait cette génération tenait surtout à l'immobilité de la société, dont l'expérience de la modernité ne s'effectuait ni sur les mêmes bases ni au même rythme que dans le reste de l'Europe, ainsi qu'au conservatisme vulgaire et opportuniste des écoles des Beaux-Arts et des artistes «consacrés», par lesquels vivotait un marché de l'art anémique. La bourgeoisie cultivée fuyait l'avant-garde parce qu'elle ne la comprenait pas. Son monde ne s'était pas brisé et recomposé comme ailleurs en Europe, sous le choc de la Première Guerre, puis, à nouveau, de la Seconde. En Espagne au contraire, l'ordre ancien s'était maintenu et le soulèvement nationaliste contre la République n'eut d'autre raison d'être que ce maintien. Le vide laissé par les artistes espagnols des avant-gardes historiques partis vivre à Paris des années auparavant avait eu sur l'appauvrissement du panorama espagnol une répercussion plus profonde que le dirigisme politique d'un régime qui, en matière d'art, conservait un ennemi déclaré nommé Picasso.

La rencontre de quelques-uns de ces artistes, Saura, Tàpies, Millares et Oteiza, avec l'avant-garde eut lieu au travers du surréalisme, qui avait pénétré avec force le milieu artistique espagnol. Deux de ses représentants les plus significatifs, Miró et Dalí, vivaient en Espagne, respectivement depuis 1942 et 1949, et leur présence, celle de Miró surtout, insuffla aux jeunes artistes, plus critiques, une grande énergie.

Dans leurs premiers tâtonnements artistiques, les peintres partagèrent un certain nombre de références sur des points qui étaient venus frapper leur attention: le surréalisme et sa libération du geste spontané, les modèles pseudo-constructivistes dérivés du cubisme de Juan Gris, et l'œuvre de Miró et de Paul Klee. Leur vénération pour Klee était liée à la découverte de l'«art primitif», revendiquée par une association active d'artistes réunis sous le pseudonyme d'Ecole d'Altamira[21].

[21] L'Ecole d'Altamira fut fondée par Mathias Goeritz. Formée de critiques, d'artistes et d'architectes, elle organisa deux «Semaines d'Art» à Santillana del Mar (province de Santander), en 1949 et 1950.

con la derrota de las potencias del Eje, y para conseguir el reconocimiento de Europa no venía mal una vanguardia artística que ofreciera una imagen modernizada del país. Además, España estaba en la órbita de los Estados Unidos, y éste país no tuvo ningun problema en hacer de su Expresionismo abstracto una bandera simbólica del "mundo libre". Esta apertura de mentalidad se concretó en 1951 cuando las instancias oficiales organizan una gran exposición, la I Bienal Hispanoamericana de Arte, que integraba a los artistas abstractos con la generación de las vanguardias. La muestra fue recibida con sorpresa e insinuó un cambio de rumbo en la política artística.

En realidad el principal escollo contra el que tenía que luchar esta generación era más la inmovilidad de una sociedad que no había vivido la modernidad desde sus inicios y en sintonía con el resto de Europa, y el conservadurismo ramplón y oportunista de las escuelas de Bellas Artes y de los artistas "consagrados" que mantenían el escaso mercado del arte. El público de la burguesía culta rehuía la vanguardia porque no la entendía, su mundo no se había roto y recompuesto como en Europa con la Primera Guerra y de nuevo, otra vez, con la Segunda; por el contrario en España el antiguo orden seguía manteniéndose y el levantamiento nacional contra la República se hizo para eso. El vacío dejado por los artistas españoles de las vanguardias históricas que se fueron a París años antes había tenido una repercusión más profunda en el empobrecimiento del panorama español que el dirigismo político de un régimen que, en lo artístico, seguía teniendo un enemigo declarado llamado Picasso.

El contacto de algunos de estos artistas, Saura, Tàpies, Millares y Oteiza, con la vanguardia tuvo lugar a través del Surrealismo que había calado con fuerza entre el medio artístico español. Dos de sus representantes más significativos, Miró y Dalí, vivían en España desde 1942 y 1949 respectivamente y su presencia, sobre todo la de Miró, insufló una gran energía entre los jóvenes artistas más críticos.

En el inicio de sus tanteos artísticos los pintores compartieron algunos puntos de referencia a los que dirigieron su atención: el Surrealismo y su liberación del gesto espontáneo, los modelos pseudoconstructivos derivados del Cubismo de Juan Gris y la obra de Miró y de Paul Klee. La veneración por Klee estaba relacionada con el descubrimiento del "arte primitivo" que llegó a cuajar en una asociación activa de artistas unidos bajo el seudónimo de Escuela de Altamira[21]. Con esta mirada al pasado remoto se trataba de enlazar con un

[21] La Escuela de Altamira fue fundada por Mathias Goeritz; formaron parte de ella críticos, artistas y arquitectos; organizó dos Semanas de Arte en Santillana del Mar, Santander, en 1949 y 1950.

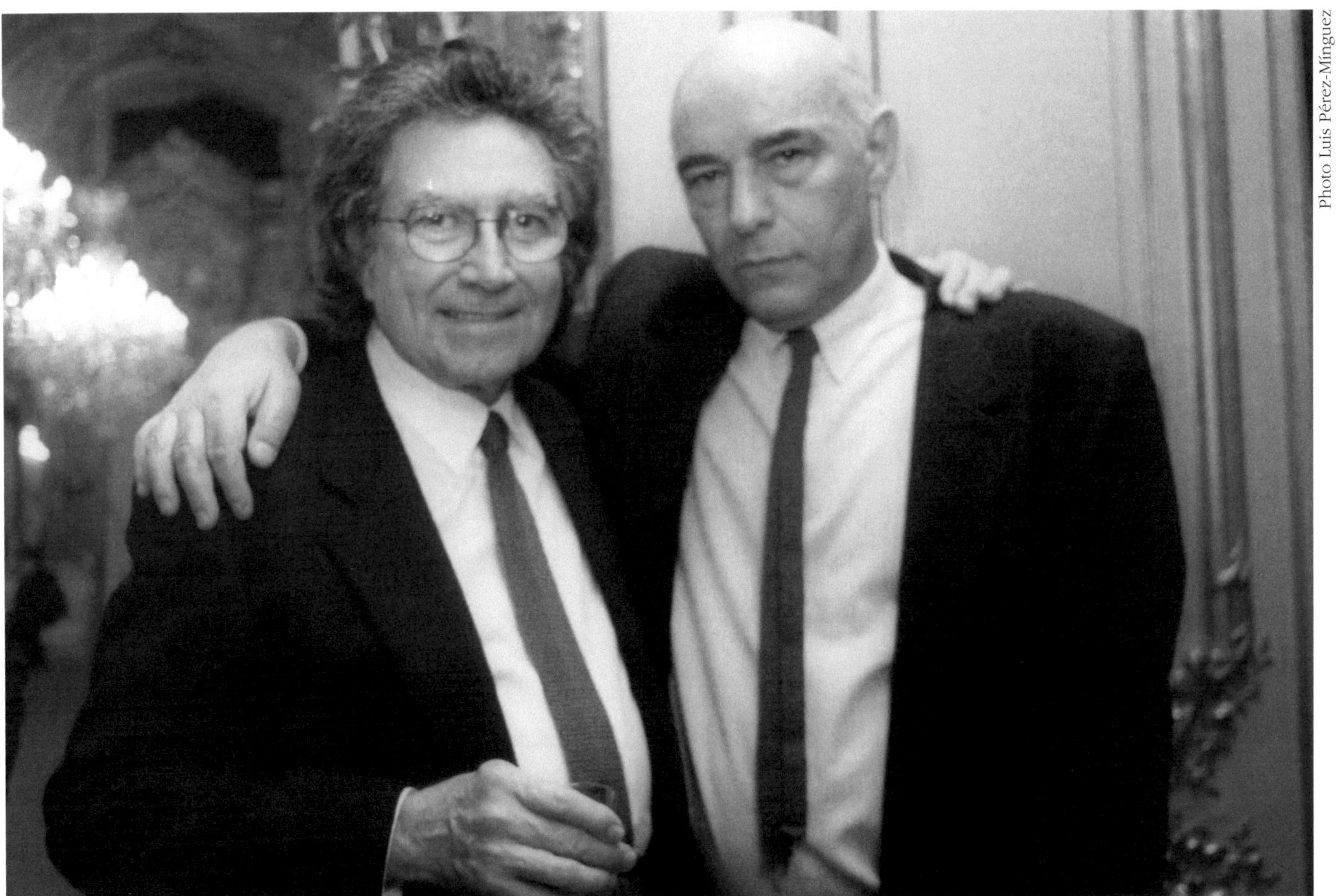
Photo Luis Pérez-Mínguez

Antoni Tàpies et Antonio Saura, Madrid, 1989.

Il s'agissait, par ce regard vers le passé lointain, de renouer avec un vocabulaire différent de celui enseigné dans les académies, en adoptant une démarche semblable à celle des avant-gardes historiques au début du siècle. Les formes abstraites et intellectualisées de l'art primitif apportaient en quelque sorte leur caution à un «art nouveau», en opposition au formalisme d'une certaine figuration teintée d'éléments supposés de modernité. De cette réflexion sur l'expression plastique des «primitifs» ou des enfants allaient surgir des créations plus originales et authentiques que celles qui avaient cru trouver dans la simple répétition des avant-gardes historiques leur point de rencontre avec la modernité. Voilà quels furent les éléments communs à partir desquels des artistes comme Pablo Palazuelo[22], Antonio

[22]En 1948, Pablo Palazuelo participa, avec un groupe d'artistes, à *Homenaje a Paul Klee* («Hommage à Paul Klee»), publié la même année dans la collection «Artistas Nuevos» («Artistes Nouveaux») par la Galerie Clan de Madrid et dirigé par Mathias Goeritz.

vocabulario formal diferente al enseñado por las academias, en un proceso similar al seguido por las vanguardias históricas en los primeros años del siglo. En las formas abstractas e intelectualizadas del arte primitivo se encontraba el refrendo a un "arte nuevo" que se oponía al amaneramiento de cierto arte figurativo con componentes de supuesta modernidad. Esta reflexión sobre las expresiones plásticas de los "primitivos" o de los niños estaban encaminadas a impulsar una creación individual más originariamente veraz que la que había encontrado en la mera réplica de las vanguardias históricas su punto de encuentro con la modernidad. Todos éstos, fueron puntos comunes de partida para artistas, como Pablo Palazuelo[22], Antonio Saura, Manolo Millares y Antoni Tàpies que pronto

[22]*En 1948 Pablo Palazuelo participó, junto con un grupo de artistas, en el* Homenaje a Paul Klee, *publicado el mismo año en la colección "Artistas Nuevos", promovido por la Galería Clan de Madrid y dirigido por Mathias Goeritz.*

Saura, Manolo Millares et Antoni Tàpies trouveraient rapidement un mode d'expression personnel pour s'orienter plus tard dans des voies radicalement différentes.

Hormis ces faits, qui relèvent de l'histoire, il faut prendre en compte un facteur commun autodidacte. Le caractère individualiste de chacun de ces artistes fut cause et conséquence d'une pratique personnelle de réflexion sur les trouvailles des avant-gardes et sur d'autres faits marquants de l'histoire de l'art contemporain. La conscience de leur isolement, de leur expérience diachronique de la contemporanéité internationale et l'existence d'un courant critique à l'égard de cette situation éveillèrent chez les futurs abstraits – et non seulement parmi eux – une grande curiosité, une énorme avidité pour tout ce qui se passait à l'extérieur. La diffusion de l'«art actuel» à travers un programme d'expositions et la publication d'un bulletin furent à l'origine de la création du groupe *El Paso*[23]. A Paris triomphait l'«Art autre». Chillida, Tàpies, Saura et Millares s'y rendirent, pour revenir peu après. Palazuelo y demeura jusqu'en 1969.

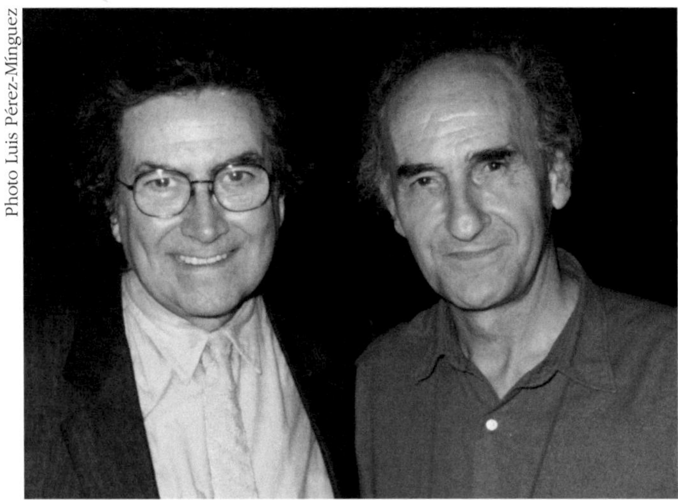
Photo Luis Pérez-Mínguez

Antoni Tàpies et Eduardo Chillida, Madrid, 1990.

La critique, appliquée à l'environnement quotidien, engendra un refus radical de l'art bien-pensant et académique, une attitude combative face aux goûts de la petite bourgeoisie et contre le refus du régime de toute remise en cause. De là à identifier l'idée d'avant-garde avec l'engagement politique à gauche, il n'y avait qu'un pas, que les artistes abstraits espagnols firent rapidement. La méfiance et l'étonnement avec lesquels le

[23] *El Paso*, créé à Madrid en 1957, réunissait les critiques José Ayllón et Manuel Conde et les artistes Manolo Millares, Antonio Saura, Luis Feito, Rafael Canogar, Manuel Rivera, Pablo Serrano, Juana Francés et Antonio Suárez.

encontrarían un medio de expresión personal y bifurcarían sus trayectorias de forma radical.

Aparte de estos hechos "historiables" concurre en todos ellos un factor autodidacta. El carácter individualista de cada uno de estos artistas, fue causa y consecuencia de una práctica privada de reflexión sobre los hallazgos de las vanguardias, y de otros hitos en la historia del arte coetáneo. La conciencia de aislamiento y diacronía respecto a la contemporaneidad internacional y la existencia de un fuerte componente crítico contra esta situación despertaron entre los futuros abstractos y no sólo en ellos, una gran curiosidad y una enorme avidez por todo lo que estaba aconteciendo en el exterior. La difusión del arte actual a través de un programa de exposiciones y de la publicación de un boletín fue el motivo de creación del grupo El Paso[23]*. En París triunfaba el "Art autre" y allí fueron Palazuelo, Chillida, Tàpies, Saura y Millares, para regresar al poco tiempo, excepto Palazuelo, que no lo hace hasta 1969.*

La crítica aplicada al entorno inmediato generó una rechazo radical del arte bienpensante y academicista, una actitud combativa frente al gusto de la pequeña burguesía y contra la nula autocrítica permitida por el régimen. De ahí a identificar la idea de vanguardia con el compromiso político de izquierdas no había más que un paso y los artistas abstractos españoles lo dieron. El sentimiento de recelo y extrañeza con que la autarquía contemplaba la obra de las vanguardias históricas, unido a hechos más irrefutables como era que Picasso se hubiera afiliado al partido comunista francés, ayudaron al arraigo de esta asimilación de vanguardia y compromiso político de izquierdas, que tuvo en la realidad matices más sutiles. Pero en cualquier caso el profundo sentimiento de oposición a lo establecido existió y explica el carácter desgarrado y agresivo de algunos informalistas españoles, como Saura y Millares, en un primer momento, también de Tàpies, cuyas obras surgían como un grito de protesta y rebeldía (cat. n.os 28, 30, 48 a 51). El rumor nihilista del Existencialismo francés también se dejaba escuchar al fondo, pero sólo un rumor, en España el enemigo seguía en casa, los artistas aún empuñaban las armas y la consigna picassiana y vanguardista de "estar contra todo" seguía en plena vigencia para esta nueva generación.

A la hora de vincular este desafío con antecedentes artísticos de la tradición pictórica española el punto de referencia para Saura y Millares fue Goya, paradigma de artista que había reaccionado con su pintura contra

[23] El Paso, *creado en Madrid en 1957, reunía a los críticos José Ayllón y Manuel Conde y a los artistas Manolo Millares, Antonio Saura, Luis Feito, Rafael Canogar, Manuel Rivera, Pablo Serrano, Juana Francés y Antonio Suárez.*

pouvoir considérait l'œuvre des avant-gardes historiques, mais aussi des faits plus tangibles, comme l'affiliation de Picasso au Parti communiste français, contribuèrent à enraciner l'identification de l'avant-garde à l'engagement politique, même si celle-ci prit en réalité des nuances plus subtiles. Quoi qu'il en soit, il existait un profond sentiment d'opposition à l'ordre établi, qui explique le caractère déchiré et agressif de certains artistes informels espagnols, comme Saura ou Millares, dans un premier temps, mais aussi de Tàpies, dont les œuvres jaillirent comme un cri de protestation et de rébellion (cat. n°s 28, 30, 48 à 51). La rumeur nihiliste de l'existentialisme français se laissait entendre en arrière-plan. Rumeur seulement, car, en Espagne, l'ennemi était à la maison. Les artistes empoignaient les armes; la consigne picassienne et avant-gardiste d'«être contre tout» restait, plus que jamais, à l'ordre du jour pour cette nouvelle génération.

Lorsqu'il s'agit de donner à leur défi des précédents artistiques, le point de référence, pour Saura et Millares, fut Goya, paradigme de l'artiste qui avait réagi avec sa peinture contre une situation politique qu'il rejetait. La rencontre volontaire de l'abstraction gestuelle espagnole avec la tradition picturale vernaculaire la plus expressive répondait à la nécessité d'enraciner la création espagnole, orpheline de ces antécédents les plus proches, dans un archétype culturel universellement reconnu dont Goya fournissait le plus bel exemple. Il y avait là aussi une stratégie de contre-attaque face à la politique officielle, qui s'arrogeait pour elle seule l'héritage du grand art espagnol au Siècle d'or, à travers ses représentants les moins polémiques, naturellement, notamment Velázquez. Toutes ces assimilations idéologiques ou rhétoriques ne servirent que de point de départ à l'art informel au début des années cinquante, qui naît avec une austère vocation pour la couleur, réduite à ses gammes les plus ascétiques, et ira peu à peu en recentrant sa réflexion sur ses propres problématiques plastiques.

Dans l'œuvre de Saura, l'incorporation réitérée de certaines iconographies, religieuses ou politiques, deviendra pratique obsessive d'un exorcisme. Dans des images comme celle de la *Crucifixion* (cat. n° 29), l'exaspération d'éléments à la brutalité frontale agit à la fois comme provocation irrévérentieuse contre le régime franquiste catholique et comme libération d'une blessure personnelle refoulée depuis l'enfance. De toute sa production, les œuvres présentées comptent parmi celles où s'exprime le mieux l'accord entre son gestualisme spontané et sauvage et cet esprit critique qui le pousse à «*re-présenter*» maintes et maintes fois ces mythes, qu'il appelait lui-même «*archétypes*».

On aurait une image biaisée de l'art espagnol de cette génération – qui, comme on peut le voir dans cette

una situación política de la que renegaba. El voluntario entroncamiento de la abstracción española gestual, con la tradición pictórica vernácula más expresiva, respondía a la necesidad de enraizar la creación española, huérfana de antecedentes inmediatos próximos, en un arquetipo cultural con proyección universal como Goya. Aunque también hubiera en ello una estrategia de contraataque a la política oficial que se arrogaba para sí sola la herencia del gran arte español del Siglo de Oro, naturalmente en sus representantes menos polémicos, Velázquez, pongamos por caso. Todas estas asimilaciones ideológicas o retóricas sólo sirvieron de punto de arranque del informalismo en los primeros años cincuenta que nace con una austera vocación por el color, reducido a sus gamas más ascéticas, para ir paulatinamente centrándose en la reflexión sobre las claves de sus personales problemáticas plásticas.

En la obra de Saura la incorporación reiterada de determinadas iconografías, religiosas o políticas se convirtió en obsesiva práctica de un exorcismo. La exasperación de componentes brutales en imágenes como la de la Crucifixión *(cat. n.° 29) actuaba a la vez como provocación irreverente contra el régimen franquista católico y como liberación de un trauma personal acuñado desde la infancia. La exposición muestra de toda su producción aquellas obras en las que se dio una perfecta sintonía entre su gestualismo espontáneo y salvaje y el espíritu crítico que le impulsó a* "re-presentar" *esos mitos –a los que él llamaba* "arquetipos"*– una y otra vez.*

Se tendría una idea sesgada del arte español de esta generación que, como puede verse en la exposición, inicia la madurez de su lenguaje formal en los primeros años cincuenta (cat. n.ºs 35 y 38), si se identifica el informalismo español exclusivamente con su vertiente gestual y dramática lo que no haría sino incidir en el tópico de la veta brava española.

El caso de Antoni Tàpies es sintomático de la evolución de una obra que hunde sus raíces en una determinada actitud de gestualización, próxima al Surrealismo, reflejada en los gratages y arañazos incisos sobre una superficie pictórica de gran densidad matérica que se impone al espectador como un muro de contención. Pero que después irá creciendo en el desarrollo de preocupaciones espirituales relacionadas con la materia como elemento sustancial y no sólo como componente plástico. La materia densa, acumulada y opresora tan característica de su trabajo (cat. n.° 45) también tiene su contrapartida en la exploración de materiales transparentes que dieron lugar a una exposición tan significativa como "Celebració de la mel" (cat. n.° 46)[24].

[24] *Presentada por primera vez en 1991 en Las Palmas de Gran Canaria.*

exposition, parvient à une maturité certaine de son langage formel dans les années cinquante (cat. n°s 35 et 38) – si l'on se contentait de l'identifier à sa composante la plus gestuelle et dramatique, c'est-à-dire tomber une fois de plus dans le lieu commun de la veine héroïque espagnole.

Le cas d'Antoni Tàpies est symptomatique de l'évolution d'une œuvre plongeant ses racines dans le choix déterminé d'une gestuelle, proche du surréalisme, déclinée en grattages et griffures infligés à une surface picturale chargée de matière, qui s'impose au spectateur comme un mur de contention. Mais une œuvre qui développera, de plus en plus, des préoccupations spirituelles liées à la matière comme élément substantiel et non seulement comme composant plastique. Sa matière dense, accumulée et oppressante, si caractéristique (cat. nº 45), trouve aussi sa contrepartie dans l'exploration de matériaux transparents, qui donnèrent lieu, notamment, à la très significative exposition «Celebració de la mel» («Eloge du miel», cat. nº 46)[24].

Il apparaît clairement, dans l'œuvre la plus récente d'Antoni Tàpies présentée ici (cat. nº 47), que son intérêt pour la matière manifeste une conception de l'art qui transcende les problèmes formels et esthétiques pour pénétrer la substance même de la matière et du tableau. Il s'approche d'une idée de l'artiste comme chaman, permettant aux objets en son pouvoir d'irradier leur énergie, et de l'œuvre comme totem, talisman ou amulette chargé de magie.

C'est sur cette puissante composante spirituelle, entendue comme élément substantiel de la nature, par conséquent de la nature humaine, comme Tàpies le précise, *«reconnaissant que la transcendance peut aussi résider dans l'immanence»*[25], que prend appui le travail d'un autre artiste, Pablo Palazuelo. Mais son point de départ est constitué par les nombres, leur sens, la géométrie, le silence et l'exploration des lois qui régissent l'univers. S'intéressant à la calligraphie orientale, bon lecteur de la sagesse arabo-espagnole, il construit une œuvre qui naît, grandit et prend son envol sans exprimer de ruptures, ni de conflits idéologiques, politiques ou existentiels. Son objectif est de découvrir les clés de l'intégration et de l'harmonie, ce qu'il nomme la «pulsion rythmique», entre l'homme et l'univers. A partir de là s'ouvre un long chemin d'expérimentation des formes géométriques, qui iront en se simplifiant à mesure que l'artiste investit un immense champ de connaissances, comprenant aussi bien l'histoire de la pensée que la musique, les mathématiques,

[24] Présentée pour la première fois en 1991 à Las Palmas de Gran Canaria.

[25] Antoni Tàpies: *El arte y sus lugares* («L'Art et ses lieux»), Madrid, Sirvela, 1999, p. 71.

En la obra más reciente presentada aquí (cat. n.º 47) es manifiesto que el interés de Tàpies por la materia es el síntoma de un concepto del arte que trasciende los problemas formales y estéticos para ahondar en un profundo sentido de la sustancialidad de la materia y del cuadro. Su noción del arte y del artista está cercano a la intención de un chamán que libera la energía irradiada por los objetos que crea, o a la carga mágica contenida en la forma de un totem, un talismán o un amuleto.

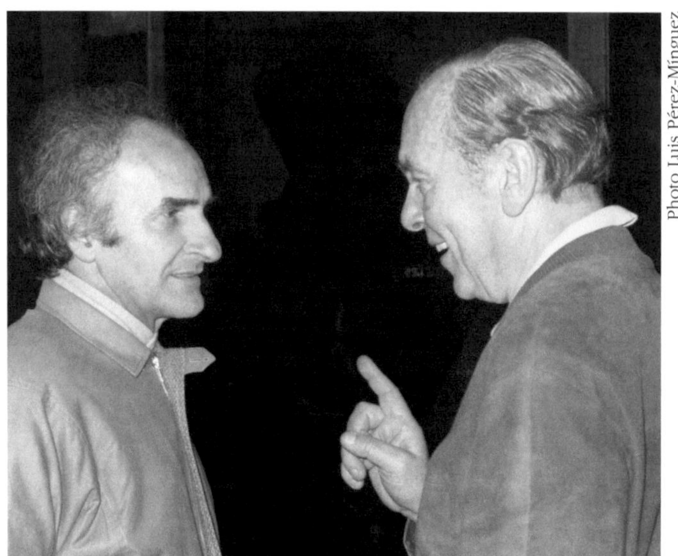
Photo Luis Pérez-Mínguez

Eduardo Chillida et Pablo Palazuelo, Madrid, 1978.

Sobre este poderoso componente espiritual, entendido como elemento sustancial de la naturaleza y, en consecuencia, consustancial a la naturaleza humana, como Tàpies puntualiza "reconociendo que la trascendencia también puede estar en la inmanencia" [25], *también germina la obra de Pablo Palazuelo. Sin embargo, su punto de partida son los números, los sentidos, la geometría, el silencio y la exploración de las leyes que rigen el universo. Interesado en la caligrafía oriental, buen lector de la sabiduría árabe-española, su obra se genera, crece y vuela sin expresar rupturas, ni conflictos ideológicos, políticos o existenciales. Su objetivo reside en descubrir las claves de integración y armonía, lo que llama la "pulsión rítmica" entre el hombre y el universo. A partir de ahí se inicia una amplísimo camino de experimentación con las formas geométricas, que se van simplificando conforme el artista va incorporando un extraordinario campo de conocimientos que afectan a la historia del pensamiento, la música, las matemáticas, la alquimia, la física o la*

[25] *Antoni Tàpies:* El arte y sus lugares*, Madrid, Sirvela, 1999, pág. 71.*

l'alchimie, la physique ou la poésie. *«Mon œuvre est fondée sur une géométrie organique, une géométrie de la vie. Certains m'ont taxé de formaliste, mais ce sont pour moi des formes fertiles.»*[26] *«La ligne "voit" et ouvre notre vision, mais en même temps, notre capacité de voir ainsi augmentée induit la vision de la ligne […]. Nous rêvons de lignes et les lignes rêvent de nous, ce sont des rêves qui résonnent ensemble, formant un seul rêve partagé.»*[27] Sculpteur et théoricien. Les trois tableaux de l'exposition montrent une synthèse de l'évolution de ces formes en mouvement, depuis les débuts, inspirés du cubisme et de Paul Klee (cat. nº 35), en passant par une abstraction où l'aspect organique des formes est plus marqué (cat. nº 36), pour s'avancer progressivement vers la simplicité (cat. nº 37).

Ayant reçu comme Tàpies une formation en architecture et partageant les mêmes préoccupations humanistes, Eduardo Chillida a élaboré une sculpture où l'espace devient le centre de l'œuvre. Le vide, que les avant-gardistes avaient introduit dans la sculpture moderne, est ici l'élément premier; vide que la matière contourne, dessine, enferme, caresse ou laisse s'envoler. Sept pièces (cat. nºs 38 à 44) exposent les différentes solutions auxquelles est parvenu ce sculpteur, qui met en relation l'élément spatial avec les résonances des matériaux, et prête à la vie intérieure de ces derniers une attention toute spéciale.

C'est encore l'espace qui centre le travail de Jorge Oteiza, à partir d'un jeu de coordonnées constructivistes et analytiques, qui le rapprochent, d'une certaine façon, de Palazuelo. Préoccupé par la dimension collective de la création, Oteiza a élaboré une sculpture qui répond à un *«système logique croissant de formes élémentaires, de matrices intrinsèquement spatiales, que l'on peut conjuguer»*. Les quatre pièces de l'exposition (cat. nºs 31 à 34) témoignent de la réussite d'un

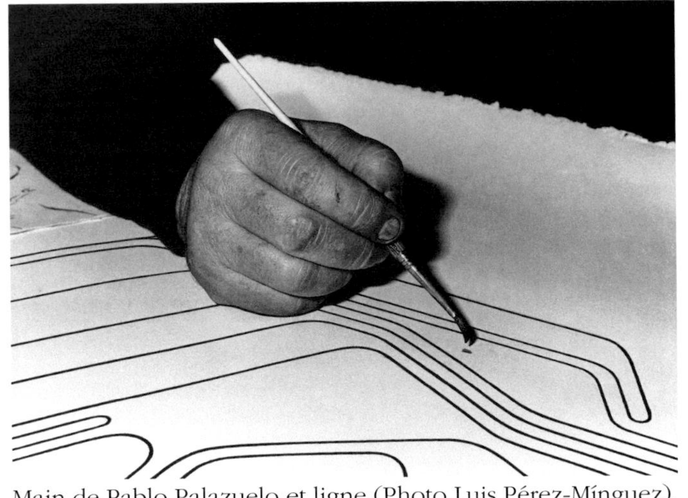

Main de Pablo Palazuelo et ligne (Photo Luis Pérez-Mínguez).

poesía. "Mi obra se basa en una geometría orgánica, una geometría de la vida. Algunos me han tachado de formalista, pero yo hablo de formas fértiles".[26] "La línea «ve» y abre nuestra visión, pero al mismo tiempo nuestra capacidad de ver así aumentada impulsa la visión de la línea […]. Soñamos en las líneas y las líneas sueñan en nosotros, son sueños que resuenan juntos formando un solo sueño compartido".[27] *Teórico además de escultor, los tres cuadros de la exposición sintetizan la evolución de estas formas en movimiento desde el período inicial inspirado en el Cubismo y en Paul Klee (cat. n.º 35) a una abstracción de formas en las que la organicidad se hace más patente (cat. n.º 36), para ir avanzando hacia una progresiva simplicidad (cat. n.º 37).*

También con una formación en arquitectura y unas preocupaciones humanísticas comunes Eduardo Chillida ha elaborado una escultura en la que el espacio se convierte en centro de su obra. El vacío, ese nuevo elemento que las vanguardias habían ya introducido en la escultura moderna, es la materia prima constante de toda su obra, vacío que la materia contornea, dibuja, encierra, acaricia o deja volar. Siete obras en la exposición (cat. n.ºs 38 a 44) concretan las varias soluciones a las que llega este artista poniendo en relación el elemento espacial con las resonancias de los materiales, a cuya vida interior presta especial atención este escultor.

El espacio centra también el trabajo de Jorge Oteiza desde unas coordenadas constructivistas y analíticas que le aproximan en cierta medida a Palazuelo.

Preocupado por la dimensión colectiva de la creación Oteiza ha elaborado una escultura que responde a un "sistema lógico creciente de formas elementales, de matrices intrínsecamente espaciales, capaces de conjugación". *Las cuatro esculturas de la exposición (cat. n.ºs 31 a 34) muestran los logros fundamentales*

[26] Pablo Palazuelo, entretien avec Francisco Rivas: «Vísperas de Pablo Palazuelo» («Les Aubes de Pablo Palazuelo»), *in*: *Pueblo*, Madrid, 31 janvier 1981, et *in*: Francisco Calvo Serraller: *España medio siglo de Arte de Vanguardia* («Espagne, un demi-siècle d'art d'avant-garde») *1939-1985*, Fundación Santillana/Ministerio de Cultura, Madrid, vol. II, p. 1083.

[27] Pablo Palazuelo, catalogue de l'exposition à la Galerie Theo, Madrid, 1981, *in*: Francisco Calvo Serraller: *op. cit.*, p. 1083.

[26] *Pablo Palazuelo, entrevista con Francisco Rivas: "Vísperas de Pablo Palazuelo" en* Pueblo, *Madrid, 31 de enero de 1981, y en Francisco Calvo Serraller:* España medio siglo de Arte de Vanguardia 1939-1985, *Fundación Santillana/Ministerio de Cultura, Madrid, vol. II, pág. 1083.*

[27] *Pablo Palazuelo, catálogo de la exposición en la Galería Theo, Madrid, 1981, en Francisco Calvo Serraller:* op. cit., *pág. 1083.*

artiste qui a suivi une méthode de réduction progressive des «*unités formelles légères*» avec lesquelles il a construit son œuvre, jusqu'à parvenir à ce point minimal qu'est l'*Hommage à Velázquez*.

de un artista que ha ido siguiendo un método de reducción progresiva de las "unidades formales livianas" *con las que ha construido su obra, hasta llegar a ese mínimo que es el* Homenaje a Velázquez.

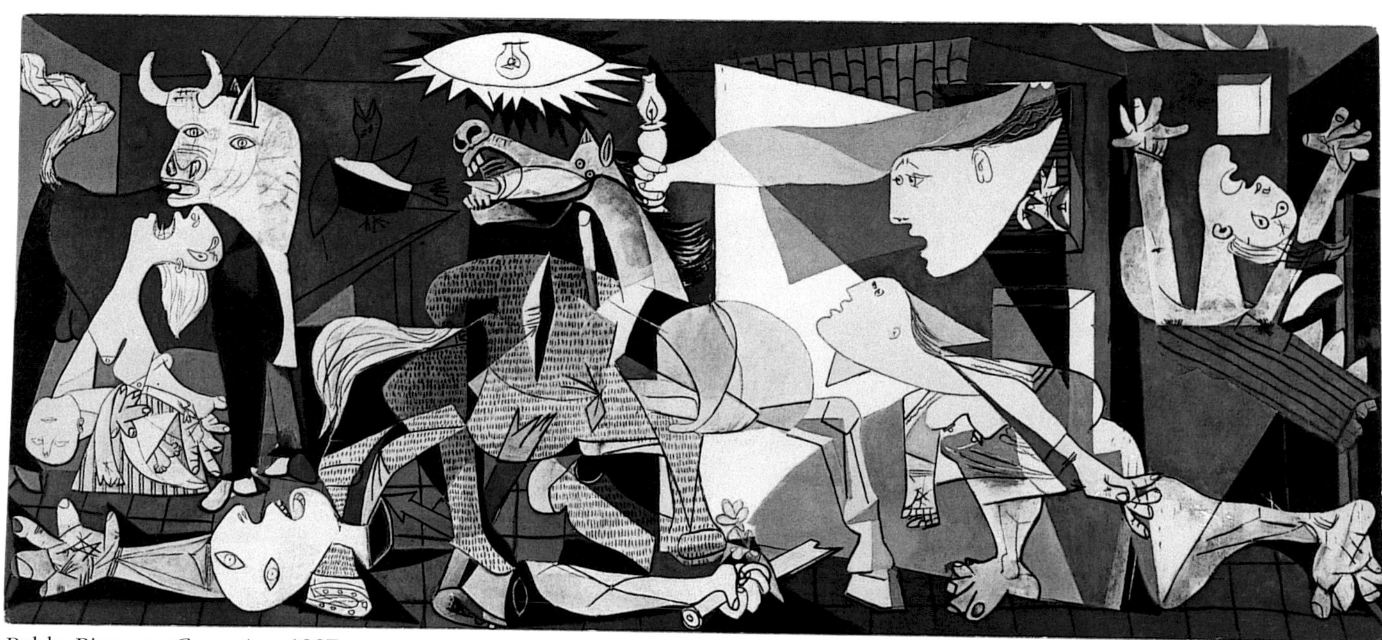

Pablo Picasso, *Guernica*, 1937.

Après l'avant-garde?

Cinq dates permettent de saisir les différents aspects que prennent les relations entre l'Espagne et la modernité durant les années soixante et soixante-dix. En janvier 1970, la première exposition consacrée aux artistes espagnols des avant-gardes est organisée à Madrid, sous le titre «Artistes espagnols de l'Ecole de Paris»[28]. Le 8 avril 1973, Picasso meurt. Aux Cortes, le texte suivant est approuvé: «*Picasso n'était pas l'ami du Régime. Nous le savons tous. Mais il fut un Espagnol, qui, avec ses merveilleux pinceaux, fit briller le nom de sa patrie dans le monde de l'art. L'Espagne perd un génie. Pour cela, je m'honore de proposer à cette commission de consigner la sincère douleur d'une perte si sensible.*» La nouvelle, reprise par toute la presse, est complétée par cette mention: «*Personne ne s'opposa à la motion.*»[29] Diverses manifestations com-

¿Después de la vanguardia?

Cinco datos valgan como clave sintética de los aspectos distintivos con que se dibujan las relaciones entre la modernidad y España durante las décadas sesenta y setenta. En enero de 1970 se organiza en Madrid la primera exposición sobre los artistas españoles de las vanguardias con el título "Artistas españoles de la Escuela de París"[28]. *El 8 de abril de 1973 muere Picasso y se aprueba en las Cortes el siguiente texto:* "Picasso no era amigo del Régimen. Todos lo sabemos. Pero fue un español que con sus maravillosos pinceles dio brillo al nombre de su patria en el mundo del arte. España pierde un genio. Por eso me honro en proponer a esta comisión que conste en acta el sincero dolor por tan sensible pérdida". *La noticia aparecida en casi toda la prensa añade un dato significativo:* "Nadie se opuso a la petición".[29] *Para celebrar el*

[28] Etaient exposés, hormis Picasso, Gris, González et Miró: Manuel Ángeles Ortiz, Francisco Bores, Manolo Hugué, Antoni Clavé, Manuel Colmeiro, Oscar Domínguez, Pablo Gargallo, Ismael de la Serna, Hernando Viñes, Apel.les Fenosa, Joaquín Peinado… L'exposition eut lieu à la Galerie Theo, *in*: Francisco Calvo Serraller: *op. cit.*, p. 693.

[29] Approuvée lors d'une commission de l'industrie sur proposition de M. Pedrosa Latas, phalangiste. Francisco Calvo Serraller: *op. cit.*, p. 780.

[28] *Además de Picasso, Gris, González y Miró, están: Manuel Ángeles Ortiz, Francisco Bores, Manolo Hugué, Antoni Clavé, Manuel Colmeiro, Oscar Domínguez, Pablo Gargallo, Ismael de la Serna, Hernando Viñes, Apel.les Fenosa, Joaquín Peinado… La exposición tiene lugar en la Galería Theo, en Francisco Calvo Serraller:* op. cit., *pág. 693.*

[29] *El texto se aprobó en una comisión de industria a propuesta del Sr. Pedrosa Latas, falangista. Francisco Calvo Serraller:* op. cit., *pág. 780.*

mémoratives avaient célébré le 90e anniversaire de Picasso; la Suite Vollard avait été exposée dans une galerie madrilène, où des extrémistes avaient fait irruption et détruit quelques gravures. En 1978, le texte de la nouvelle Constitution espagnole est approuvé. Le 25 octobre 1981, pour le centenaire de Picasso, *Guernica*, enfin, est présenté pour la première fois en Espagne, avec 63 esquisses préparatoires (cat. nos 21 et 22); le couple royal – «les Rois», dit-on en Espagne – inaugure une grande rétrospective au Musée espagnol d'Art contemporain.

A la fin des années soixante et au début des années soixante-dix, une transformation radicale s'opère dans l'art espagnol, orchestrée par de jeunes artistes, avides de se démarquer d'un certain goût du drame, mais aussi de la profonde composante humaniste et spirituelle qui avait nourri les créations des abstraits espagnols. Ils ne rejettent pourtant pas l'engagement politique et existentiel, qui, plus encore qu'auparavant, s'affirmera avec virulence. Sur ces deux piliers, chargée peut-être de ce double poids, cette nouvelle génération représentée ici par Equipo Crónica (cat. no 53) – nom qui signe le travail conjoint de Manolo Valdés et de Rafael Solbes – et Eduardo Arroyo construit une lecture humoristique et sarcastique de l'art, qui lui permet de se distancier de tous les discours précédents. Ils pratiquent une peinture figurative réaliste, en aplats de couleurs, très proche du pop américain et européen, dont l'iconographie détourne des images mythiques de l'art moderne en les associant entre elles ou avec des images de presse. La couleur et les contours strictement dessinés – moyens hérités de la bande dessinée – facilitent l'approche globale de l'œuvre et renforcent son caractère critique. La tâche fixée est une démystification des idoles de l'art, y compris de la révolution formelle des avant-gardes historiques (cat. nos 52 à 54), mais surtout du rôle de l'artiste.

De cette incrédulité envers l'artiste de génie, l'«artiste peintre», comme on dit (cat. no 57), le professionnel de la peinture, naît l'antistyle d'Equipo Crónica et d'Arroyo, une peinture objective qui s'approprie des formes susceptibles de reproduction mécanique: affiches de cinéma, bandes dessinées ou publicité. Dans le catalogue de la première exposition réalisée par Equipo Crónica à Paris, précisément, en 1973, sous le titre provocateur *Huit portraits, deux natures mortes et un paysage* (cat. no 55), le programme d'action est ainsi annoncé: *«Les motifs de ces tableaux sont intentionnellement académiques. Il s'agit au départ d'établir une présentation par "genres", et ceux-ci sont abordés sans aucun parti pris formaliste. Nous voudrions que l'apparence de l'œuvre s'éloigne le moins possible des modèles choisis. Non seulement dans la couleur, mais aussi dans l'introduction limitée d'éléments discordants et par le*

90 aniversario de Picasso tienen lugar varias actividades conmemorativas; durante la exposición de la Suite Vollard en una galería de Madrid, unos extremistas irrumpen rompiendo algunos grabados. En 1978 se aprueba el texto de la nueva Constitución Española. El 25 de octubre de 1981, centenario de Picasso, se presenta por fin y por vez primera el Guernica *en España, junto con 63 bocetos previos (cat. n.os 21 y 22) y los Reyes inauguran una gran exposición antológica en el Museo Español de Arte Contemporáneo.*

A finales de los sesenta y durante los setenta se opera una transformación radical en el arte español protagonizada por otra generación que quiere afirmarse al margen del dramatismo existencial, pero también del profundo componente humanístico y espiritual que había informado la creación de los artistas abstractos españoles. No se libera sin embargo del compromiso político y existencial del artista que, ahora más que nunca, va a tomar una especial virulencia. Sobre esos dos pilares, o tal vez, bajo esas dos losas, esa generación nueva representada aquí por Equipo Crónica (cat. n.o 53) –nombre artístico del trabajo conjunto de dos artistas: Manolo Valdés y Rafael Solbes– y Eduardo Arroyo, se permite hacer una lectura de lo acontecido en el arte en un tono de humor sarcástico con el que establecer una distancia significativa respecto a todo lo anterior.

Unos y otro practican una pintura realista-figurativa de colores planos muy cercana al Pop estadounidense y europeo y su iconografía recupera imágenes míticas del arte moderno asociadas entre sí o con imágenes extraídas de la prensa. El color que irrumpe en tintas planas y el dibujo neto de los contornos, ambos recursos tomados del comic, facilitan la lectura inmediata de la obra y refuerzan el carácter crítico de estos artistas españoles que emprenden la tarea de desmitificar ahora los grandes hitos del arte, incluida la revolución formal de las vanguardias históricas (cat. n.os 52 a 54), pero sobre todo el papel del artista.

Del descreimiento en el artista genio, en el "artista peintre" (cat. n.o 57), en el profesional de la pintura, surge el antiestilo de Equipo Crónica y Arroyo, una pintura objetiva que se apropia de formas susceptibles de reproducción mecánica: carteleras de cine, comics y publicidad. En el catálogo de la primera exposición que hace Equipo Crónica en París, precisamente, y con el título provocador de Ocho retratos, dos bodegones y un paisaje *(cat. n.o 55) el año 1973, Manolo Valdés y Rafael Solbes, Equipo Crónica, anuncian su programa de acción:* "Los presupuestos de estos cuadros son intencionadamente académicos. En principio es un planteamiento temático por «géneros», y estos son abordados sin ningún alarde formalista. Queríamos que la apariencia de la obra distara lo menos

choix significatif de ces modèles. Cela devrait suffire pour mettre en évidence quelques-unes des constantes les plus sinistres et noires de notre géographie.»[30]
Eduardo Arroyo est l'exemple même de l'artiste provocateur et engagé. Exilé volontaire en France, emprisonné par le franquisme lors de son retour en Espagne, puis expulsé, il obtient finalement l'asile politique à Paris, «patrie des peintres», comme l'affirmera le titre d'une de ses expositions. Ses œuvres (cat. nº 56), pleines de subtilité, à double ou triple lecture, ironisent sur les mythes artistiques devenus les emblèmes de la peinture. Arroyo fait une lecture critique impitoyable de l'histoire de l'art, particulièrement de l'art espagnol et spécialement de l'art moderne, s'en prenant non seulement à ce qu'ils furent réellement, mais surtout à ce qu'ils sont devenus, du fait de la vacuité des mythes qu'ils ont très vite véhiculés. Cependant, son œuvre répond aussi à une exigence très personnelle, qui le fait créer et détruire avec la même force.
Equipo Crónica comme Eduardo Arroyo apportent à l'art espagnol un courant neuf, impensable quelques années plus tôt et issu indirectement, il faut bien le dire, de l'art conceptuel. Celui-ci avait jeté les bases, dans les ultimes sursauts de la révolte anticapitaliste – Mai 68 –, d'une réflexion sur l'art et l'artiste, partant d'une critique du tableau en tant qu'objet, pour arriver à une remise en cause globale de toutes les instances de l'art: marché, rôle du musée, de l'acheteur, hermétisme où menaçait de sombrer le langage artistique. Si, dans la réalité espagnole, les artistes n'étaient pas, même de loin, confrontés à ce type de problèmes, à la fin des années soixante et au début des années soixante-dix, des inquiétudes similaires imprégnaient pourtant le milieu culturel, obligeant l'artiste à prendre position. Artiste nouveau, qui ne pouvait plus se permettre de peindre sans soumettre à l'analyse son rôle dans l'art et dans la société, et qui se sentait coupable de polluer le monde avec des images supplémentaires, sorties d'une subjectivité que le postmarxisme considérait avec une vive méfiance.

Lorsque déjà tout est «post»...

Au début des années soixante-dix, le conflit entre l'avant-garde et l'Espagne ne fonctionne plus sur les mêmes règles. Une fois le régime disparu en tant qu'ennemi, la bataille se livre sur un seul front, celui de l'art lui-même. Pour la première fois dans l'art de ce siècle surgit une critique, non de l'œuvre faite, mais de la possibilité ou non de faire œuvre. Ce qui est en cause, c'est la validité même de l'art et de l'artiste.

[30] Equipo Crónica, catalogue de l'exposition, Galerie Stadler, Paris, 1973, *in*: Francisco Calvo Serraller: *op. cit.*, p. 789.

posible de los modelos tomados. Tan sólo en el color, en la mínima introducción de elementos discordantes y en una selección significativa de modelos. Ello debía de bastar para poner en evidencia algunas de las constantes más siniestras y negras de nuestra geografía".[30]
Eduardo Arroyo es el paradigma del artista provocador y comprometido, encarcelado por el franquismo, exiliado en París como refugiado político, ciudad a la que nombró en una exposición suya "París, patria de los pintores". Sus obras (cat. n.º 56) cargadas de matices, dobles y triples lecturas, ironizan sobre los mitos artísticos que se han convertido en emblemas de la pintura. Arroyo hace una lectura crítica despiadada de la historia del arte, particularmente del español y especialmente del moderno, en parte por lo que fueron, y en parte por lo que han llegado a ser a causa de una acelerada y vacua mitificación. Pero sobre todo, esta obra responde a un consigna corrosiva muy personal, que crea y destruye con idéntica potencia.
Tanto Equipo Crónica como Eduardo Arroyo aportan al arte español un componente que, no sólo es nuevo, sino que hubiera sido impensable con anterioridad y que se debe indirecta, pero no venalmente, al arte conceptual. Este había planteado, al hilo de lo que serían las últimas sacudidas contra el capitalismo –Mayo del 68–, una autorreflexión sobre el arte y el artista que se concretaría en la crítica al cuadro objeto, al mercado, al papel del museo, del comprador, al progresivo hermetismo del lenguaje artístico, en definitiva a casi todas las instancias que rodean al arte. Aunque en la realidad española los artistas estaban lejos de tener este tipo de problemas, inquietudes de este género impregnaban el ambiente de la cultura a finales de los sesenta y primeros setenta, y obligaban a tomar postura al artista, al nuevo artista, que ya no podía permitirse la inocencia de pintar sin autoanalizar su papel en el arte y ante la sociedad, y se sentía culpable de polucionar el mundo con más imágenes surgidas de una subjetividad que el postmarxismo veía con extremo recelo.

Cuando todo ya es post...

A principios de los setenta el conflicto entre la vanguardia y España ha cambiado sus reglas de forma radical. Una vez que el régimen desaparece como enemigo, la batalla se libra en un solo campo, el del arte consigo mismo. Por primera vez surge en el arte del siglo una autocrítica en los límites, no respecto a la obra hecha, sino a la posibilidad de hacer obra o no. Lo que se debate ahora es la propia validez del arte y del artista.

[30] *Equipo Crónica, catálogo de la exposición, Galería Stadler, París, 1973, en Francisco Calvo Serraller:* op. cit., *pág. 789.*

Photo Luis Pérez-Mínguez

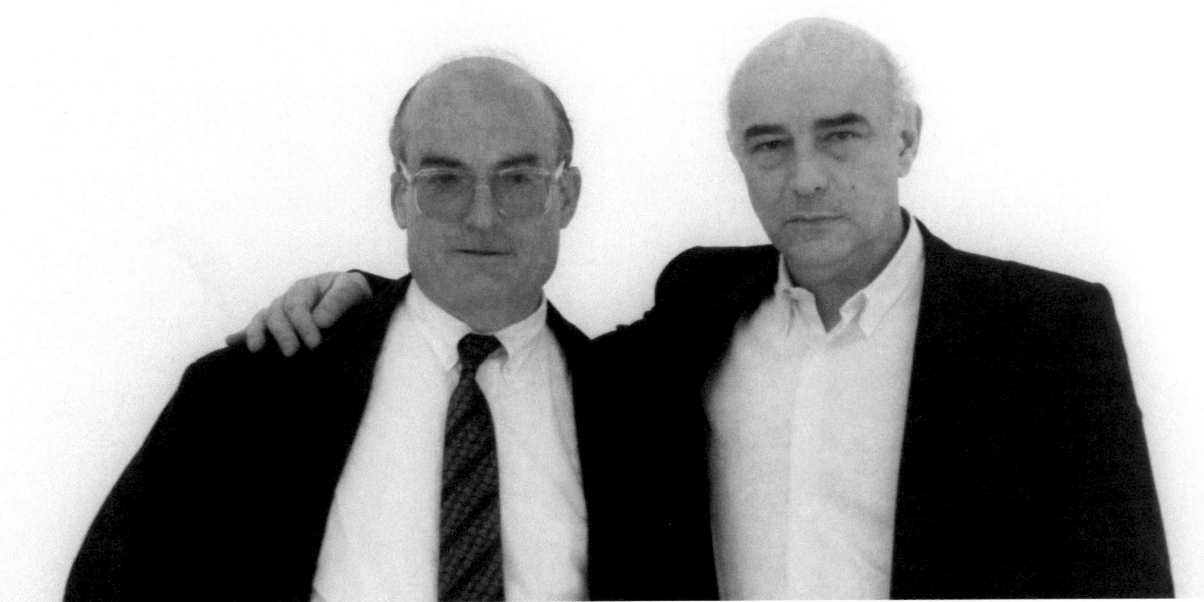

Luis Gordillo et Antonio Saura.

Cet impossible point d'intersection entre la conscience du «moi» artistique et du «je» forme le point d'appui de l'œuvre de Luis Gordillo. Un artiste solitaire, qui apporte à l'abstraction un contrôle épuré du dessin et pratique plutôt une sorte de «figuration abstraite», assez délirante, mobilisant, avec son sens de la planéité et ses couleurs parfois stridentes, une iconographie psycho-urbano-galactique. Il devient la référence vitale des jeunes artistes, quoique plus proche en âge d'Equipo Crónica et d'Eduardo Arroyo. Luis Gordillo représente une option originale dans le conflit qui a opposé sa génération à l'art subjectif. Avec une œuvre qui oscille véritablement entre subjectivité et objectivité, il ouvre la porte à un univers d'images pseudoconscientes en transit sur la surface de la toile (cat. nº 58). Tout cela, peint dans des couleurs glacées, presque toujours dans des gammes de bleus et de verts, peut-être pour compenser la fluidité spontanée des formes, qu'il parvient à maîtriser dans d'intenses séances de travail.

Du nœud conceptuel des années soixante émergeront des artistes qui ne s'en sortiront pas tous sains et saufs, mais auront acquis une bonne pratique de la nage à contre-courant. Parmi ceux de la génération de Carlos Alcolea, né dans les années cinquante, personne ne veut plus entendre parler d'art engagé, ni d'une quelconque transcendance; leur vision de l'art n'est plus teintée de blanc et de rouge sur fond noir. Ils connaissent tout des considérations sur le rôle de l'artiste et se sont approchés, à leur tour – d'une façon plus ou moins rudimentaire –, des pratiques psychanalytiques;

En ese imposible punto de intersección, entre la hiperconciencia del yo artista y del yo individuo tiene el punto de partida de la obra de Luis Gordillo. Un artista solitario que había incorporado al informalismo un depurado control del dibujo y practicaba una suerte de "figuración abstracta" bastante delirante que, con tintas casi planas y colores estridentes, aludía a una iconografía psico-urbana-galáctica, lo que le iba a convertir en un punto de referencia vital de los artistas más jóvenes. Aunque más próximo por edad a Equipo Crónica y Arroyo, Luis Gordillo representa una opción excéntrica en el conflicto que esta generación anterior se había planteado en contra del arte subjetivo. Con un tipo de obra que fluctúa entre lo subjetivo y lo objetivo, y que en definitiva da salida a un universo de imágenes pseudoconscientes en tránsito sobre la superficie del lienzo (cat. n.º 58). Todo ello pintado en colores gélidos, casi siempre en la gama de azules y verdes, tal vez para compensar la espontánea fluidez de las formas que va domeñando en intensas sesiones de trabajo. Del nudo conceptual de los sesenta va a salir una generación de artistas, no del todo ilesos, pero con una buena práctica de nadar a contracorriente. Entre los artistas pertenecientes a la generación de Carlos Alcolea, nacido en los años cincuenta, ya nadie quiere oir hablar del arte comprometido, ni de ningún tipo de trascendencia, y su visión del arte no está teñida de blanco y rojo sobre negro. Conocen todas las consideraciones que cuestionan el papel del artista y les ha tocado aproximarse –de forma más o menos rudimen-

mais, surtout, ils sont imprégnés d'images de toutes les époques. Avec tout cela, les visites à l'atelier de Luis Gordillo, leur admiration pour l'abstraction coloriste de Luis Guerrero, ils prennent une décision radicale: celle de se remettre à peindre. Un œil sur la revue *Peinture, Cahiers théoriques* de Cane et Devade, sur les textes de Marcelin Pleynet, sur les tableaux de Matisse ou d'Hockney, l'autre sur la fenêtre de leur atelier et ce qui se passe derrière, ils plongent dans la peinture, la musique de David Bowie à plein volume (cat. nº 59). Il en résulte un art pseudofiguratif, d'une haute teneur conceptuelle, qui, lorsqu'il parut être arrivé à un point agonique de saturation rhétorique, avait retrouvé la capacité de nommer, de parler et de s'exprimer, de se livrer à une relecture non pragmatique du passé, et permettait des prises de position individuelles, en réponse à l'engagement collectif revendiqué par les avant-gardes – finalement discréditées par la crise de leur rapport au politique.[31]

Autour de ces peintres, participant du même esprit, partageant les mêmes goûts et les mêmes détestations, on trouve un groupe choisi de critiques (Ángel González, Quico Rivas, Juan Manuel Bonet), de poètes (Leopoldo Panero), d'écrivains (Andrés Trapiello), d'architectes (Juan Navarro Baldeweg), de spécialistes de Deleuze qui sont aussi musiciens de rock, comme Santiago Auserón de Radio Futura et, à une plus grande échelle, Madrid, tout entière, qui semble s'éveiller à la vie après de longues années de captivité.[32] Les années soixante-dix furent, surtout à Madrid, mais aussi à Barcelone, une époque d'activité extraordinaire, où tout semblait possible et l'était, y compris peindre d'excellents tableaux. L'artiste avait repris haleine et pouvait se livrer à des choix personnels, envisager son approche de la peinture comme un plaisir et une nécessité. Ce retour à la normale – si tant est que la chose soit possible dans l'art espagnol du XXe siècle – ne s'était pas fait sans effort, sans qu'il fût nécessaire, justement, de nager à contre-courant.[33] De sorte que le travail de cette génération d'artistes espagnols qui, au milieu des années soixante-dix, annonçaient déjà une forme de pensée, une façon de sentir qu'on appellerait plus tard postmodernes, passa presque inaperçu hors d'Espagne.

[31] En 1980 est publié un petit livre, *El descrédito de las vanguardias artísticas* («Le Discrédit des avant-gardes artistiques»), qui témoigne de la crise entre art et engagement politique; divers articles sont signés de Victoria Combalía, Georg Jappe, Simón Marchán, Javier Rubio, Alicia Suárez, Eduardo Subirats et Mercé Vidal.

[32] Alcolea fit partie de la «figuration madrilène», à laquelle se rattachent aussi Chema Cobo, Pérez Villalta, Manolo Quejido, Rafael Ramírez Blanco, Enrique Quejido, Rafael Pérez Mínguez, Herminio Molero, Alfonso Albacete, Carlos Franco, Juan Antonio Aguirre…

[33] Alcolea écrivit un texte qu'il intitula *Aprender a nadar* («Apprendre à nager»), en souvenir, peut-être, des mots d'André Gide: «L'écrivain doit savoir nager contre le courant.»

taria– a las prácticas psicoanalíticas, pero sobre todo, están empapados de imágenes de pintura de todas las épocas. Con todo esto, las visitas al taller de Luis Gordillo y su admiración por el informalismo colorista de Luis Guerrero, toman una decisión radical: la de volver a pintar. Y con un ojo en la revista Peinture, Cahiers théoriques *de Cane y Devade, en los textos de Marcelin Pleynet, en los cuadros de Matisse, o de Hockney, y otro en la ventana del estudio alquilado, se ponen a pintar, con la música de David Bowie a todo volumen (cat. n.º 59). El resultado es una pintura pseudofigurativa con alto contenido conceptual que, cuando parecía haberse llegado a un punto agónico de saturación retórica, había recuperado la capacidad de nombrar, de hablar y expresarse, de hacer una relectura del pasado del arte no pragmática, de tomar una postura individual ante el compromiso colectivo revolucionario abanderado por las vanguardias –la crisis entre vanguardia y compromiso político había llevado a determinar el descrédito de la vanguardia–.*[31]

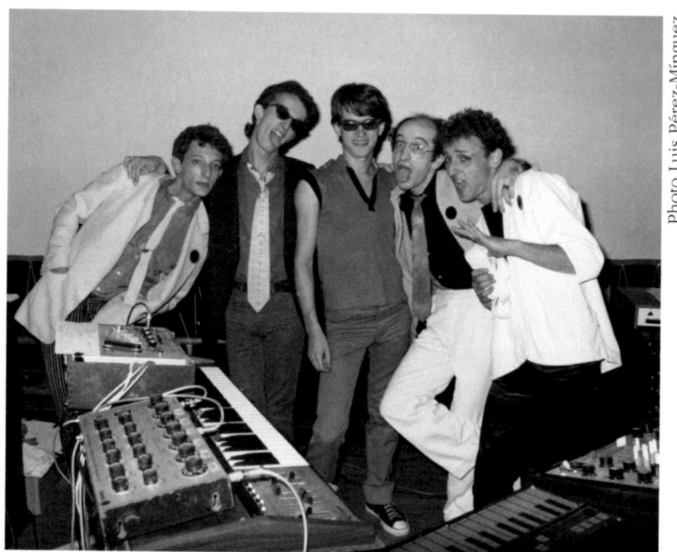
Photo Luis Pérez-Mínguez

Radio Futura avec son soliste Santiago Auserón au milieu, Madrid, 1979.

En torno a esta generación que participaba de un mismo espíritu, y compartía parecidas aficiones y fobias, estuvo un grupo selecto de críticos (Ángel González, Quico Rivas, Juan Manuel Bonet), de poetas (Leopoldo Panero), escritores (Andrés Trapiello), arquitectos (Juan Navarro Baldeweg), especialistas en Deleuze que eran también músicos pop como Santiago

[31] *En 1980 se edita* El descrédito de las vanguardias artísticas, *un librito que testimonia la crisis entre compromiso político y arte; hay varios artículos escritos por Victoria Combalía, Georg Jappe, Simón Marchán, Javier Rubio, Alicia Suárez, Eduardo Subirats y Mercé Vidal.*

D'autres qu'eux seraient chargés de donner voix et présence dans l'art à cet esprit nouveau.
En 1981, la Royal Academy of Arts de Londres présentait une exposition de 38 peintres intitulée «A New Spirit in Painting». Les commissaires, Norman Rosenthal, Christos Joachimides et Nicholas Serota, annonçaient le retour à la peinture d'un groupe d'artistes, essentiellement allemands, mais aussi américains, italiens et britanniques. Cet esprit de la peinture, dont Joachimides analysait les symptômes dans le catalogue – subjectivisme, libre usage des styles, réappropriation personnelle du passé, réaction contre l'objectivité, valorisation de l'expérience immédiate individuelle –, était déjà à l'œuvre chez les artistes espagnols de la génération des années soixante-dix[34], qui, comme Alcolea, comme les critiques Juan Manuel Bonet, Ángel González, Francisco Rivas et comme tous ceux qui, d'une manière ou d'une autre, participaient de ce nouveau mode de penser et de regarder, avaient conscience de ce que leur mouvement apportait à la peinture de ce siècle. Pour la célèbre exposition de groupe «Madrid DF», en 1980, Ángel González écrivait: *«[...] l'omniprésence de la peinture sur la scène moderne n'est le fruit d'aucun effort, capricieux ou volontariste, mais d'une préméditation, la plus impitoyable et désabusée. On peint par consomption, virtuelle ou actuelle, des prolégomènes de la peinture elle-même. Ce dérapage irrésistible vers la peinture arrache avec lui, et pour elle, la mémoire de son apprentissage.»*[35]
Mais à cela, en Espagne, on ne donna pas de nom. Alcolea ne s'en alla pas non plus vivre à Paris. De sorte qu'il n'y eut aucune répercussion culturelle sur *«l'esprit du temps»*[36], qui, dans l'Espagne des années soixante-dix, n'était pas encore transnational.
Pour l'exposition «A New Spirit in Painting», les trois commissaires avaient glané des œuvres de quelques peintres, qui allaient, à ce moment de l'histoire de l'art, sans but très précis, mais dont les tableaux acquéraient un sens nouveau, au regard de l'œuvre des jeunes Lupertz, Morley, Chia, McLean, Penk, Richter ou Schnabel. Il s'agissait de vieux maîtres, Bacon, Twombly, Guston, De Kooning, Balthus, et d'un peintre, né au XIXe siècle, Picasso, de qui il était dit, dans la préface: *«Et si nous avons décidé d'ajouter les quatre peintures de Picasso [...], c'est parce que nous croyons*

[34] Christos Joachimides: *A New Spirit in Painting* («Un esprit nouveau dans la peinture»), Royal Academy of Arts de Londres, 1981, pp. 14-16.
[35] Ángel González García: *Así se pinta la historia (en Madrid)* [«Ainsi peint-on l'histoire (à Madrid)»], catalogue de l'exposition «Madrid DF», Musée municipal, Madrid, 1980, *in*: Francisco Calvo Serraller: *op. cit.*, pp. 1061-1065.
[36] «Zeitgeist», exposition qui se tint à Berlin en 1982, organisée par Christos Joachimides et Norman Rosenthal.

Auserón de Radio Futura y, en mayor escala, un Madrid que parecía despertar a la vida después de muchos años de cautiverio.[32] *Los setenta fueron sobre todo en Madrid, pero también en Barcelona, una época de una extraordinaria actividad, en la que todo parecía posible y lo era, incluso pintar cuadros excelentes. El artista había recuperado el aliento para hacer sus elecciones personales, y planteaba su acercamiento a la pintura como un placer y una necesidad. Esa vuelta a la normalidad–suponiendo que algo así fuera concebible en el arte español del siglo XX– no se había hecho sin esfuerzo, sino nadando a contracorriente.*[33] *De manera que la obra de esta generación de artistas españoles que a mediados de los años setenta habían anunciado ya una forma de sentir y pensar que luego se llamó postmoderna, ha permanecido oculta fuera de España. Otros iban a ser los encargados de dar voz y lugar en el arte a este nuevo espíritu.*
En 1981 la Royal Academy of Arts de Londres presentaba una exposición de 38 pintores que llevó por título "A New Spirit in Painting". Los comisarios, Norman Rosenthal, Christos Joachimides y Nicholas Serota, anunciaban el regreso a la pintura de un grupo de artistas, básicamente alemanes, pero también estadounidenses, italianos y británicos. Ese espíritu de la pintura cuyos síntomas analiza Joachimides en el catálogo: subjetivismo, autoanálisis, libre apropiación de estilos, recuperación personal del pasado, reacción contra la objetividad, incorporación de la experiencia inmediata individual... estaban ya en pintores como Alcolea y toda la generación de artistas españoles de los setenta.[34] *Tanto ellos, como los críticos, Juan Manuel Bonet, Ángel González, Francisco Rivas, y los que de una u otra manera participaban de esa otra forma de mirar y pensar la pintura, tenían conciencia de estar haciendo una nueva aportación al arte del siglo, a través de un solo movimiento: volver a pintar. Ángel González escribió en la famosa exposición de grupo "Madrid DF" en 1980 lo siguiente:* "[...] la omnipresencia de la pintura en el escenario moderno no obedece a un empeño caprichoso o voluntarista, sino a la premeditación más despiadada; y desengañada. Se pinta por consunción, virtual o actual de sus prolegómenos; por un derrape irresistible hacia la

[32] *Alcolea formó parte de la "figuración madrileña", junto a: Chema Cobo, Pérez Villalta, Manolo Quejido, Rafael Ramírez Blanco, Enrique Quejido, Rafael Pérez Mínguez, Herminio Molero, Alfonso Albacete, Carlos Franco, Juan Antonio Aguirre...*
[33] *Alcolea escribió un texto al que dio por título* Aprender a nadar, *tal vez basado en la máxima de André Gide: "El escritor debe saber nadar contra la corriente".*
[34] *Christos Joachimides:* A New Spirit in Painting, *Royal Academy of Arts de Londres, 1981, págs. 14-16.*

que, dans quelques-uns de ces derniers travaux, il est parvenu à une synthèse, due à son sens de l'histoire de la peinture, mais nourrie aussi d'un sauvage dédain pour sa propre place dans cette histoire. Ces dernières peintures ont une liberté d'expression qui les relie aux plus jeunes peintres de cette exposition. A la fin, il n'est d'autre préoccupation que l'acte même de peindre.»[37] Picasso, le dernier Picasso (cat. nº 24), récupéré pour cette grande opération de sauvetage des peintres connus en Allemagne sous le nom de *nouveaux sauvages* et en Italie sous celui de trans-avant-garde, pour rappeler encore que le vieux maître, trop brutal, trop picassien, d'avoir été contemplé sans passion pendant soixante-dix ans, avait laissé en héritage la peinture, comme unique but, plaisir et agonie.

Il y a, bien entendu, une différence entre la forme de peinture de Carlos Alcolea et de sa génération espagnole, et celle du «nouvel esprit dans la peinture» qui se fait jour en Europe quelques années plus tard. Cette différence passe effectivement par Picasso, dans la

Photo Luis Pérez-Mínguez

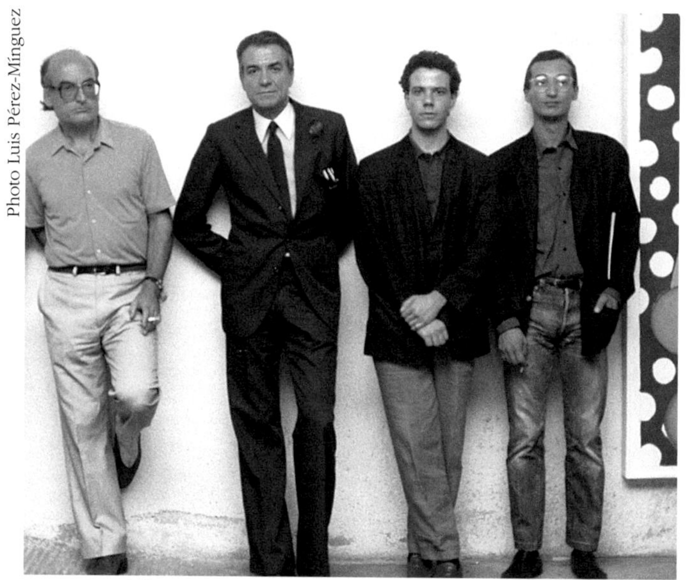

Luis Gordillo, Fernando Vijande, José María Sicilia et Juan Muñoz, Galerie Fernando Vijande, Madrid, 1986.

mesure où le langage plastique de ces Espagnols, comme Alcolea, est plus proche du pop et de Gordillo que de la peinture picassienne des années soixante et soixante-dix. C'est qu'en Espagne, depuis Saura – si l'on excepte le regard révulsé d'Equipo Crónica – jusqu'aux années quatre-vingt, on n'a pas regardé Picasso, redécouvert à peu près au même moment en Allemagne et aux Etats-Unis.

[37] Norman Rosenthal, Christos Joachimides et Nicholas Serota: *op. cit.*, pp. 12-13.

pintura, que arrastra, con él y para ella, la memoria de su aprendizaje".[35]

Pero en España no se le puso nombre, ni Alcolea se fue a vivir a París, de manera que todo aquello no tuvo una repercusión cultural en el "espíritu del tiempo"[36] *que en la España de 1970 no era aún transnacional.*

Para la exposición "A New Spirit in Painting" los tres comisarios habían recuperado obras de algunos pintores que vagaban a estas alturas de la historia del arte sin rumbo muy fijo, pero cuyos cuadros habían cobrado un nuevo sentido por obra de los jóvenes Lupertz, Morley, Chia, McLean, Penk, Richter o Schnabel. Se trataba de los viejos maestros Bacon, Twombly, Guston, De Kooning, Balthus, y un pintor nacido en el siglo XIX, Picasso, de quien se decía en el prefacio: "And if we also include the four paintings of Picasso [...] it is because we believe that in some of these last works he achieved a synthesis born from a sense of the history of painting and also a wild disdain of his own place within it. These last paintings have a freedom of expression which allies them to the youngest painters of this exhibition. In the end the only care is about the act of painting itself".[37] *Picasso, el último Picasso (cat. n.º 24) recuperado para esta gran operación de rescate de pintores que en Alemania se conocieron como* Nuevos Salvajes *y en Italia* Transvanguardia, *para volver a recordar que el viejo maestro, demasiado brutal, demasiado Picasso, para haber sido contemplado sin pasiones durante setenta años, había dejado el legado de pintar como única meta, placer y agonía.*

Había una diferencia, es bien cierto, entre la forma de pintura de Carlos Alcolea y la de su generación española con la del "nuevo espíritu en la pintura" europea posterior, y esa diferencia pasa por Picasso, en la medida que el lenguaje plástico de algunos de estos españoles, como Alcolea, está más próximo del Pop y de Gordillo que de la pintura del Picasso de los sesenta y setenta. A Picasso, además en España, no se le había vuelto a mirar desde Saura –exceptuando la mirada revuelta de Equipo Crónica– hasta la década de los ochenta, más o menos al mismo tiempo que en Alemania y en los Estados Unidos.

Son dos pintores, José María Sicilia y Miquel Barceló, los que recuperarán la pintura matérica posterior al Art Brut, de pincelada espesa y trazo rápido, a la manera del último Picasso. Al menos en una primera

[35] *Ángel González García:* Así se pinta la historia (en Madrid), *catálogo de la exposición "Madrid DF", Museo Municipal, Madrid, 1980, en Francisco Calvo Serraller:* op. cit., *págs. 1061-1065.*

[36] *"Zeitgeist", exposición celebrada en Berlín en 1982, organizada por Christos Joachimides y Norman Rosenthal.*

[37] *Norman Rosenthal, Christos Joachimides y Nicholas Serota:* op. cit., *págs. 12-13.*

José María Sicilia et Miquel Barceló seront les héritiers de cette peinture chargée de matière, postérieure à l'art brut, touche épaisse et trait rapide, dans la manière du dernier Picasso. Au moins dans un premier temps, lorsque Juan Muñoz les invite tous deux à une exposition qu'il organise en 1983 sur «L'Image de l'animal: art préhistorique et art contemporain».[38] Ils reviennent d'un bref séjour à Paris, où Barceló a découvert l'abstraction américaine des années cinquante et les peintres français de l'abstraction lyrique.

Photo Galerie Soledad Lorenzo

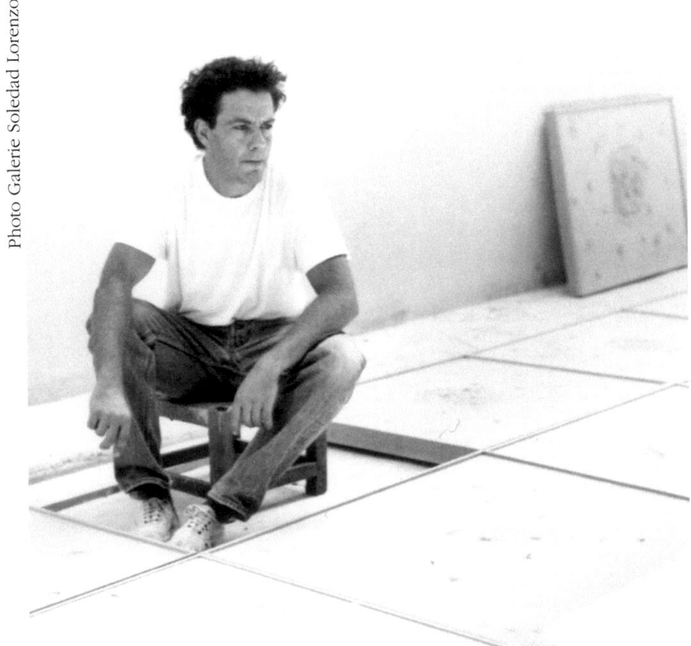

José María Sicilia à son atelier.

Très vite, Sicilia se dépouille de l'image et de la matière. Gardant sa prédilection pour une iconographie d'objets solitaires, dans l'esprit des natures mortes ascétiques de la tradition espagnole, il découvre la cire, matériau ambivalent, liquide ou solide, transparent ou opaque, qui sera pour sa peinture une révélation (cat. nº 60). La cire, qui permet de capter la double nature – visible et invisible – de l'image, dans l'art de la représentation, appliquée à des thèmes franciscains, les fleurs, grandes fleurs, qui, dans leur visibilité évidente, montrent le mystère de ce qu'elles occultent. *«C'est la visibilité même qui comporte une non visibilité.»*[39] Depuis les premières œuvres à la matière dense sous

[38] Barceló avait déjà participé à l'exposition *Otras figuraciones* («Autres figurations»), organisée par la Fondation «la Caixa», Madrid, décembre-janvier 1981.

[39] Maurice Merleau-Ponty: *Le Visible et l'Invisible*, Paris, Gallimard, 1964; collection TEL, p. 295.

etapa, cuando Juan Muñoz les hace coincidir en una exposición que organiza en 1983 sobre "La imagen del animal: arte prehistórico y arte contemporáneo".[38] *Ambos venían de pasar una breve estancia en París, donde Barceló había descubierto la abstracción americana de los cincuenta y los pintores gestuales franceses.*

Muy pronto Sicilia empieza a despojarse de la imagen y de la materia. Mantiene su devoción por una iconografía de objetos solitarios, en la tradición de los bodegones ascéticos de la tradición española, mientras descubre la cera como material bivalente, líquido y sólido, transparente y opaco al mismo tiempo, que será una revelación para su pintura posterior (cat. n.º 60). Cera como medio de representación de la doble naturaleza visible e invisible de la imagen en el arte de la representación, aplicada sobre temas franciscanos, las flores, grandes flores que en su obvia visibilidad muestran el misterio de lo que ocultan. "C'est la visibilité même qui comporte une non visibilité".[39] *Desde aquellas primeras obras de materia densa bajo la que ya entonces se ocultaban los objetos y los paisajes, hasta estas flores de cera y óleo, ha cambiado el material pero no el juego entre visibilidad y ocultamiento de la imagen del arte. Permanece también la rapidez del gesto, cada vez más apremiante, un gesto que no es indicio de expresividad subjetiva sino, al revés, de catársis plástica (cat. n.os 61 y 62). Flores que se hacen solas, porque la mano es flor cuando hace la flor. Flores, jarros, cántaros, hojas, transparencia, opacidad, miel, cera, abejas, luz, penumbra... todo un repertorio de claves que miran a oriente y a la cultura árabe española. Cultura de lo entrevisto, de la penumbra, la sombra, del ocultar para ver, para ver con el ojo ciego, el que mira hacia dentro, el ojo que sueña, el ojo que sueña que ve, el ojo que sueña lo que ve: el sueño de la flor. ¿Quién ve y quién es visto? En este diálogo especular que se juega sobre la superficie del cuadro regresa la figura de Pablo Palazuelo.*

Barceló muy al contrario, no se interesará por la imagen, ni por asuntos relacionados con la percepción, se interesa por la materia en vertical, la materia que se hace forma, volumen y escultura, o que se horada hasta vaciarse en vasija o agujero. Más demiurgo que pintor, o pintor demiurgo, la materia de la pintura se transforma en sus manos en objeto orgánico, detritus, jugo, sangre o hueso. Como demiurgo crea y deshace; en vez de pintar, quiere crear lo que pinta, lo que

[38] Barceló ya había participado en la exposición Otras figuraciones, *organizada por la Fundación "la Caixa", Madrid, diciembre-enero de 1981.*

[39] Maurice Merleau-Ponty: Le Visible et l'Invisible, *París, Gallimard, 1964; colección TEL, pág. 295.*

laquelle déjà se cachaient objets et paysages, jusqu'à ces fleurs de cire et d'huile, le matériau change, mais le jeu entre visibilité et masquage de l'image – qui est image de l'art – demeure. De même la rapidité du geste, chaque fois plus urgent, non pas l'indice d'une expressivité subjective, mais, au contraire, *catharsis* plastique (cat. n°s 61 et 62). Des fleurs qui se font toutes seules, parce que la main, lorsqu'elle fait la fleur, est fleur. Fleurs, vases et jarres, feuilles, transparence, opacité, miel, cire, abeilles, lumière, pénombre… ainsi se décline un répertoire d'objets ou de notions qui regardent vers l'Orient, vers la culture arabo-espagnole. Culture du fugace et de l'entrevu, de l'ombre et de la pénombre, de la lumière occultée pour mieux voir, pour voir avec l'œil de l'aveugle, celui qui regarde vers l'intérieur, l'œil qui rêve, l'œil qui rêve qu'il voit et rêve ce qu'il voit: le rêve de la fleur. Qui voit? Qui est vu? Dans ce dialogue spéculaire, qui se joue à la surface du tableau, revient la figure de Pablo Palazuelo. Barceló, lui, ne s'intéressera pas à l'image, ni aux problématiques de la perception. Ce qu'il voit, c'est la verticalité de la matière quand elle se fait forme, volume et sculpture, ou quand il la perce, jusqu'à la vider, dans un vase ou dans un trou. Il est plus démiurge que peintre. Entre ses mains, la matière de la peinture se transforme en objet organique, détritus, jus, sang et os. Il crée et défait. Plus que peindre, il veut créer ce qu'il peint ou sculpte, lui donner ou lui ôter la vie. La matière morte, pas plus que la matière vive – elle se transforme (cat. n° 66) –, ne se stabilise; elle appartient au règne de l'hybridation (cat. n° 65) et l'artiste démiurge se charge d'hybrider les espèces, à l'imitation de la nature, faisant croître le végétal de la concavité d'un crâne (cat. n° 67), sourdre le fleuve de la peinture et surgir la montagne de la toile. Peinture carnivore – dialectique, tropisme cronien –, qui se dévore elle-même. Ses tableaux ont quelque chose d'anthropophage ou, mieux, d'autophage: matière phagocytée, qui ne laisse plus de trace que celle de son absence (cat. n° 64).

Au cours des années quatre-vingt, la sculpture connaît en Espagne de multiples développements. A toutes ces tentatives, quelques artistes – ils ne sont pas peu – sauront donner un prolongement. Mais il en est un, entre tous, dont l'œuvre peut à peine se laisser saisir par l'appellation traditionnelle de sculpture, et dont la personnalité outrepasse aussi les limites et les capacités du sculpteur. Il s'agit de Juan Muñoz. Provenant d'une faculté d'histoire de l'art, il réalisa la synthèse de ce bouillonnement, fut un passeur, un catalyseur des émotions et de la pensée. C'est, je crois, de cette façon qu'il faut aborder son œuvre, ses personnages, en taille réelle – mais pas tout à fait la taille humaine –, avec leurs traits vraisemblables – mais seulement vraisem-

esculpe; darle vida o darle muerte. Porque, igual que la materia viva nunca se estabiliza, se transforma (cat. n.º 66), la materia muerta tampoco, pertenece al reino de la hibridación (cat. n.º 65), y el artista demiurgo se encarga de hibridar las especies a imitación de la naturaleza, haciendo crecer el vegetal del cuenco del cráneo (cat. n.º 67), el río de la pintura, y la montaña del lienzo. Pintura carnívora, por oposición complementaria, que se devora a sí misma; sus cuadros tienen algo de antropofagia, o mejor, de autopofagia de la materia que se fagocita hasta dejar la huella de su ausencia (cat. n.º 64).

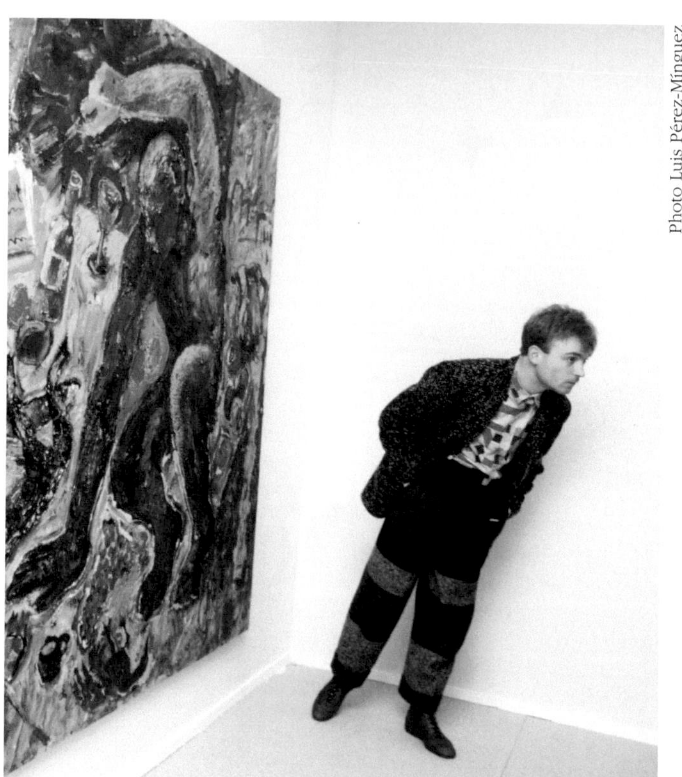
Photo Luis Pérez-Mínguez

Miquel Barceló, Arco 1983, stand Galerie Fúcares, Madrid.

A mediados de los ochenta la escultura va a encontrar una multiplicidad de desarrollos en España. De todas aquellas tentativas algunos, no pocos, artistas han seguido adelante, pero entre todos ellos hubo uno cuya obra apenas encaja en la denominación tradicional de escultura, y cuya personalidad también sobrepasa los límites y las capacidades del escultor, se trata de Juan Muñoz. Juan Muñoz que procedía de una Facultad de Historia del Arte, fue un sintetizador del entorno y un activador de emociones y pensamientos. Creo que es la mejor aproximación a su obra. Sus personajes a tamaño natural –pero no humano–, con sus facciones verosímiles –pero sólo verosímiles–, sus ropajes acartonados

blables –, leurs vêtements de carton – parfaitement identifiables – et leurs attitudes – également et malheureusement identifiables dans leurs gestes renfrognés, hostiles ou stupéfaits. En peu d'œuvres, il a créé une cosmogonie complète, agonique, de l'homme contemporain. Des êtres solitaires, naufragés, des pantins humains, sur la scène du même théâtre que celui où s'agite le spectateur (cat. nº 63).

Ces trois artistes sont Espagnols, bien sûr, mais vivent ou vivaient déjà ailleurs, à Paris, à Londres, au Mali, à Majorque, à Naples... L'accord entre la réalité espagnole et l'avancée moderne a coïncidé avec une perte des frontières de la culture, qui, dans le cas de Barceló, s'accommode très bien et simultanément d'un fort enracinement dans la terre majorquine, présente, vivante, dans son approche de la matière.

George Steiner a vu dans cette «absence de foyer», de laquelle participent aussi les grands acteurs de la révolution linguistique du XXe siècle, un symptôme qui a donné lieu à un nouveau pluralisme dans l'usage des langues. Il attribue à ce phénomène «extraterritorial» un rôle majeur dans la création littéraire moderne.[40] Il ne serait pas absurde de voir dans cette même «excentricité» le moteur de la grande révolution survenue au cœur de la création plastique de ce temps, qui s'est mise en marche à Paris au début du siècle précédent et qui, dans les premières années de celui-ci, utilise le langage de l'abstraction, de la figuration ou de la sculpture de façon polyvalente, voire symbiotique, exactement comme Picasso l'avait préconisé, peut-être en sa qualité d'«extraterritorial» qu'il n'a jamais cessé d'être.

M. A. C.

[40] George Steiner: *Extraterritorial. Ensayos sobre literatura y la revolución lingüística*, Barral Editores, Barcelone, 1973, p. 10; George Steiner: *Extraterritorialité: essai sur la littérature et la révolution du langage*, Paris, Calmann-Lévy, 2002, p. 12.

–y reconocibles– y sus actitudes también tan desgraciadamente reconocibles en sus gestos hoscos, hostiles o estupefactos. Creó con no muchas obras una total cosmogonía agónica del hombre contemporáneo. Seres solitarios, seres varados, muñecos humanos de guiñol, en el escenario del mismo teatro que comparten con el espectador (cat. n.º 63).

Estos tres artistas españoles, son españoles pero viven ya en cualquier lugar, París, Londres, Malí, Mallorca, Nápoles... La sintonización de la realidad española a la avanzada moderna ha coincidido con una pérdida de las fronteras de la cultura, que en el caso de Barceló no encuentra inconveniente en simultanearse con un fuerte arraigo en la tierra mallorquina que late siempre en el fondo de su acercamiento a la materia.

George Steiner ha visto en la "carencia de hogar" de la que participan también los grandes protagonistas de la revolución lingüística del siglo XX, el síntoma que ha dado lugar a un nuevo pluralismo en el uso de los lenguajes. A este fenómeno "extraterritorial" le atribuye ser el principal impulso de la creación moderna en el terreno de la literatura.[40] No sería descabellado hacer de ese mismo fenómeno "excéntrico" el motor de la gran revolución acontecida en el corazón de la creación plástica moderna que a principios de siglo se puso en marcha en París. Y que ahora a inicios de otro, utiliza el lenguaje abstracto o figurativo o escultórico de una forma polivalente y simbiótica tal y como Picasso había preconizado, tal vez en la calidad "extraterritorial" que siempre tuvo.

M. A. C.

[40] *George Steiner:* Extraterritorial. Ensayos sobre literatura y la revolución lingüística, *Barral Editores, Barcelona, 1973, pág. 10.*

Œuvres exposées
Obras expuestas

Textes de Carmen Bernárdez (C. B.) et de Mercedes Replinger (M. R.)

La Galerie espagnole

Juan José Lahuerta
Professeur de l'Université Polytechnique de Catalogne

1

Picasso luciférien, Derain archangélique: voilà ce qu'on ne pourrait dire, note André Salmon en 1922, dans ses *Propos d'atelier.* Il l'a pourtant dit. Et ce qui est dit est dit, quand bien même cela serait pour supposer qu'il n'eût point fallu. Que veut dire exactement Salmon, en disant pour ne pas dire, si je puis dire? Question difficile et facile à la fois. Difficile, évidemment, d'imaginer Derain dans cette hiérarchie supérieure des anges, pur esprit céleste; facile, en revanche, depuis toujours, de voir Picasso aux enfers. Ce qui est certain, c'est qu'alors Picasso s'est séparé de Derain depuis plusieurs années. Qu'on se rappelle la légende, célèbre, selon laquelle Picasso aurait raconté comment, au début de la guerre, il avait accompagné à la gare Derain et Braque, tous deux mobilisés, pour ne plus jamais les revoir: «Ils n'en revinrent jamais.» L'affirmation devient moins étrange si nous pensons qu'en rentrant des tranchées, Braque et Derain devaient un peu sentir le brûlé. Picasso, qui n'était pas parti, et n'avait conséquemment pas besoin de revenir, sentait, lui, le soufre. Voilà donc ce que veut dire Salmon: que Picasso sent le soufre et Derain le brûlé, car, en fin de compte, si les archanges ne trônent pas au sommet de la hiérarchie, Lucifer est bien le démon. Salmon, son livre le montre, connaissait beaucoup de «propos d'atelier», beaucoup de on-dit. Difficile, sinon, d'imaginer comment il a pu parvenir à cette conclusion, au sujet d'un personnage aussi solitaire et pessimiste que Derain, à dire ce non-dit. Plus facile qu'on ne croit, en réalité. Il lui suffisait de comparer Derain, ou tout autre d'ailleurs, à Picasso, cet Espagnol, luciférien sans aucun doute, comme tous ses ancêtres, puisque, à défaut d'être le premier dans la décadence de son art – décadence dont se rendirent coupables ces mêmes ancêtres, bien que les peintres français aient eu à en payer les pots cassés –, il l'était dans sa Galerie, la Galerie espagnole à Paris, c'est-à-dire l'enfer même – je veux dire le chaudron – de l'avant-garde.

La Galería española

Juan José Lahuerta
Profesor de la Universidad Politécnica de Cataluña

1

Picasso luciferino y Derain arcangélico: eso no podría decirse, dice André Salmon en 1922, en Propos d'atelier, *pero ya lo ha dicho. Ya está dicho, aunque sea para suponer que no debería decirse. Es difícil imaginar qué quiere decir exactamente Salmon, con ese decir y no decir, aunque, al mismo tiempo, es fácil. Lo difícil, desde luego, es imaginarse a Derain en esa jerarquía superior de los ángeles, como espíritu celeste; lo fácil, siempre lo fue, es ver a Picasso en los infiernos. Lo cierto es que Picasso ya se había desecho de Derain hacía unos cuantos años: acuérdense de la famosa leyenda en la que Picasso cuenta cómo fue a despedir a Derain y a Braque a la estación, cuando estos fueron movilizados al inicio de la guerra, para no verlos más. "Nunca más regresaron": no suena tan extraño si pensamos que al volver de las trincheras tanto Braque como Derain debían de oler a chamusquina; a Picasso, que no había ido y que por tanto no tenía que volver, le tocó en suerte oler a azufre. Eso debe de querer decir Salmon: que Picasso huele a azufre y Derain a chamusquina, porque, al fin y al cabo, los arcángeles tampoco son la jerarquía más alta, y Lucifer, en cambio, es el demonio. Salmon, su libro lo demuestra, conocía muchos* propos d'atelier*; muchas habladurías, en efecto. Es difícil, sino, imaginar cómo podía haber llegado a esa conclusión acerca de un personaje tan solitario y pesimista como Derain, no dicha pero dicha. Aunque no, en realidad es fácil. Bastaba compararlo, a Derain como a cualquiera, con Picasso, ese español, luciferino sin duda, como todos sus ancestros, ya que no el primero en la decadencia de su arte –decadencia de la que sus ancestros, justamente, fueron los culpables, aunque los pintores franceses tuvieran que pagar los platos rotos–, al menos el primero de su Galería, de la Galería española en París; o sea, del infierno –quiero decir de la caldera– de la vanguardia.*

2

Autres «propos». Vollard écrit ses *Souvenirs d'un marchand de tableaux* comme une suite à peu près infinie d'anecdotes. Il en est toujours le centre, entouré de ses artistes et de ses clients, qui vont et viennent; et les histoires se succèdent non pas comme si elles étaient le résultat d'un plan, mais plutôt selon le fonctionnement de la mémoire, qui procède automatiquement, par associations: une chose en amène une autre, on ne sait pas toujours pourquoi. «Cela me rappelle...», aurait pu écrire Vollard, non pas au début de chaque chapitre, mais en tête de chaque paragraphe. Pour ma part, ce dont je me souviens aujourd'hui, c'est des quelques lignes qu'il consacre à l'exposition qu'il a organisée pour Picasso en 1901. Après avoir décrit Picasso comme un jeune homme vêtu avec recherche, il entreprend tout de suite de nous parler de Pere Mañach, ou «Manache», comme il dit, qui lui sert d'intermédiaire et qui lui a déjà présenté, en d'autres occasions, des artistes espagnols. C'est un industriel de Barcelone qui a fait mettre, à l'entrée de son usine, une figurine de saint, devant laquelle brille la flamme d'une lampe à huile, alimentée par les ouvriers. «Tant que brûlera la petite lampe, déclare Mañach à Vollard – selon ce qu'en dit ce dernier –, je suis assuré de ne pas avoir de grève.» C'est bien. Mais l'exposition Picasso? Rien. Pas un mot. Comme si le marchand de tableaux qu'il était – pas de chance, il laissa ce jeune talent espagnol lui échapper – cherchait, par cette omission, à se consoler d'un échec – avoué –, alors que l'exposition fut en réalité un succès, au moins relatif, tant commercial que critique. Vollard rappelle que le jeune homme avait déjà peint plus d'une centaine de toiles, et puis, continuant à se consoler, nous dit que personne ne comprenait rien à Picasso, et que le cubisme était, certes, une école influente dans l'art décoratif moderne, mais qui n'intéressait que les maniaques de la nouveauté: les Alle-

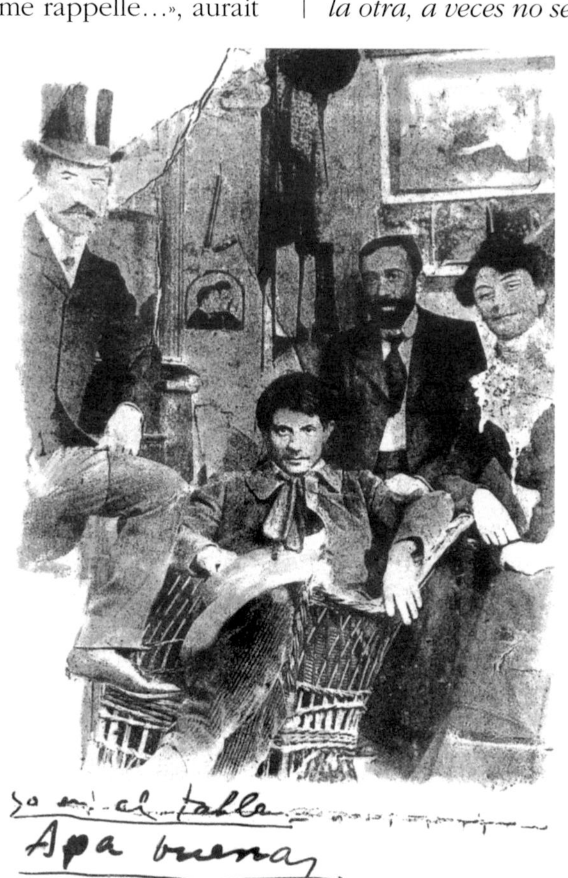

Pere Mañach, Pablo Picasso, Fuentes Torres et sa femme, Bateau-Lavoir, 1901: «Souvenirs sur Picasso, contés par Max Jacob», *in*: *Cahiers d'Art*, nº 6, 1927, Paris, p. 200.

2

Más propos. *Vollard escribió sus* Souvenirs d'un marchand de tableaux *como una serie tendencialmente infinita de anécdotas. Él aparece siempre en el centro de sus artistas y sus clientes, que giran a su alrededor, o que van y vienen, pero las historietas se suceden como si fuesen el resultado no de un plan, sino del funcionamiento de la memoria, que actúa automáticamente, por asociaciones: una cosa lleva a la otra, a veces no se sabe muy bien por qué. "Esto me recuerda que...", podría haber escrito Vollard al principio no ya de cada capítulo, sino de cada parágrafo. Yo, por mi parte, de lo que me acuerdo ahora es de las líneas que dedica a comentar la exposición que le organizó a Picasso en 1901. Lo primero que hace, después de describir a Picasso como un joven vestido de un modo rebuscado, es decirnos algo sobre Pere Mañach, o "Manache", como el lo llama, que hacía de intermediario y que ya en otras ocasiones le había presentado artistas españoles. Era, dice, un industrial de Barcelona que tenía a la entrada de su fábrica la figurilla de un santo frente al cual brillaba la llama de una lámpara cuyo aceite era suministrado por los obreros. "Mientras arda la lamparita, dice Vollard que le dijo Mañach, estoy seguro de que no habrá huelga". Está bien, pero, ¿qué hay de la exposición de Picasso? Nada, ni una palabra, como no sea la falsedad consoladora para un vendedor de cuadros –que, maldita sea, dejó escapar de sus manos a aquel joven español– de que fue un fracaso, aunque en realidad resultase un éxito, al menos relativo, tanto de crítica como de ventas. Vollard recuerda que aquel joven ya había pintado más de cien cuadros, y luego, para continuar consolándose, nos dice que nadie entendió a Picasso y que el Cubismo fue una escuela influyente, sí, en la decoración moderna, pero que sólo interesó a los ávidos de novedades: los alemanes, los ameri-*

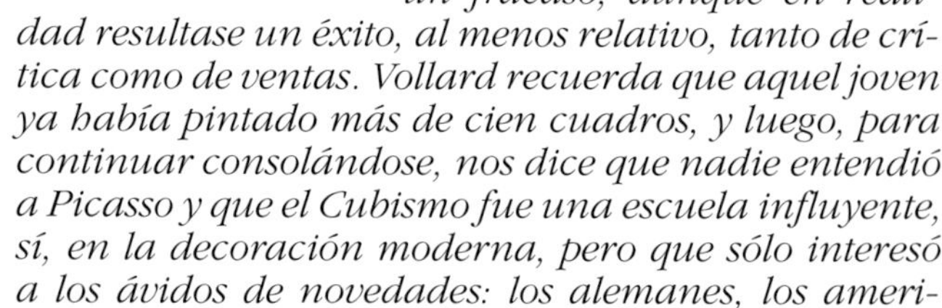

mands, les Américains... «Cubisme? cubisme?», interrogeait, raconte encore Vollard, un Américain, à tous les coins de la Butte, qui dut revenir à New York sans l'avoir rencontré. Et on passe à une autre histoire. La chose, cette fois, paraît plus sérieuse: c'est de Renoir qu'on parle. Apprenant un jour que Vollard partait en voyage pour l'Espagne, Renoir lui demanda, pour en habiller un de ses modèles, qui avait la même corpulence, de ramener un costume de torero, mais comme il advint que Vollard ne put trouver de costume qui lui allât ni à Séville, ni à Madrid, ni même à Tolède, il s'en fit tailler un sur mesure, avec lequel, à la suite d'une série de mésaventures risibles qui seraient ici hors de propos, il finit par se présenter devant Renoir. Le peintre, enthousiasmé, fait aussitôt son portrait – avec une rose sur le tapis. «Cela me rappelle...»: si Vollard ne le dit pas, c'est pourtant clair. A quoi tient précisément cette association d'idées, cet enchaînement d'anecdotes? Un personnage qui, pour être plus tranquille, plutôt que de brûler un cierge à Dieu et l'autre au diable, laisse le diable lui-même le brûler à Dieu, et une panoplie de torero peinte par Renoir: entre ces deux souvenirs se tient Picasso, celui dont on ne parle pas. Ou dont on parle. En un sens parce que Vollard définit Mañach comme un cynique par fanatisme doublé d'un fanatique par cynisme, soit, encore, un Espagnol, ce qui est parfaitement opportun, si l'on cherche, sans se taire, à ne pas parler de Picasso; et, même si cela peut paraître hors de propos, quoi de mieux que de continuer avec cette histoire de Renoir et du costume de torero, pour achever de n'en rien dire, de ne rien dire d'un Espagnol, ou de ce qui est espagnol, à Paris? Ainsi parlent les lapsus. Pourtant, bien que ses mensurations ne soient pas précisément, d'après ce que j'ai pu voir dans ses portraits, celles d'un torero, ce que veut dire Vollard avec cet habit de lumière introuvable à Séville, à Madrid ou à Tolède, n'est-il pas assez clair? Les vrais costumes de torero, ceux qu'il peut revêtir et que peut peindre Renoir, sont à Paris, pas en Espagne. Comme la Galerie espagnole, qui était à Paris et aurait bien pu y revenir, si tant est qu'elle en fût jamais partie. Ainsi de ce jeune homme présenté par Mañach: il fallait qu'il fût Espagnol, comme on est Espagnol à Paris, s'il voulait peindre quelque chose. Cela va sans dire.

canos... "¿Cubismo? ¿Cubismo?", dice Vollard que preguntaba por los rincones de la Butte un americano que tuvo que regresar a Nueva York sin encontrarlo. Y a continuación, otra historia. Esta vez la cosa parece más seria: hablamos de Renoir. Es el caso que cuando en una ocasión Vollard le dijo que se iba de viaje a España, Renoir le pidió que le trajese un traje de torero, pero como fuera que ni en Sevilla, ni en Madrid, ni en Toledo, pudo encontrar ninguno, se lo encargó a la medida, a su medida, y, a causa de una serie de risibles situaciones que ahora no vienen a cuento, se presentó ante Renoir con él vestido. El pintor, entusiasmado, lo retrató inmediatamente –con una rosa en la alfombra. "Esto me recuerda que...": pero Vollard no lo dice, y sin embargo está claro. ¿A qué viene esa asociación de ideas, ese encadenamiento preciso de anécdotas? Un personaje que no le pone una vela a Dios y otra al diablo, sino que deja que sea el diablo quien se la ponga a Dios, para estar más tranquilo, y un disfraz de torero pintado por Renoir: entre esos dos recuerdos está Picasso, de quien no se habla. O sí se habla. Por un lado, porque Vollard define a Mañach como un cínico por fanático tanto como fanático por cínico, o sea, como un español, lo cual viene a cuento si de lo que se pretende es de, hablando, no hablar de Picasso; y, aunque parezca que no venga a cuento, ¿qué mejor que continuar con esa historia de Renoir y el traje de torero, para acabar de hablar no hablando de un español, o de lo español, en París? Así hablan los lapsus. Pero además, y aunque, por lo que he visto en sus retratos, sus medidas no eran precisamente las de un torero, ¿no queda bien claro lo que quiere decir Vollard con eso de que no encontró trajes de luces ni en Sevilla, ni en Madrid, ni en Toledo? Los trajes de torero de verdad, esos que él puede vestir y que puede pintar Renoir, están en París, y no en España. Como la Galería española, que estaba en París y que ahora volvería a estar, si es que alguna vez se había ido. Así debía de ocurrir con ese joven que le presentó Mañach: que tendría que ser español, como se es español en París, si quería pintar algo. Ni que decirlo.

3

De cette exposition Picasso de 1901, on connaît différentes critiques. L'une d'elles, que publia Félicien Fagus dans *La Revue blanche*, s'intitulait «L'invasion espagnole». Picasso en était la meilleure excuse, pour ainsi dire: sa peinture, celle du nouveau venu, expliquait, de fait, l'«invasion» entière. Les adjectifs qu'emploie Fagus

3

De esa exposición de Picasso de 1901 se escribieron varias críticas. Una de ellas, la que Félicien Fagus publicó en La Revue blanche*, se titulaba "L'invasion espagnole". Picasso era la mejor excusa para hablar: su pintura, la del recién llegado, explicaba, de hecho, la "invasión" entera. Los adjetivos que Fagus utiliza*

pour décrire les effets de la peinture de Picasso sont évidemment assez éloquents, surtout si nous les mettons en relation avec ce que Fagus nomme lui-même ses «grands ancêtres», les peintres espagnols, et Goya au premier chef. En effet, nous dit Fagus, son imagination est violente, sombre, corrosive, et sa splendeur consciemment lugubre. Mais procédons dans l'ordre. Il est certain, comme on a pu le dire ailleurs, que Fagus ne fait ressortir, dans sa critique, aucun trait purement espagnol et qu'il comprend les hommes qui vivent de l'autre côté des Pyrénées comme des Latins, à l'égal des Français. Il est tout aussi certain qu'au contraire d'autres peintres espagnols, comme Iturrino, qui partage avec lui cette exposition de 1901, Picasso ne choisit pas pour ses toiles de thèmes folkloriques, proprement espagnols, mais parisiens, scènes de la vie moderne, prostituées surtout; de fait, Gustave Coquiot, dans sa critique du *Journal*, le qualifie de peintre de la vie moderne. Il n'est donc pas étonnant que Fagus évite le pittoresque: il a mieux à faire. Par exemple, situer Picasso dans la lignée de ses ancêtres: c'est-à-dire, comme nous l'avons vu, violent, sombre, corrosif, consciemment lugubre. Voilà. On peut dire cela de Goya – ou du Greco, ou de Zurbarán, par exemple. Ou de Picasso. Puisqu'il est l'un des leurs. Ce qui revient encore à ne rien dire, ou alors, que Picasso est Espagnol, comme ses ancêtres. Allons plus loin: que Picasso ne peut être qu'Espagnol, comme ses ancêtres. Mais tout n'est pas encore dit. Fagus replace ensuite Picasso (19 ans à l'époque) parmi ses influences les plus certaines: Delacroix, Manet, Monet, Van Gogh, Pissarro, Toulouse-Lautrec, Degas, Forain, Rops… Cela paraît peut-être un peu excessif, mais, pour un artiste de la vie moderne, c'est encore trop peu. Cette liste ne dirait rien pourtant, sans un petit commentaire ajouté au nom de Manet, «que tout désigne»: «Sa peinture est un peu espagnole.» Un peu? Je ne sais pas si, dans les peintures du Picasso de 1901, il doit y avoir beaucoup de Manet, mais je sais ce que tout le monde savait: que Manet, à la Galerie espagnole, avait trouvé la voie de la peinture moderne et qu'il était disposé, pour Velázquez, à souffrir les mille désagréments et les calamités sans nombre d'un voyage en Espagne. Un seul, si la fièvre est véritablement sans remède, car sinon, pour cela, pour l'Espagne, il y a Paris. Manet était, dit Baudelaire, le premier dans la décadence de son art, voilà pourquoi il dut faire le voyage, une fois pour toutes, une seule. Picasso est Espagnol, peintre de la vie moderne selon Coquiot, et il n'a plus besoin de voyager pour mettre à bouillir le chaudron de l'avant-garde, du moins allumer le feu sous l'une de ses manifestations, la plus française sans doute, celle de l'invasion espagnole.

para describir los efectos de la pintura de Picasso, son, desde luego, bien elocuentes, sobre todo si los ponemos en relación con los que el propio Fagus llama sus "grandes ancestros", los pintores españoles, y, en este caso, Goya, el primero. Su imaginación es, en efecto, dice Fagus, violenta, sombría, corrosiva, y su esplendor conscientemente lúgubre. Pero vayamos por partes. Es cierto que, como se ha dicho en ocasiones, Fagus no saca a relucir, en su crítica, tópicos españoles, y que, incluso, identifica a esos hombres del otro lado de los Pirineos como latinos, al igual que los propios franceses. Y es cierto también que, al contrario de lo que ocurría con otros españoles, como por ejemplo Iturrino, que compartía con él esa exposición de 1901, los temas de los cuadros de Picasso no eran folklóricos, españoles propiamente, sino bien parisinos, pinturas de la vida moderna, prostitutas sobre todo, y, de hecho, de pintor de la vida moderna lo calificó Gustave Coquiot en la crítica que publicó en Le Journal. *No es extraño, pues, que Fagus evite el tipismo: tenía cosas mejores que hacer. Por ejemplo situar a Picasso en relación con sus ancestros: violento, sombrío, corrosivo, conscientemente lúgubre. Bien: eso puede decirse de Goya –o de El Greco o de Zurbarán, por ejemplo. O de Picasso. Unos por otros. De modo que eso es como no decir nada, o sea, como decir que Picasso es español, como sus ancestros. O como decir mucho: que Picasso no puede ser sino español, como sus ancestros. Y aún así, no está todo dicho. Fagus, a continuación, coloca la pintura de Picasso (diecinueve años en aquel momento) junto a sus influencias más cercanas: Delacroix, Manet, Monet, van Gogh, Pissarro, Toulouse-Lautrec, Degas, Forain, Rops... Parece tal vez un tanto excesivo, pero para un artista de la vida moderna, toda ambición es poca. Sin embargo, esa lista no diría nada si no fuese por un pequeño comentario añadido al nombre de Manet: "Todo apunta hacia él, cuya pintura es un poco española". ¿Un poco? Yo no sé si en las pinturas del Picasso de 1901 habrá mucho Manet, pero sí sé lo que todos sabían: que Manet había abierto la pintura moderna en la Galería española, y que por Velázquez estuvo dispuesto a sufrir las infinitas incomodidades y las calamidades sin cuento de un viaje a España. Una vez, si no hay remedio, porque para eso, para España, ya está París. Manet era, dijo Baudelaire, el primero en la decadencia de su arte, y por eso necesitó hacer aquel viaje que, una vez hecho, una vez, nunca debería repetirse. Picasso es español, pintor de la vida moderna, según Coquiot, y ya no necesita viajar para poner a hervir la caldera de la vanguardia, o, al menos, uno de sus fuegos, el más francés, sin duda: el de la invasión española.*

4

«La peinture du XIXe siècle, en France, était faite entièrement par les Français. A l'étranger, la peinture n'existait pas. Au XXe siècle, la peinture est faite en France, mais par les Espagnols.» C'est par ces lignes, devenues fameuses, que commence le *Picasso* de Gertrude Stein. Glose, quand bien même terriblement raccourcie, à cette parenthèse ouverte et fermée par Fagus derrière le nom de Manet *dans* un article sur Picasso. Lorsqu'elle dit «Espagnols», Gertrude Stein pense bien sûr à Picasso, mais aussi à Juan Gris, et la peinture dont elle parle est le cubisme. «Cubisme? cubisme?»: *la* peinture. Et ces phrases par lesquelles démarre le livre, *in medias res*, «au milieu des choses», sont réellement bien construites. Elles forment un triptyque, où la peinture semble être quelque chose à cheval entre deux siècles, entre Français et Espagnols, même s'il est dit clairement que les Espagnols sont en France. Très clairement. Nous allons voir comment. Le panneau central du triptyque est une affirmation simple, mais formidable: «A l'étranger, la peinture n'existait pas.» Ce qui finalement revient à dire qu'à l'étranger la peinture *n'existe pas*, aujourd'hui comme alors. Mais quelle peinture, sinon la peinture moderne? Et pourquoi tourner autour du pot? le cubisme, la peinture de Picasso, la peinture d'avant-garde. C'est de cela qu'il s'agit, de rien d'autre: de la Galerie espagnole à Paris. Ces phrases du livre de Gertrude Stein concluent de façon lapidaire tout ce que les critiques et «propos» dont nous parlions précédemment laissaient entendre, et chaque fois qu'il est fait mention d'une supposée avant-garde espagnole, le nom de Picasso à l'appui, il serait bon de s'en souvenir. Picasso et Juan Gris sont des peintres espagnols à Paris, les premiers d'une Galerie vers laquelle il faut fatalement se presser pour contempler la peinture moderne, une Galerie qui en rappelle une autre, dans la France du XIXe siècle, celle de Louis-Philippe, la même, en réalité. Amateurs et artistes ne firent jamais référence qu'à l'unique peinture existante, à travers laquelle ils voyaient surgir les figures du Greco, de Zurbarán, de Velázquez ou de Manet – un peu Espagnol. Et si certains d'entre eux allèrent jusqu'à faire le voyage d'Espagne, suppor-

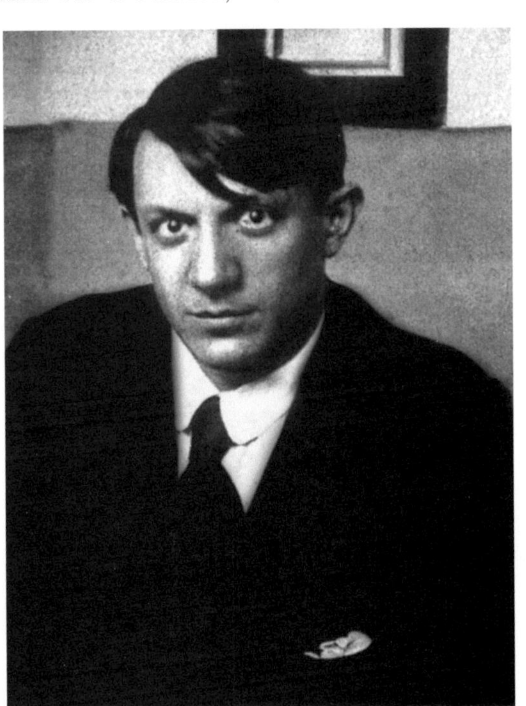

Pablo Picasso, portrait, 1912: «Souvenirs sur Picasso, contés par Max Jacob», *in*: *Cahiers d'Art*, n° 6, 1927, Paris, p. 199.

4

"La pintura del siglo XIX*, en Francia, estaba hecha enteramente por franceses. En el extranjero, la pintura no existía. En el siglo* XX *la pintura se hace en Francia, pero por españoles": con estas famosísimas aseveraciones empieza el* Picasso *de Gertrude Stein. ¿No es una glosa, una especie de glosa tremendamente contraída, a ese paréntesis que Fagus habría a continuación del nombre de Manet* en *una crítica sobre Picasso? Cuando dice españoles, Gertrude Stein se refiere sobre todo a Picasso, claro está, pero también a Juan Gris, y la pintura de la que habla es el Cubismo. "¿Cubismo? ¿Cubismo?":* la *pintura. Esas líneas con las que arranca su libro* in medias res*, directo a la cosa, están realmente bien construidas. Forman un tríptico en el que la pintura parece ser algo a caballo entre los dos siglos, y entre los franceses y los españoles, dejando claro que los españoles están en Francia. Dejándolo claro, y de qué modo. La tabla central del tríptico es una frase elemental, pero imponente: "En el extranjero, la pintura no existía". Lo que en definitiva quiere decir que, en el extranjero, la pintura* no existe*, ni entonces ni ahora. ¿Pero qué pintura sino la pintura moderna? ¿Y para qué andarse por las ramas?: el Cubismo, la pintura de Picasso, la pintura de vanguardia. De eso se habla, no de otra cosa: de la Galería española en París. Esas frases del libro de Gertrude Stein concluyen lapidariamente todo lo que las críticas y los* propos *de que antes hablábamos dejaban entender, y siempre que se hace referencia a una supuesta vanguardia española, trayendo a colación nombres como el de Picasso, debería ser recordada. Picasso y Juan Gris son pintores españoles en París, los primeros en una Galería a la que se debía acudir fatalmente para contemplar la pintura moderna, esa que se había hecho en Francia en el siglo* XIX*, en otra Galería, la de Louis-Philippe, aunque en verdad son la misma. Hablaban los artistas y los aficionados de la única pintura que existe y tras ella veían surgir a El Greco y a Zurbarán, o a Velázquez, o a Manet – un poco español. Y aunque seguían viajando a España,*

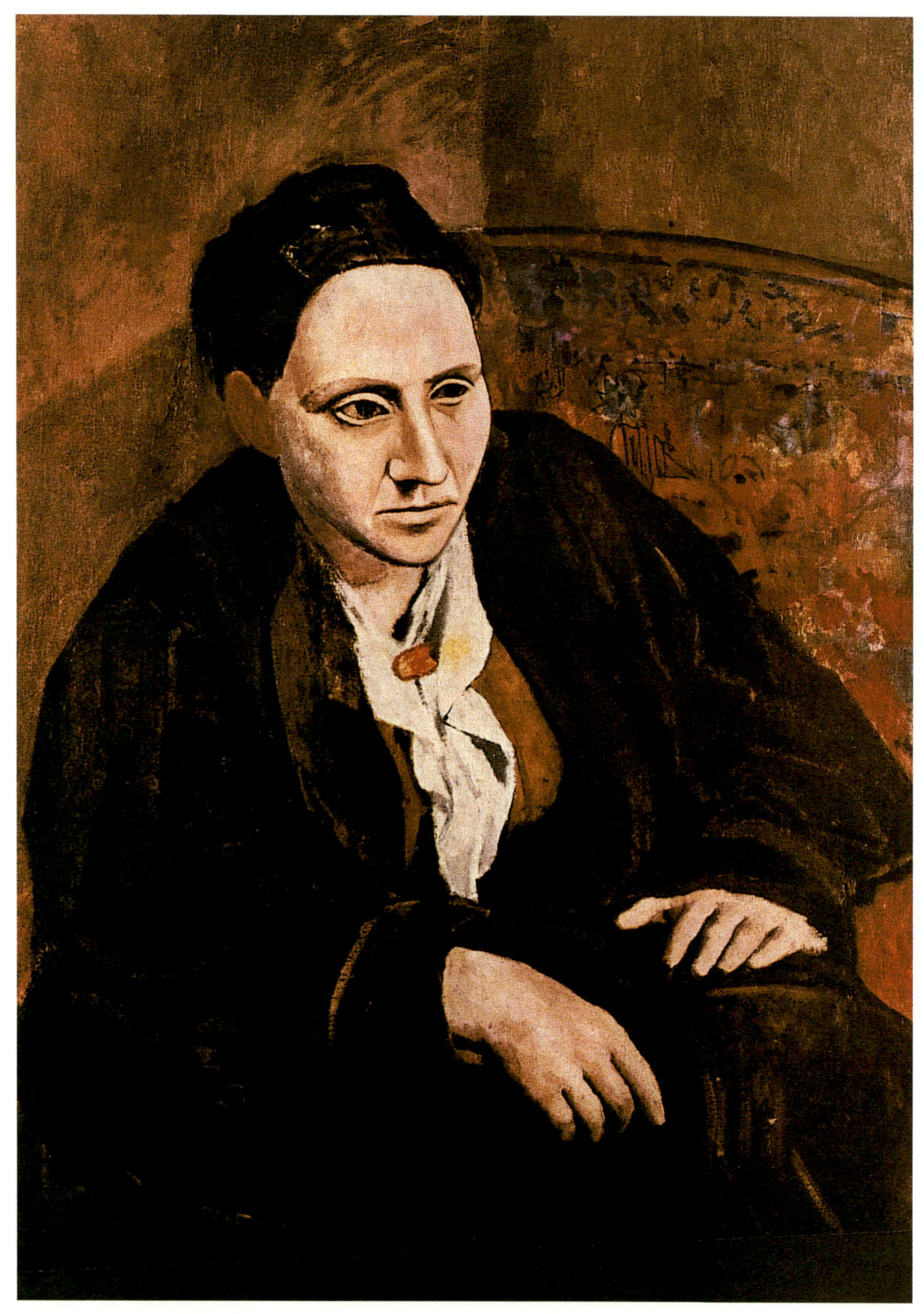

Pablo Picasso,
Portrait de Gertrude Stein,
1906.

tant, comme Manet, mille souffrances, ce ne pouvait être que pour la première et dernière fois: cela n'en valait pas la peine. La véritable Espagne, tout comme les costumes de torero à la mesure de Vollard et de Renoir, n'était ni à Séville, ni à Madrid ou à Tolède, mais en France. Le Corbusier, par exemple, voyage en Espagne au début des années trente muni d'un carnet à dessins dont il ne parvient à remplir que quelques feuilles, dix ou douze, avec des esquisses de prostituées du Barrio Chino à Barcelone. Le reste du cahier est laissé en blanc: en Espagne, ce qu'on peut appeler Espagne, il n'y a rien à voir. Feuilles blanches. On pourrait y recopier, une fois de plus, par exemple, les poèmes d'*España* de Gautier. «Pour lui, pas d'Apollon, pas de Vénus pudique [c'est à propos de Ribera] / Il n'admet pas un seul de ces beaux rêves blancs, / Taillés dans le paros ou dans le pentélique.» Cette Espagne-là, en effet, n'admet pas de songes blancs. La France la rêve en noir, comme si elle lui appartenait. Elle la fait sienne, elle en fait son *alter ego*.

5

Frénésie de cruauté, passion mélancolique, sombre aspiration au supplice, réalisme impitoyable: voilà quelques exemples, mais tout est du même tonneau, de ce qu'Elie Faure nous dit de l'art espagnol, ou de l'«âme espagnole», dans le chapitre consacré à l'«Espagne» de son *Histoire de l'art*, qui s'ouvre sur une impressionnante photographie de Tolède dévastée par la photographie même. Je ne veux pas parler ici de l'influence que cette délirante et terrible histoire de l'art a pu exercer sur l'image qu'eurent d'eux-mêmes les artistes des années vingt, placés, malgré le monde, en son centre. Miguel Ángel García Hernández l'a déjà fait, très éloquemment. Mais je voudrais rappeler que ces lignes sont écrites au moment où l'art moderne se convertit lui-même en art historique, sommet de l'histoire de l'art, nouvel Age d'or. Des revues comme *L'Esprit Nouveau* ou *Cahiers d'Art*, en parfaite continuité, convertissent tout ce qu'elles touchent, de vieux en neuf et de neuf en vieux: le plan de cette histoire de l'art, qui leur donne toutes les clés d'un temps sans histoire, justement, et de plus sans paradoxe – je n'ose dire sans art –, n'a pas d'autre objet. Et quel meilleur horizon syncrétique que celui qu'elles désignent? Lire les pages qu'Elie Faure consacre à la peinture de notre Siècle d'or, c'est découvrir les clés avec lesquelles il enferme cette branche principale de l'avant-garde qu'est la branche espagnole, qui en est même le couronnement, dans un autre Age d'or, aussi nouveau que condescendant. Sans oublier, bien entendu, qu'il n'y a pas de peinture à l'étranger. Sans l'oublier, vraiment, car on

soportando, como Manet, las penalidades sin fin de ese viaje, lo hacían siempre por última vez: no valía la pena. La verdadera España, como los trajes de torero a la medida de Vollard y Renoir, no estaba ni en Sevilla, ni en Toledo, ni en Madrid, sino en Francia. Le Corbusier, por ejemplo, viajó a España ya a principios de los años treinta con un cuaderno de dibujo en el que sólo pudo llenar algunas pocas hojas, diez o doce, con bocetos de prostitutas del Barrio Chino barcelonés. El resto del cuaderno quedó en blanco: en España, lo que se dice en España, no había nada que ver. Hojas en blanco: en ellas podrían volverse a escribir una y otra vez, por ejemplo, los poemas que Gautier escribió en España. *"Pour lui, pas d'Apollon, pas de Vénus pudique –decía en uno de ellos dedicado a Ribera– / Il n'admet pas un seul de ces beaux rêves blancs, / Taillés dans le paros ou dans le pentélique". España no admite sueños blancos, en efecto. Francia la sueña en negro, como suya, propia. Como lo más suyo: su* alter ego.

5

Frenesí de crueldad, pasión melancólica, fría aspiración al suplicio, realismo despiadado: esas son algunas de las cosas –pero todas son así– que Elie Faure dice del arte español, o del alma española, *en el capítulo que le dedica en su* Histoire de l'art, *que se abre con la fotografía impresionante de un Toledo devastado por la fotografía misma. No voy a hablar ahora de la influencia que esa tremenda y delirante historia del arte ejerció en la visión que los artistas modernos de los años veinte se dieron de sí mismos en el medio del mundo, o en su medio: ya lo ha hecho, y muy bien, Miguel Ángel García Hernández. Pero sí quiero recordar que eso ocurrió justamente cuando el arte moderno se convertía a sí mismo en arte histórico, en culminación de la historia del arte, en su nueva Edad de Oro. Revistas como* L'Esprit Nouveau *o como* Cahiers d'Art, *en continuidad perfecta, convertían en nuevo todo lo viejo que tocaban, y en viejo todo lo nuevo: no otro era el plan de esa Historia del Arte que les daba todas las claves de un tiempo sin Historia, justamente, y sin paradoja, además. Ya no me atrevo a decir sin Arte. ¿Qué mejor horizonte para el sincretismo que ellos perseguían? Leer las páginas que Elie Faure dedicó a la pintura española de nuestro Siglo de Oro, es lo mismo que descubrir las claves con las que encaja esa rama principal de la vanguardia, la española, en esa otra Edad de Oro, condescendiente y nueva, en la que la vanguardia misma culmina. Sin olvidar, claro, que no hay pintura en el extranjero. Sin olvidarlo, claro, porque*

ne comprendrait pas qu'Elie Faure puisse affirmer que l'Espagne resta deux mille ans sans parler sa langue, ou que les artistes espagnols, croyant apprendre, abandonnaient ce qu'ils savaient, et que seule l'arrivée du Greco, un étranger, libéra l'âme espagnole. «L'Espagne est une apparition qui sort de l'ombre», écrit Faure. Nous le savions déjà. Et aussi combien étaient sombres pour Gautier les rêves de Ribera, pour Fagus l'imagination de Picasso. Cette apparition a encore pour fonction de rappeler, sans cesse et toujours, l'ombre de laquelle elle surgit. La catalyse est une métaphore récurrente: c'est toujours un corps étranger qui provoque la réaction de ce qui dort dans ces ombres-là. Tolède, la ville du Greco, apparaît «livide comme un cadavre en hiver». Mais il faut lire ce que *L'Enterrement du comte d'Orgaz* évoque à Faure: granit pilé, horreur, flamme sombre, les os qui percent la peau desséchée, les nerfs qui la tirent; des pinces de métal lui semblent saisir les globes oculaires... «Tout ce qui définit le crâne et le visage est poursuivi sur les surfaces dures comme si le sang ne gonflait plus la chair déjà flétrie.» Visages minéralisés, qui sont devenus des masques. Comment ne pas penser aux *Demoiselles d'Avignon*? Faure, à propos du Greco et de Zurbarán, parle de stérilité, de chambres closes: l'ombre sort de l'ombre. Il pourrait parler de Picasso, poursuivi par le Greco, et c'est ce qu'il fait; ou de Juan Gris, poursuivi par le fantôme de Zurbarán et changé lui-même en fantôme. Les artistes espagnols, dit-il, sont incapables d'abstraire, d'idéaliser; ils avancent pourtant parmi des fantômes, quand ils ne sont pas eux-mêmes ces fantômes. Dans cette effrayante Galerie, dans ce Musée espagnol des horreurs, dans cette étrange différence s'affirme l'identité du seul lieu où la peinture existe. Il n'y a pas d'étranger.

6

L'âme espagnole, assoiffée d'obéissance à un destin sinistre, s'alimente à ce qu'il y a de plus laid et terrible sur la terre, dit encore Faure, quittant Zurbarán pour aborder Valdés Leal. Suivent des descriptions du réalisme espagnol: cercueils, mouches et chairs pourries. Tout cela fut écrit en 1921. Salmon avait raison de penser, au même moment, à un Picasso luciférien, et ça ne m'étonne pas que nous ayons toujours cru que la «truculente» *Histoire de l'œil* de Bataille, postérieure de quelques années à peine, trouvait son couronnement dans une confrontation aux toiles de Valdés Leal, à ses *Postrimerías* («Fins dernières»). Espagne. Mieux, *España.* Mieux encore, *Espagne.* Elle offre ses scénarios tragiques, ses personnages diaboliques; par eux,

sólo así se entiende que Elie Faure diga que España pasó dos mil años sin hablar su lengua, o que los artistas españoles, creyendo aprender, olvidaban lo que sabían, y que sólo la llegada de El Greco, un extranjero, liberó por fin al alma española. "España es una aparición que surge de la sombra", escribe Faure: ya lo sabíamos, y así, sombríos, son los sueños de Ribera para Gautier tanto como la imaginación de Picasso para Fagus. Esa aparición, en fin, deberá recordar siempre la sombra de la que surge. La catálisis es una metáfora recurrente: siempre es algún cuerpo extraño el que provoca la reacción de lo que duerme en esas sombras. Toledo, la ciudad de El Greco, es "lívida como un cadáver en invierno". Pero leed todas las cosas que El entierro del Conde Orgaz *evoca en Faure: granito machacado, horror, llama sombría, huesos que horadan la piel reseca, pinzas de metal que pellizcan las cavidades oculares, nervios que tensan la piel... "Todo lo que define el cráneo y el rostro es reseguido sobre las superficies duras como si la sangre no hinchase una carne ya marchita". Describiendo así esos rostros, mineralizándolos, convirtiéndolos en máscaras: ¿quién no pensaría en* Les Demoiselles d'Avignon*? Faure habla de esterilización en El Greco y en Zurbarán, habla de habitaciones cerradas: la sombra que surge de la sombra. Podría hablar de Picasso, perseguido por El Greco, y ya lo hace; o de Juan Gris, perseguido por el fantasma de Zurbarán y convertido él mismo en fantasma. Los artistas españoles, dice, son incapaces de abstraerse, incapaces de idealizar, y, sin embargo, andan siempre con fantasmas, si no son fantasmas ellos mismos. En esa Galería tremebunda, en ese espeluznante Musée espagnol, en esa extraña diferencia, se afirma la identidad del único lugar en el que existe la pintura. No hay extranjero.*

6

El alma española, sedienta de ciega obediencia a un destino siniestro, se alimenta de lo más feo y terrible que hay en la tierra, viene a decir Faure, entre Zurbarán y Valdés Leal. Y siguen sus descripciones del realismo español como de un realismo de ataúdes, carnes podridas y moscas. Todo eso fue escrito en 1921. Salmon tenía razón al pensar, en ese mismo momento, en un Picasso luciferino, y no me extraña que siempre hayamos creído que es frente a las pinturas de Valdés Leal, frente a sus Postrimerías, *donde culmina la truculenta* Histoire de l'œil, *de Bataille, sólo unos años después. España, o, mejor,* España, *o aún mejor,* Espagne, *ofrece sus tremendos escenarios y sus personajes diabólicos, y con ellos se explota*

avec eux, peut être exploitée cette veine «laide et terrible» de l'avant-garde. Faut-il dire que Picasso et Gris, Buñuel et Dalí, Miró ou Julio González *ne font pas* une avant-garde espagnole, mais la veine espagnole de cette avant-garde, qu'on appelle *Espagne*, qui n'est *pas* étrangère? Buñuel et Dalí la creusent vers le bas; ils y trouvent plus de mouches encore, de cercueils, de Sacrés Cœurs; Miró et González la cultivent par en haut, en sortent des patates et des étoiles. D'autres, Espagnols de pacotille, comme Picabia, les plus corrosifs, dessinent leurs cadres et leurs dianes. Et il apparaît, en effet, que la Galerie espagnole est une galerie de mine et que tous sont mineurs. Ou non. Au bout du compte, la galerie, c'est la foule ordinaire, qui assiste à la représentation, à la corrida, la grande corrida, la dernière, la Guerre civile. En Espagne, il n'y a rien à voir. Au pays de la peinture, tous les Espagnols sont toreros.

J. J. L.

esa veta "fea y terrible" de la vanguardia. ¿Hará falta decir que con Picasso y Gris, con Buñuel y Dalí, con Miró o con Julio González, no se hace *una vanguardia española, sino la veta española de la vanguardia, una veta llamada* Espagne, *que* no *es extranjera? Buñuel y Dalí la excavan hacia abajo, y encuentran más moscas, más ataúdes, más Sagrados Corazones; Miró y Julio González la cultivan por arriba, y encuentran patatas y estrellas. Otros, que son españoles de pacotilla, como Picabia, los más corrosivos, dibujan sus marcos y sus dianas. Resulta, en efecto, que la Galería española es la galería de una mina y que todos son mineros. O no. Al final la galería es el público vulgar que asiste a una representación, a una corrida, la última y gran corrida, la Guerra Civil. En España no hay nada que ver, y en el país de la pintura todos los españoles son toreros.*

J. J. L.

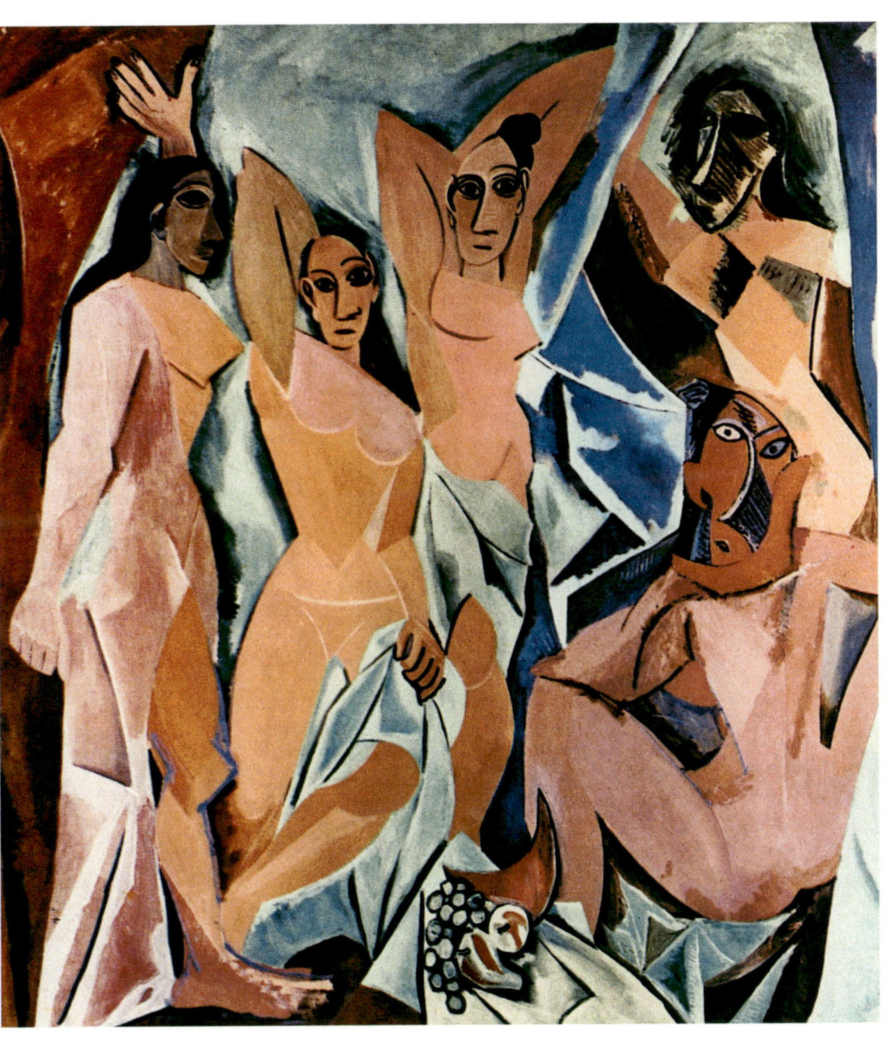

Pablo Picasso, *Les Demoiselles d'Avignon*, 1907.

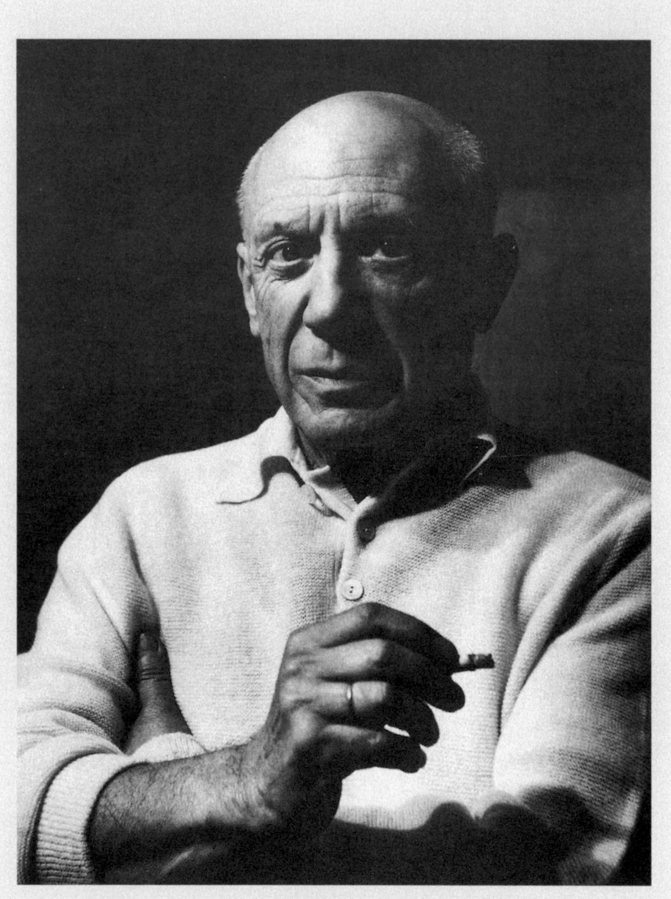

Pablo Picasso

Málaga, 1881 - Mougins (France), 1973

enté ici par sept pièces, qui cor-
périodes de son évolution: le
lassicisme, le surréalisme, la crise
nole et les dernières séries. Par-
'invention et d'assimilation de
des problématiques plastiques
parvient toujours à trouver une
mière de ces œuvres, *Homme*
ne composition représentative
cubisme. Réalisée pendant la
le est aussi une des premières
près la mort de sa compagne
née, il a montré pour la pre-
oiselles d'Avignon, à l'occa-
mais il a aussi derrière lui
rent, avec Georges Braque,
e, passant de l'inspiration
nelle presque abstraite de
1911-1912. L'introduction
pographiques et de des-
onstitue l'un des ressorts
n est pas moins impor-
ta rs collés, dans les col-
la e fragments de papier
pe faisaient directement
int ables de la réalité. Le
col vives, à l'agrandisse-
me aractérise la période
synt o tira parti des effets
du es, parmi lesquelles
cet ue les plans larges,
ici in eurs dispositions et
leurs s la continuité du
travail composition, ici,
se fait nt de plans poin-
tillistes outefois que dans
les œu on, littéralement
baignée lans sont renfor-
cés d'u , qui leur donne de la profondeur ombre de fragments superposés. Sur les
côtés du tableau et sur un fond clair uniforme apparaît le
dessin des éléments architectoniques où s'insère la figure,

Pablo Picasso está representado en esta exposición por siete obras que corresponden a períodos distintos de su evolución: el Cubismo sintético, el Clasicismo, el Surrealismo, la crisis de la Guerra Civil española, y las últimas series. En todas estas etapas destaca la capacidad inventiva y asimiladora de Picasso desarrollando problemáticas plásticas diferentes para las cuales logra siempre una singular resolución. La primera de estas obras, Hombre junto a la chimenea *(1916), es una composición propia de la etapa sintética del Cubismo. Corresponde a la época de la Primera Guerra Mundial y es una de las primeras obras que realizó Picasso tras la muerte de su compañera Eva. En julio de este año tuvo lugar por primera vez la presentación pública de* Les Demoiselles d'Avignon *en el Salón d'Antin en París, pero atrás quedaban sus creaciones cubistas pioneras que, junto a Georges Braque, hiciera evolucionar desde un precubismo de inspiración cezanniana, hasta la disolución formal casi abstracta de la etapa analítica de 1911-12. Uno de los resortes del cambio fue la inclusión de letras y del dibujo descriptivo de objetos concretos en los cuadros, pero otro fue el* papier collé *y el* collage *que, mediante la adición de fragmentos de papel de pared, de periódico, etc., introducía directamente retazos de realidad reconocibles. El* collage *abrió paso nuevamente al color vivo y a una ampliación del tamaño de planos y facetas que caracterizaría la etapa sintética. Como hizo también Juan Gris, Picasso adoptó los efectos del* collage *en sus cuadros posteriores, entre los que se cuenta este* Hombre junto a la chimenea, *de manera que la disposición de los amplios planos y su solapamiento, aunque realizados aquí íntegramente al óleo, son fieles al modo de trabajo anterior con recortes de papel. En este caso, la composición se hace más densa en el centro, enriqueciéndose con planos puntillistas y colores vivos que ya empezó a introducir en años anteriores. Picasso aplica aquí un sombreado que proporciona profundidad a los planos remedando la sombra de lo que podría ser un fragmento superpuesto. Los lados del cuadro presentan, sobre un fondo uniforme claro, el dibujo de los elementos arquitectónicos donde se inserta la figura, trasposición de las líneas trazadas para organizar la composición de sus* papiers collés *de 1912-13. La representación de figuras masculinas sentadas o apoyadas en mesas*

transposition des lignes tracées pour organiser la composition des papiers collés de 1912-1913. La représentation de figures masculines assises ou appuyées à une table, ou encore, comme ici, à une cheminée, est très fréquente depuis 1914, tant dans les dessins que dans les huiles. *Guitare*, de 1920, pousse plus loin la relation établie par Picasso avec le cubisme, qui s'accommode, sans aucune contradiction, d'un naturalisme d'inspiration classique. Dans *Guitare*, les plans sont devenus très grands, et la composition est dominée par des lignes brisées et par une tension diagonale, présentant certaines similitudes avec le décor cubiste du *Pulcinella* de Stravinski que Picasso réalise la même année. Ces formes anguleuses rappellent *La Guitare devant la mer* de Juan Gris, également exposé, et le thème est récurrent chez les artistes du cubisme synthétique. En revanche, à ces plans heurtés s'oppose ici la sinuosité des volutes qui encadrent la guitare et les autres objets, désarticulant toute présentation de l'espace au profit d'une structure purement bidimensionnelle. Une année seulement sépare cette œuvre de *La Lecture de la lettre*, dont le concept et la facture sont pourtant totalement différents. Le traitement pictural des deux figures de jeune homme s'inscrit dans la veine classique développée par Picasso à partir de 1917. Bien qu'il ne s'agisse pas là de la première manifestation de classicisme chez le peintre de Málaga, qui avait fait quelques incursions dans ce domaine aux alentours de 1905, cette seconde étape l'immerge pour de bon dans la prédominance accordée au classicisme par le «Retour à l'ordre» de l'entre-deux-guerres. Picasso a une connaissance de première main des œuvres gréco-latines et de celles de la Renaissance depuis son séjour en Italie en 1917, lorsqu'il y fut invité par Cocteau pour préparer sa collaboration avec les Ballets russes de Diaghilev. Dans cette rénovation formelle, il faut aussi voir l'influence d'une relecture d'Ingres, particulièrement sensible dans des portraits au trait et dans d'autres compositions d'inspiration «ingresque». Plus tard, le classicisme de Picasso acquiert un accent qui lui est propre, dans des figures robustes, à la plasticité et aux volumes généreux – mains et pieds énormes –, où il parvient à un style à la fois contondant et lyrique. Le classicisme de ces deux personnages est moderne, et leurs vêtements établissent une temporalité

o, como aquí, en la chimenea, es muy frecuente desde 1914, tanto en dibujos como en óleos. Guitarra, *de 1920, supone un momento más de la relación establecida por Picasso con el Cubismo, que convive con el naturalismo de cuño clasicista, sin que esta convivencia suponga una contradicción. En* Guitarra, *los planos se han hecho muy grandes, y la composición está presidida por líneas quebradas y por una tensión diagonal, presentando cierta relación con el decorado cubista de* Pulcinella *de Stravinsky que Picasso realizó ese mismo año. Estas formas quebradas y angulosas guardan relación con* Guitarra ante el mar *de Juan Gris, también en esta exposición, lo cual nos habla de un tema pictórico recurrente entre los artistas del Cubismo sintético. En este cuadro de Picasso, en cambio, a los planos angulosos se opone la sinuosidad de los roleos que enmarcan a la guitarra y los demás objetos, desarticulando toda ficción de espacio en favor de un esquema exclusivamente bidimensional. Sólo un año separa esta obra de* La lectura de la carta, *y sin embargo el concepto y la realización son completamente diferentes. El tratamiento pictórico de las dos figuras de jóvenes corresponde al clasicismo desarrollado por Picasso desde 1917. Aunque no fue éste el primer brote clásico del pintor malagueño, que ya lo había introducido en torno a 1905, en esta segunda etapa está plenamente inmerso en el clima del* Retour à l'ordre *de la época de entreguerras. Picasso conoció de primera mano las obras grecolatinas y renacentistas durante su estancia en Italia en 1917 invitado por Cocteau para preparar sus colaboraciones con los Ballets Rusos de Diaghilev. En esa renovación formal también influyó una relectura de Ingres visible especialmente en retratos al trazo y en otras composiciones de inspiración ingresca. Luego su clasicismo fue adquiriendo un peculiar acento en figuras robustas, de gran volumen y plasticidad, de manos y pies enormes, en los que Picasso alcanzó un estilo contundente y lírico a la vez. Estos dos personajes corresponden a un clasicismo moderno, pues su indumentaria establece claramente una temporalidad concreta. Jugando con gamas cromáticas de tonos pardos, Picasso ilumina las figuras con colores luminosos. En este cuadro puede rastrearse su conocimiento de la pintura tenebrista barroca española, pero también de Manet y Cézanne, aunque su manera está claramente*

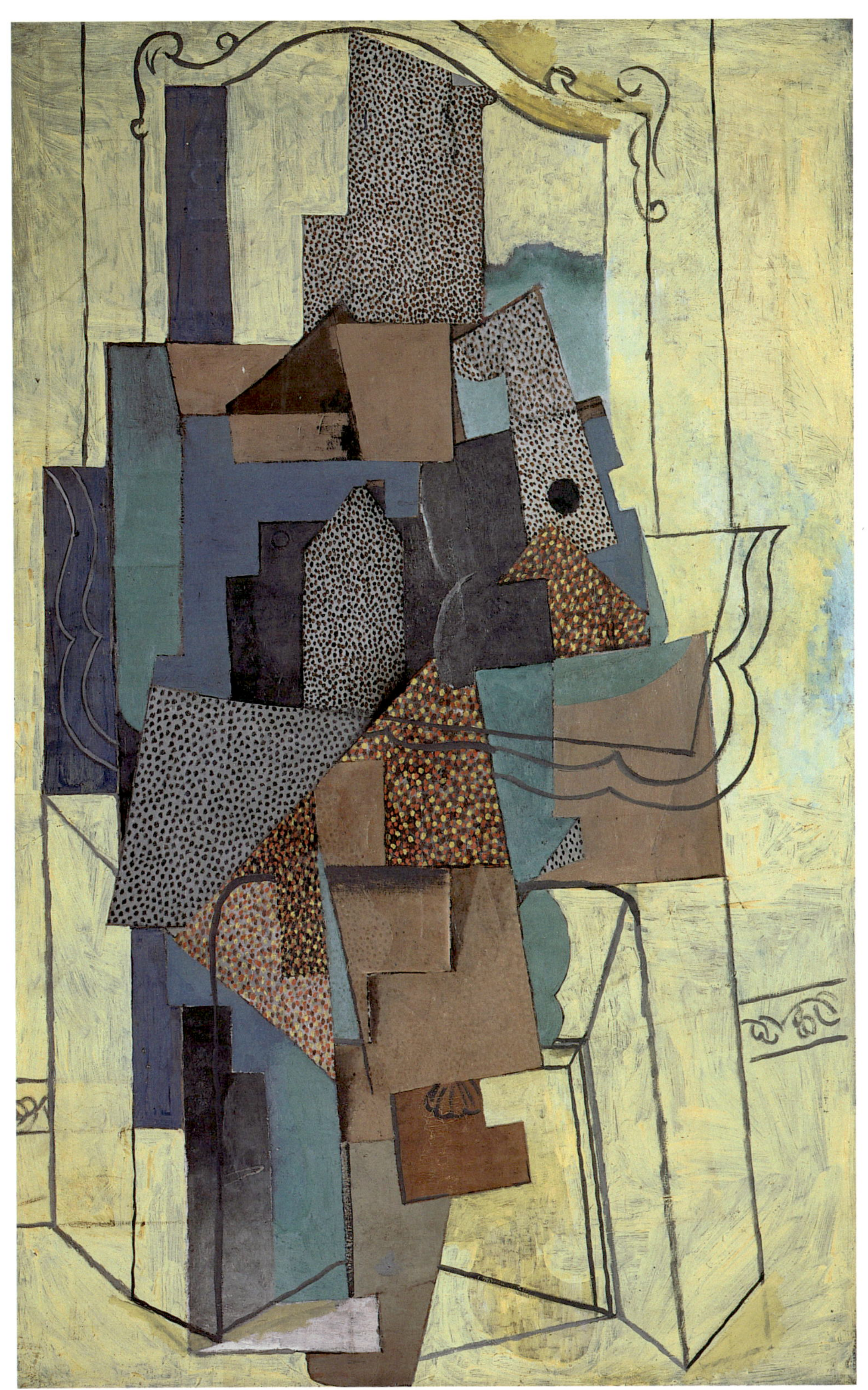

1 Pablo Picasso
Homme à la cheminée
Hombre junto a la chimenea
1916
Huile sur toile
130×81 cm
Musée national Picasso, Paris

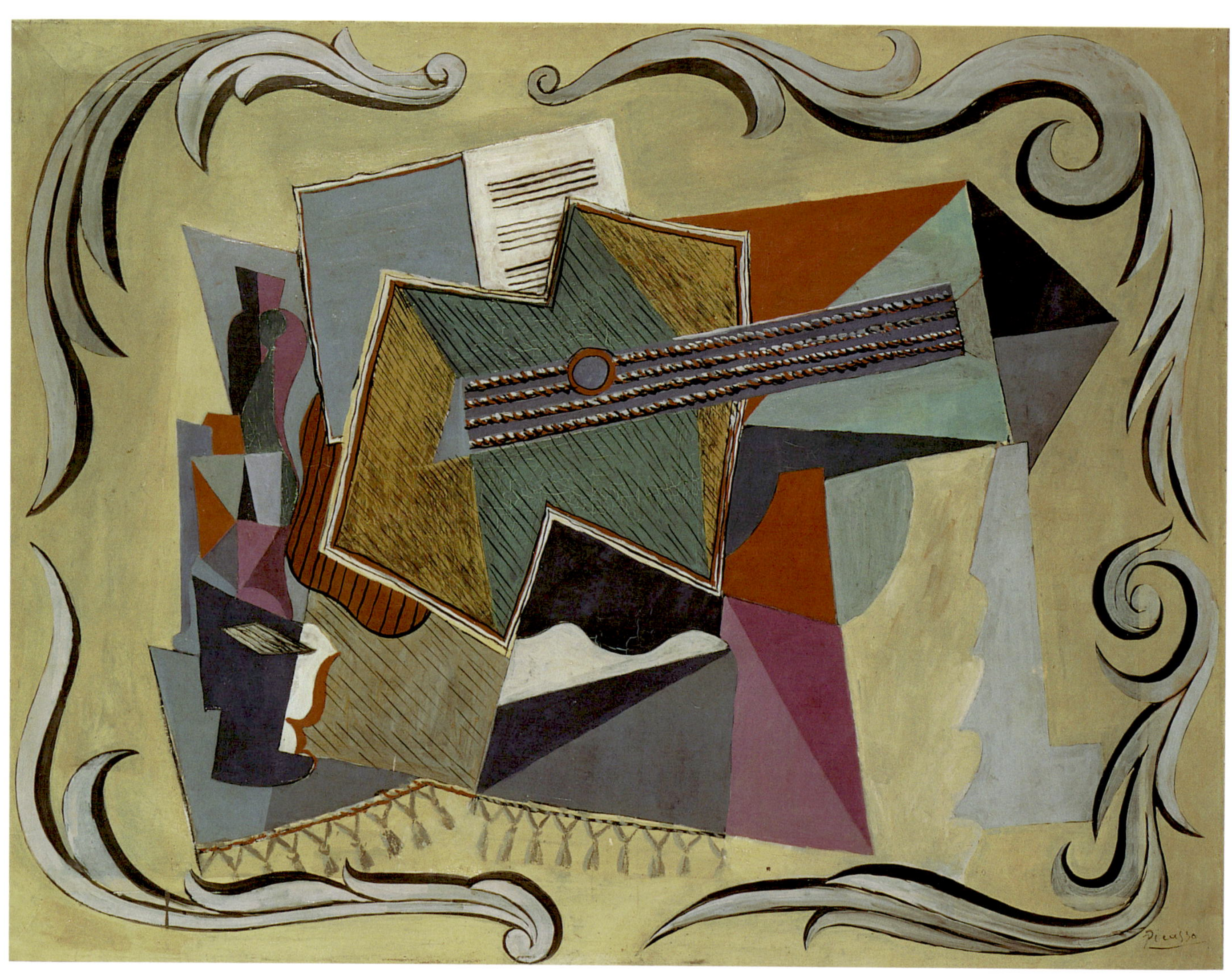

5 Pablo Picasso
Guitare
Guitarra
1920
Huile sur toile
89×116 cm
Collection particulière
Courtesy Art Focus, Zürich

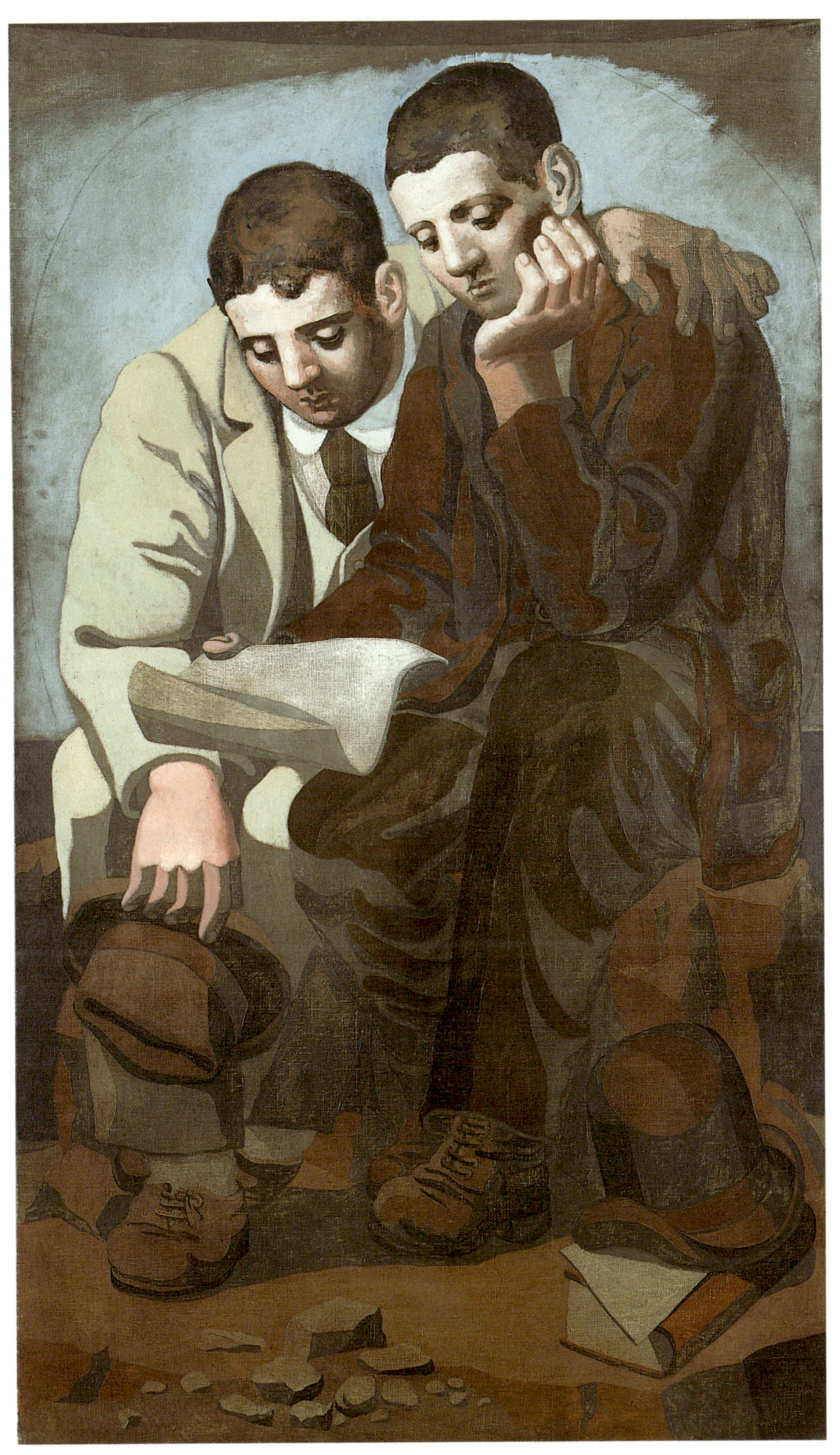

9 Pablo Picasso
La Lecture de la lettre
La lectura de la carta
1921
Huile sur toile
184×105 cm
Musée national Picasso, Paris

concrète. Jouant avec des gammes chromatiques aux tons bruns, Picasso éclaire les figures de couleurs lumineuses. Sa connaissance de la peinture noire du baroque espagnol, mais aussi de Manet et de Cézanne, est ici clairement lisible, bien que sa manière soit tout à fait constituée. *Tête de femme* (1927-1928) témoigne d'un nouveau virage dans la trajectoire picassienne. La représentation humaine est ici soumise à un processus de métamorphose implacable où l'on a pu voir une relation étroite avec les peintures de Miró de la même époque. Réduite à une ligne épaisse, la tête est une forme oblongue aux traits distordus, dont une mèche de cheveux, cependant, est conservée. Par ce traitement de la figure, Picasso se rapproche des surréalistes, qui lui ont rendu publiquement hommage et ont publié, depuis 1924, quelques-unes de ses œuvres dans *La Révolution surréaliste.* Il a d'ailleurs fait partie, en 1925, de la première exposition collective du groupe. Le peintre, qui rejette pourtant l'onirisme et l'automatisme, produit des images distordues et monstrueuses des corps. La bouche de la femme, ici «cousue», arbore, dans d'autres œuvres de la même période, une denture agressive à l'évidente connotation sexuelle. Dans la période qui suit, marquée par la Guerre civile espagnole, la figure est encore plus crûment distordue. *Mère avec enfant mort II (Guernica)* (1937) et *Tête pleurant V (Guernica)* (1937) font partie des nombreux dessins préparatoires de *Guernica.* En janvier, le Gouvernement républicain a demandé à Picasso la réalisation d'une peinture pour le Pavillon espagnol de l'Exposition internationale des Arts et Techniques de Paris, qui doit ouvrir ses portes le 12 juillet. Ce n'est qu'en mai que Picasso, frappé par le bombardement de la ville basque de Guernica, le 26 avril, par des escadrilles espagnoles, italiennes et allemandes, trouve le sujet de sa toile. Les figures en seront les victimes civiles, déployant en une longue frise leur drame déchirant. *Mère avec enfant mort II* est daté du 13 mai, et c'est l'une des premières versions de la femme portant son fils dans les bras, située à gauche de la composition sur le tableau final. Désarticulée, elle s'élance et se brise, depuis son centre, lui-même figuré par ses seins divergents, dans toutes les directions à la fois. Cette représentation d'un écartèlement, cette sensation de rupture de la forme humaine qui semble s'étirer, se tordre, domine la

constituida. Cabeza de mujer *(1927-28) muestra un nuevo viraje en la trayectoria picassiana. La representación humana ha sido aquí sometida a un proceso de metamorfosis implacable que se ha puesto en relación estrecha con pinturas de Miró de esa misma época. Reducida a una gruesa línea, la cabeza es una forma oblonga cuyos rasgos naturalistas han sido distorsionados, aunque permanece el mechón de cabellos. Este tratamiento de la figura corresponde a una etapa en la cual Picasso se aproxima al Surrealismo. Los surrealistas habían homenajeado públicamente al pintor y habían publicado algunas de sus obras en su revista* La Révolution surréaliste *desde 1924, incluyéndole en la primera exposición colectiva en 1925. Sin embargo, el pintor rechazó el componente onírico y el automatismo, y desarrolló un tratamiento de imágenes biomórficas distorsionadas y monstruosas. En* Cabeza de mujer*, la mujer presenta una boca "cosida" que en otras obras del mismo período se convierte en dentadura agresiva y claramente sexual. La distorsión de la figura se hace más cruda en un período posterior, marcado por la Guerra Civil española.* Madre con niño muerto II (Guernica) *(1937) y* Cabeza llorando V (Guernica) *(1937) son dos de los muchos dibujos preparatorios que realizó Picasso para el* Guernica *(1937). En el mes de enero, el Gobierno republicano le encargó la realización de una pintura para el Pabellón Español de la "Exposition internationale des Arts et Techniques" de París que se inauguraría el 12 de julio. Sólo en mayo Picasso halló un motivo para su obra, impresionado por el bombardeo de la ciudad vasca de Guernica por unidades aéreas españolas, italianas y alemanas el 26 de abril. Las víctimas civiles protagonizarán la obra, desplegada como un gran friso lleno de un dramatismo desgarrado.* Madre con niño muerto II *está fechada el 13 de mayo, y es una de las primeras versiones de la madre que lleva en brazos a su hijo que en el cuadro final se sitúa en el lado izquierdo de la composición. La mujer casi descoyuntada se expande hacia todas partes desde su centro, presidido por sus divergentes pechos. Esta apariencia de separación de miembros, de rotura de la forma humana que parece estirarse, retorciéndose, preside también el lienzo final, ya desprovisto del rico colorido que Picasso aplica en este y otros dibujos preparatorios.* Cabeza llorando V *lleva la fecha de 8 de junio de 1937, lo cual indica que se trata de un dibujo realizado con posterioridad al cuadro, que fue*

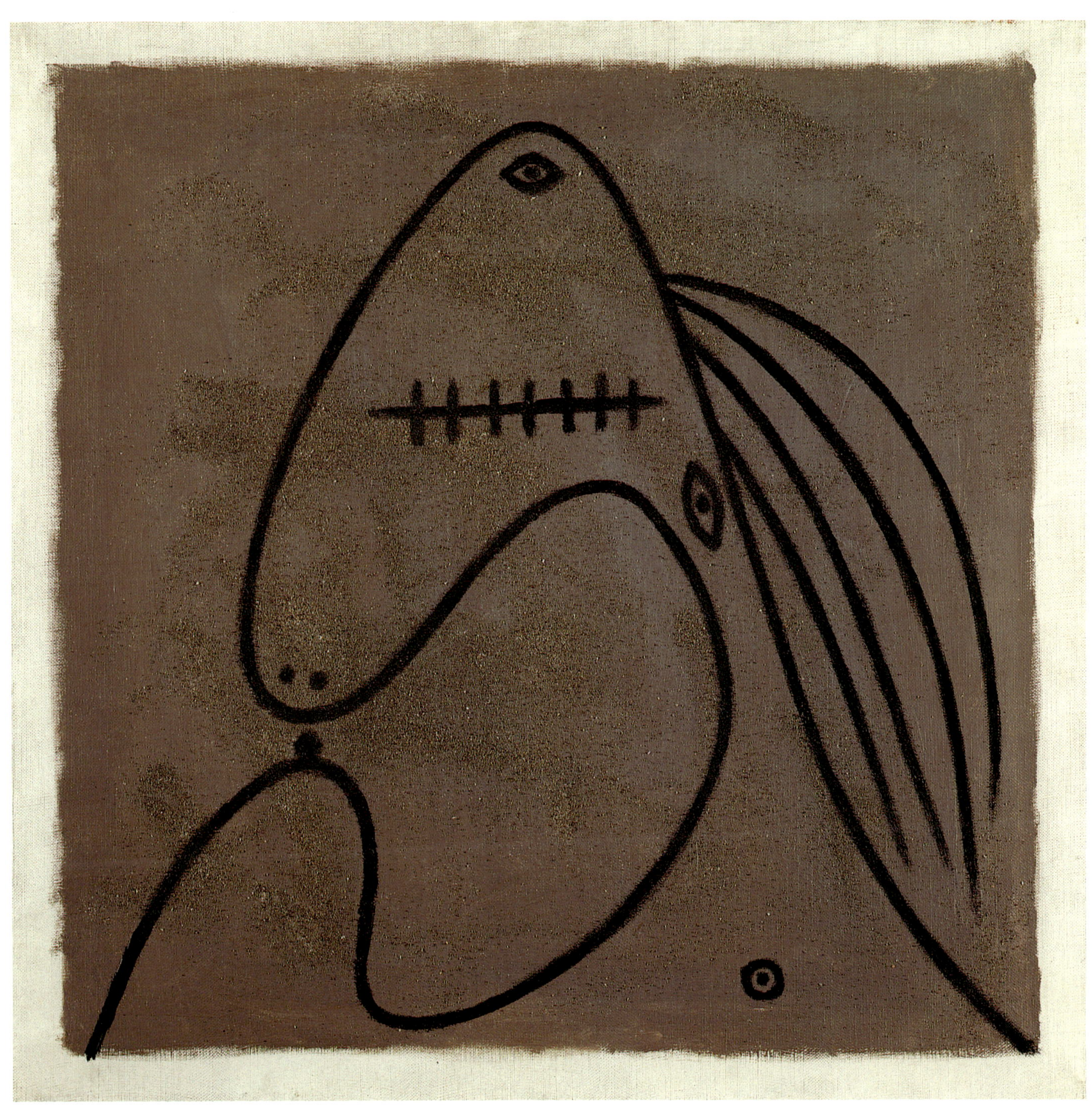

13 Pablo Picasso
Tête de femme
Cabeza de mujer
1927-1928
Huile et sable sur toile
55×55 cm
Musée national Picasso, Paris

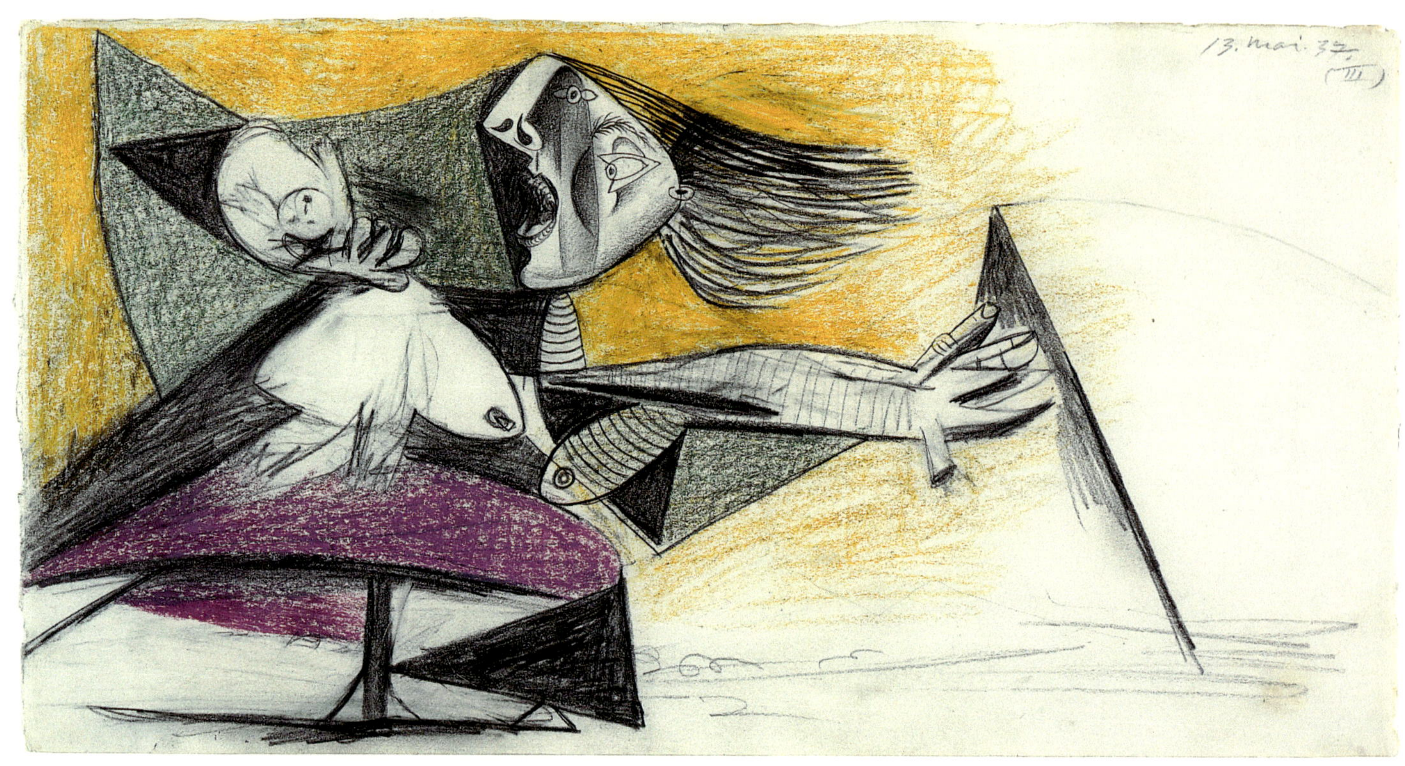

21 Pablo Picasso
Mère avec enfant mort II (Guernica)
Madre con niño muerto II (Guernica)
13 mai 1937
Graphite et crayon de couleur sur papier
24×45 cm
Museo Nacional Centro de Arte Reina Sofía, Madrid

22 Pablo Picasso ▷
Tête pleurant V (Guernica)
Cabeza llorando V (Guernica)
8 juin 1937
Graphite, gouache et crayon de couleur sur papier-toile
29×23 cm
Museo Nacional Centro de Arte Reina Sofía, Madrid

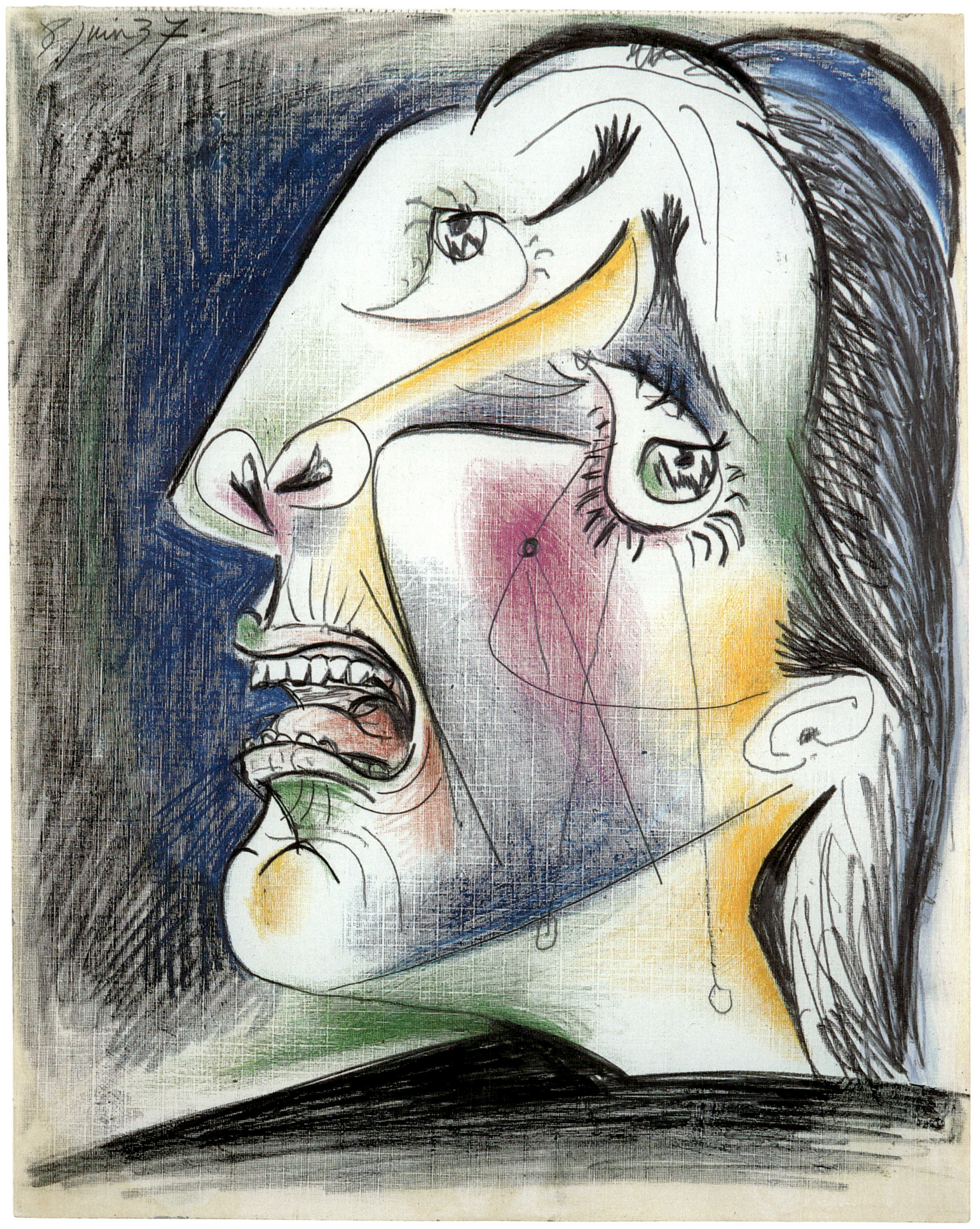

version finale de la toile, qui, elle, sera dépourvue de la couleur, parfois délicate, que Picasso applique sur ce dessin préparatoire et sur de nombreux autres. *Tête pleurant V* porte la date du 8 juin 1937; il s'agit donc d'un dessin postérieur au tableau – à Paris depuis le 4 juin –, mais qui demeure très proche d'une tête de femme figurant dans une série d'eaux-fortes, développées en séquences, réalisées par le peintre au début de janvier, ainsi que d'autres études, datées de mai et de début juin, pour la tête de femme torturée. Si, dans le tableau final, la tête est différente, Picasso reprend néanmoins de nombreuses fois ce modèle, avec quelques variantes. *Le Peintre et son modèle* (1963) appartient, bien sûr, à une tout autre époque. Picasso revient alors vers la peinture et son histoire, se lançant dans une série d'interprétations de maîtres, tels Delacroix, David, Rembrandt ou Velázquez. Le thème du peintre et son modèle entre de plain-pied dans ce dialogue, décliné, depuis cette année 1963, en de multiples variantes, toujours réalisées d'un geste expressif et vigoureux, qui affirme leur charge érotique.

C. B.

trasladado a París el día 4. Pero guarda una muy estrecha relación con una serie de aguafuertes desplegados a manera de secuencias que realizó el pintor a principios de enero, y con otros estudios para la cabeza femenina torturada y sufriente datados en mayo y principios de junio. Aunque en el cuadro definitivo esta cabeza sería distinta, Picasso repitió este mismo modelo varias veces con algunas variantes. El pintor y la modelo *(1963) corresponde a una época muy diferente, en la que Picasso se vuelve hacia la pintura y su historia, iniciando una sucesión de interpretaciones de maestros como Delacroix, David, Rembrandt o Velázquez. En este diálogo entra también de lleno el tema del pintor y la modelo, al que desde ese año de 1963 dedicó múltiples variantes, siempre realizadas con un gesto expresivo y muy vigoroso que acierta a poner de manifiesto el fuerte sentido erótico del tema.*

C. B.

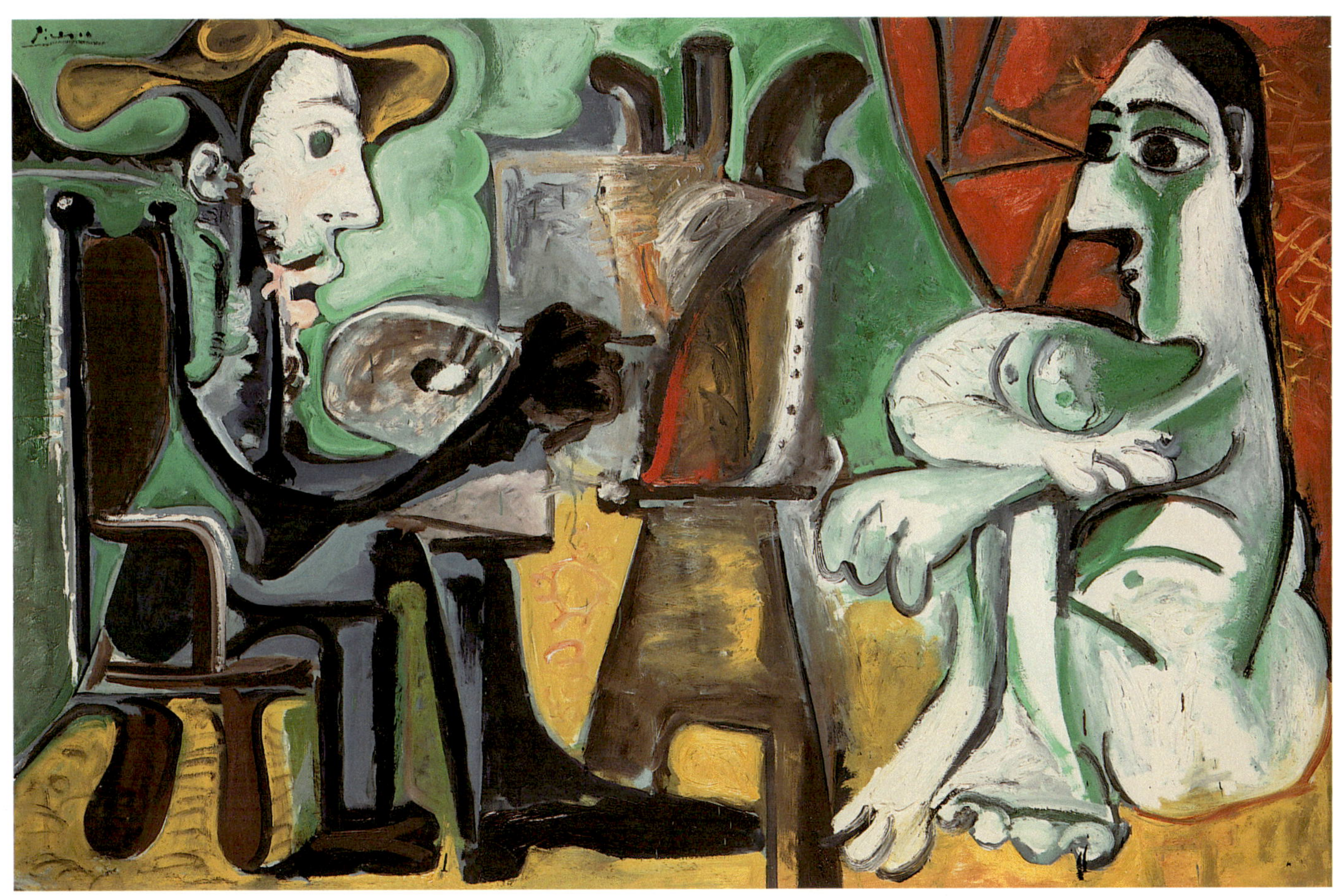

24 Pablo Picasso
Le Peintre et son modèle
El pintor y la modelo
1963
Huile sur toile
130 × 195 cm
Museo Nacional Centro de Arte Reina Sofía, Madrid

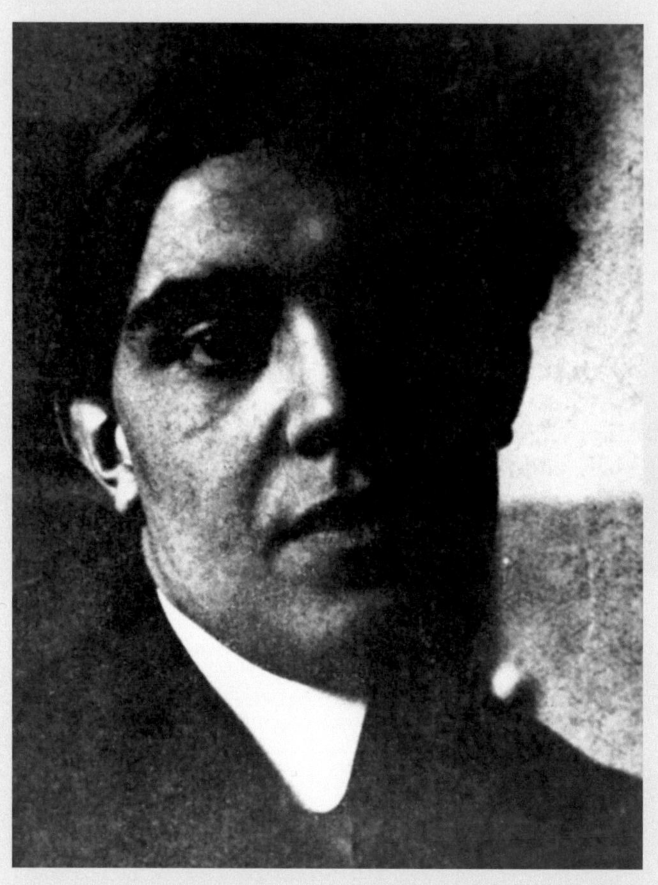

Juan Gris

Madrid, 1887 - Boulogne-sur-Seine (France), 1927

Né à Madrid dans une famille de la classe moyenne, Juan Gris, après avoir accompli des études techniques et artistiques où il eut pour professeur un peintre traditionnel de renom, entreprend en 1906 le voyage de Paris. Il y vit d'abord, dans l'incertitude et la précarité, d'illustrations de revues, travail auquel il s'était déjà livré en Espagne, qu'il poursuit pour les plus importantes revues satiriques françaises. Il va pourtant déplacer son activité d'illustrateur vers la peinture, à laquelle il finit par se consacrer. En contact étroit avec Picasso et Braque, Gris fréquente le cercle de poètes et d'artistes qui se réunissent au Bateau-Lavoir, où il habite et où Picasso conserve son atelier. En 1913, Gris signe un contrat avec le marchand Kahnweiler. C'est le début d'une étroite amitié et d'une collaboration commerciale qui ne sera interrompue que par la Première Guerre mondiale, pour reprendre ensuite. *Violon et verre* date de cette même année. Gris passe l'été à Céret, dans les Pyrénées, en même temps que Picasso et le sculpteur Manolo Hugué. Sous l'influence de Picasso et de Braque, sa peinture s'était déjà orientée vers le cubisme, qu'il allait porter vers une résolution différente, car il était profondément désireux de donner à ses tableaux des structures nettes, des compositions rationnelles, fondées sur la clarté, l'équilibre et une exécution précise. Dès ses premières œuvres, en 1911, Gris avait commencé de tracer dans le cubisme sa voie propre. Sa façon de faire des collages différait également de celle de Picasso et de Braque: plus soigneux, les siens présentent souvent une composition à base de bandes verticales, où les motifs représentés se fractionnent et se disposent à partir de multiples points de vue. Partant de la pratique des papiers découpés, Gris adapta ce système à ses œuvres postérieures peintes; il combinait en effet ses papiers, à la façon de patrons, pour trouver ses compositions, jusqu'à décider de la disposition finale, qu'il traduisait ensuite en formes entièrement peintes à l'huile sur la toile. *Violon et verre* inscrit Juan Gris dans le cubisme synthétique. La saturation de la couleur y est particulièrement remarquable, et cette importance nouvelle accordée aux valeurs apparaît pour partie comme une conséquence de l'expérience du collage, qui, par le jeu des couleurs propres des fragments de papier, a permis une redécouverte des potentialités chromatiques des formes, au-delà

Nacido en Madrid en el entorno de una familia de clase media, y tras realizar estudios técnicos y artísticos con un bien conocido pintor tradicional, Juan Gris emprendió viaje a París en 1906. Sus primeros tiempos fueron de incertidumbre, viviendo en precario de la ilustración de revistas, trabajo que ya había iniciado en España y que continuó en las más importantes revistas satíricas francesas. Sin embargo, su dedicación a la pintura acabaría por desplazar su actividad como ilustrador. En contacto estrecho con Picasso y Braque, Gris conoció al círculo de poetas y artistas que se reunía en torno al Bateau-Lavoir, *donde él vivía y donde Picasso conservaba su estudio. En 1913 Gris firmó contrato con el marchante Kahnweiler, iniciando una estrecha amistad y colaboración comercial que solo fue interrumpida durante la Primera Guerra Mundial, para reemprenderse posteriormente.* Violín y vaso *data de ese mismo año. Gris pasó ese verano en Céret, en los Pirineos, donde coincidió con Picasso y el escultor Manolo Hugué. Por influencia de Picasso y Braque, la pintura de Gris se había orientado ya al Cubismo, pero él habría de llevarlo a una resolución diferente, porque estaba profundamente interesado en proporcionar a sus cuadros unas estructuras netas, unas composiciones racionales en las cuales la claridad, el equilibrio y la ejecución precisa eran fundamentales. Gris había iniciado un Cubismo diferente ya desde sus primeras obras de 1911. También su forma de hacer* collages *era distinta a la de Picasso y Braque: mucho más cuidadosamente pegados, los suyos a menudo presentan una composición a base de bandas verticales en las que los motivos representados se fraccionan y sitúan desde múltiples puntos de vista. A partir de la práctica de emplear papeles recortados, Gris adoptó ese sistema en sus obras posteriores pintadas como método para hallar las composiciones combinándolos a modo de patrones hasta decidir la disposición final que luego traducía en formas totalmente pintadas al óleo sobre el lienzo.* Violín y vaso *muestra la adscripción de Gris al Cubismo sintético, y destaca especialmente por la saturación del color, siendo en parte esta recuperación de los valores del color una de las consecuencias de la experiencia del* collage *que propició, a través de los colores propios de los fragmentos de papeles pegados, un redescubrimiento de las potencialidades*

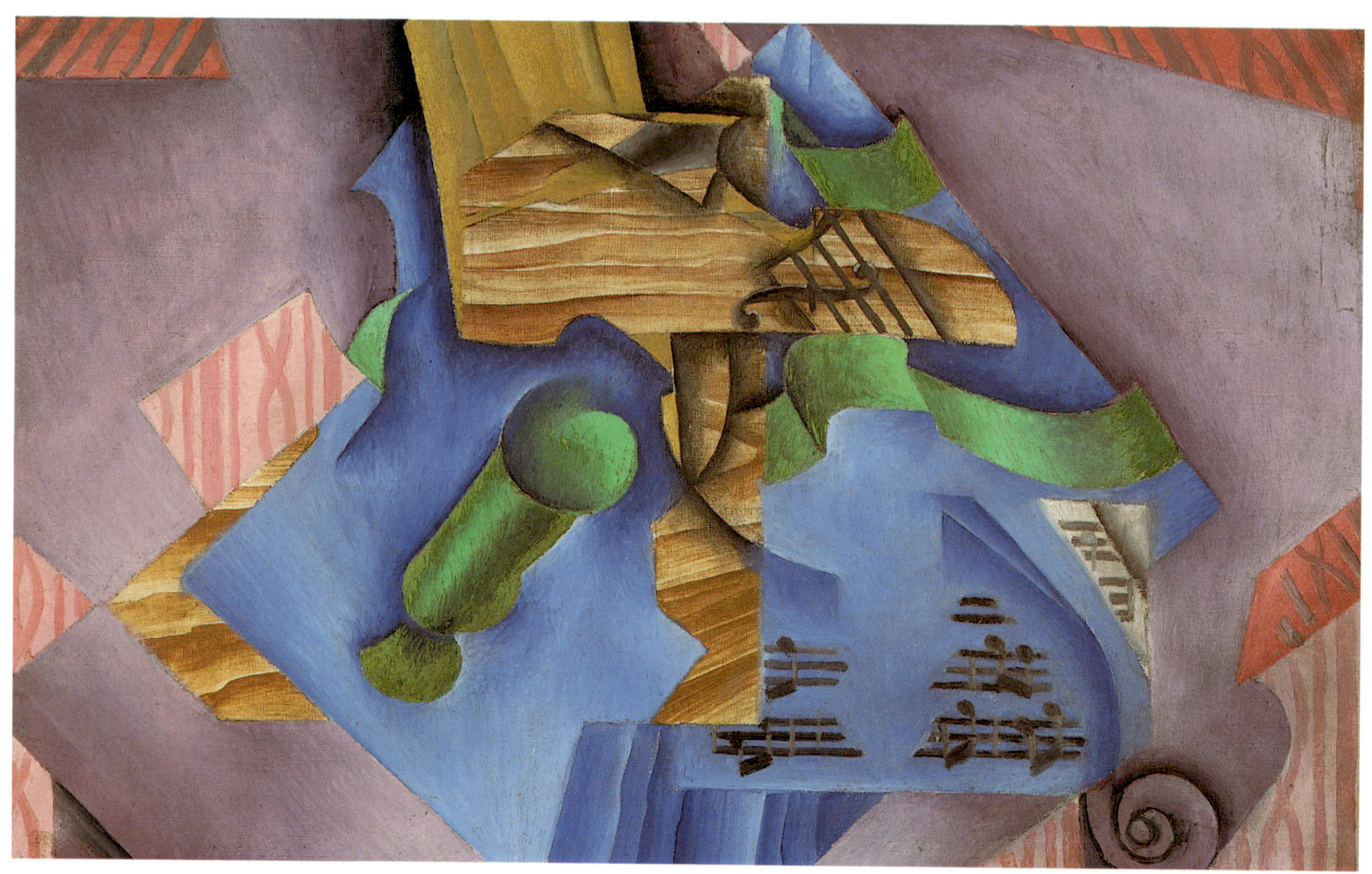

2 Juan Gris
Violon et verre
Violín y vaso
1913
Huile sur toile
46×73 cm
Donation de M. et Mme André Lefèvre
Centre Georges Pompidou, Paris
Musée national d'art moderne/Centre de création industrielle

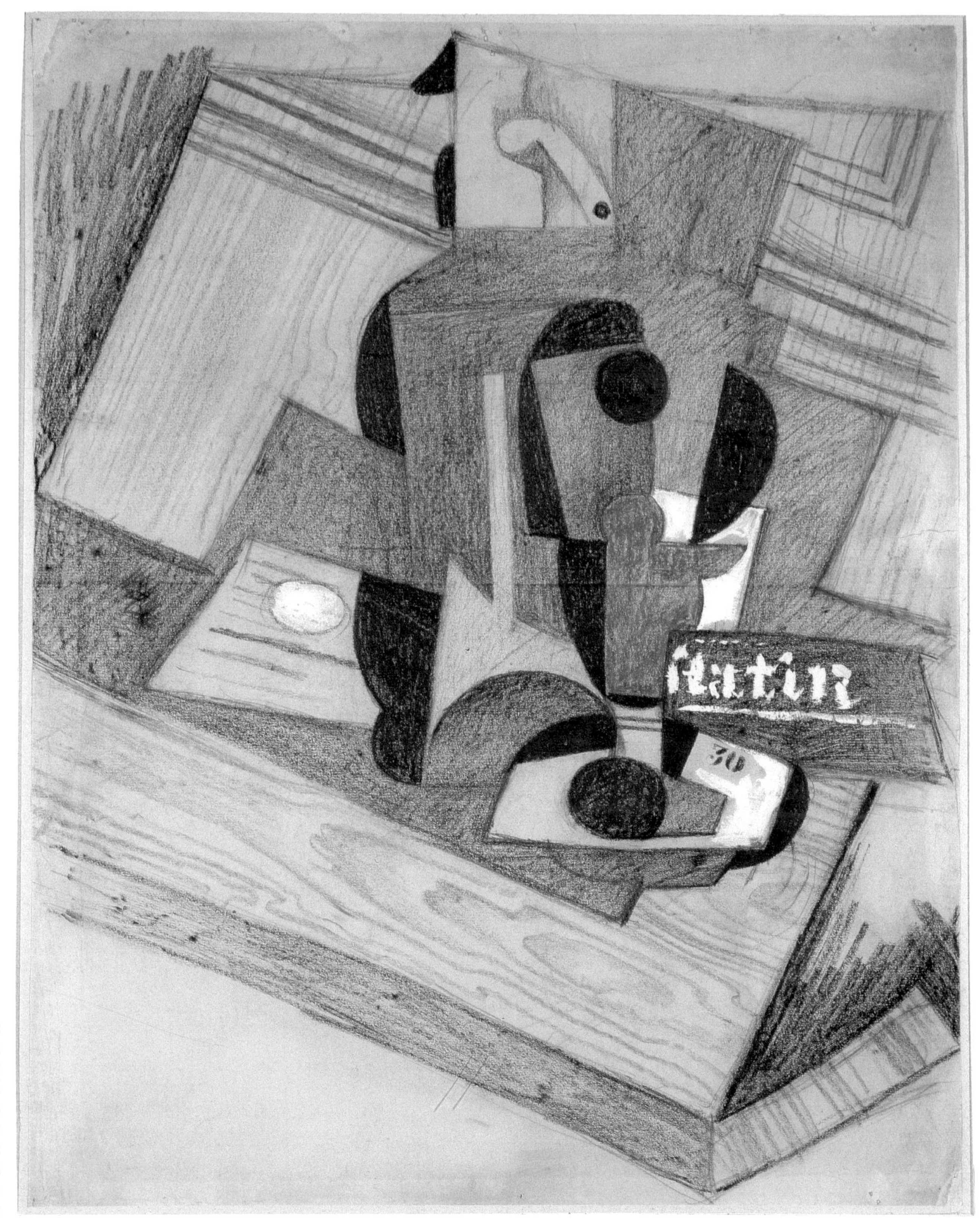

3 Juan Gris
Siphon et verre
Sifón y vaso
1916
Crayon sanguine
et gouache
sur papier
45×35 cm
Collection
particulière

des gammes marron et austères, presque monochromes, de la période analytique. Le peintre fragmente la composition de son tableau en grands plans, au fond, tandis que d'autres, plus petits, en plus grande densité, convergent vers le centre. Le verre est d'un vert brillant, représenté depuis un point de vue en hauteur et en oblique. Les plans en quoi se fragmente le violon se mêlent au fond, créant une composition dynamique. Gris simule avec la peinture les textures du bois veiné du violon ainsi que le patron décoratif des plans qui suggèrent un papier peint. La partition est également peinte, non pas simplement collée à la toile comme l'a fait Picasso dans son *Violon et feuille de musique* (1912). En faisant basculer dans la fiction – au moyen de la seule peinture – ce qui, dans les collages, était fragments réels de papier (papier «faux-bois», papier peint), Gris assimile, par une pratique picturale qui s'éloigne de la copie d'objets concrets et deviendra progressivement plus abstraite, les résultats de l'expérience du collage, qu'il transforme en éléments de langage. En 1914, la déclaration de guerre le surprend à Collioure, où Matisse, qui exercera une influence sur son œuvre, passe également l'automne. En 1916, année de *Siphon et verre*, en l'absence de Kahnweiler pour cause de guerre, Gris signe un contrat avec Léonce Rosenberg. Sa peinture acquiert une plus grande unité, dépassant ce qu'il appelait lui-même *«inventaires d'objets»*. Il réduit donc le nombre d'objets sur la toile et se concentre, plus que sur la forme et les détails de ceux-ci, sur la composition, évoluant, à partir de cette même année, vers l'abstraction. Bien que la représentation des choses n'ait pas disparu, Gris part de formes moins descriptives. Plutôt que prendre des objets déterminés pour point de départ et les «copier», il extrait de la composition picturale finale la suggestion d'objets génériques, reconnaissables par une forme qui se profile. Il travaille ainsi sur l'idée générale de concrétion formelle. Il rappelle Cézanne, mais affirme que son système est inverse: si le maître d'Aix réduisait les choses au cylindre, au cône et à la sphère, Gris part des formes géométriques pour, avec elles, concrétiser les choses. *Bouteille et compotier* (1919) est l'expression claire de cette identité semi-abstraite des objets dans les créations de la maturité. Les formes, découpées par des lignes droites et courbes, produisent des apparences d'objets: bouteille, compotier, journal, nappe. Les profils, nettement marqués, l'équilibre de la composition et les harmonies de la couleur évoquent un sens puriste de la forme, un cubisme inspiré par le classicisme. On peut percevoir dans ce tableau ce que Kahnweiler nommait les *«rimes picturales»* de Gris: contours brisés ou ondulés, qui se répètent en différents points de la composition, se reflétant parfois comme dans un miroir. Dans *La Guitare devant la mer* (1925), la nature morte atteint un grand équilibre de construction. Dès 1920, Gris a éprouvé les premiers

cromáticas de las formas, frente a las gamas pardas y austeras, casi monocromas, de la etapa analítica. En este cuadro Gris fragmenta la composición en planos grandes en el fondo, concentrando en el centro la mayor densidad de otros más pequeños. La copa, de un verde brillante, está representada con un punto de vista alto y oblicuo; los planos en que se fragmenta el violín se entrelazan con el fondo creando una composición dinámica. Gris simula con pintura las texturas de las vetas de la madera del violín, así como el patrón decorativo de los planos que sugieren papel de pared. La partitura está también pintada, en vez de simplemente adherida al lienzo, como hizo Picasso en Violon et feuille de musique *(1912). Con este recurso de ficción mediante la pintura de lo que en los* collages *eran fragmentos reales de papeles pegados (el papel "faux-bois" y el de pared) asimila Gris los resultados de la experiencia del* collage, *convirtiéndolos en recursos de lenguaje para una práctica pictórica que progresivamente se hará más abstracta, alejada de la copia de objetos concretos. En 1914 la declaración de guerra le sorprendió en Collioure, donde en el otoño coincidió con Henri Matisse, que influiría en su obra. En 1916, año de* Sifón y vaso, *en ausencia de Kahnweiler a causa de la guerra, Gris firmó un contrato con Léonce Rosenberg. En su pintura se da una mayor unidad, dejando atrás lo que él mismo llamaba* "inventarios de objetos". *Reduce el número de objetos y se centra en la composición más que en la forma y detalles de éstos, haciéndose su pintura más abstracta a partir de 1916. Aunque no desaparecerá la representación de cosas, Gris parte de formas menos descriptivas. En vez de partir de las cosas y "copiar" objetos, de la composición pictórica final él mismo extrae sugerencias de objetos genéricos cuya forma perfila para hacerlos reconocibles. Trabaja así de la idea general a la concreción formal. Evoca a Cézanne, pero afirma que su sistema es el inverso: si el maestro de Aix reducía las cosas a cilindro, cono y esfera, Gris parte de las formas geométricas para con ellas concretar cosas.* Botella y frutero *(1919) es una clara expresión de esta entidad semi-abstracta de los objetos en la creación madura de Gris. Las formas, recortadas con líneas rectas y curvas, producen apariencias de objetos: botella, frutero, periódico, mantel. Los perfiles nítidamente marcados, el equilibrio en la composición y las armonías del color nos hablan de un sentido purista de la forma, de un Cubismo inspirado en el Clasicismo. En este cuadro pueden advertirse lo que Kahnweiler llamaba las* "rimas pictóricas" *de Gris: contornos quebrados u ondulados que se repiten en varios puntos de la composición, reflejándose a veces como en un espejo. La naturaleza muerta alcanza un gran equilibrio constructivo en* Guitarra ante el mar *(1925). Desde 1920 empezó Gris a experimentar los primeros síntomas de una enfermedad pulmonar que acabaría con su vida*

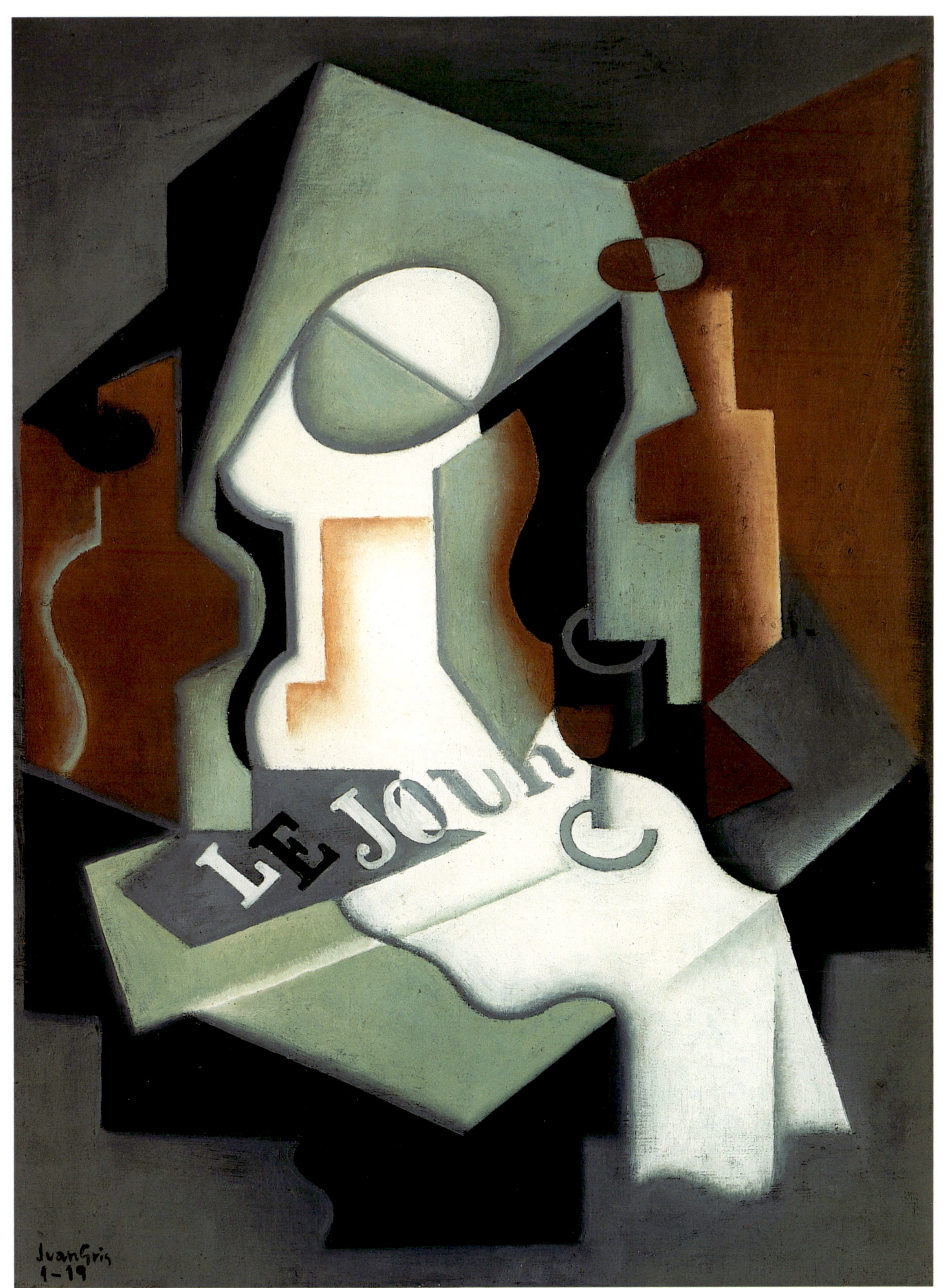

4 Juan Gris
Bouteille et compotier
Botella y frutero
1919
Huile sur toile
74×54 cm
Museo
Thyssen-Bornemisza,
Madrid

symptômes d'une maladie pulmonaire qui finira par lui coûter prématurément la vie, en 1927. Les dernières années de son existence voient se succéder crises et rechutes. En 1921, il est en convalescence à Bandol, sur la côte provençale, et il va à nouveau passer l'hiver à Céret, où il se remet à peindre un thème qu'il avait déjà exploré quelques années auparavant sous l'influence de Matisse, et qui fut aussi très utilisé par Picasso: la nature morte devant une fenêtre. *La Guitare devant la mer* correspond exactement à ce modèle: une guitare, ornée de marqueteries, est le «personnage» principal d'une composition d'objets avec un journal, devant une fenêtre par laquelle on peut voir un paysage marin avec un voilier. Visuellement, l'intérieur enlace l'espace extérieur, et la composition présente une structure de plans géométriques où prédomine la forme triangulaire. Gris est parvenu à un type de compositions cristallines, aux couleurs harmoniques, qu'il nomme «*architecture plane et colorée*». Formes qui n'ont pas l'intention de montrer leur volume en trois dimensions, mais qui s'étendent dans les deux dimensions de la surface du tableau, et qui sont renforcées de contours visiblement tracés à main levée. Ces années-là, Gris cherche dans sa peinture une sensualité et un sens poétique dont il considère qu'ils ont manqué à ces travaux antérieurs, beaucoup plus marqués par un processus purement rationnel. Sa technique change également. Il superpose au fond coloré – souvent, comme ici, un rouge terreux –, à la place des anciens glacis, des couches opaques de couleur. Sa peinture se fait plus dense, et sa palette plus claire; les détails sont sacrifiés à l'effet d'ensemble. *La Paysanne* (1926) date de l'année qui précède la mort du peintre. Les marrons et le blanc utilisés, son chromatisme sombre exaltent une certaine mélancolie, sensible dans l'expression de la femme paysanne. Cette figure monumentale, avec ses grandes mains croisées et ses yeux sans pupilles, est empreinte de cette grandeur néoclassique, dont Gris fait toujours preuve dans ses tableaux figuratifs. Si, dans ses premiers pierrots, arlequins et paysans de Touraine (1918-1919), le traitement de la figure était pleinement cubiste, les mêmes personnages de la commedia dell'arte, peints au début des années vingt, montrent déjà cette solidité de construction qui, dans les dernières figures, principalement féminines, peut être fondamentalement considérée comme un retour au classicisme. C'est dans ce sens qu'il faut relier *La Paysanne* à *La Chanteuse* (1926) ou à *La Femme au panier* (1927); comme elles, bien qu'avec une plus grande austérité chromatique, elle participe du mouvement de récupération formelle qui a parcouru toute l'Europe de l'entre-deux-guerres, qu'on appelle communément «Retour à l'ordre».

C. B.

prematuramente en 1927. Crisis y recaídas se sucederían en los últimos años de su vida. En 1921 convalece en Bandol, en la costa de Provenza, y ese invierno va a Céret de nuevo. Allí volvió a pintar un tema que había iniciado años antes por influencia de Matisse, aunque también había sido muy utilizado por Picasso: la naturaleza muerta delante de una ventana. Guitarra ante el mar *corresponde a este mismo modelo: una guitarra con adornos taraceados es la "protagonista" de una composición con objetos y periódico delante de una ventana por la que se ve un paisaje marino con un velero. El interior se enlaza visualmente con el espacio exterior, y la composición mantiene una estructura de planos geométricos en la que predomina la forma triangular. Gris ha llegado a un tipo de composiciones cristalinas y de colores armónicos que él llamó* "arquitectura plana y coloreada". *Formas que no tienen intención de mostrar su volumen tridimensional, sino que se expanden bidimensionalmente por la superficie del cuadro, y que son reforzadas por contornos trazados visiblemente a mano alzada. Gris busca en estos años una sensualidad y sentido poético en su pintura que consideraba que habían estado ausentes en sus creaciones anteriores, mucho más dominadas por un proceso racional. Su técnica cambia también, superponiendo al fondo coloreado –con frecuencia, como aquí, rojo terroso– capas opacas de color en vez de sus anteriores veladuras. Su pintura se hace más densa, su paleta más clara y los detalles se sacrifican en función del efecto de conjunto.* La campesina *(1926) data del año anterior a la muerte del pintor. Realizada en colores pardos y blanco, lo sombrío de su cromatismo enfatiza una cierta melancolía perceptible en la expresión de la mujer campesina. Con sus grandes manos cruzadas y sus ojos sin pupilas, esta figura monumental posee una grandeza neoclásica que en los cuadros figurativos siempre mostró Juan Gris. Si en sus primeros pierrots, arlequines y campesinos de la Turena el tratamiento de la figura era plenamente cubista (1918-19), los mismos personajes de la Commedia dell'Arte pintados a principios de la década de los veinte ya mostraban una solidez constructiva que en las últimas figuras, principalmente femeninas, es fundamentalmente una vuelta al Clasicismo.* La campesina *está, en este sentido, vinculada a* La Chanteuse *(1926) o* La Femme au panier *(1927), participando como ellas –aunque con una mayor austeridad cromática– de una recuperación de la forma que recorrió la Europa de entreguerras en lo que se ha llamado* Retour à l'ordre.

C. B.

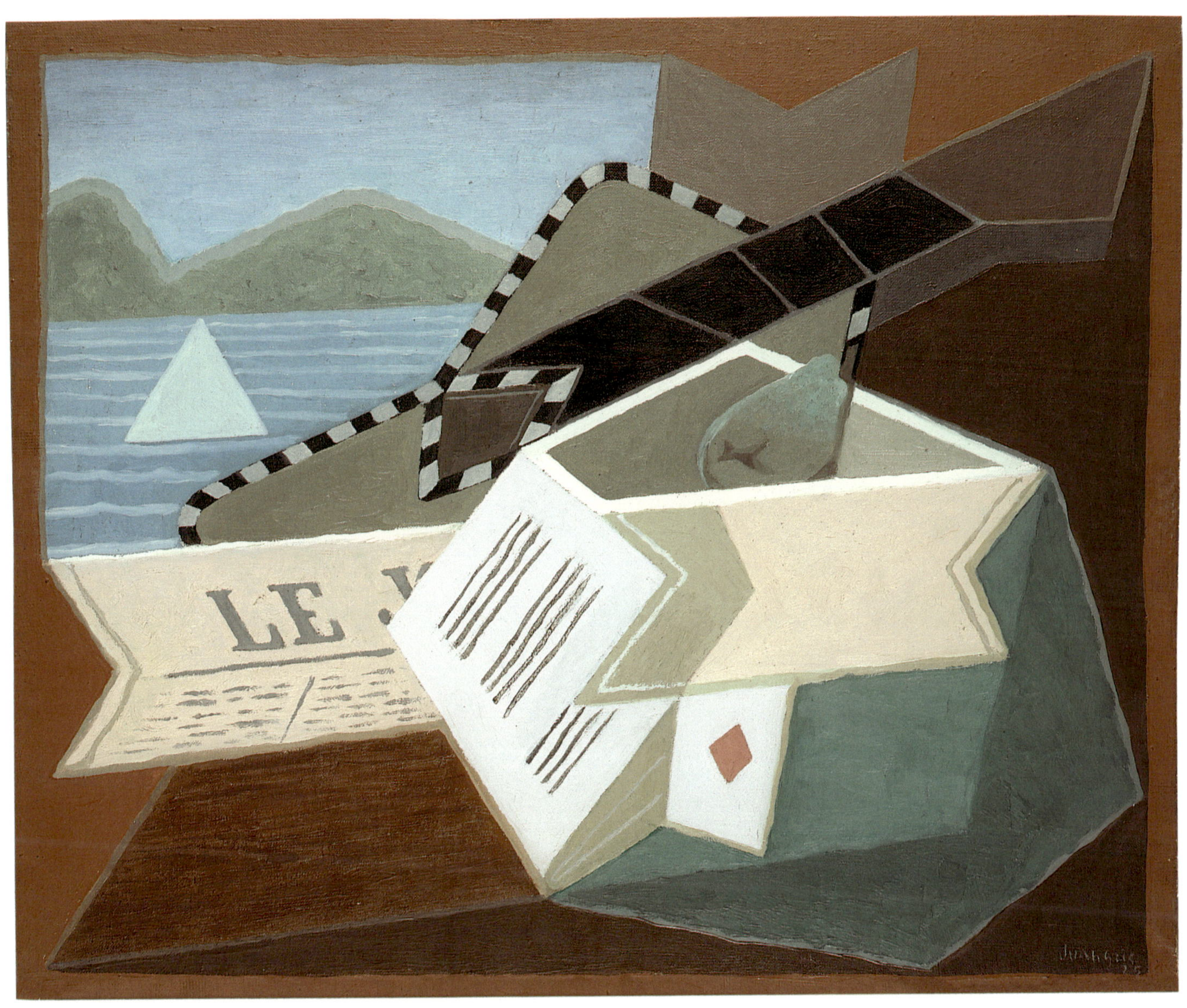

6 Juan Gris
La Guitare devant la mer
Guitarra ante el mar
1925
Huile sur toile
53×64 cm
Museo Nacional Centro de Arte Reina Sofía, Madrid

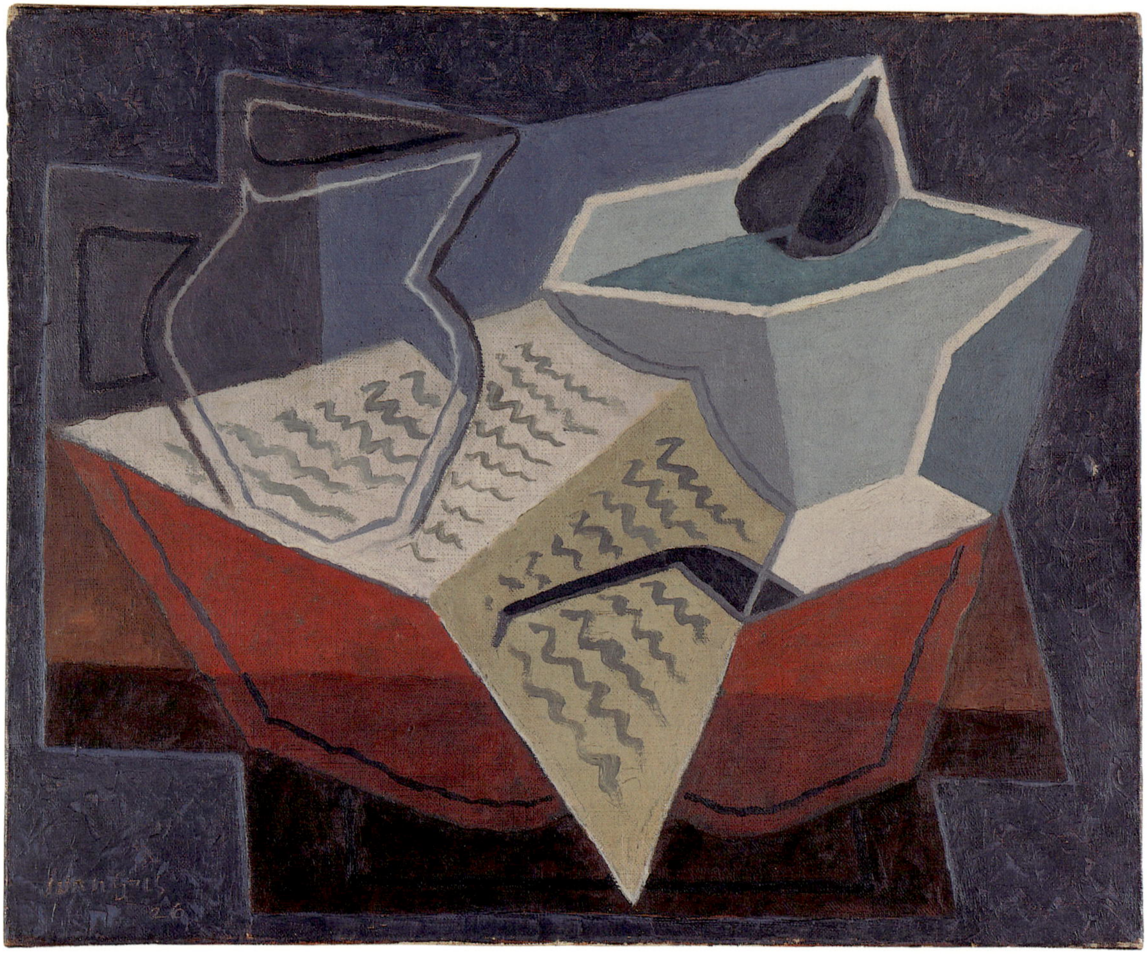

6bis Juan Gris
La Carafe sur la lettre
La jarra sobre la carta
1926
Huile sur toile
38×46 cm
Collection particulière suisse
Signé et daté en bas à gauche:
Juan Gris 26

Références bibliographiques:
Douglas Cooper, Berggruen éditeur,
Paris MCMLXXVII, n° 577;
Kahnweiler, 1946 (repr. pl. XXXIX);
Kahnweiler, 1947 (repr. pl. 113)

Exposition: Galerie Simon, Paris, 1928, n° 65

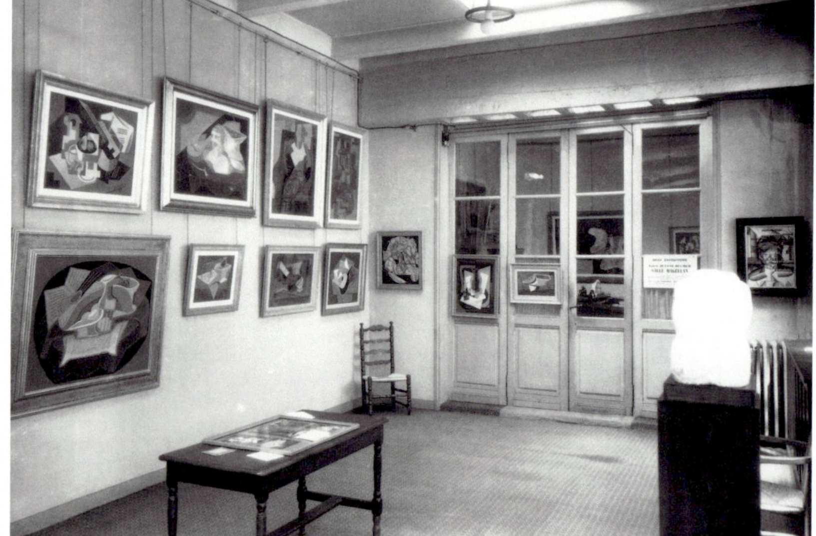

La Carafe sur la lettre
à l'exposition rétrospective Juan Gris,
Galerie Simon, juin 1928.

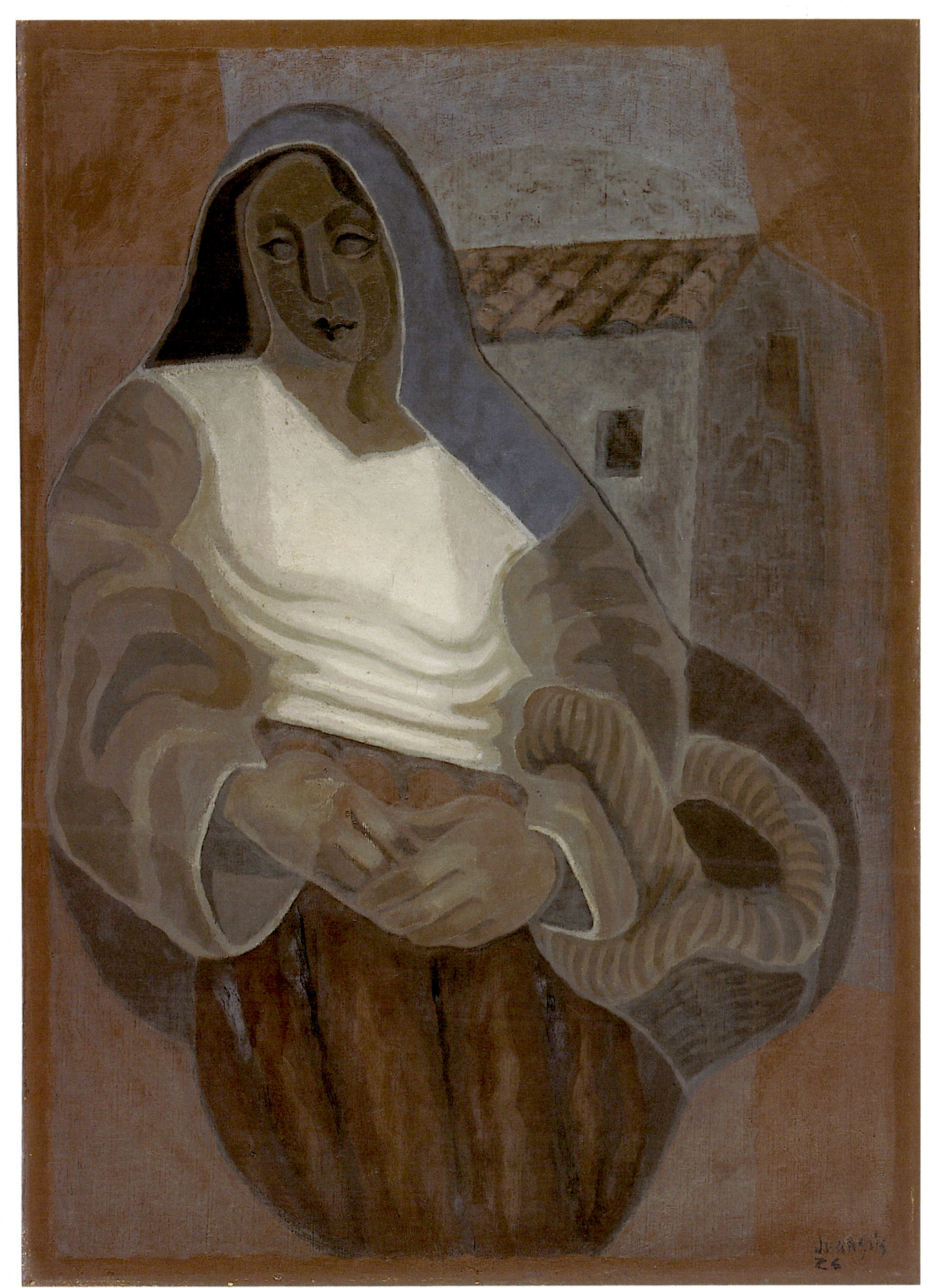

7 Juan Gris
La Paysanne
La campesina
1926
Huile sur toile
92×65 cm
Kunstmuseum Bern
Fondation Othmar Huber, Bern

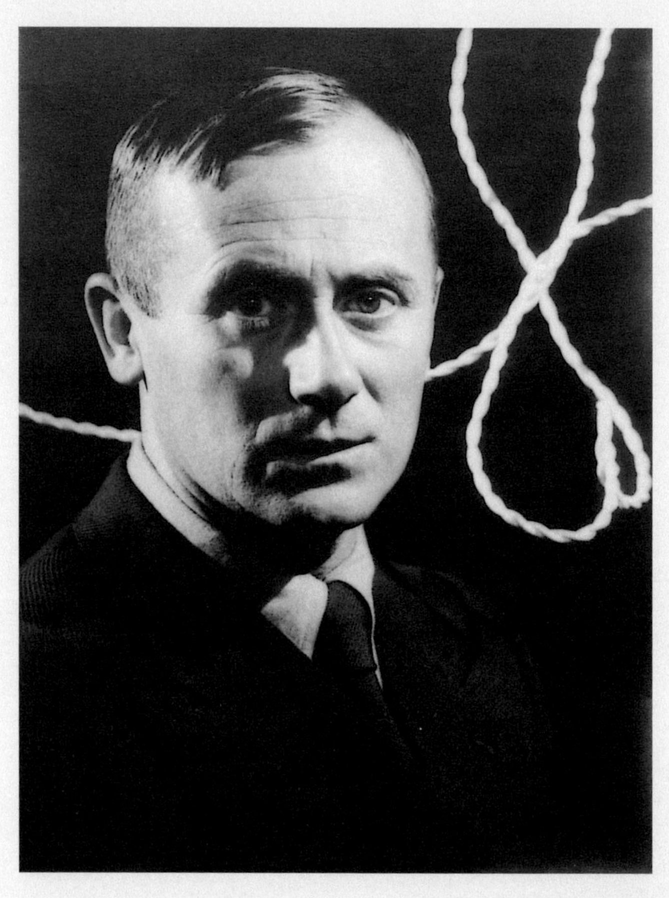

Joan Miró

Barcelona, 1893 - Palma de Mallorca, 1983

Joan Miró est ici représenté par sept pièces, dont une sculpture, qui embrassent différents langages, du naturalisme à la plus pure abstraction, passant par diverses phases surréalistes. Lorsque, en 1921, il peint *Portrait de danseuse espagnole*, la trajectoire artistique de Miró l'a déjà porté bien au-delà des années de formation. Depuis 1916-1917, ses tableaux, d'abord influencés par Cézanne, puis par le chromatisme des Fauves, témoignent d'une attention marquée pour la description, tant dans les natures mortes que dans les paysages ou les figures. En 1918 se tient sa première exposition personnelle, à la Galerie Dalmau de Barcelone. Deux ans plus tard, il se rend, pour la première fois, à Paris, où il rencontre Picasso – qu'il admirait profondément –, fréquente les musées et expose, au Salon d'Automne. Ces années-là, Miró s'essaie, à sa manière, au cubisme, qu'il rend compatible avec un sens des formes très personnel et un très grand soin accordé au modelé détaillé des objets. Cette figure féminine répond à un thème qui deviendra récurrent dans l'œuvre de Miró, dans le goût – affirmé par les Espagnols eux-mêmes comme par les artistes et critiques étrangers – des personnages populaires typiques, tels qu'on peut les peindre et les voir depuis le XIXe siècle. Miró s'y éloigne des postulats cubistes. Par rapport à la tension de certains tableaux précédents, où le peintre avait fait coexister diffraction et description minutieuse de l'objet, c'est une conception vigoureuse du volume qui triomphe dans les clairs-obscurs de ce *Portrait de danseuse espagnole*, plus proche du classicisme prôné par le «Retour à l'ordre» que des néo-cubistes. La femme est peinte de trois quarts, en costume, un grand peigne fiché dans ses cheveux; le contour est nettement marqué. Miró s'amuse dans la parure et les détails, comme l'imprimé du tissu ou les vagues de la chevelure, prélude aux labours ondulés des paysages catalans postérieurs, dont les boucles ont une certaine indépendance graphique. On a pu noter dans cette toile l'influence de Picasso, dont le portrait d'Olga en mantille, peint en 1917, n'est pas très éloigné. En 1924, Miró entre en contact avec André Breton et le groupe surréaliste; il s'intègre au mouvement, avec une peinture imaginative, peuplée de figures zoomorphes et de signes graphiques à l'origine onirique ou hallucinatoire. En 1927, le peintre, qui passait

La representación de Joan Miró en esta exposición está constituida por siete obras, entre ellas una escultura, que abarcan diferentes lenguajes, desde el naturalismo a la abstracción más esencialista, pasando por varios episodios del Surrealismo. Cuando en 1921 pintó Retrato de bailarina española, *Miró ya contaba con una trayectoria artística más allá de su período formativo. Desde 1916-17 sus cuadros, en un principio influidos tanto por Cézanne como por el cromatismo* fauve, *fueron adoptando un fuerte sentido descriptivo de los objetos, tanto en bodegones como en paisajes y figuras. En 1918 hizo su primera exposición individual en la Galería Dalmau de Barcelona. Dos años más tarde viajó por primera vez a París, donde entró en contacto con Picasso –a quien admiraba profundamente–, conoció los museos parisinos y expuso en el Salón de Otoño. En esos años Miró ensayó el Cubismo de una manera personal, haciéndolo compatible con un sentido de las formas muy compacto y una atención especialísima a la plasmación detallada de los objetos. Esta figura femenina responde a un tema, el de la bailarina española, que será recurrente en su obra y que está inmerso de lleno en el gusto –tanto por parte de los propios españoles como de artistas y críticos de otros países– por el tipismo de la pintura y los personajes populares españoles desde el siglo XIX. En ella se aprecia un alejamiento de Miró de los postulados del Cubismo. Frente a la tensión entre facetación y descripción minuciosa de la corporeidad de los objetos que había hecho convivir en algunos cuadros anteriores, en* Retrato de bailarina española *triunfa la recia concepción del volumen y el claroscuro más en correspondencia con el clasicismo del* Retour à l'ordre *que con los neocubismos. La mujer aparece retratada en tres cuartos, ataviada con traje y alta peineta, con sus contornos nítidamente marcados. Miró se recrea en los adornos y en detalles como el estampado de la tela o las ondulaciones del pelo, que preludian los ondulados surcos de la tierra de paisajes catalanes posteriores, así como también en dar una cierta independencia a los grafismos que definen los rizos. Se ha destacado la influencia de Picasso en este cuadro de Miró, ya que este retrato está muy próximo al de Olga con mantilla que Picasso pintara en 1917. En 1924 Miró entró en contacto con André Breton y el grupo surrealista, integrándose en el movimiento*

ses hivers à Paris, transfère son atelier rue Tourlaque, où il a pour voisins Max Ernst, René Magritte, Paul Eluard et Jean Arp. *Peinture* (1927) marque le début de cette nouvelle étape. Sur un fond bleu intense, une tête blanche, quelques fines lignes noires et un cercle rouge paraissent flotter. La forme blanche oblongue appartient encore à l'iconographie zoo- ou anthropomorphique surréaliste de Miró, développée parallèlement à celle d'Arp, mais son traitement sommaire, ébauché, est loin de la précision calligraphique des toiles précédentes, qui resurgira néanmoins plus d'une fois, en une alternance caractéristique, dans la peinture mironienne. L'artiste tend ici à mettre en valeur l'espace vide du fond et à réduire les motifs, à extraire des formes, participant elles-mêmes d'une atmosphère inondée de couleur, un signe fondamental, l'ensemble évoquant l'activité inconsciente. Dans les jours suivant la réalisation de ce tableau, Miró devra faire face à une crise sans précédent de ses conceptions, qui l'amènera à ce qu'il nommera lui-même l'*«assassinat de la peinture»*, lequel se traduira par la négation de la peinture à l'huile et par la réalisation de collages et d'assemblages, constitués d'objets et de matériaux quotidiens, où toute idée de virtuosité est rejetée, qui seront à l'origine d'une rénovation de son langage. Après cette période *«antipicturale»*, *Peinture* (1936) témoigne justement d'une réappropriation. La toile fait partie d'un ensemble de peintures appliquées directement sur un support de masonite sans préparation, que Miró avait initialement conçues comme des séquences ou des «photogrammes» d'un grand montage pictural qu'il ne devait pas réaliser. Certains motifs apparaissant ici sont récurrents dans l'œuvre. Ils frappent par leur caractère de signes ou de hiéroglyphes d'un symbolisme mystérieux, que Miró trace en lignes noires continues, ajoutant des taches noires et des touches de couleur. L'œuvre appartient aux temps douloureux de la Guerre civile; réalisée dans une grande tension émotionnelle, elle témoigne d'une déchirure: si Miró n'évoque pas explicitement la guerre, il laisse percer, par son langage abstrait et l'utilisation d'une matière crue, son désarroi. Il décidera de rester à Paris, mais l'avance des troupes allemandes en 1940 le contraindra à revenir en Espagne. La *Peinture* de 1950, quant à elle, date non seulement d'après

con su pintura imaginativa poblada por figuras biomórficas y signos gráficos de procedencia onírica y alucinatoria. En 1927 el pintor, que pasaba los inviernos en París, trasladó su estudio a la calle Tourlaque, donde tuvo como vecinos a Max Ernst, René Magritte, Paul Éluard y Jean Arp. Pintura *(1927) fue realizada en ese año. Sobre un fondo azul intenso, una cabeza blanca, unas tenues líneas negras y un círculo rojo parecen flotar sobre el fondo. La forma blanca oblonga pertenece todavía a la iconografía biomórfica surreal de Miró, desarrollada en paralelo a la de Arp, pero su tratamiento sumario y abocetado está muy alejado de la precisión caligráfica que, no obstante, aparece una y otra vez en la pintura mironiana, en una alternancia característica. Aquí el artista tiende a valorar el espacio vacío del fondo y a reducir los motivos, extrayendo de las formas su signo fundamental, y haciéndolas participar de un ámbito inundado de color que se origina y sugiere evocaciones procedentes del subconsciente. En fechas inmediatamente posteriores a la realización de este cuadro de 1927, Miró afrontaría una crisis radical en sus planteamientos con lo que llamó* "asesinato de la pintura", *que se traduciría en la negación de la pintura al óleo y la adopción de* collages *y* assemblages *con objetos y materiales cotidianos, rompiendo toda idea de virtuosismo y provocando una renovación de su lenguaje. Tras ese período* "antipictórico", *la recuperación de la pintura está aquí representada por* Pintura *(1936), que pertenece al doloroso tiempo de la Guerra Civil española. Ésta forma parte de un conjunto de pinturas aplicadas directamente sobre el soporte de masonita sin preparar, que Miró planteó inicialmente como secuencias o fotogramas de un gran montaje pictórico que, sin embargo, no llegaría a realizar. Algunos de los motivos que aparecen en esta pintura son recurrentes en otras. Destacan por su carácter de signos o casi jeroglíficos de ignoto simbolismo, que Miró traza con líneas negras continuas, añadiendo manchas negras y toques de color. La realización de esta obra coincide con el período de gran tensión emocional por la Guerra Civil. Miró decide permanecer en París hasta que el avance de las tropas alemanas en 1940 le hace decidirse a regresar a España. Este cuadro es testimonio de un desgarro: Miró no emplea citas explícitas a la situación bélica, pero con*

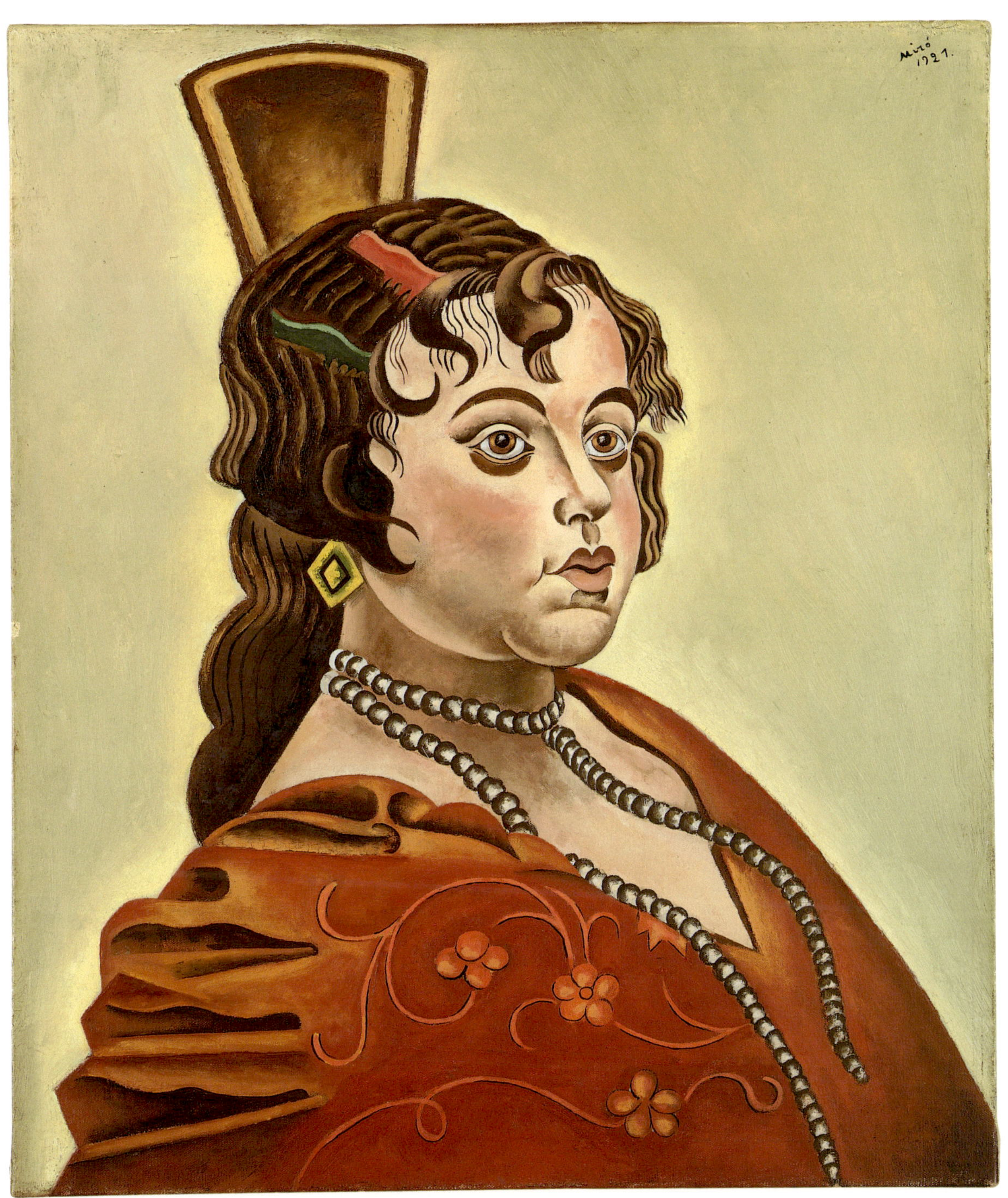

8 Joan Miró
Portrait de danseuse espagnole
Retrato de bailarina española
1921
Huile sur toile
66×56 cm
Musée national Picasso, Paris

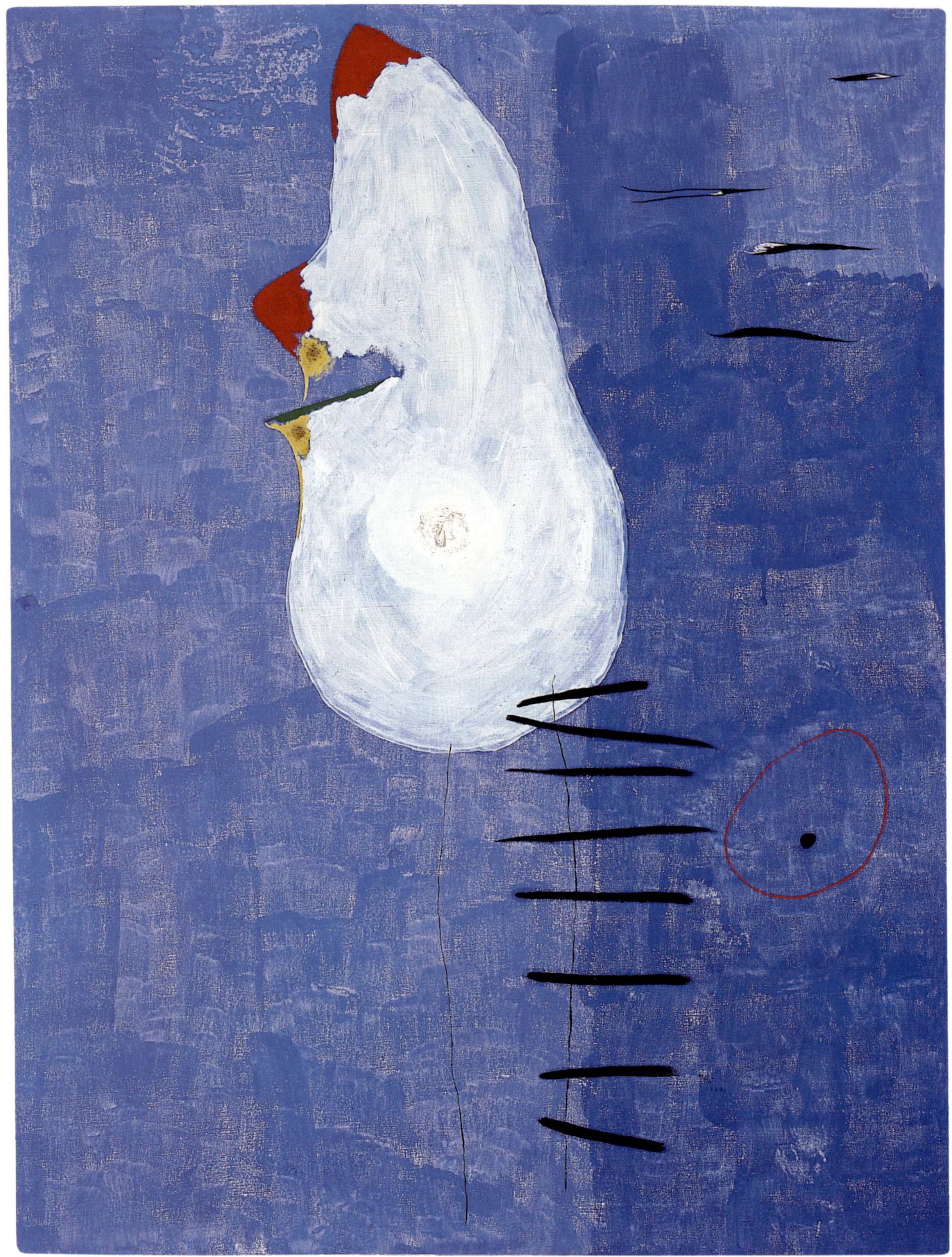

12 Joan Miró
Peinture
Pintura
1927
Huile sur toile
116×89 cm
Museo Nacional
Centro de Arte
Reina Sofía,
Madrid

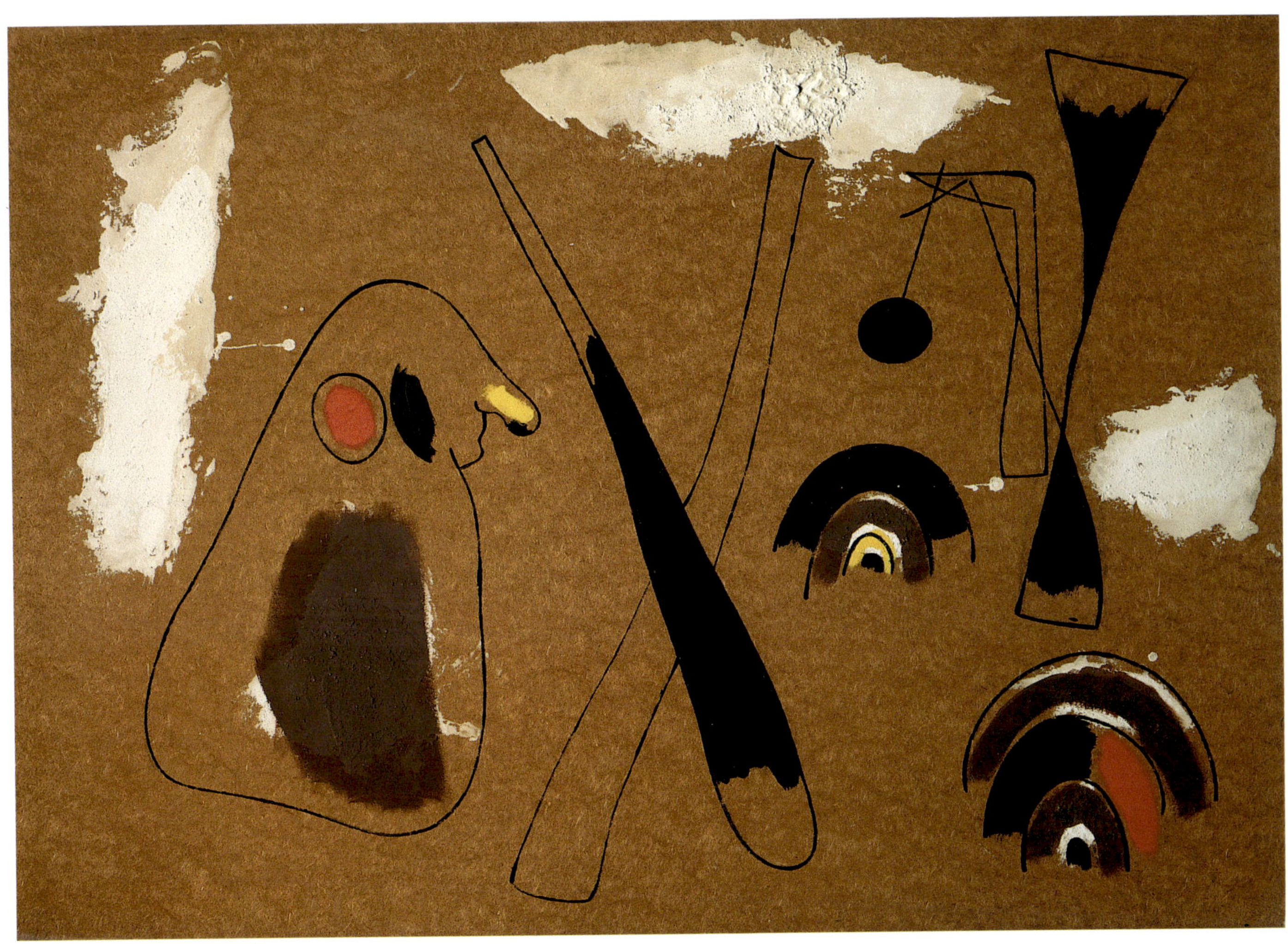

19 Joan Miró
Peinture
Pintura
1936
Technique mixte sur masonite
78 × 108 cm
Colección Carmen Thyssen-Bornemisza,
en dépôt au Museo Thyssen-Bornemisza, Madrid

la Guerre civile, mais aussi de la Seconde Guerre mondiale. En 1947, Miró est sorti de son isolement et s'est rendu pour la première fois à New York; il y est resté huit mois, au bout desquels il est revenu à Paris, après huit ans d'absence. En 1949, Antoni Tàpies lui a rendu visite dans son atelier et une amitié durable s'est nouée entre les deux hommes, qui ne sera pas sans influence sur le travail de Tàpies. Fruits de ses voyages, Miró réalise de nombreux tableaux entre 1949 et 1950, alternant deux types de peintures: certaines, plus posées et réfléchies, finies, «détaillistes», qu'il qualifie de *«poussées»*; d'autres, plus impulsives, très gestuelles, s'inscrivant dans un processus, selon l'artiste lui-même, d'*«adaptation à la modernité»*. Cette troisième *Peinture*, ici présentée, combine les deux procédés: calligraphie précise, tache bien délimitée, aplats de couleur pour les formes triangulaires, fins graphismes noirs évoquant des yeux; ailleurs, ébauche et rendu sommaire. La forme tracée à la peinture rouge est irrégulière dans sa charge de couleur et dans ses contours, réalisés avec une brosse épaisse, établissant à dessein un dialogue entre différentes manières de traits. En laissant couler la couleur – comme il le fait aussi dans le projet mural pour l'Université Harvard initié la même année et qu'il réalisera avec le céramiste Llorens Artigas –, le peintre semble vouloir capter ce que son application peut avoir d'immédiat. Il ajoute encore des empreintes de mains, qui vont apparaître dans tous les tableaux de cette année-là. Le contraste qui surgit ainsi de la juxtaposition de deux façons de peindre nettement différenciées est pour l'artiste une force. A cette époque, Miró délaisse les titres, plus préoccupé de donner aux signes et aux couleurs leur liberté, sans les asservir à un motif représentatif. Dans *Peinture* (1950), ce sont les formes schématiques, les signes graphiques et les traces flottant dans un espace ouvert qui dominent, selon un jeu d'équilibres que le peintre nomme *«correspondances rythmiques»*. *Sans titre* (1974-1977) réduit radicalement les éléments de la composition: quelques traits noirs et quelques formes colorées en bleu et en jaune, appliquées avec les doigts, forment un *«poème visuel»* d'un grand raffinement, qui rappelle l'art oriental. Le vide blanc est un espace actif où se conjuguent lignes et taches, éléments essentiels, profondément

su lenguaje abstracto y su utilización de una materia cruda, expresa sus emociones. Por su parte, Pintura *data de 1950, una vez finalizadas no solo la Guerra Civil, sino también la Segunda Guerra Mundial. En 1947 Miró había salido de su aislamiento y había viajado por primera vez a Nueva York, permaneciendo ocho meses, al final de los cuales regresó a París después de ocho años de ausencia. En 1949 Antoni Tàpies hizo su primera visita a Joan Miró en su estudio, estableciéndose una relación amistosa duradera que también se tradujo en influencias pictóricas. Como resultado de los viajes, Miró realizó muchos cuadros entre 1949 y 1950 alternando dos tipos de pinturas: unas más pausadas y reflexivas, acabadas y detallistas que llamó* poussées, *y otras más impulsivas, de fuerte sesgo gestual, en un proceso que el propio artista calificó de* "adaptación a la modernidad". Pintura *combina ambos procedimientos, porque reserva la caligrafía precisa, la mancha bien delineada y el color plano y uniforme para las formas triangulares y los finos grafismos negros que evocan ojos, mientras que otras son mucho más abocetadas y sumarias. En efecto, la forma trazada con pintura roja es irregular en su carga de color y en sus contornos, realizados con brocha gruesa estableciendo a propósito un diálogo entre distintas maneras de trazar. Deja chorrear el color líquido sacando partido del efecto logrado, asumiendo la inmediatez en la aplicación del color, como hizo en el proyecto mural cerámico que realizó en ese mismo año con Llorens Artigas para la Universidad de Harvard. Añade además improntas de manos, que volverán a aparecer en otros cuadros de estos años. Este contraste que surge de la yuxtaposición de dos formas de pintar bien diferenciadas es un valor potenciado por el artista. En esta época Miró prescinde de los títulos, más interesado por dar libertad a los signos y los colores sin ligarlos a un motivo representativo. En* Pintura *dominan las formas esquemáticas, los signos gráficos y las huellas que flotan sobre un espacio abierto según un juego de equilibrios compositivos que Miró llamó* "correspondencias rítmicas". Sin título *(1974-77) reduce enormemente los elementos de la composición: unos trazados negros y algunas formas coloreadas en azul y amarillo aplicadas con los dedos, en lo que ha sido considerado un* "poema visual" *de gran refinamiento y muy ligado al*

23 Joan Miró
Peinture
Pintura
1950
Huile sur toile
145×114 cm
Museo Nacional
Centro de Arte
Reina Sofía,
Madrid

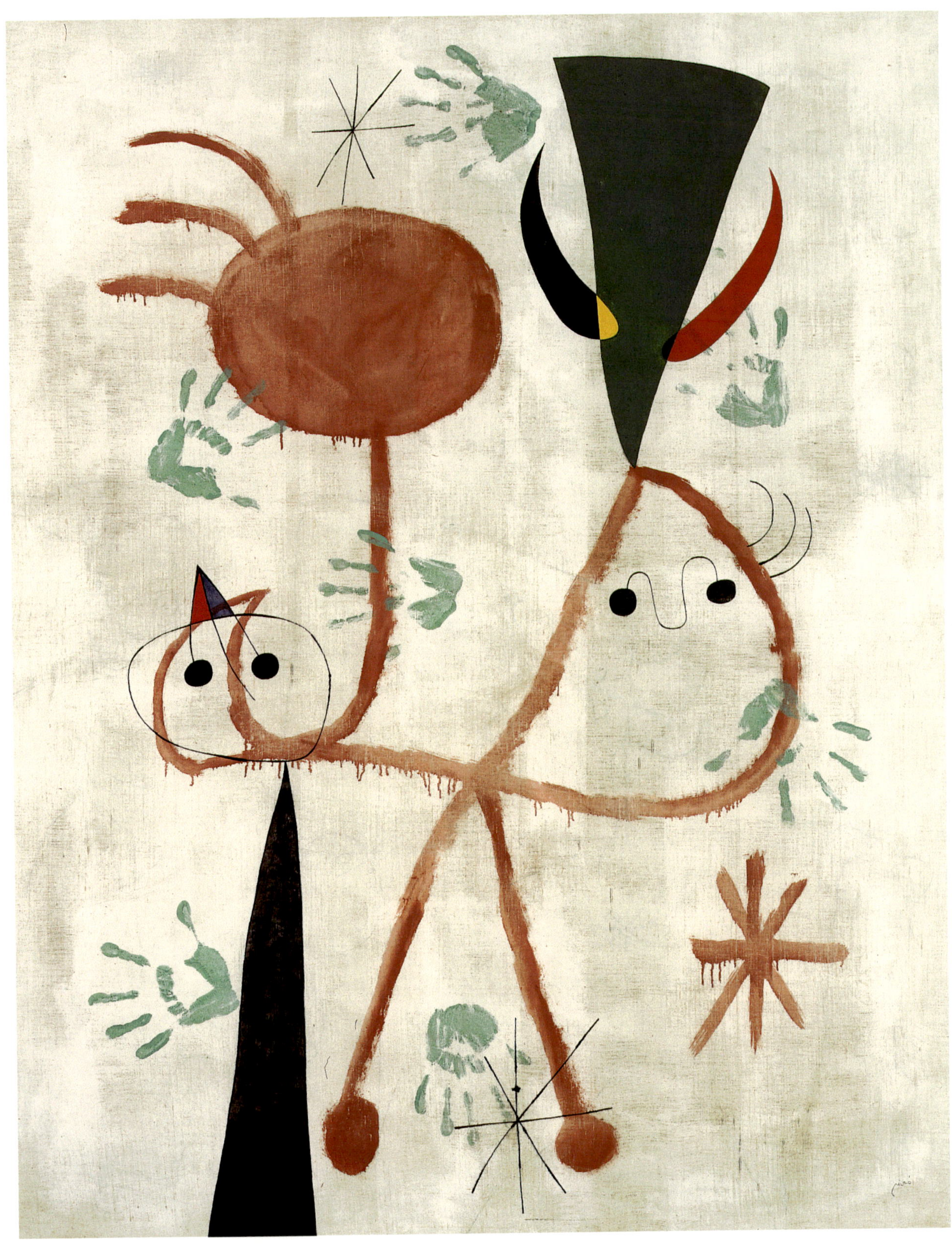

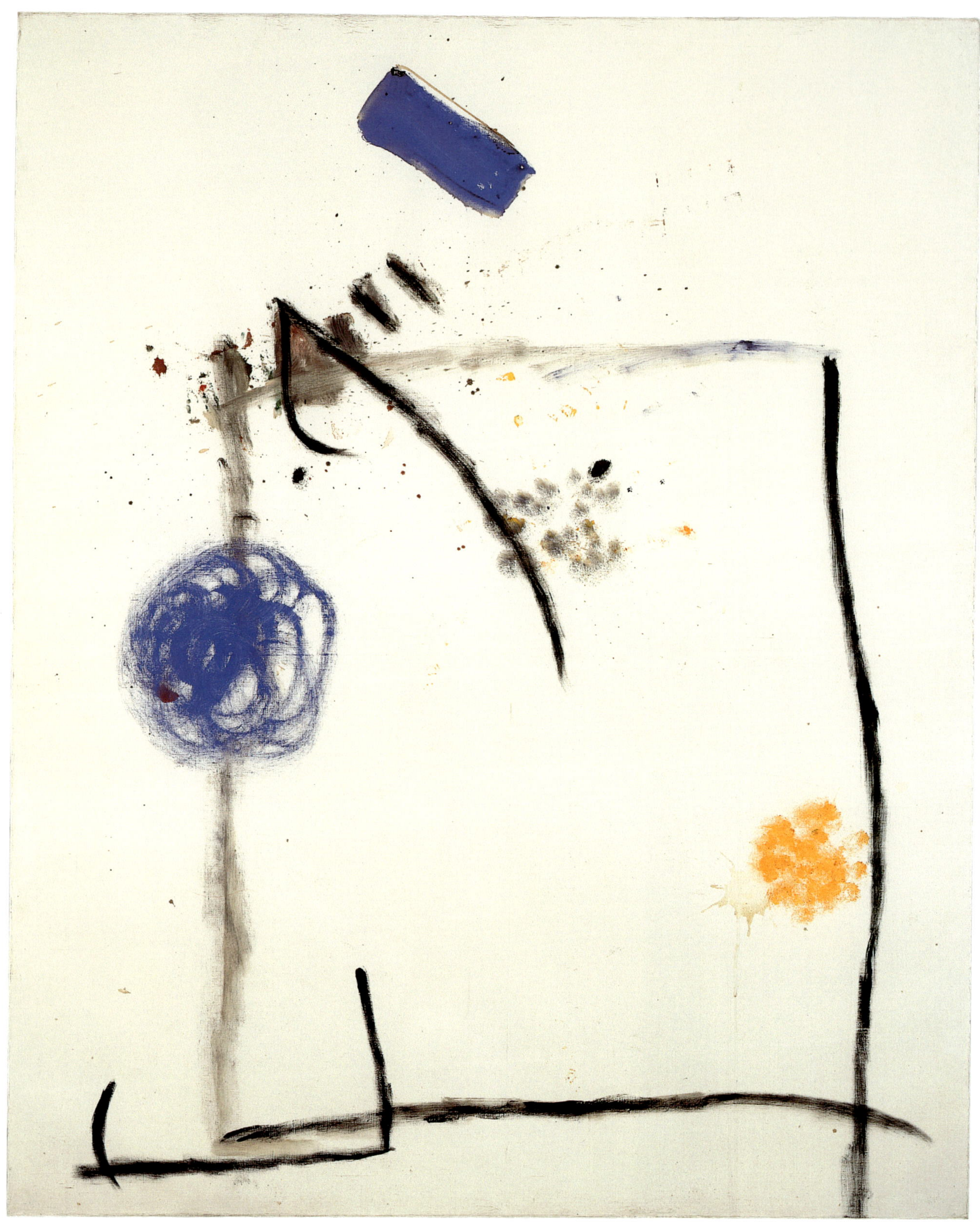

25 Joan Mir[illegible]
Sans titre
Sin título
1974-1977
Huile sur toil[illegible]
162,5 × 130,5
Fundación
Pilar y Joan M[illegible]
Mallorca

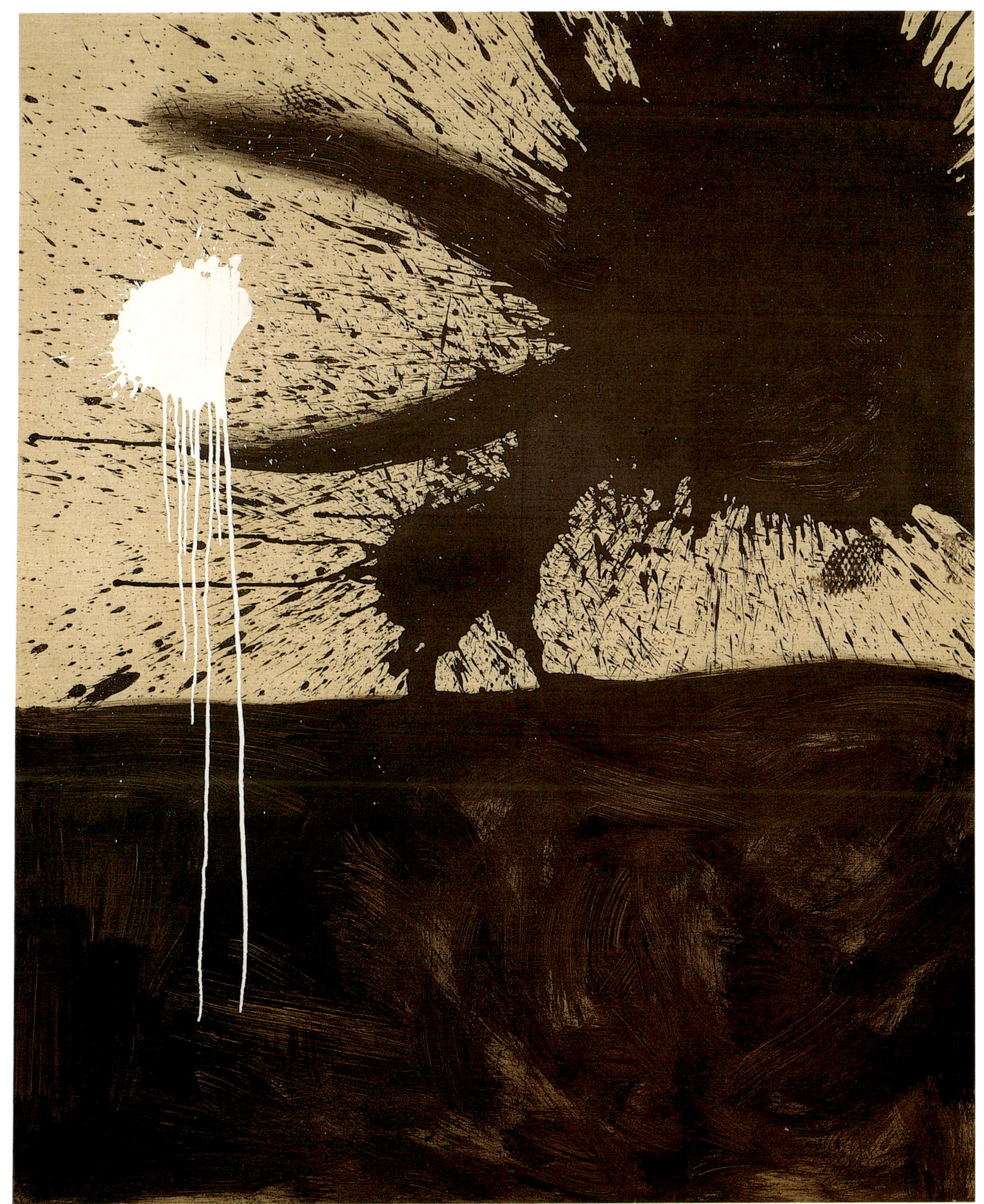

26 Joan Miró
Sans titre
Sin título
1973-1978
lique sur toile
1,5 × 130,5 cm
Fundación
r y Joan Miró,
Mallorca

lyriques. Dans *Sans titre* (1973-1978), Miró travaille l'effet produit par l'impact de la couleur. Durant cette période, il démarre souvent ses tableaux par un graphisme en noir sur lequel il ajoute quelques éclaboussures et coulures de peinture, la toile souvent étalée à même le sol. Ici, deux zones se différencient: un espace noir et plan, un autre, occupé par l'explosion de la tache noire et par la tache blanche qu'il a laissé couler. Le peintre explore ici la pulsation entre la tache accidentelle ou imprévue et son contrôle sur le flux de peinture. *Tête* (1974) est pour sa part très représentatif de la sculpture de Miró: un langage qu'il associe d'abord à l'objet, puis à la nature. La pièce fut commencée l'année de la rétrospective parisienne au Grand Palais. Le bronze reproduit un volume massif, modelé tel que Miró aimait les travailler: avec toute la présence physique de la terre entre les mains, y pratiquant des incisions, qui définissent les traits asymétriques du visage.

C. B.

arte oriental. El vacío blanco es un espacio activo sobre el que se conjugan líneas y manchas como elementos esenciales, profundamente líricos. En Sin título *(1973-78) tenemos a un Miró que trabaja con el efecto producido por un impacto de color. Con frecuencia en esta época inicia el cuadro con un grafismo negro sobre el cual añade salpicaduras y chorreos de pintura, trabajando a menudo con la tela extendida sobre el suelo. Aquí diferencia dos zonas: un espacio negro plano, y otro ocupado por el estallido de la mancha negra y la otra blanca que ha dejado chorrear. El pintor explora en este cuadro el pulso entre la mancha casual y su control del flujo de la pintura. Por su parte* Cabeza *(1974) es representativa de la escultura de Miró: un lenguaje que para él estaba asociado en una primera época a los objetos, y más adelante, a la naturaleza. Fue iniciada el año de su gran retrospectiva en el Grand Palais de París, 1974. En bronce reproduce un volumen masivo modelado como a Miró le gustaba trabajar: con la fisicidad del barro entre las manos, con las incisiones que definen los asimétricos rasgos del rostro.*

C. B.

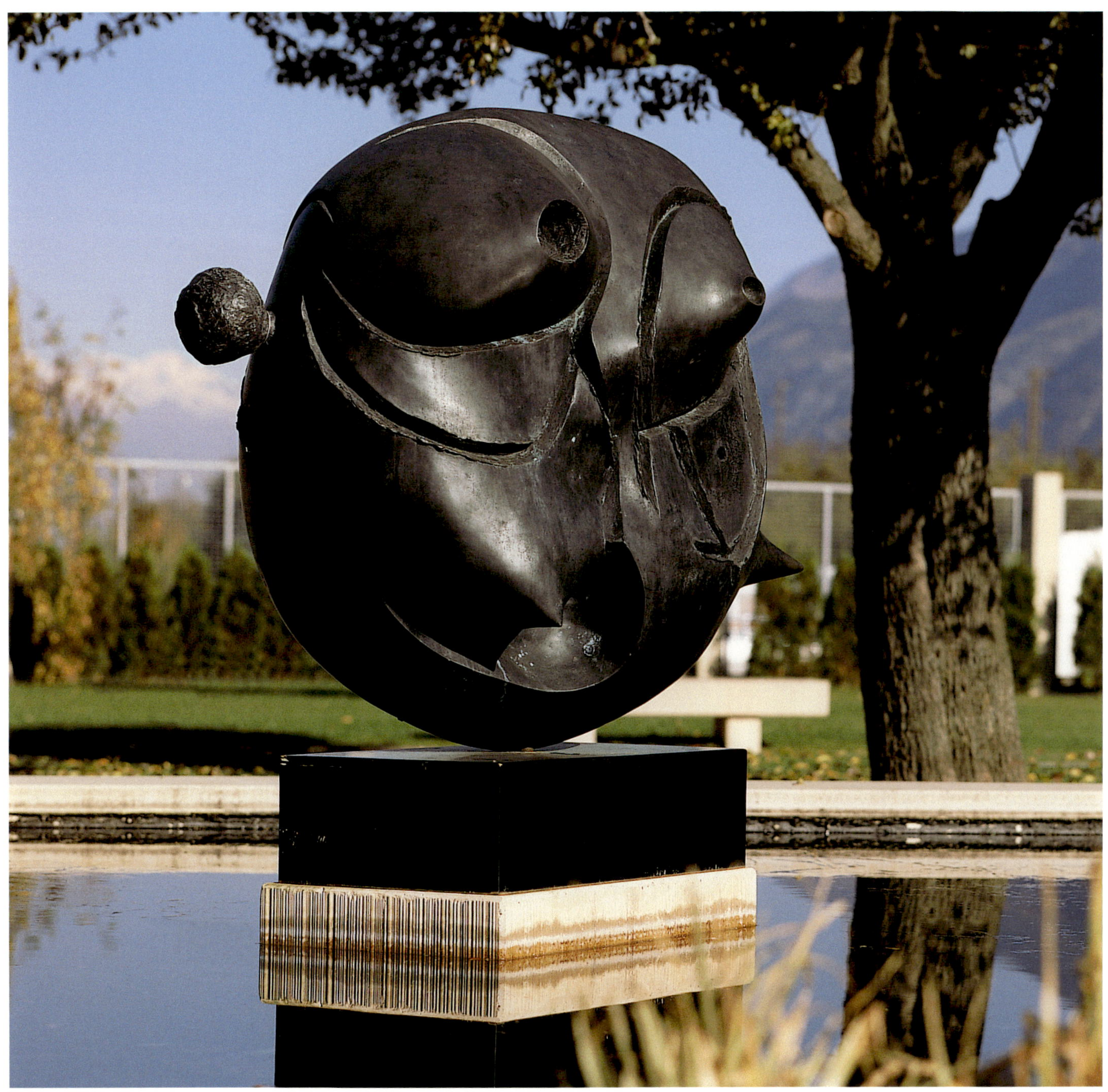

27 Joan Miró
Tête
Cabeza
1974
Bronze
128×154×58 cm
Collection Fondation Pierre Gianadda, Martigny, Suisse
Exposé dans les jardins de la Fondation

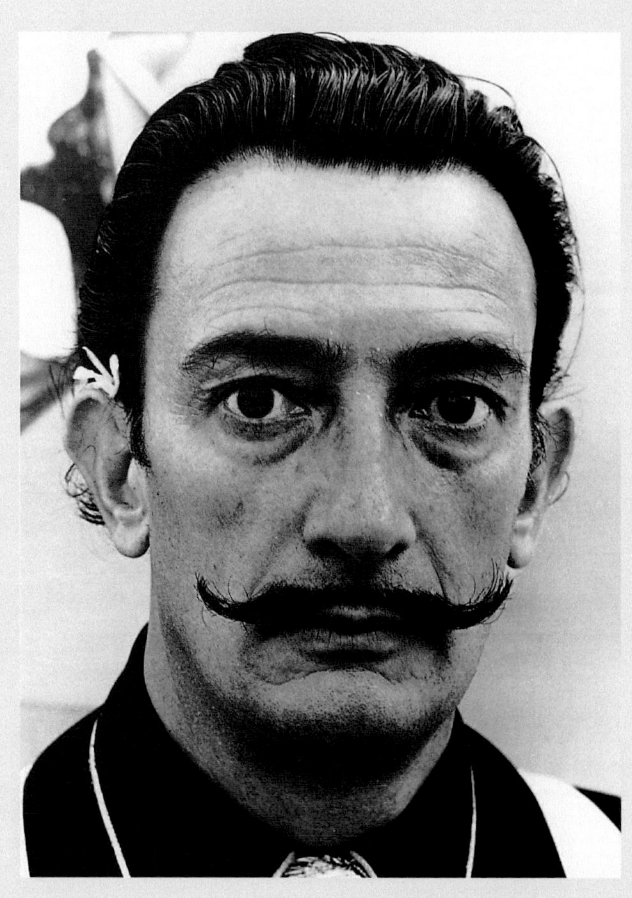

Salvador Dalí

Figueras (Gerona), 1904-1989

Les œuvres de Salvador Dalí présentées dans cette exposition correspondent à trois moments de l'évolution picturale de l'artiste. C'est au premier d'entre eux qu'appartient *Portrait de ma sœur* (vers 1923-1924): moment où le peintre s'affirme après une période initiale de formation dont les tableaux ont commencé d'être exposés en 1918. Doué dès l'enfance d'un talent remarquable pour le dessin, Dalí se heurta pourtant, avant de pouvoir se consacrer à l'art, à l'opposition obstinée de son père, notaire de profession. En 1921, le père cède et Salvador est admis à l'Ecole des Beaux-Arts de San Fernando, à Madrid. C'est aussi l'année où meurt sa mère. Madrid marque le début d'un véritable éveil à la peinture moderne. Bien que l'activité culturelle d'avant-garde soit alors quasi inexistante dans la capitale espagnole, Dalí y trouve une ambiance propice au développement d'un art avant-gardiste au sein d'un groupe d'intellectuels et d'artistes logés comme lui à la Résidence des étudiants. Il se lie d'amitié avec Federico García Lorca, Luis Buñuel et Pepín Bello. Timide et renfermé, mais conscient de son potentiel créatif et résolu à trouver son propre langage, Dalí se sent vite insatisfait de l'enseignement académique. En 1923, il est expulsé pour un an de l'Ecole des Beaux-Arts, et définitivement en 1926. *Portrait de ma sœur* fut réalisé durant cette étape madrilène, qui s'étend de la fin de 1922 au milieu de l'année 1926. A Madrid, il se lance dans une peinture d'influence cubiste, tandis qu'à Figueras et à Cadaqués, il réalise des paysages et une série de portraits de sa sœur Ana María, appliquant à ses images un traitement formel très classique: formes rondes, dessin précis et un curieux immobilisme, qui contraste avec la fragmentation et le dynamisme des premiers travaux cubistes. A cette époque, Dalí effectuait aussi des dessins au trait inspirés d'Ingres, qui coïncident avec le goût ingresque du Picasso des années vingt. A partir de la seconde moitié de la décennie, la présence simultanée de styles différents dans sa peinture, cubisme et classicisme, ne suppose plus, pour lui, aucune contradiction, car nombreuses sont ses créations cubistes imprégnées de cette solidité corporelle toute classique, dont Picasso – que Dalí admirait – s'était fait l'explorateur fervent. La forme cubiste et classique témoignait pour Dalí d'un équilibre rationnel qui eut de plus la fortune critique

Las obras de Salvador Dalí que presentamos en esta exposición corresponden a tres momentos representativos en la evolución de su obra pictórica. El primero, al que pertenece Retrato de mi hermana *(ca. 1923-24), nos habla de una etapa de afirmación tras un período inicial formativo cuyos cuadros había empezado a exponer en 1918. Dotado desde la infancia de un especial talento para el dibujo, Dalí contó con la obstinada oposición de su padre, notario de profesión, para dedicarse al arte. En 1921, la oposición paterna cede y es admitido en la Escuela de Bellas Artes de San Fernando, en Madrid, el mismo año en que muere su madre. En Madrid inicia una etapa de auténtico despertar a la pintura moderna. Aunque la actividad cultural de vanguardia era casi inexistente entonces en la capital, Dalí encontró un ambiente rico y propicio al arte de vanguardia en un grupo de intelectuales y artistas alojados como él en la madrileña Residencia de Estudiantes. Allí entabló amistad con Federico García Lorca, Luis Buñuel y Pepín Bello. Tímido y retraído, pero consciente de su potencial creativo y resuelto a encontrar su propio lenguaje, Dalí sintió en seguida la insatisfacción que le procuraba la enseñanza académica. En 1923 fue expulsado por un año de la Escuela de Bellas Artes, y en 1926 lo sería de forma definitiva.* Retrato de mi hermana *fue realizado durante su etapa madrileña, que se extiende entre finales de 1922 y mediados de 1926. En Madrid inició una pintura de influencia cubista, mientras que en Figueras y Cadaqués realizó paisajes y una serie de retratos de su hermana Ana María aplicando a sus imágenes un tratamiento formal muy clasicista, de formas rotundas, dibujo preciso y un especial estatismo que contrastaba con la fragmentación y dinamismo de sus primeros trabajos cubistas. En esta época, Dalí realizaba también dibujos al trazo inspirados en Ingres y coincidentes también con el gusto ingresco de Picasso en los años veinte. A partir de la segunda mitad de la década, la presencia simultánea de estilos diferentes en su pintura, Cubismo y Clasicismo, no suponía para él divergencia alguna, porque muchas de sus creaciones cubistas estaban fuertemente impregnadas de la solidez corpórea clásica que por entonces Picasso –a quien Dalí admiraba– había explorado con intensidad. Para Dalí, la forma cubista y clásica de estos años poseía*

de s'articuler avec la persistance, en Catalogne, du *noucentisme*, expression du nationalisme catalan et du «méditerranéisme», dont Eugenio d'Ors fut l'un des plus clairs théoriciens. *Portrait de ma sœur* est très clairement lié à l'idéal figuratif *noucentiste*, qui, déjà dans les années vingt, partageait certains points de vue avec le mouvement européen du «Retour à l'ordre». La sœur du peintre, assise sur une chaise et appuyée sur son bras, distille un mélange de mélancolie sereine et de force de caractère, exprimées surtout par des yeux en amande au regard intense. Quoique plus achevée, cette peinture n'est pas sans rappeler d'autres portraits réalisés par Dalí ces années-là, comme ceux de Luis Buñuel (1924), de son père en 1925 ou à nouveau de sa sœur. En 1927, Dalí fait pour la première fois le voyage de Paris. Après son expulsion des Beaux-Arts, Joan Miró, qui avait bien aimé ses tableaux, intervint en sa faveur auprès de son père, pour que celui-ci permît un voyage à Paris, étape indispensable de la carrière du jeune Salvador. Lequel, au cours d'un premier et bref séjour, fait la connaissance de Picasso, puis retourne en 1928 dans la capitale française. Les mois suivants s'opère un net changement dans la peinture de Dalí. *Portrait de Paul Eluard* (1929) s'inscrit dans cette nouvelle étape marquée par le surréalisme. En 1928, Dalí, Lluis Montanyá et Sebastiá Gasch écrivent le *Manifest Groc* («Manifeste jaune»). Le peintre rejette le pittoresque cataloniste encore très en vogue à Barcelone et adhère aux positions *«antiartistiques»* de Miró. C'est le choix d'une rupture avec l'étape précédente, qui sera couronnée par le rapprochement avec le mouvement surréaliste. Au début de 1929, Dalí élabore avec Buñuel le scénario du film que les deux hommes tourneront plus tard à Paris, le court métrage *Un chien andalou*. Membre à part entière du surréalisme, Dalí y trouve un langage propre, lié, sur le plan formel, à la description picturale la plus minutieuse des scènes représentées. Mais celles-ci sont les transcriptions d'images oniriques et de délires imaginaires, selon ce que Dalí a nommé lui-même, l'année précisément où il réalise le portrait d'Eluard, la *«méthode paranoïa-critique»*. En opposition à l'automatisme psychique proposé par André Breton, Dalí veut une traduction précise et consciente des images délirantes, comme s'il s'agissait de capter avec la

un equilibrio racional que tuvo la fortuna crítica de conectar además con la persistencia en Cataluña del Noucentismo, *tendencia de cuño nacionalista catalán y mediterraneísta de la que Eugenio d'Ors fue uno de sus más claros definidores.* Retrato de mi hermana *posee claros vínculos con el ideal figurativo* noucentista, *que ya en los años veinte compartía ciertos postulados del* Retour à l'ordre *europeo. La hermana del pintor, sentada en una silla y apoyada en su brazo, destila una mezcla de serena melancolía y gran fuerza de carácter, expresada sobre todo en la intensidad de su ojo almendrado. Aunque más abocetado, este cuadro guarda relación con otros retratos realizados por Dalí en esos años, como el de Luis Buñuel (1924) y otros de su hermana y su padre de 1925. En 1927 realizó Dalí su primer viaje a París. Tras ser expulsado de Bellas Artes, Joan Miró, al que le habían gustado sus cuadros, intercedió por él ante su padre para que posibilitara el viaje como paso definitivo en la carrera del joven Salvador. En esa breve estancia en París conoció personalmente a Picasso, pero en 1928 regresó a la capital francesa. Entre 1928 y 1929 tiene lugar un gran cambio en la pintura de Dalí.* Retrato de Paul Éluard *(1929) se inscribe en esta nueva etapa marcada por el Surrealismo. En 1928 Dalí, Lluis Montanyá y Sebastiá Gasch escriben el* Manifest Groc *("Manifiesto amarillo"). El pintor rechaza el pintoresquismo catalanista que primaba todavía con fuerza en Cataluña, y se adhiere a las posiciones* "antiartísticas" *expresadas por Joan Miró. Una opción de ruptura con la etapa anterior que se vería coronada por la aproximación al movimiento surrealista. A principios de 1929 se reunió con Luis Buñuel para elaborar el guión de lo que más tarde rodarían en París: el cortometraje* Un chien andalou. *Incorporado plenamente al Surrealismo, Dalí encuentra un lenguaje propio ligado, en el aspecto formal, con la más minuciosa descripción dibujística y pictórica de las escenas representadas. Sin embargo, éstas serán transcripciones de imágenes oníricas y delirios imaginarios según lo que el propio Dalí llamó, precisamente en el año del retrato del poeta Éluard,* "método paranoico-crítico". *En oposición al automatismo psíquico propugnado por André Breton, Dalí quiere una traducción precisa y consciente de imágenes delirantes, como si se tratase de captar con nitidez*

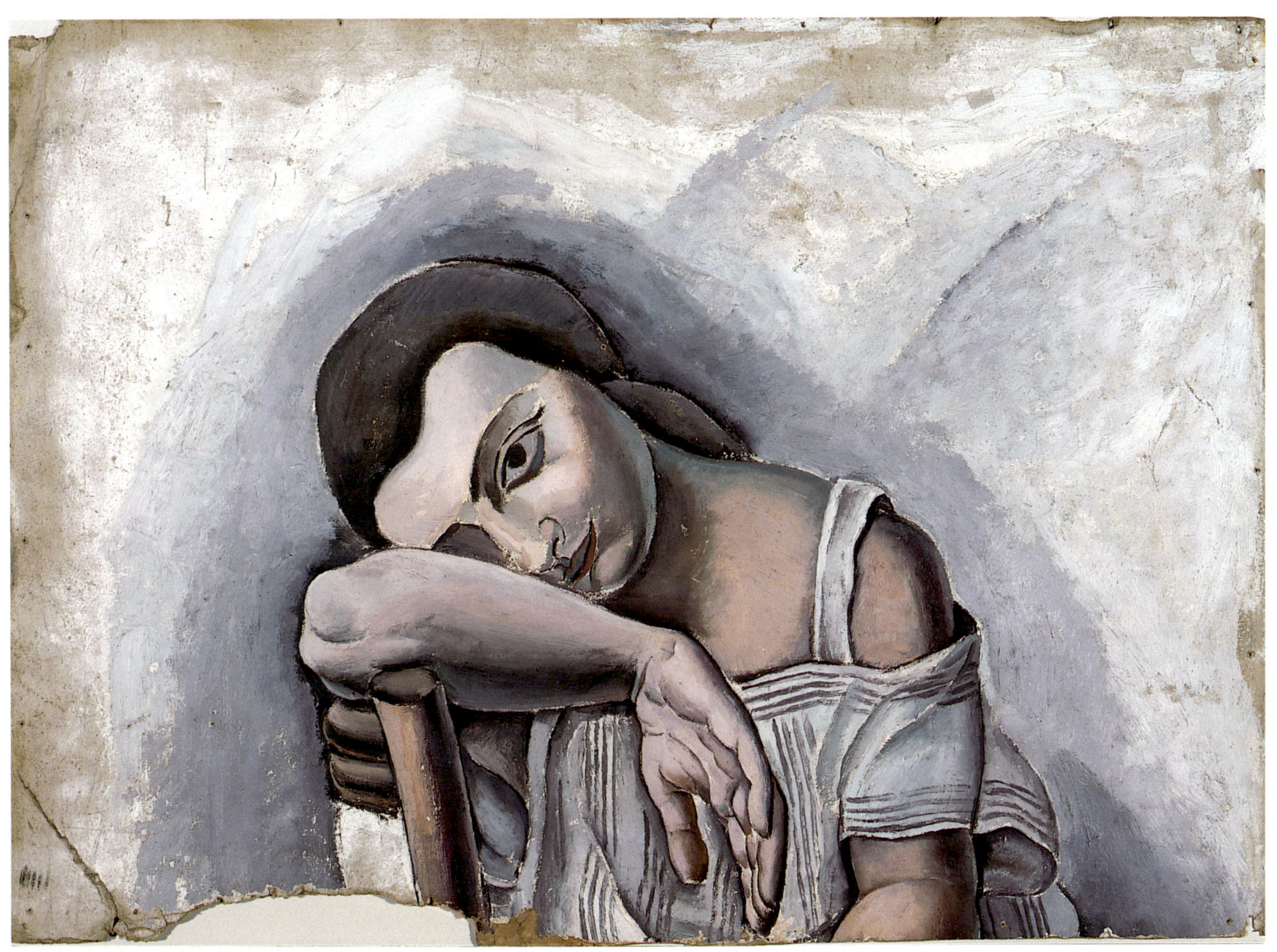

10 Salvador Dalí
Portrait de ma sœur
Retrato de mi hermana
vers 1923-1924
Huile sur carton
55×75,2 cm
Fundación Gala-Salvador Dalí, Gerona

netteté d'une photographie les figures du merveilleux, du mystérieux, de l'inconscient. Dans certains tableaux antérieurs, comme *Le Miel est plus doux que le sang* (1927, localisation inconnue), s'exprime déjà le talent de Dalí à sa maturité: la précision calligraphique d'une iconographie personnelle qui renferme les obsessions, les phobies et la pulsion sexuelle de l'artiste. Depuis la parution, en 1923, de la traduction espagnole de *L'Interprétation des rêves* de Freud, que le peintre lit et annote, Dalí se passionne pour le fondateur de la psychanalyse; il mène lui-même sa propre analyse et formule son œuvre en fonction de ses images inconscientes et de leurs interprétations. Mais, en 1929, se produit un autre fait fondamental. Lors de son voyage à Paris pour réaliser *Un chien andalou*, Dalí a donc fait la connaissance de Tzara, des surréalistes et du poète Paul Eluard. L'été, celui-ci viendra passer ses vacances à Cadaqués, en compagnie de sa femme, chez Salvador Dalí. La rencontre avec Gala est définitive. Dès lors, elle devient l'aimée, la muse et la figure clé de toute la vie du peintre. Le portrait d'Eluard montre Dalí en pleine possession de son vocabulaire pictural: sur un espace désertique, plat, flotte le buste du poète, habité par diverses images, dont certaines sont récurrentes dans l'iconographie dalinienne. Sur son front, une main féminine écrase un insecte; dans l'air, une tête de lion évoque une puissance sexuelle très présente dans les tableaux de cette époque. A gauche, le profil tombé évoque celui du *Grand Masturbateur* (1929). Le portrait réaliste d'Eluard contraste avec la présence de mondes imaginaires peuplés d'insectes, de mains, de formes molles, d'éléments putréfiés et de paysages inquiétants, qui caractérisent l'œuvre postérieure de Dalí. *Paysage païen moyen* (1937), quant à lui, coïncide avec l'époque troublée marquée par la Guerre civile espagnole. C'est en 1937 que *Guernica* de Picasso, qui dénonce la brutalité de la guerre, est présenté au Pavillon de la République espagnole de l'Exposition internationale de Paris. En 1936, Dalí a peint deux tableaux déchirés: *Construction molle avec haricots bouillis. Prémonition de la Guerre civile* et *Cannibalisme de l'automne*, dans lesquels la violence de la guerre est présente, mais qui témoignent aussi d'une certaine fascination pour la barbarie. Commentant le premier de ces deux tableaux, Dalí qualifie la guerre de

fotográfica figuras e imágenes de lo maravilloso, misterioso e inconsciente. Algunos cuadros anteriores, como La miel es más dulce que la sangre *(1927, paradero desconocido), ya presentan el talante del Dalí maduro: la precisión caligráfica de una iconografía personal que encierra las obsesiones, fobias, y la pulsión sexual del artista. Desde que en 1923 se tradujera al español* La interpretación de los sueños *de Freud, Dalí había leído y anotado al fundador del psicoanálisis, realizando él mismo su propio análisis y formulando su propia obra en estrecha relación con las imágenes inconscientes y sus interpretaciones. Pero en 1929 tuvo lugar otro hecho fundamental. En su viaje a París para realizar* Un chien andalou, *Dalí conoce a Tzara, los surrealistas y al poeta Paul Éluard. En ese mismo verano, éste y su mujer Gala pasan sus vacaciones en Cadaqués con Dalí. El encuentro del pintor con Gala será definitivo, siendo ella desde entonces su amante, musa y figura clave hasta el final de su vida. El retrato de Éluard muestra con plenitud el vocabulario pictórico de Dalí: sobre un espacio desértico, plano, el busto del poeta flota habitado por diversas imágenes, algunas de las cuales son recurrentes en la iconografía daliniana. Sobre su frente, una mano femenina aplasta a un insecto; en el aire, una cabeza de león alude a una potencia sexual muy presente en los cuadros de esa época. A la izquierda, el rostro de perfil tumbado guarda relación con el que protagoniza* El gran masturbador *(1929). El retrato realista de Paul Éluard contrasta con la presencia de mundos imaginarios poblados por insectos, manos, formas blandas, elementos putrefactos y paisajes inquietantes que caracterizan la obra posterior de Dalí.* Paisaje pagano mediano *(1937), por su parte, coincide con la turbulenta época presidida por la Guerra Civil española. 1937 es el año en el que se presenta, en el Pabellón español de la Exposición Internacional de París, el* Guernica *de Picasso: una obra que denunciaba la brutalidad de la guerra. En 1936 Dalí había pintado dos cuadros desgarrados,* Construcción blanda con judías hervidas. Premonición de la Guerra Civil *y* Canibalismo del otoño *en los que la violencia de la guerra estaba presente, pero mostrando al mismo tiempo una cierta fascinación por la barbarie. Comentando el primero de los cuadros citados, califica a la guerra de* "un fenómeno de historia

11 Salvador Dalí
Portrait de Paul Eluard
trato de Paul Éluard
1929
Huile sur carton
33×25 cm
Collection particulière

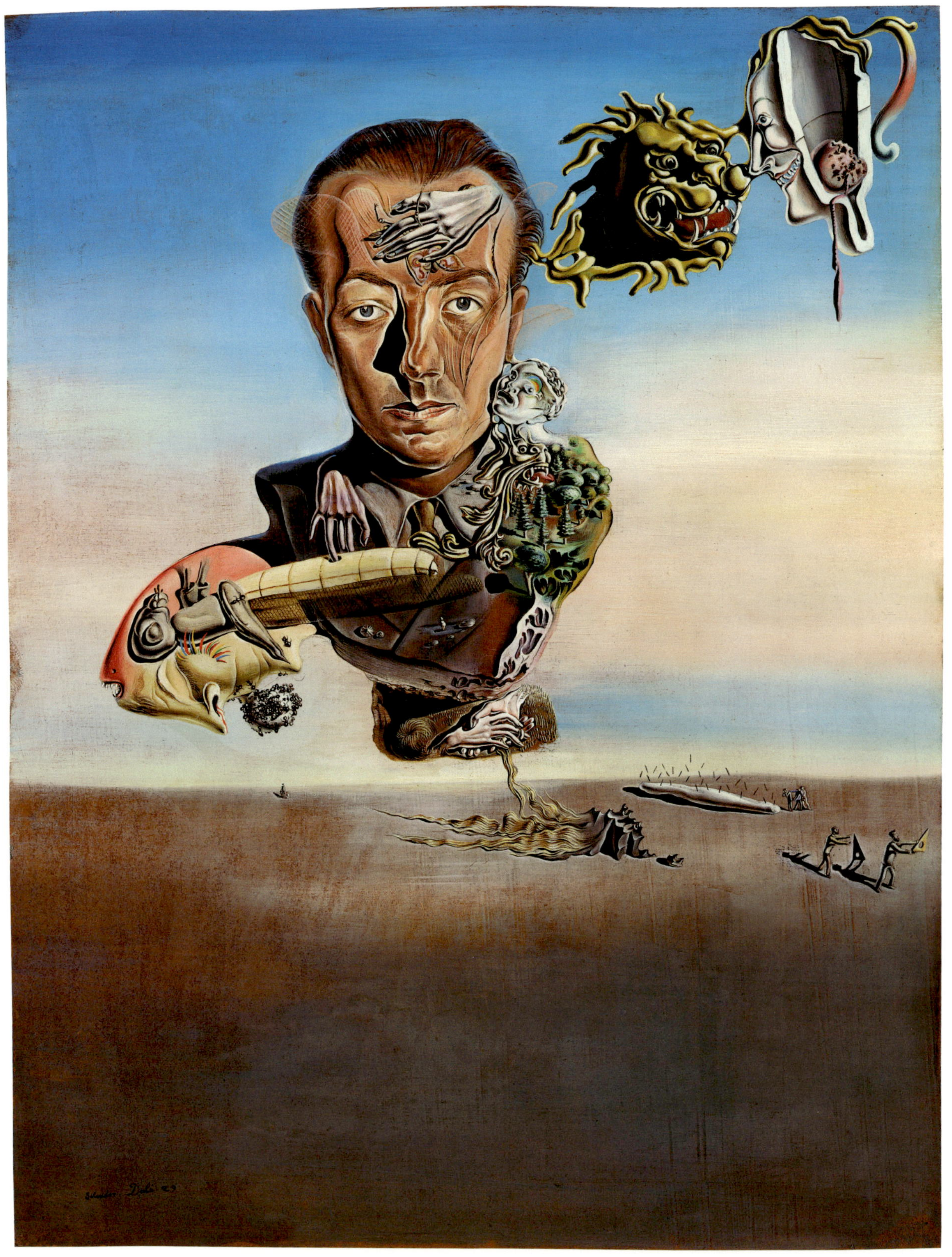

«phénomène d'histoire naturelle». A la différence de Picasso et de Miró, il n'eut aucune réaction politique face aux événements, tentant plutôt de s'y soustraire, de demeurer en marge, y compris lorsqu'il apprit que son ancien ami, García Lorca, avait été fusillé. Ce fut aussi l'époque de la rupture avec le groupe surréaliste. Dans *Paysage païen moyen*, Dalí tourne le dos au scénario du drame et fait du tableau le paysage dégagé, presque congelé, d'un rêve dominé au fond par les rochers qu'il avait maintes fois peints précédemment, fasciné par la côte rocheuse du cap de Creus. Au pied des falaises, une tête de profil rappelle le Dr Freud tant admiré. Le paysage est modulé en ocres et en jaunes, peuplé de figures stylisées, très calligraphiques, qui disent les liens de l'artiste avec le monde de la peinture métaphysique et celui de la Renaissance italienne.

C. B.

natural". *A contrario que Picasso y Miró, Salvador Dalí no mantuvo una postura política frente a los acontecimientos, intentando inhibirse y mantenerse al margen incluso ante el fusilamiento de su antiguo amigo García Lorca. Se produjo entonces su ruptura con el grupo surrealista. En* Paisaje pagano mediano *Dalí da la espalda al escenario del drama y convierte el cuadro en el paisaje despejado, casi congelado de un sueño presidido, al fondo, por las rocas que de manera recurrente había pintado muchas veces antes, fascinado por el paisaje rocoso del Cabo de Creus. Delante de ellas, una cabeza de perfil recuerda a su admirado Dr. Freud. El paisaje está modulado en ocres y amarillos y poblado por figuras estilizadas, muy caligráficas, que recuerdan la vinculación del pintor con el mundo de la pintura metafísica y del Renacimiento italiano.*

C. B.

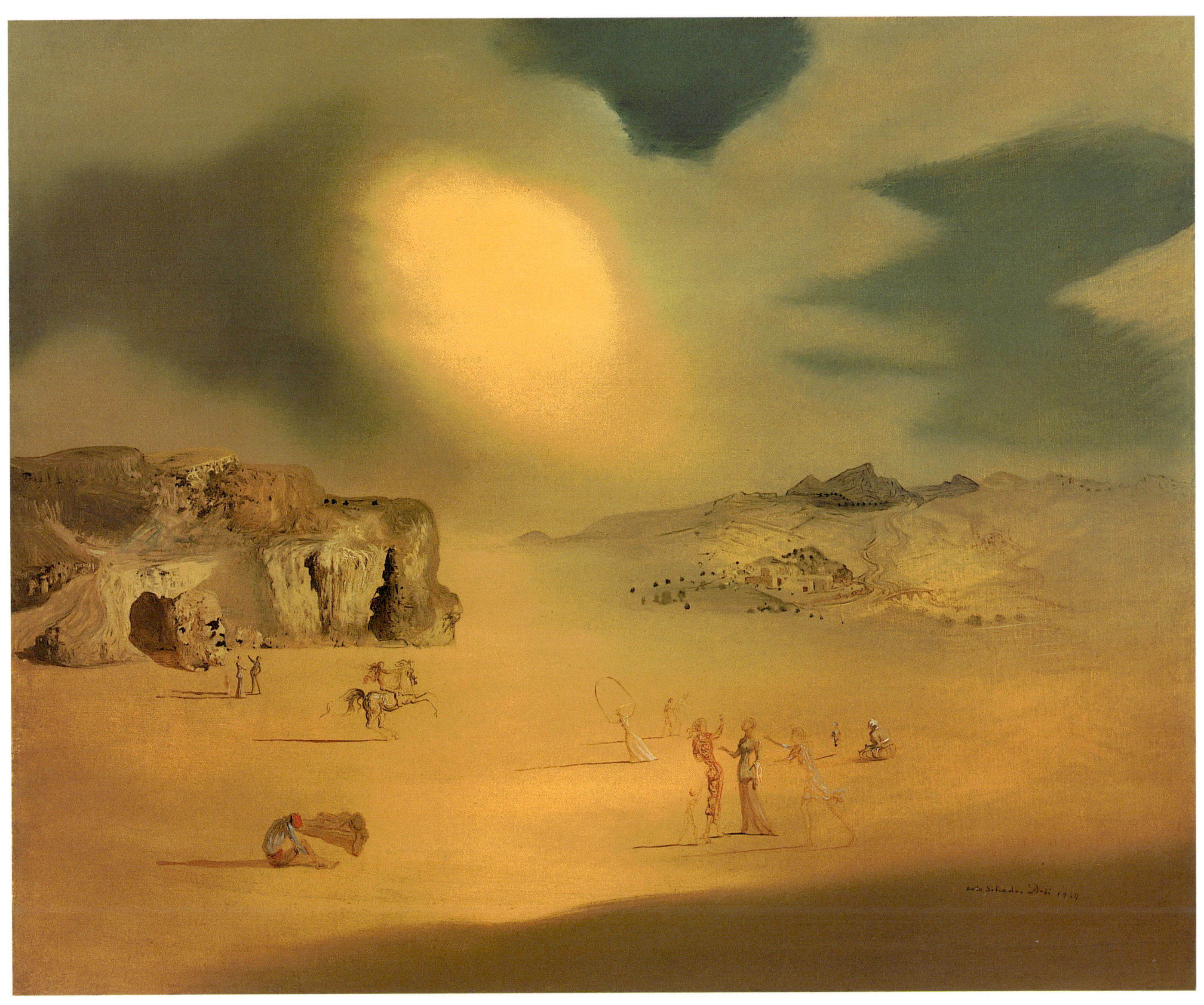

20 Salvador Dalí
Paysage païen moyen
Paisaje pagano mediano
1937
Huile sur toile
38,4×46,7 cm
Fundación Gala-Salvador Dalí, Gerona

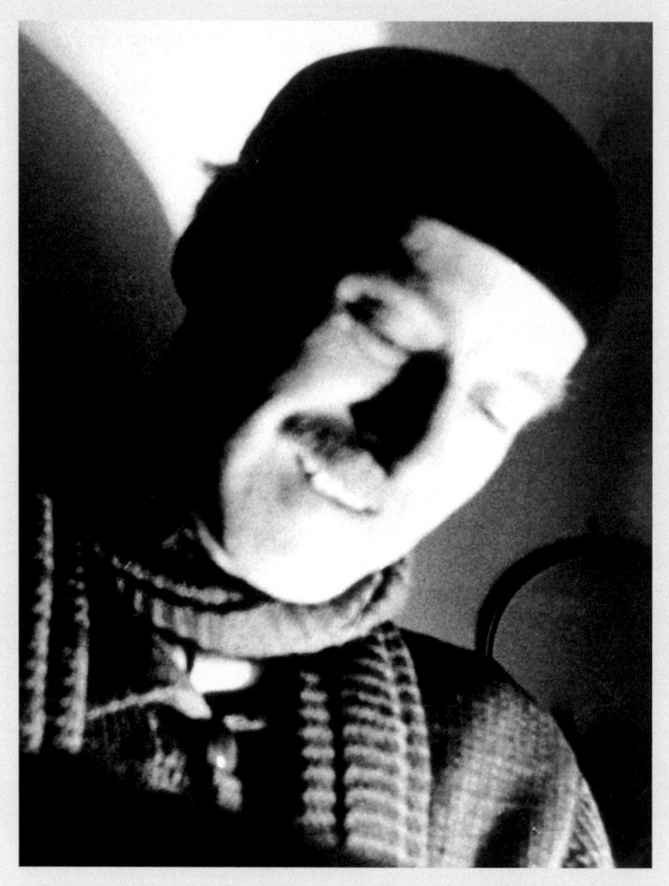

Julio González

Barcelona, 1876 - Arcueil (France), 1942

La sculpture en métal occupe une place fondamentale dans la création de Julio González. Pourtant, la mise au point d'un langage novateur, personnel et d'avant-garde n'intervient pas dans sa vie avant une époque tardive: à partir de la fin des années vingt et pendant les années trente. González était issu d'une famille d'orfèvres et sa connaissance du métal était liée à celle des techniques très épurées qu'il avait abondamment expérimentées dans ses créations de bijoux, présentées avec succès aux côtés de celles de son frère Joan à l'Exposition internationale de Chicago et à celle des Arts appliqués de Barcelone, en 1892. Les repoussés sur plaque de cuivre datant des premières années du XXe siècle sont encore très liés à la tradition figurative du siècle précédent. Depuis son installation à Paris, en 1900, avec sa mère, son frère et ses sœurs, González se consacrait de toutes ses forces à la peinture, sans toutefois abandonner la production artisanale, ni la réalisation de quelques sculptures, auxquelles il n'accordait pas la même importance qu'à ses toiles. C'est plus tard, en 1928, lorsque Picasso sollicita son aide technique pour des sculptures métalliques, que s'ouvrit pour lui un nouveau champ de création. Le peintre voulait résoudre, à l'aide de la forge et de la soudure – techniques que González maîtrisait –, certains problèmes tridimensionnels. Peu après les débuts de leur collaboration, Julio González commença à réaliser des reliefs et des masques en fer forgé, d'une inspiration très différente de ses sculptures précédentes. Il entama alors un processus d'assimilation du cubisme dans ses masques, figures et natures mortes en fer découpé, aux contours anguleux, explorant un concept formel généré par des plans très marqués, à coupes droites ou courbes, produisant des effets de lumière et de relief. Le *Masque d'adolescent* (vers 1929-1930) appartient à cette période. Réalisé dans une seule plaque de fer, il est remarquable par son extrême simplicité. Le contour conserve le schéma naturaliste d'une tête surmontant un cou, mais les coupes vives formant les yeux et le nez viennent rompre le plan et, l'incurvant vers l'intérieur ou l'extérieur, prodiguent relief et contrastes de lumière, en même temps qu'elles rendent possible une vision de face et de profil tout à la fois. Avec cette grande économie de moyens, González crée une image très

La escultura en metal es una parte fundamental de la creación de Julio González. Sin embargo, la definición de un lenguaje novedoso, personal y vanguardista solo se produjo en una época tardía de su vida: desde los últimos años veinte y durante los treinta. González procedía de una familia de orfebres, y su conocimiento del metal estaba ligado a las técnicas más depuradas, de las que dejó abundante muestra en sus diseños de joyas, con los que junto a su hermano Joan participó con éxito en la Exposición Internacional de Chicago y en la de Artes Aplicadas de Barcelona, ambas en 1892. De las primeras décadas del siglo XX datan unos relieves repujados sobre chapa de cobre muy ligados todavía a la tradición figurativa decimonónica. Desde que se instalara en París con su madre, hermano y hermanas en 1900, González había puesto todo su empeño en dedicarse a la pintura, aunque sin abandonar la producción artesanal ni la realización de algunas esculturas que, sin embargo, consideraba menos importantes que su pintura. Fue más tarde, en 1928, cuando Picasso solicitó su ayuda técnica para realizar esculturas en metal, cuando se abrió para él un nuevo panorama creativo. El pintor necesitaba resolver ciertos problemas tridimensionales con las técnicas de forja y soldadura que González dominaba. Poco después de iniciada la colaboración, Julio González empezó a hacer relieves y máscaras en hierro forjado de un talante muy distinto a sus anteriores esculturas. Inició entonces un proceso de asimilación del Cubismo en sus máscaras, figuras y bodegones en chapa de hierro recortada con perfiles angulosos, explorando un concepto formal generado por planos muy marcados, cortes rectos o curvos y efectos de luz y relieve. A ese momento pertenece Máscara de adolescente *(ca. 1929-30), máscara que destaca por su extrema sencillez y está realizada en una plancha única de hierro. Su perfil conserva el esquema naturalista de una cabeza con su cuello, pero los cortes de la chapa en ángulo que forman los ojos y la nariz rompen el plano y proporcionan relieve y contrastes lumínicos al curvarse hacia dentro y hacia fuera, potenciando además la visión frontal y de perfil al mismo tiempo. Con solo estos recursos, González crea una imagen de gran equilibrio. Por su parte,* Máscara llamada La amada *(ca. 1932-33) está más*

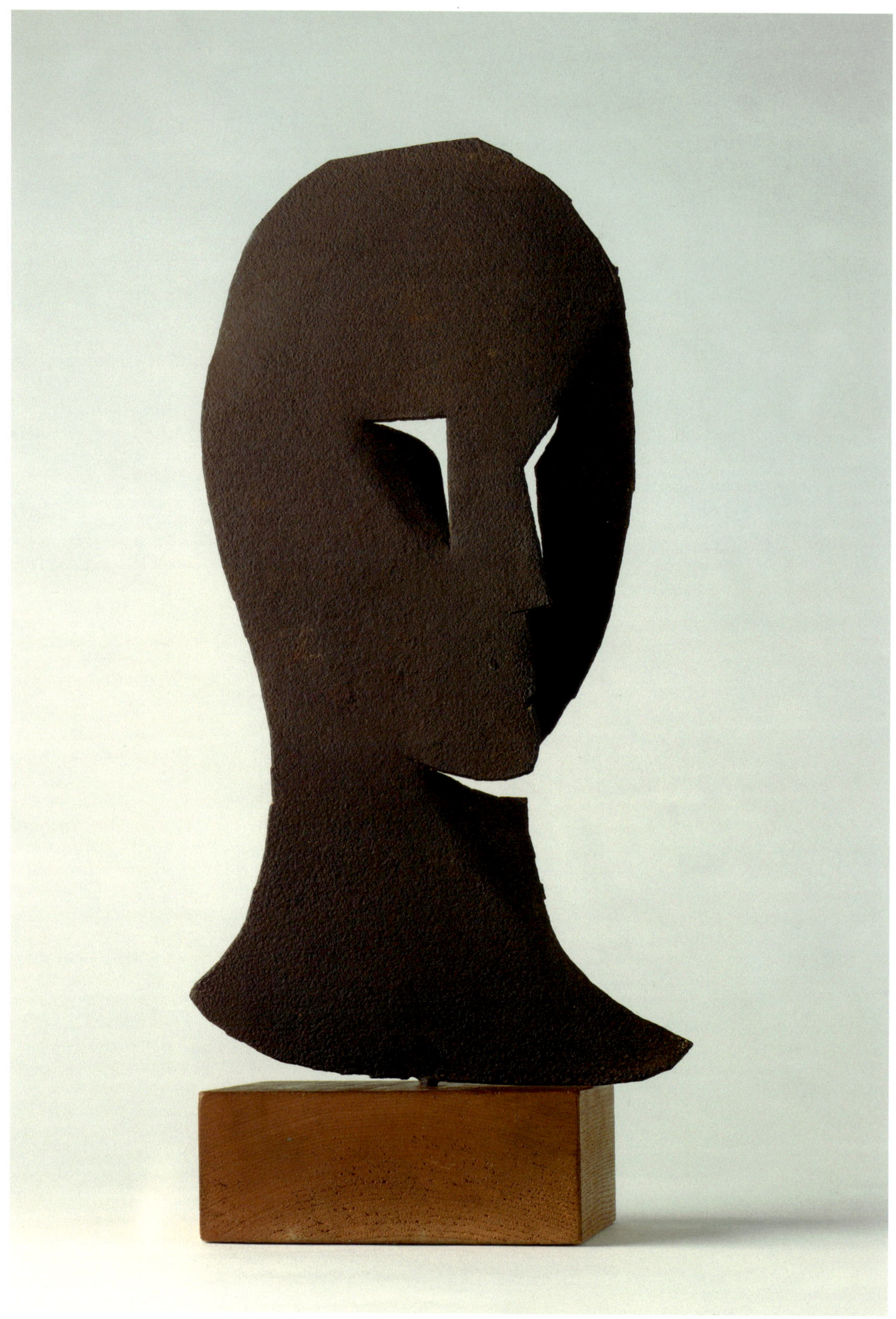

14 Julio González
Masque d'adolescent
Máscara de adolescente
vers 1929-1930
Fer forgé, coupé, courbé
32,6×17,5×3 cm
Instituto Valenciano
de Arte Moderno (IVAM).
Generalitat Valenciana,
Valencia
Donation C. Martínez et
V. Grimminger, Paris

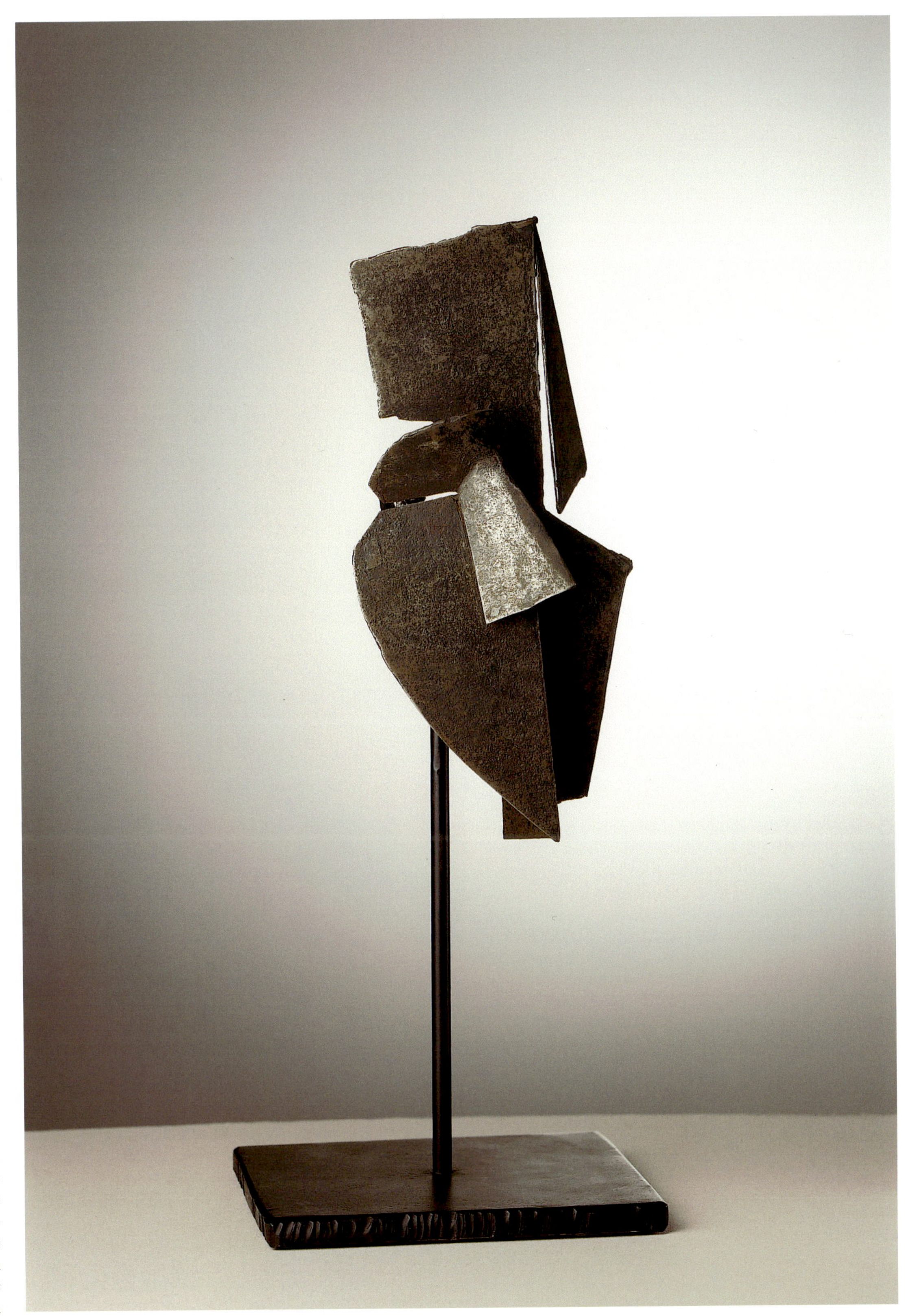

15 Julio González
Masque dit L'aimée
Máscara llamada La amada
vers 1932-1933
Fer forgé, soudé
25×15×5,1 cm
Collection particulière
Courtesy Art Focus, Zürich

équilibrée. Le *Masque dit L'aimée* (vers 1932-1933), quant à lui, apparaît plus éloigné du naturalisme, et plus proche des principes de la sculpture cubiste énoncés par Archipenko, Lipchitz ou Laurens. Le masque proprement dit y est réduit à quelques surfaces tranchantes qui s'interpénètrent et créent une image asymétrique et dynamique. La collaboration entre Picasso et González fut interrompue l'été 1928, à la suite du décès de la mère du sculpteur. Lorsque les deux hommes reprirent leurs travaux, ils se lancèrent dans le projet d'une sculpture sans masse, ouverte et transparente, limitée au minimum de matière. Les sculptures, en baguettes et plaque de fer forgées et soudées, ressemblaient effectivement, selon l'expression si juste de González, à des *«dessins dans l'espace»*. S'inspirant des petites sculptures que Lipchitz avait réalisées peu auparavant, et qu'il avait qualifiées de «transparentes», les deux artistes entreprirent la quête d'une forme ouverte, qui incorporât l'espace vide et en renforçât la perception. La construction à partir d'objets trouvés marqua un tournant important dans le travail de González comme de Picasso. La technique en avait déjà été explorée par Picasso dans ses guitares de 1912-1913. C'est à partir de cette collaboration que González décide de se consacrer pour de bon à la sculpture, développant un langage propre, qui exercera plus tard une grande influence sur des artistes comme David Smith, Eduardo Chillida ou Anthony Caro. Utilisant des éléments et des objets de métal trouvés, il forgea et souda des sculptures essentiellement conçues comme des représentations figuratives, mais schématisées à l'extrême, parvenant ainsi à des créations pour ainsi dire abstraites et dématérialisées. *Grand Personnage debout* (vers 1932-1935) est un bon exemple du tournant pris par son œuvre. La pièce de la Fondation Maeght est l'original à partir duquel furent coulés les exemplaires en bronze. Elle est entièrement faite de tiges soudées; il en résulte une œuvre linéaire et légère, sans masse, qui permet une multiplicité de points de vue. A l'origine, elle s'articulait à une autre figure, l'ensemble, pour lequel González réalisa bon nombre de dessins préparatoires, ayant reçu pour titre *Les Acrobates*. Une petite figure féminine venait en effet se jucher sur le personnage dressé et statique. C'est dans cette configuration qu'elle fut montrée en 1936 à l'exposition

alejada del naturalismo y más próxima a los postulados de la escultura cubista de Archipenko, Lipchitz o Laurens. En ella González reduce la máscara a unos pocos planos agudos que se interpenetran creando una imagen asimétrica y dinámica.

La colaboración entre Picasso y González tuvo una interrupción durante el verano de 1928 debido a la muerte de la madre del escultor. Cuando la reemprendieron, ambos iniciaron el proyecto de una escultura sin masa, abierta y transparente, limitada al mínimo de materia. Las esculturas, realizadas con varillas y chapa de hierro forjadas y soldadas, eran lo más parecido a "dibujos en el espacio", *según la atinada frase acuñada por González. Inspirándose en las pequeñas esculturas que poco antes Lipchitz había realizado bautizándolas como "transparentes", ambos artistas emprendieron la búsqueda de una forma abierta que incorporara el espacio vacío, potenciándolo. Tanto Picasso como González dieron un importante viraje a su trabajo, abordando la construcción a partir de elementos encontrados, recuperando una técnica que ya Picasso había explorado en sus guitarras de 1912-13. A partir de esta colaboración, González decidió dedicarse definitivamente a la escultura, desarrollando un lenguaje propio que tendría gran influencia en artistas posteriores como David Smith, Eduardo Chillida o Anthony Caro. Con elementos y objetos metálicos encontrados, González forjaba y soldaba unas esculturas que en su esencia eran concebidas como representaciones figurativas, pero esquematizadas al máximo, llegando a creaciones casi abstractas y desmaterializadas.* Gran personaje de pie *(ca. 1932-35) es un buen ejemplo del cambio experimentado en su obra. Este de la Fondation Maeght es el original en hierro a partir del cual se han hecho ejemplares en bronce. Realizada íntegramente con varillas soldadas, resulta una obra lineal y ligera, sin masa, que posibilita una multiplicidad de puntos de vista. En su origen González la realizó en combinación con otra figura, titulando el conjunto* Les Acrobates, *para la que realizó múltiples dibujos preparatorios. Consistía en la unión acrobática de una figura femenina pequeña encaramada en ésta, erguida y estática. Con esta configuración fue expuesta en 1936 en la exposición de Arte Español en el parisino Jeu de*

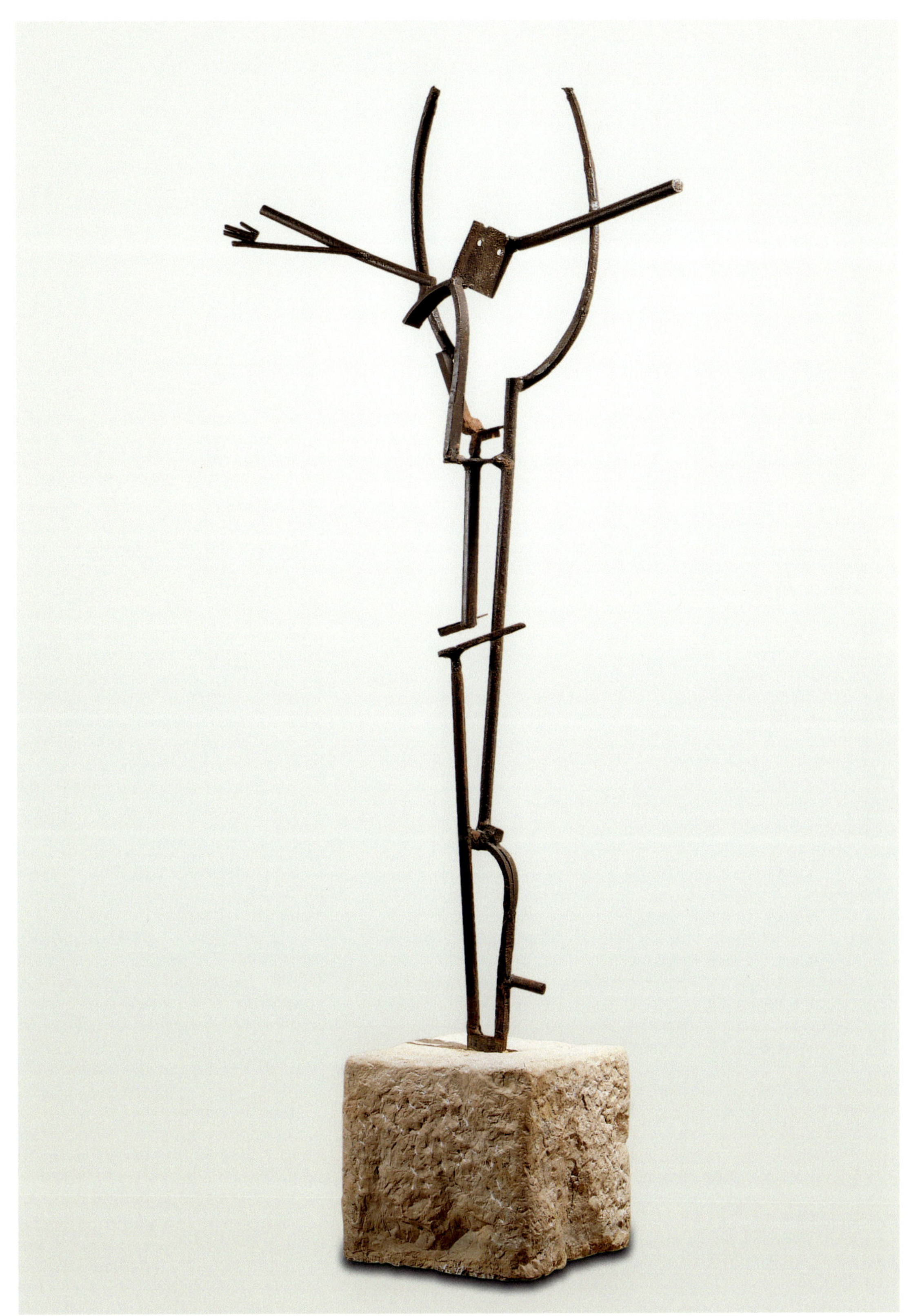

16 Julio González
Grand Personnage debout
Gran personaje de pie
vers 1932-1935
Fer forgé, soudé
128 × 67 × 16 cm
Fondation
Marguerite et Aimé Maeght,
Saint-Paul-de-Vence, France

d'Art espagnol au musée parisien du Jeu de paume. Plus tard, l'artiste en sépara la petite figure, qu'il présenta comme pièce indépendante, intitulée *La Prière*. *La Petite Faucille* (vers 1937) fut réalisée par Julio González à une époque tragique. En juillet 1937, le Pavillon de la République espagnole à l'Exposition internationale des Arts et Techniques de Paris présentait sa *Montserrat*, sculpture figurative d'une paysanne portant son enfant et tenant dans la main droite une faucille. Par son traitement et sa technique, *La Petite Faucille* est très différente de l'emblématique paysanne catalane qui allait devenir le symbole du peuple espagnol en lutte. Durant les années de la Guerre civile, Julio González poursuivit, parallèlement à sa sculpture schématique et linéaire, une voie réaliste, utilisant également le métal, mais aussi la pierre taillée, si bien que la distinction, pour ce qui le concerne, entre figuration et abstraction n'est pas totalement pertinente. A l'instar de *La Grande Faucille*, *La Petite Faucille* est une sculpture entièrement linéaire, que González réalisa en bronze forgé, c'est-à-dire travaillé directement comme il le faisait pour le fer. L'exemplaire que nous présentons ici est l'un des six fondus par Susse et Valsuani. Un autre, agrandi, a été installé au Musée en plein air du Paseo de la Castellana à Madrid. Avant de surgir dans la main de la *Montserrat*, la forme circulaire de la faucille était apparue dans les reliefs de paysannes réalisés par González dans les années vingt. La baguette forgée en forme circulaire, principalement utilisée pour suggérer la tête, est un élément constant dans la création de l'artiste. Mais ici, c'est une fusion de la faucille et de la tête qui s'opère dans l'ajout des baguettes simulant la chevelure, distribuées radialement en deux grosses mèches. La faucille, où s'effectue la symbiose du symbole communiste, de l'outil agricole et de la tête, propose un contrepoint conceptuel à une sculpture fondée sur l'orthogonalité et l'abstrait. *Danseuse à la marguerite* (vers 1937) est la dernière manifestation du style linéaire pur développé par González. D'autres sculptures en métal, postérieures, seront fondées sur l'articulation des plans dans l'espace (générés par la plaque de fer et les directions de baguettes plus épaisses) et sur une plus grande préoccupation du volume. *Danseuse à la marguerite* est une figure dynamique qui prolonge la présence de la danse dans la

paume. Posteriormente el artista separó la figura pequeña y la presentó como pieza independiente, con el título La Prière. La pequeña hoz *(ca. 1937) fue realizada por Julio González en una época trágica. En julio de 1937 se expuso su* Montserrat *en el Pabellón español de la "Exposition internationale des Arts et Techniques" de París. Se trataba de una escultura figurativa que representaba a una mujer campesina con el hijo y en su mano derecha una hoz. Por su tratamiento figurativo y su técnica, esta figura que comentamos difiere totalmente de la paradigmática campesina catalana que se convirtió en símbolo del pueblo español en lucha. En los años de la Guerra Civil Julio González simultaneó la escultura esquemática y lineal con otra de carácter realista realizada también en metal o en piedra tallada, de manera que para él la diferenciación entre figuración y abstracción tenía un alcance relativo. Como* La gran hoz, La pequeña hoz *es una escultura enteramente lineal que González realizó forjando bronce, es decir: trabajando el bronce con técnicas directas, como hacía con el hierro. El que ahora presentamos es uno de los seis ejemplares fundidos por Susse y Valsuani. Otro, agrandado, fue instalado en el Museo al aire libre del Paseo de la Castellana de Madrid. Además de surgir en la mano de la* Montserrat, *la forma circular de la hoz había empezado a aparecer en los relieves de campesinas que realizó González en los años veinte. La varilla forjada en forma circular es elemento constante en la creación del artista como referencia básica a la cabeza, pero en esta figura se da una fusión de la hoz y la cabeza con el añadido de las varillas que simulan el pelo distribuidas radialmente en dos mechones. La simbiosis de la hoz como símbolo comunista, apero de labranza y cabeza, propone el contrapunto conceptual de una escultura basada en lo ortogonal y abstracto.* Bailarina de la margarita *(ca. 1937) es la última manifestación del estilo lineal puro desarrollado por González. Otras esculturas en metal posteriores estarán basadas en la articulación en el espacio de planos (mediante chapa de hierro y gruesas varillas), y en una mayor volumetría.* Bailarina de la margarita *es una figura dinámica que continúa la abundante presencia de la danza en la creación de González. Apoyada en una pierna, se inclina en el aire con los brazos*

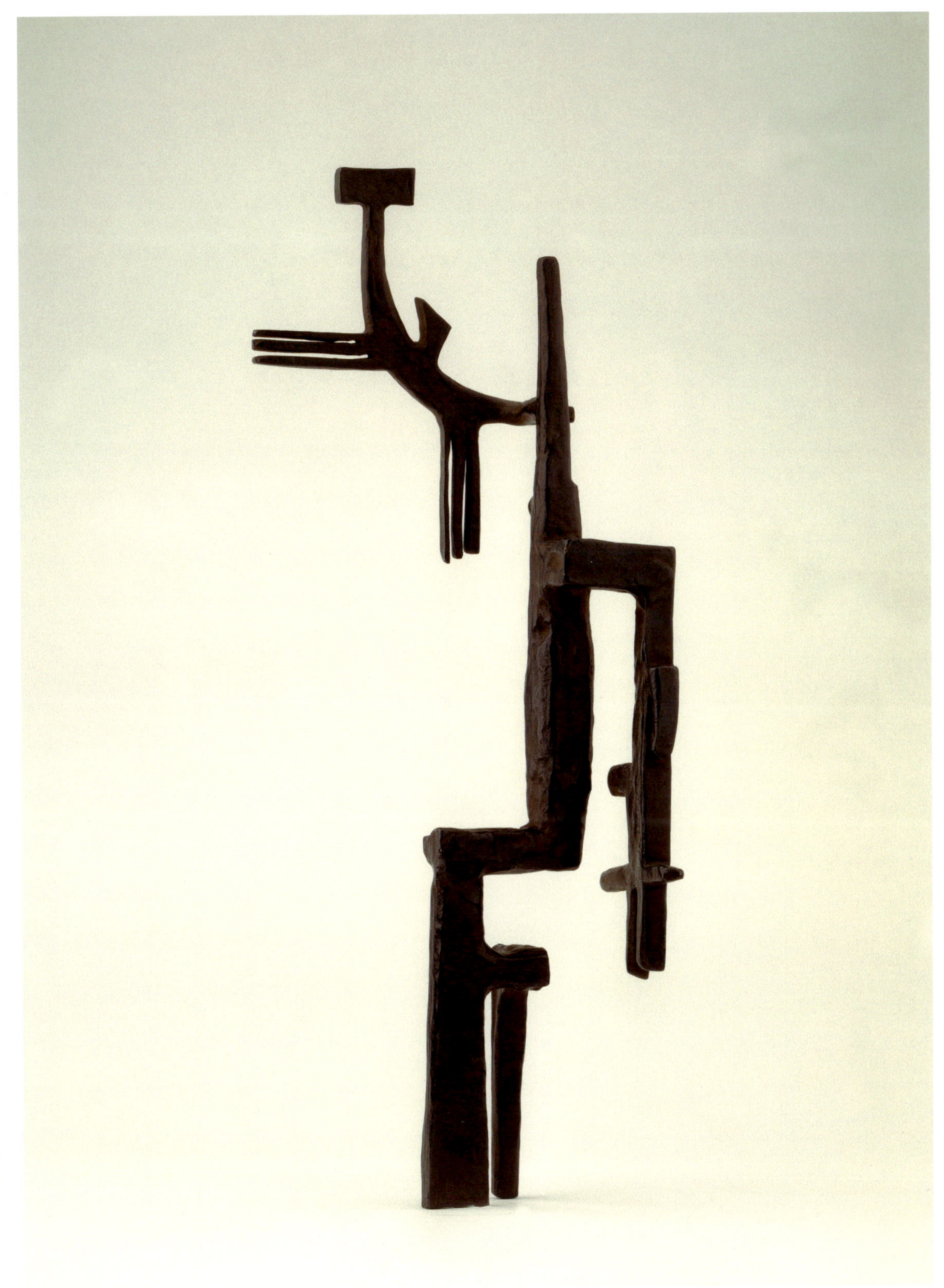

18 Julio González
La Petite Faucille
La pequeña hoz
vers 1937
Bronze
30×10,5×8 cm
Instituto Valenciano
de Arte Moderno (IVAM).
Generalitat Valenciana,
Valencia
Donation C. Martínez et
V. Grimminger, Paris

création de González. Appuyée sur une jambe, elle s'incline dans l'air, les bras levés. Son corps métallique est constitué d'objets trouvés auxquels le sculpteur permet de s'exprimer en mettant en évidence leurs différences de formes, jouant sur l'irrégularité des surfaces, laissant apparents certains points de soudure, qui par ailleurs reviennent, de façon caractéristique, dans tout l'œuvre en fer de González. Les deux mains de cette ballerine sont différentes et asymétriques. Le sculpteur a souvent eu recours aux formes de plantes, d'insectes ou d'oiseaux, créant, en un jeu figuratif particulier, des êtres hybrides, et cette pièce appartient aux figurations de type phytomorphique. Dans les nombreux dessins conservés de figures à marguerite, la fleur joue le rôle d'une tête, adoptant à l'occasion un aspect hérissé, qui évoque les personnages-cactus postérieurs. Ici, c'est l'une des mains qui se transforme en fleur, illustration du vieux thème de la femme-fleur.

C. B.

en alto. Su cuerpo metálico está constituido por objetos encontrados a los que el escultor concede protagonismo haciendo evidente su desigual forma, propiciando irregularidades de superficie y dejando abultados puntos de soldadura que, de forma característica, pueden encontrarse en toda la escultura en hierro de Julio González. Las dos manos de esta bailarina son diferentes y asimétricas. Con frecuencia el escultor hizo uso de la forma de planta, insecto y pájaro en un particular juego figurativo creador de seres híbridos. Esta obra corresponde a las figuraciones de tipo fitomórfico. En los muchos dibujos conservados de figuras con margaritas, la flor aparece como cabeza, adoptando en ocasiones un aspecto picudo que recuerda a los personajes-cactus posteriores. En esta escultura, es una de las manos la que se transforma en flor, aludiendo a un viejo tema: el de la mujer-flor.

C. B.

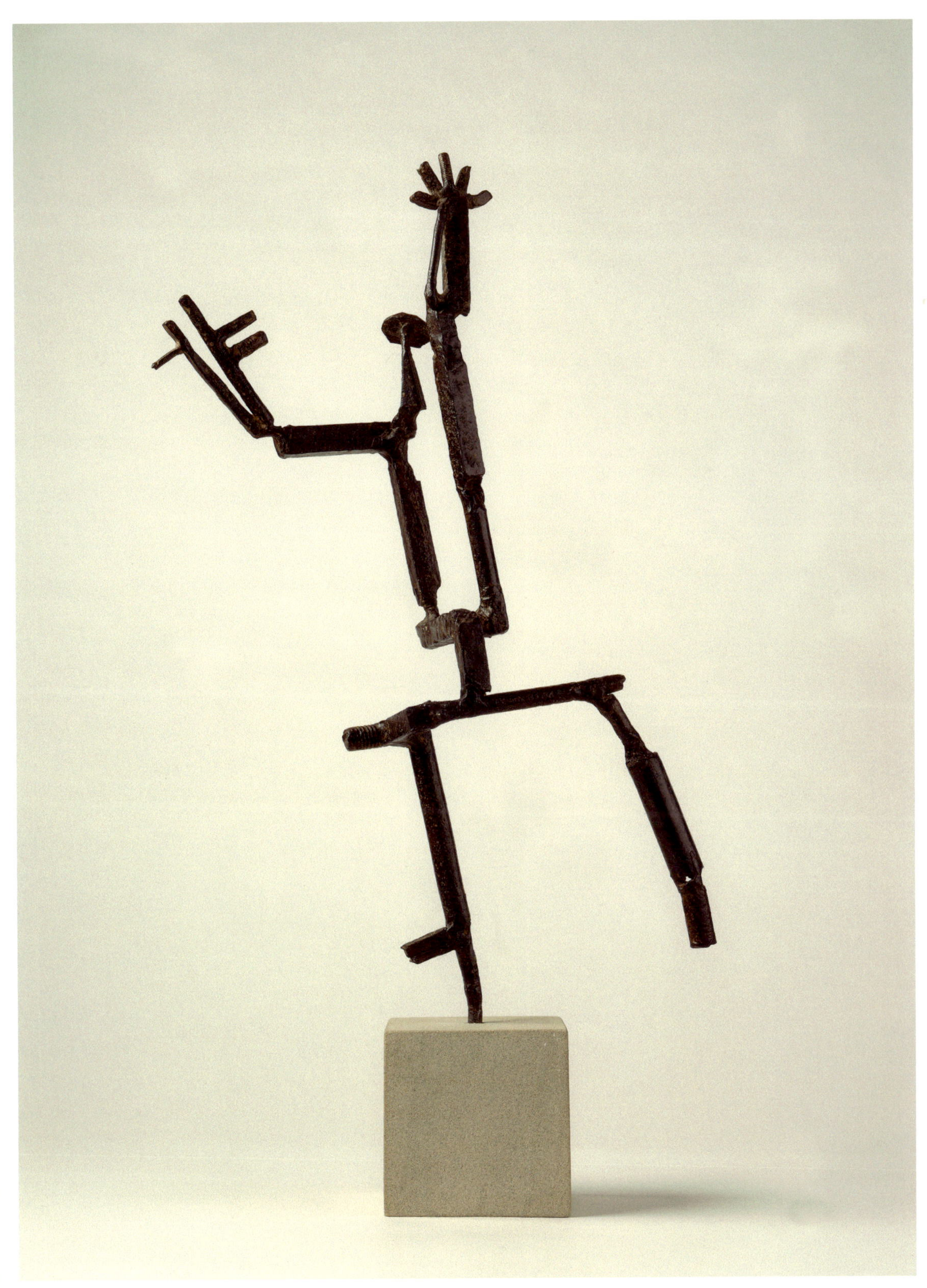

17 Julio González
Danseuse à la marguerite
Bailarina de la margarita
vers 1937
Fer
48,3 × 29,2 × 10 cm
Instituto Valenciano
de Arte Moderno (IVAM).
Generalitat Valenciana,
Valencia

Scénario d'une modernisation retardée

Tomàs Llorens
Directeur du Museo Thyssen-Bornemisza, Madrid

Le monde artistique espagnol des années cinquante et soixante était très nettement conditionné par les circonstances politiques. La fin de la Guerre civile et l'instauration du régime franquiste avaient profondément affecté la culture artistique du pays. La guerre avait donné un coup d'arrêt à la modernisation lancée dans les années vingt et trente. Les liens établis avec les artistes espagnols vivant à Paris avaient été rompus. Quelques-uns des écrivains et des artistes les plus importants des années trente étaient morts au cours du conflit; ceux qui avaient pris, à la fin de celui-ci, le chemin de l'exil étaient nombreux. Picasso avait déclaré solennellement son intention de ne pas revenir en Espagne, tant que le régime républicain renversé par les armes ne serait pas rétabli.

Durant la guerre et dans les premières années de l'après-guerre, le franquisme se montra globalement hostile aux manifestations de la modernité. D'une façon moins monolithique et avec moins d'intensité que le régime nazi allemand, mais tout autant que le régime fasciste italien dans ses dernières années. Cette hostilité, pourtant, devait moins à l'influence politique de ces modèles extérieurs qu'à des raisons internes. Au XIXe siècle déjà, la modernisation espagnole s'était révélée un processus traumatique, où les conflits sociaux débouchaient sur des affrontements politiques violents, qui finissaient par se résoudre avec l'instauration de régimes conservateurs autoritaires. Les expressions artistiques et littéraires de la modernité acquirent ainsi une dimension symbolique qu'exacerbait leur potentiel de conflictualité politique. Le durcissement de ce contexte au cours des premières décennies du XXe siècle prépara le chemin d'une guerre civile qui fit des milliers de morts. La victoire de l'armée franquiste, en 1939, ouvrit la voie à un régime politique explicitement dictatorial, qui exerçait un contrôle absolu sur les moyens de communication et sur l'Université, et qui imposait une censure sévère sur toutes les publications. Bien que les arts visuels, par leur nature même, aient échappé aux mécanismes de contrôle les plus grossiers, ils ne laissaient pas d'être soumis à des formes spécifiques de censure, comme au contrôle politique diffus du régime, sensible jusque dans les moindres recoins du corps social.

Argumentos de una modernización retrasada

Tomàs Llorens
Director del Museo Thyssen-Bornemisza, Madrid

El mundo artístico español de los años cincuenta y sesenta estaba fuertemente condicionado por las circunstancias políticas en que se desarrollaba. El final de la Guerra Civil y la instauración del régimen franquista habían afectado profundamente la cultura artística española. La modernización que se había venido produciendo en los años veinte y treinta se había detenido bruscamente con la guerra. Los lazos establecidos con los artistas españoles que vivían en París habían quedado cortados. Algunos de los más importantes artistas y escritores de los años treinta habían muerto en la guerra; los que habían debido exilarse al final de la misma eran numerosos. Picasso había declarado formalmente su intención de no volver a España mientras no se restableciera el régimen republicano derrocado por las armas.

Durante la guerra y en los primeros años de la postguerra el franquismo se mostró predominantemente hostil a las manifestaciones de la modernidad; menos monolítica e intensamente que el régimen nazi alemán, pero tanto, al menos, como el régimen fascista italiano en sus últimos años. Sin embargo, esta hostilidad debía menos a la influencia política de estos modelos exteriores que a razones internas. Ya en el siglo XIX la modernización española había sido un proceso traumático en el que los conflictos sociales desembocaban en enfrentamientos políticos violentos que se acababan resolviendo con la implantación de regímenes conservadores autoritarios. Las expresiones artísticas y literarias de la modernidad adquirían así una dimensión simbólica que exacerbaba su potencial de conflictividad política. Estas condiciones se agudizaron a lo largo de las primeras décadas del siglo XX y prepararon el camino de una guerra civil en la que se produjeron centenares de miles de muertos. La victoria del ejército franquista en 1939 dio paso a un régimen político explícitamente dictatorial que ejercía un control absoluto sobre los medios de comunicación y la universidad, y que implantó una censura severa sobre todas las publicaciones. Aunque las artes visuales escapaban por su propia naturaleza a los mecanismos de control más explícitos, no dejaban de estar sometidas a formas específicas de censura, así como al control político difuso del régimen que alcanzaba hasta los últimos rincones del cuerpo social.

Après la défaite de l'Allemagne et de l'Italie, le régime franquiste commença à modérer tant la brutalité de sa répression politique que la sévérité de son conservatisme culturel. Cela permit l'apparition, d'abord timide, au début des années cinquante, de divers courants modernisateurs. Il s'agissait bien entendu d'un processus très lent, à tel point qu'un quart de siècle plus tard, à la mort de Franco, en 1975, l'opposition politique au régime était toujours l'un des paramètres les plus courants pour comprendre et juger la création artistique. Pendant ce temps, pour deux générations d'artistes, la dialectique modernité/conservatisme se maintint à l'horizon des préoccupations créatrices comme une problématique de nature fondamentalement politique. Ce qui ne veut pas dire qu'elle créa un système de références inerte; bien au contraire, l'histoire artistique espagnole de ces années-là est un bouleversement continuel des tendances, positions personnelles et arguments, dans un débat qui s'éteint aussi vite qu'il s'enflamme, selon un rythme propre, et qui se développe en contrepoint de l'évolution politique du régime.
Deux facteurs principaux ont déterminé le rythme et les raisons de la modernisation artistico-politique espagnole durant les décennies centrales du franquisme: la dynamique des références à certains modèles extérieurs, qui eux-mêmes changeaient, tant du point de vue de la géopolitique que de la doctrine, et la propre évolution du régime, qui, dans la lenteur et les hésitations de son processus d'ouverture, allait assimiler les nouveaux courants artistiques comme partie, plus ou moins consciente, de sa stratégie de survie.
La dépendance vis-à-vis des références culturelles extérieures n'était pas, bien entendu, une caractéristique exclusive de l'art espagnol, même si, en Espagne, elle atteignit tout au long du XXe siècle une intensité remarquable. En dernière analyse, la xénophilie de la modernité espagnole a peut-être sa source dans l'inexistence ou la faiblesse du nationalisme libéral du pays au cours du XIXe siècle, en comparaison du reste de l'Europe. Cette faiblesse a non seulement retardé le début de la modernisation économique et sociale jusqu'aux dernières décennies du XIXe siècle, mais a contribué également à complexifier la question du nationalisme, la notion même de l'Espagne et de ce qui est espagnol. C'est ainsi que le conflit entre l'image de l'Espagne et les élans modernisateurs devient, à partir des écrits de la génération de 98 et au cours de la première moitié du XXe siècle, un thème central du débat culturel et artistique. La République même, surtout dans ses manifestations idéologiques et culturelles, peut être vue comme une (brève) phase de triomphe du pôle modernisateur et xénophile de cette dialectique. En tant que réaction à ce mouvement, le franquisme induisait la

A partir de la derrota de Alemania e Italia en la Segunda Guerra Mundial el régimen franquista comenzó a moderar tanto la brutalidad de su represión política como la severidad de su conservadurismo cultural. Esto permitió la aparición, tímida todavía a comienzos de los años cincuenta, de diversas corrientes modernizadoras. Se trataba por supuesto de un proceso muy lento, hasta el extremo de que un cuarto de siglo más tarde, en 1975, a la muerte de Franco, la oposición política al régimen seguía siendo uno de los parámetros más habituales para entender y juzgar la creación artística. Mientras tanto, para dos generaciones de artistas, la dialéctica modernidad/conservadurismo, se mantuvo en el horizonte de sus preocupaciones creativas como una dialéctica de naturaleza fundamentalmente política. Esto no quiere decir que fuera una referencia inmóvil; todo lo contrario, la historia artística española de esos años es la de un cambio incesante de tendencias, posiciones personales y argumentos de un debate que tan pronto se apaciguaba como se exacerbaba, según un ritmo propio y peculiar, y que se desarrollaba en contrapunto con la evolución política del régimen.
Dos factores principales determinaban el ritmo y los argumentos de la modernización artístico-política española durante las décadas centrales del franquismo: la dinámica de las referencias a unos modelos exteriores que cambiaban, tanto geográfica como doctrinalmente, y la propia evolución del régimen, que en su lento y vacilante proceso de apertura iba asimilando las nuevas corrientes artísticas como parte, más o menos consciente, de su estrategia de supervivencia.
La dependencia respecto de las referencias culturales exteriores no era, por supuesto, una característica exclusiva del arte español, aunque en España esta dependencia alcanzó una intensidad peculiar a lo largo de la totalidad del siglo XX. La raíz última de la xenofilia de la modernidad española quizá se encuentre en la inexistencia o debilidad del nacionalismo liberal en España durante el siglo XIX en comparación con el del resto de Europa. Esta debilidad, además de retrasar el comienzo de la modernización económica y social hasta las últimas décadas del siglo XIX, contribuyó a problematizar el nacionalismo, la noción misma de España y de lo español. Es así como el conflicto entre la imagen de España y los impulsos modernizadores se convierte a partir de los escritos de la generación del 98 y, a lo largo de la primera mitad del siglo XX, en un tema central del debate cultural y artístico. La República misma, sobre todo en sus manifestaciones ideológicas y culturales, puede verse como una fase de triunfo (breve) del polo modernizador y xenófilo de esta dialéctica. En tanto que reacción frente a esta etapa, el franquismo suponía la fase contraria de exaltación conservadora y nacionalista; no en vano el bando franquista había

phase contraire d'exaltation conservatrice et nationaliste. Il n'est pas insignifiant que le parti franquiste ait adopté, durant le conflit, le nom de «national».
Les fréquentes références du premier franquisme à Rome et à la culture italienne constituent la première exception à la fermeture du nationalisme espagnol dans le domaine des Beaux-Arts. Cette exception italianisante est néanmoins pleine de nuances. En premier lieu, il faut constater qu'il s'agit de la manifestation d'un courant idéologique issu du premier phalangisme, qui, malgré sa visibilité, ne fut jamais hégémonique dans le franquisme. De plus, si l'on peut situer l'apogée de l'italianisme phalangiste dans la première moitié des années quarante, son déclin survient de bonne heure, dès la victoire des Alliés à l'issue de la Seconde Guerre mondiale et les manœuvres subséquentes du régime franquiste pour se rapprocher des vainqueurs. Finalement, on doit considérer que l'italianisme des années quarante est un phénomène complexe quant à ses connotations idéologiques. Comme modèle du goût, il avait déjà connu un précédent avec le *noucentisme*, qui devint, dans les trois premières décennies du XXe siècle, l'expression idéologique, quasi officielle, du nationalisme catalan, antagonique par définition au nationalisme espagnol. Durant les années vingt et trente, une fois oublié ou neutralisé le lien originel avec le nationalisme catalan, le modèle stylistique *noucentiste*, qui n'était en définitive qu'une forme de modernité post-avant-gardiste ou modérée, eut un écho considérable auprès des artistes novateurs de la Péninsule. C'est ainsi qu'il parvint aux écrivains et artistes proches de la Phalange espagnole. Le cas d'Eugenio d'Ors illustre parfaitement l'ambiguïté et la complexité de la signification historique de l'italianisme. Chef de file indiscutable du *noucentisme* catalan en 1907, d'Ors était, trente ans plus tard, le porte-parole artistique du parti franquiste et, à partir de la victoire de ce dernier, en 1939, la première autorité du régime en matière de Beaux-Arts. Le plus intéressant, dans l'affaire, c'est que d'Ors ait pu tenir ces rôles politiques antagoniques sans ressentir la nécessité de modifier ses positions théoriques et esthétiques, comme en témoigne la prolixité de ses écrits, où l'on ne peut déceler la moindre rupture ni même une évolution. De même, il ne sera besoin d'aucune repentance lorsque le régime abandonna le modèle italien vers 1950. Le *noucentisme* d'Eugenio d'Ors retrouvera alors sa valence novatrice et offrira à certains jeunes artistes de l'après-guerre comme José María Labra, mais aussi Oteiza ou le très jeune Tàpies, leur premier port d'arrivée sur le continent inconnu de la modernité artistique.
Oteiza et Tàpies illustrent ce premier déplacement des modèles extérieurs, qui se vérifie à compter du début

adoptado durante la contienda el nombre de bando nacional.
Las frecuentes referencias a Roma y a la cultura italiana del primer franquismo constituyen una primera excepción a su cerrado nacionalismo en el dominio de las Bellas Artes. Sin embargo, esta excepción italianizante está llena de matices. En primer lugar debe constatarse que se trataba de la manifestación de una corriente ideológica, procedente del primer falangismo, que, pese a su visibilidad, nunca fue una corriente hegemónica en el franquismo. Además, si el apogeo del italianismo falangista se sitúa en la primera mitad de los años cuarenta, su ocaso comienza tempranamente a partir del triunfo de los Aliados en la Segunda Guerra Mundial y de la consiguiente maniobra de aproximación del régimen franquista a los vencedores. Finalmente es necesario tener en cuenta que el italianismo de los años cuarenta es un fenómeno complejo en cuanto a sus connotaciones ideológicas. Como modelo de gusto había sido prefigurado por el Noucentisme, *un movimiento cultural, que en las tres primeras décadas del siglo* XX *se convirtió en la expresión ideológica, casi oficial, del nacionalismo catalán, antagónico por definición al nacionalismo español. Durante los años veinte y treinta, olvidado o neutralizado el vínculo original con el nacionalismo catalán, el modelo estilístico* novecentista, *que no era en definitiva más que una forma de modernidad postvanguardista o moderada, tuvo una amplia vigencia entre los artistas innovadores de toda la península ibérica. Es así como llegó a los escritores y artistas próximos a Falange Española. El caso de Eugenio d'Ors, ilustra elocuentemente la ambigüedad y complejidad de la significación histórica del italianismo; habiendo sido cabeza indiscutible del* Noucentisme *catalán en 1907, d'Ors era treinta años más tarde el portavoz artístico del bando franquista y, a partir de la victoria del mismo en 1939, la primera autoridad del régimen en cuanto a las Bellas Artes. Lo más notable del caso es que d'Ors pudiera ejercer esos papeles políticos antagónicos sin sentir la necesidad de modificar sus posiciones teóricas y estéticas, como lo testimonia el caudal abundante de sus escritos en el que no pueden apreciarse rupturas ni apenas evolución. Tampoco necesitará de* pentimento *alguno cuando, abandonado el modelo italiano por el régimen franquista en torno a 1950, el* Novecentismo *de Eugenio d'Ors recupere su valencia innovadora y ofrezca a algunos de los jóvenes artistas de la postguerra como José María Labra, pero también Oteiza o el jovencísimo Tàpies, su primer puerto de llegada al continente desconocido de la modernidad artística.*
Oteiza y Tàpies ilustran el primer desplazamiento de modelos exteriores que se verifica a comienzos de los años cincuenta: París sustituye a Roma. Conviene

des années cinquante: Paris remplace Rome. Observons toutefois que ce n'est pas la première fois qu'on peut enregistrer un tel déplacement. A la fin du XIXe siècle, on note déjà une substitution de Paris à Rome dans les préférences des jeunes artistes désireux de trouver un pôle de référence culturelle hors d'Espagne. Le retour de Rome comme modèle des *noucentistes* des années vingt et trente et des phalangistes des années quarante constituait une option très connotée sur le plan politique. L'abandon (cette fois définitif) de Rome et le retour vers Paris à la fin des années quarante étaient eux aussi politiquement déterminés. Choisir Paris, c'était d'abord marquer ses distances avec le nationalisme et le conservatisme culturel du régime. Un tel choix laissait aussi supposer, bien que ce ne fût pas toujours le cas, le désir de prendre contact avec la tradition modernisatrice des années vingt et trente, et plus particulièrement avec les artistes espagnols en exil. C'est ainsi que Picasso devint une référence inévitable pour les jeunes artistes espagnols, quoiqu'il ne représentât jamais (sauf pour des peintres de moindre importance, comme Rafael Zabaleta) un modèle stylistique. Plus déterminante fut l'influence de Miró, revenu en Espagne au début des années quarante, mais qui évitait de se montrer en public et se maintenait dans une sorte d'*«exil intérieur»* – pour reprendre une expression forgée par Valeriano Bozal.
Deux facteurs contribuèrent à l'influence de Miró. Ce furent, d'une part, ses liens antérieurs avec le mouvement surréaliste, d'autre part, sa proximité des noyaux de résistance minoritaires du nationalisme catalan durant l'après-guerre. Cette conjonction souligne, chez les jeunes modernisateurs de l'art catalan, opposés à la dictature, le désir de prendre pour référence les récentes années trente, qui avaient été celles de la République et du Statut d'Autonomie de la Catalogne. La plus importante revue d'art d'avant-garde de cette époque, *Dau al Set* («La Septième Face du dé»), publiée entre 1948 et 1953, était rédigée en catalan et son contenu était fortement marqué par deux grands courants européens des années trente, qu'Alfred Barr, dans son exposition du MoMA en 1936, rassemble sous l'étiquette «Art fantastique et Surréalisme».
Si peu d'entre eux purent voir les huiles peintes en ce temps-là par Miró pour son marchand new-yorkais Pierre Matisse, les lithographies qu'il réalisa à Barcelone, au début des années quarante, éditées par Joan Prats et regroupées dans la *«Serie Barcelona»*, marquèrent le point culminant de l'influence surréaliste sur les jeunes avant-gardistes de l'après-guerre. L'austérité de leur langage pictural et l'âpreté de leur imaginaire s'accordent avec l'état d'esprit et le climat de l'époque. Leur audience s'étendit bien au-delà des frontières de la Catalogne et fut déterminante pour la direction

observar que no era la primera vez que se registraba un desplazamiento semejante. Ya a finales del siglo XIX *se había producido una substitución de Roma por París en las preferencias de los jóvenes artistas deseosos de encontrar un polo de referencia cultural fuera de España. La restauración de Roma como modelo por los* novecentistas *en los años veinte y treinta y por los falangistas en los años cuarenta suponía, como hemos visto más arriba, una opción cargada de connotaciones políticas. El abandono (esta vez definitivo) de Roma y el retorno a París a finales de los años cuarenta estuvo también políticamente determinado. Elegir París suponía en primer lugar marcar distancias respecto del nacionalismo y el conservadurismo cultural del régimen. Podía suponer también, aunque no fuera así en todos los casos, el deseo de tomar contacto con la tradición modernizadora de los años veinte y treinta, y particularmente con los artistas españoles del exilio. Picasso se convierte así en esos años en una referencia inevitable para los jóvenes artistas españoles, aunque casi nunca fue (salvo para algún artista menor, como Rafael Zabaleta) un modelo estilístico. Más determinante fue la influencia de Miró, un artista que, a pesar de su retorno a España a comienzos de los cuarenta, evitaba exponer públicamente y se mantenía en una especie de* "exilio interior" *–por usar una expresión acuñada por Valeriano Bozal–.*
Los dos factores que contribuyeron principalmente a la influencia de Miró fueron, por una parte su vinculación anterior al movimiento surrealista y por otra su proximidad a los minoritarios núcleos de resistencia del nacionalismo catalán durante la postguerra. Ambos factores indican el deseo de los jóvenes modernizadores del arte catalán de tomar como referencia los recientes años treinta, que habían sido los de la República y del Estatuto de Autonomía de Cataluña, para oponerse al régimen dictatorial del bando vencedor de la Guerra Civil. Dau al Set, *la más importante revista de arte de vanguardia de aquel momento, publicada entre 1948 y 1953, estaba escrita en catalán y sus contenidos estaban fuertemente marcados por esa amplia tradición del arte europeo de los años treinta, que Alfred Barr, en su exposición del* MoMA *de 1936, agrupaba bajo la etiqueta de "Arte fantástico y Surrealismo".*
Aunque fueran pocos los que pudieron ver los óleos que Miró pintaba en esos años para su marchante de Nueva York, Pierre Matisse, las litografías que realizó en Barcelona durante los primeros años cuarenta, editadas por Joan Prats y agrupadas en la llamada "Serie Barcelona", *supusieron el punto culminante de la influencia surrealista sobre los jóvenes vanguardistas de la postguerra. La austeridad de su lenguaje pictórico y la aspereza de su imaginería sintonizaban con el estado de ánimo y el clima social de la época. Su alcance se extendió*

qu'allait prendre dans le reste de l'Espagne le néosurréalisme, s'éloignant du lyrisme fantastique et s'orientant vers un langage plus expressif et radical.
Ce dernier mouvement puisait aussi ses références aux sources des années trente. Ce fut notamment le cas d'artistes tels que José Caballero et Manuel Viola, qui avaient commencé avant la guerre leur carrière artistique comme jeunes surréalistes et qui retrouvaient à présent, dans un climat politique totalement différent, la vocation subversive de la modernité. Ce fut encore le cas de jeunes Canariens, parmi lesquels Manuel Millares et Martín Chirino, regroupés autour d'Eduardo Westerdhal, le critique des années trente le plus engagé dans la modernité, fondateur de la revue *Gaceta del Arte* et coorganisateur du Congrès surréaliste international de 1937. D'autres, plus jeunes, cherchaient à établir un contact direct avec le groupe d'André Breton à Paris, ce que fit Antonio Saura qui – de même qu'Antoni Tàpies – devait rapidement jouer un rôle de premier plan dans la réorientation des tendances de l'avant-garde, au cours des années cinquante, sous l'influence de l'art informel.
Avant d'évoquer cette période, il faut mentionner l'autre grande tendance qui, avec le néosurréalisme et l'abstraction lyrique, domine le débat artistique au sein des avant-gardes espagnoles au début des années cinquante, c'est-à-dire l'abstraction géométrique. Là aussi, il faut en rechercher l'origine dans les années trente (notamment dans le mouvement Abstraction-Création), avec une résurgence dans le Paris de la fin des années quarante. Si certains artistes, comme Pablo Palazuelo, prennent comme référence durant leur séjour à Paris son acception la plus ouverte et la plus libre – incarnée dans l'immédiat après-guerre par Jean Arp –, Jorge Oteiza, le Valentinois Eusebio Sempere ou encore les futurs membres d'*Equipo 57* adhèrent aux positions plus radicales qui s'expriment au Salon des Réalités nouvelles et s'exposent à la Galerie Denise René. En ce début des années cinquante, la consolidation et la première réorientation des tendances modernisatrices de l'art espagnol sont des phénomènes simultanés. Le changement d'orientation de la politique culturelle du régime apparaît comme un facteur décisif de cette évolution. En réalité, il ne s'agit que d'un aspect partiel d'un processus plus large. L'isolement international du régime franquiste après la victoire des Alliés et la nécessité où il se trouvait de sortir d'une situation économique extrêmement critique le forçaient à se rapprocher des pays d'Europe occidentale et des Etats-Unis. La politique culturelle sera l'un des axes privilégiés de cette stratégie, qui portera bientôt ses fruits. L'Espagne est acceptée à l'Unesco en 1953, avant de l'être à l'ONU, comme membre de plein droit, en 1955. Le secteur le plus libéral du régime, constitué

mucho más allá de Cataluña y fue determinante para la dirección que iba a tomar el Neosurrealismo del resto de España, alejándolo del lirismo fantástico y orientándolo hacia un lenguaje más expresivo y más radical.
El Neosurrealismo que emergía en otros lugares de España tomaba también sus referencias del arte de los años treinta. Este era obviamente el caso de artistas como José Caballero y Manuel Viola, que habían iniciado su carrera artística como jóvenes surrealistas antes de la guerra y que recuperaban ahora, en un clima político totalmente diferente, la vocación subversiva de la modernidad. Era el caso también de los jóvenes canarios que, como Manuel Millares o Martín Chirino, se agrupaban en torno a Eduardo Westerdhal, el crítico más comprometido con la modernidad en los años treinta, fundador de la revista Gaceta del Arte *y coorganizador del Congreso Surrealista Internacional de 1937. Algunos, entre los más jóvenes, buscaron un contacto directo con el grupo de André Breton en París, como ocurrió en el caso de Antonio Saura, que pronto hubo de tener, junto con Antoni Tàpies, un papel capital en la reorientación de las tendencias de vanguardia que iba a tener lugar en la segunda mitad de los años cincuenta, bajo la influencia del Informalismo.*
Antes de pasar a este período, hay que mencionar la otra gran tendencia que, junto con el Neosurrealismo y el Informalismo, domina el debate artístico de las vanguardias españolas de comienzos de los años cincuenta, la de la abstracción geométrica. También en este caso se trata de una tendencia que tiene su origen en los años treinta (especialmente en el frente Abstraction-Création*) y que renace en París a finales de los años cuarenta. Si algunos artistas, como Pablo Palazuelo, toman como referencia durante sus estancias en París de comienzos de los años cincuenta, la vertiente más amplia y libre de esta tradición de la modernidad, la que en los años de la inmediata postguerra encarna Jean Arp, otros artistas españoles, como Jorge Oteiza, el valenciano Eusebio Sempere o los futuros miembros del* Equipo 57*, se adherirán a la vertiente más radical, la que ocupa el foro del* Salon des Réalités nouvelles *y se agrupa en torno a la Galería Denise René. Al comienzo de los años cincuenta se produce la consolidación y la primera reorientación de las tendencias modernizadoras del arte español. El cambio que se produce en la política cultural del régimen es un factor decisivo de esta evolución. En realidad se trata sólo de un aspecto parcial de algo que era un proceso más amplio. El aislamiento internacional en que había quedado tras la victoria de los Aliados y la necesidad de salir de la estrechez económica de la postguerra forzaban al régimen franquista a acercarse hacia los países de la Europa Occidental y los Estados Unidos. La política cultural será uno de los ejes privilegiados de esa estrategia y dará pronto sus*

par une alliance d'intellectuels issus de la démocratie chrétienne des années trente et de certaines personnalités universitaires phalangistes, se lance dans une offensive culturelle modernisatrice. L'organisation de la Ire Biennale hispano-américaine de l'art, en 1951, à l'initiative du ministre de l'Education nationale Joaquín Ruiz Gímenez, en constitue la première action significative. Le Prix de Peinture fut attribué à Benjamín Palencia qui, après être passé, dans les années trente de sa jeunesse, par le surréalisme, s'est adonné après la guerre à la peinture de paysages ruraux castillans. Plus significatifs que cette récompense, qui venait consacrer la ligne d'une modernité modérée défendue par Eugenio d'Ors, les textes du catalogue affirmaient la nécessité d'une modernisation sans détours. L'événement eut un grand retentissement dans les milieux culturels de l'époque. Le strict conservatisme culturel de la décennie antérieure se retrouvait en position minoritaire et sur la défensive.

Après le succès de la Biennale, la politique culturelle s'appliquera à organiser la présence espagnole dans les grandes manifestations artistiques internationales, notamment aux Biennales de Venise et de São Paulo. Cette stratégie sera déterminante dans la modernisation de l'art espagnol des années cinquante. Il s'agissait sans doute d'un théâtre privilégié, et le Gouvernement franquiste pouvait compter, en ce début de guerre froide et de réalignement international, sur le fort soutien politique dont jouissait, dans les pays démocratiques, l'art moderne, rejeté dans les pays communistes; rejet mis à profit par l'alliance occidentale pour assimiler culturellement ces derniers aux régimes totalitaires vaincus de l'Axe. Ainsi la dictature pouvait-elle maintenir à l'intérieur la situation privilégiée de l'art conservateur ou de la modernité modérée, tout en jouant habilement de la conjoncture internationale et en renvoyant les jeunes modernisateurs les plus radicaux sur la scène lointaine d'expositions organisées à l'étranger. Antoni Tàpies fut sélectionné dès 1952 pour le Pavillon espagnol de la Biennale de Venise, en compagnie toutefois, il est vrai, d'un groupe important d'artistes conservateurs ou modernisateurs modérés.

En 1953, le Musée national d'Art contemporain de Madrid, rénové sous la direction de José Luis Fernández del Amo, organise le «Premier Congrès d'Art abstrait». Dans le milieu culturel espagnol, l'événement est vécu de façon contrastée et met à l'épreuve la viabilité de la stratégie modernisatrice du régime qui, dans son ensemble et par principe, est hostile à toute manifestation polémique, et peu désireux de s'aliéner l'appui naturel des secteurs conservateurs. Cependant, cette même année, la politique d'ouverture internationale commence à porter ses fruits. Antoni Tàpies signe un

frutos. España fue aceptada en la UNESCO (en 1953) antes de serlo en la ONU como miembro de pleno derecho. Aprovechando esta estrategia el sector más liberal del régimen, constituido por una alianza de intelectuales procedentes de la democracia cristiana de los años treinta con algunos destacados universitarios falangistas, se lanza a una ofensiva cultural modernizadora. La organización de la I Bienal Hispanoamericana de Arte en 1951, una iniciativa del ministro de Educación Nacional Joaquín Ruiz Gímenez, fue la primera acción importante de esa ofensiva. El Premio de Pintura fue adjudicado a Benjamín Palencia, un artista que tras atravesar en los años treinta, durante su juventud, por el Surrealismo, se dedica en la postguerra a una pintura centrada en los paisajes rurales castellanos. Más significativos que este premio, que venía a consagrar la línea de modernidad moderada defendida por Eugenio d'Ors, eran los textos del catálogo de la propia exposición, en los que se defendía la necesidad de una modernización sin ambajes. El acontecimiento tuvo una amplia resonancia en los medios culturales de la época. El cerrado conservadurismo cultural de la década anterior se encontraba ya en una posición minoritaria y defensiva.

Tras el éxito de la Bienal, la otra línea de política cultural que influirá decisivamente en la modernización del arte español de los años cincuenta será la organización de la presencia española en los grandes acontecimientos artísticos internacionales, especialmente la Bienal de Venecia y la de São Paulo. Se trataba sin duda de un escenario privilegiado, en el que la política cultural del Gobierno español venía a coincidir con el fuerte respaldo político internacional que el arte moderno estaba recibiendo por parte de los países democráticos, en ese período inicial de la guerra fría. En la nueva realineación internacional que se produce en esos años, la resistencia de los países comunistas al arte moderno es aprovechada por la alianza occidental para homologarlos culturalmente con los derrotados regímenes totalitarios del Eje. Así, mientras mantenía en el interior de España la situación privilegiada del arte conservador o de la modernidad moderada, el Gobierno franquista aprovechó con habilidad la coyuntura internacional enviando a los escenarios internacionales a los jóvenes modernizadores más radicales. Antoni Tàpies fue seleccionado ya para el Pabellón Español de la Bienal de Venecia de 1952, aunque es verdad que junto a él había también un grupo numeroso de artistas conservadores o modernizadores moderados.

En 1953 el Museo Nacional de Arte Contemporáneo de Madrid, renovado bajo la dirección de José Luis Fernández del Amo, organiza el denominado "Primer Congreso de Arte Abstracto". Este acontecimiento incide polémicamente en el ambiente cultural español

contrat avec la Galerie Martha Jackson et expose pour la première fois à New York.
Les années centrales de la décennie marquent le point culminant de cette politique de convergence entre les secteurs libéralisateurs du régime et les tendances modernisatrices de l'art espagnol. En 1954, Joan Miró accepte l'invitation qui lui est faite d'exposer au Pavillon espagnol de la Biennale de Venise. Il reçoit le Grand Prix de Gravure. Les Grands Prix de Peinture et de Sculpture, respectivement attribués à Max Ernst et à Jean Arp, confirment, d'autre part, les deux tendances, selon lesquelles, comme on l'a vu plus haut, s'orientait la création la plus radicalement modernisatrice des jeunes artistes espagnols: l'héritage surréaliste et l'abstraction géométrique. La IIIe Biennale hispano-américaine, qui se tient en 1955 à Barcelone, consacre la reconnaissance du jeune art abstrait espagnol par les médias et de larges secteurs de l'opinion publique. D'autre part, l'exposition «L'Art moderne aux Etats-Unis», organisée par le MoMA de New York à l'occasion de la Biennale, fait connaître l'expressionnisme abstrait aux jeunes artistes espagnols. Cette période centrale culmine avec les Biennales de São Paulo, en 1957, et de Venise, en 1958. Luis González Robles, fonctionnaire au Ministère des affaires étrangères, abandonnant la politique de compromis entre modernisateurs et conservateurs, présente des sélections cohérentes, centrées sur les tendances les plus novatrices de l'art espagnol. Le succès fut notable. Jorge Oteiza obtint le Grand Prix de Sculpture de la Biennale de São Paulo. L'année suivante, à la Biennale de Venise, Chillida remporte le Grand Prix de Sculpture et Tàpies le Prix Bright de Peinture; le Pavillon espagnol est reconnu comme le meilleur de l'exposition.
Cependant, en Espagne, la situation intérieure est en train de changer. Si le débat entre modernité et conservatisme se focalisait, au début des années cinquante, sur l'opposition entre art figuratif et art abstrait, la polémique se déplace, à la fin de la décennie, alimentée par des options toujours plus radicales. Ainsi la tendance issue de l'abstraction géométrique évolue-t-elle vers des énoncés conceptuels toujours plus simples et généraux, aboutissant à un néoconstructivisme qui, dans son désir d'éliminer, non seulement la figure, mais aussi les connotations expressives de l'œuvre d'art, questionne jusqu'à la fonction de l'artiste comme créateur individuel. C'est exactement le choix d'*Equipo 57*, groupe constitué à Paris par de jeunes artistes espagnols, dont le programme impose à ses membres l'anonymat dans le cadre d'une création collective et confère à l'artiste un statut semblable à celui d'un scientifique dans une équipe de recherche. Si cette attitude a pour conséquence logique la dissolution de la création artis-

poniendo a prueba la viabilidad de la estrategia modernizadora del régimen, que en su conjunto era hostil por principio a cualquier manifestación polémica y deseaba mantener el apoyo que los sectores conservadores le prestaban naturalmente. Por otra parte ese mismo año la política de apertura internacional comienza a dar sus primeros frutos. Antoni Tàpies, contratado por la Galería Martha Jackson, hace su primera exposición en Nueva York.
Los años centrales de la década son el punto culminante de esta política de convergencia de los sectores liberalizadores del régimen con las tendencias modernizadoras del arte español. En 1954 Joan Miró acepta la invitación de participar en el Pabellón Español de la Bienal de Venecia. Se le atribuye el Gran Premio de Grabado. Los Grandes Premios de Pintura y Escultura, atribuidos a Max Ernst y Jean Arp respectivamente, confirman, por otra parte, las dos tendencias que, según se ha visto más arriba, orientaban la creación más radicalmente modernizadora de los jóvenes artistas españoles, la de la abstracción geométrica y la derivada del Surrealismo. La III Bienal Hispanoamericana, celebrada en 1955 en Barcelona, consagra el reconocimiento del joven arte abstracto español por los medios de comunicación y por amplios sectores de la opinión pública. Por otra parte la exposición "El Arte Moderno en los Estados Unidos", organizada por el MoMA de Nueva York con motivo de la Bienal, da a conocer a los jóvenes artistas españoles el Expresionismo abstracto norteamericano. Este período central culmina con los envíos a la Bienal de São Paulo de 1957 y la de Venecia de 1958, seleccionados ambos por Luis González Robles. Este funcionario del Ministerio de Asuntos Exteriores, abandonando la política de compromiso entre modernizadores y conservadores habitual en las Bienales anteriores, presenta selecciones coherentes centradas en las tendencias más innovadoras del arte español. El éxito fue notable. Jorge Oteiza obtuvo el Gran Premio de Escultura de la Bienal de São Paulo y el año siguiente, en la Bienal de Venecia, Chillida ganó el Gran Premio de Escultura y Tàpies el Premio Bright de Pintura, con lo que el Pabellón Español quedaba reconocido de hecho como el mejor de la Bienal.
Cuando se produce esta culminación, sin embargo, la situación en el interior de España estaba cambiando. Si en los primeros años de la década de los cincuenta el debate entre modernidad y conservadurismo culminaba centrándose en la oposición entre arte figurativo y arte abstracto, en los años centrales el filo polémico se desplaza en la búsqueda de opciones cada vez más radicales. Así, la tendencia adscrita a la abstracción geométrica evoluciona hacia planteamientos conceptuales cada vez más simples y generales, en la dirección de un neoconstructivismo que, en su deseo de eliminar, no sólo

tique dans les disciplines de l'architecture ou du design, sa radicalité l'emmène vers l'utopie sociale et politique, actualisant ainsi le précédent historique d'un lien entre constructivisme et révolution socialiste, qui parcourt tout le XXe siècle.

Considérant le glissement du régime franquiste vers la modernité artistique, la radicalisation avant-gardiste d'*Equipo 57* peut apparaître comme une sorte de fuite en avant, sous-tendue par une volonté de maintenir la modernité dans le cadre d'une opposition politique au régime.

On remarque une orientation similaire dans l'autre grande tendance de l'art espagnol des années cinquante, celle qui, dérivant du surréalisme, traverse l'abstraction pour déboucher sur l'art informel. Bien qu'influencée par les deux grands centres qui se disputent ces années-là l'hégémonie dans l'art moderne, Paris et New York, l'art informel espagnol est marqué par une nette radicalisation politique. La création du groupe *El Paso*, en 1957, mais aussi sa dissolution, effective à partir de 1960, doivent être entendues comme les pas successifs d'une fuite en avant qui, parallèlement à la démarche néoconstructiviste, tente de maintenir la modernité dans le champ de l'opposition au régime.

Si la tendance néoconstructiviste s'articule à une utopie sociale, la nouvelle tendance abstraite développe une argumentation plus complexe. Elle approfondit en premier lieu une certaine tradition négative qui émerge, dans les années trente, au sein de la fraction minoritaire du surréalisme et fleurit en Europe, après la guerre, dans les cercles les plus radicaux de l'existentialisme. Mais cet élan initial se heurte, dans l'Espagne des années cinquante, à deux autres courants, aux motivations politiques plus déterminées.

Le premier offre une réponse inattendue à la dérive modernisatrice du régime franquiste. Tournant le dos à l'internationalisme officiel, les jeunes artistes informels s'interrogent sur les liens historiques qui les unissent à leur communauté d'origine. La notion de nationalité acquiert ainsi, à cette période, dans la Péninsule, une pertinence culturelle difficile à comprendre du point de vue des autres pays du monde développé. Qu'il s'agisse de la communauté historique basque (comme dans l'œuvre d'Oteiza et de Chillida) ou catalane (comme dans celle de Tàpies), la question posée demeure toujours très proche de celle de l'identité espagnole, c'est-à-dire du problème espagnol. Cette affinité politique de fond explique l'affinité expressive d'artistes aussi différents que Chillida, Tàpies et Saura.

Le second facteur d'influence sur cette tendance négativiste de l'art informel provient de la critique marxiste des avant-gardes. Dans la seconde moitié des années

la figuratividad, sino también las connotaciones expresivas de la obra de arte, acaba por cuestionar el rol mismo del artista como creador individual. Así, lo hacía el Equipo 57, *constituido en París en 1957 por un grupo de jóvenes artistas españoles cuyo programa postulaba el anonimato de la creación colectiva, y un estatuto para el artista similar al de los equipos de investigación de las ciencias naturales. Si la consecuencia lógica de esta actitud conducía a la disolución de la creación artística en las disciplinas de la arquitectura y el diseño, el afán radicalizador la impulsaba hacia la utopía social y política, actualizando así los precedentes históricos que habían vinculado a lo largo del siglo XX el Constructivismo con la revolución socialista.*

Si se tiene en cuenta la deriva del régimen franquista hacia la modernidad artística a lo largo de los años cincuenta, la radicalización vanguardista del Equipo 57 *se presenta como una especie de fuga hacia delante, estructurada por unos argumentos que tratan de mantener la modernidad en el ámbito de la oposición política al régimen.*

Una orientación similar puede advertirse en la otra gran tendencia del arte moderno español de los años cincuenta, la que, derivando del Surrealismo, atraviesa la abstracción para desembocar en el Informalismo. Aunque orientada por las referencias de los dos centros que se disputan la hegemonía del arte moderno en esos años, París y Nueva York, la deriva del Informalismo español está impregnada por una radicalización específicamente política que se acentúa hacia finales de la década de los cincuenta. La creación del grupo El Paso, *en 1957, pero también su disolución, efectiva a partir de 1960, deben entenderse como pasos sucesivos de una fuga hacia delante que, como la deriva paralela del Neoconstructivismo, intenta mantener la modernidad en el ámbito de la oposición política al régimen.*

Si la tendencia neoconstructivista se radicaliza tratando de articular sus argumentos en la referencia a la utopía social, la tendencia informalista desarrolla una argumentación más compleja. En primer lugar profundiza en la tradición de negatividad que, surgida en los años treinta en la fracción minoritaria del Surrealismo, florece durante la postguerra europea en los círculos más radicales del Existencialismo. Pero este primer impulso tiene que confrontarse en la España de finales de los años cincuenta con otros dos que tienen una motivación política más específica.

El primero ofrece una respuesta inesperada a la deriva modernizadora del régimen franquista. Dando la espalda al internacionalismo oficial, los jóvenes informalistas se interrogan sobre vínculos históricos que les unen a su comunidad de origen. La noción de nacionalidad adquiere así en esos años en la península ibérica una pertinencia cultural que resulta difícil de

cinquante, la critique des avant-gardes est faite en Espagne, comme dix ans plus tôt en Italie, au nom d'un nouveau réalisme, issu lui-même du débat littéraire. Le nouveau roman et, surtout, la nouvelle poésie des années cinquante se réclament en effet du réalisme. Mais en investissant le terrain des arts visuels, le courant réaliste se divise, s'ouvre et se problématise. Si l'on considère que le réalisme ne se justifie pas seulement d'un point de vue linguistique, mais aussi moral et politique, il devient compatible avec la négativité fondamentale de l'art informel. Les arguments du débat artistique espagnol à l'orée des années soixante sont souvent confus, mais ils frappent toujours par leur spécificité et leur enracinement véritable dans la situation historique.

Dans ses strates les plus profondes, la question de la modernité artistique, au début des années soixante, est intimement liée, comme dans les années quarante, à celle de la conscience politique. Face à la dérive intégrationniste du régime franquiste, le problème se résume à une opposition entre conduites de rupture et intégration. C'est dans ce contexte qu'intervient un second changement, en profondeur, du monde artistique espagnol. Ce changement, qui marque la fin de la période étudiée ici, coïncidera, sur le plan international, avec la première crise de la modernité et les premiers symptômes de la situation confuse qui s'ensuivit, auxquels certains critiques donneront le nom de postmodernité.

T. Ll.

entender desde otros lugares del mundo desarrollado. Puede tratarse de la comunidad histórica vasca (como en la obra de Oteiza y Chillida) o de la catalana (como en la de Tàpies), pero el nudo problemático hacia el que se dirigen las preguntas no queda nunca muy lejos de la cuestión central del ser de España: España como problema. Es esta afinidad política de fondo la que explica la afinidad expresiva de artistas tan diferentes entre sí como Chillida, Tàpies y Saura.

El segundo factor que incide sobre el impulso negativista del Informalismo procede del pensamiento marxista y deriva de la crítica histórica del marxismo a las vanguardias artísticas. En la segunda mitad de los años cincuenta la crítica a las vanguardias se hace en España, como se había hecho en Italia diez años antes, en nombre de un nuevo realismo. La denominación y la tendencia misma, tienen su origen en el debate literario. Son la nueva novela y sobre todo la nueva poesía de los años cincuenta las que se reclaman del realismo. Pero al invadir el terreno de las artes visuales la corriente realista se divide, abriéndose y problematizándose. Si el realismo no tiene una justificación lingüística, sino moral y política, será posible hacerlo compatible con la negatividad básica del Informalismo. Aunque los argumentos que se manejan en el debate artístico español del filo de 1960 con respecto a esta cuestión son frecuentemente confusos, resultan interesantes por su originalidad y por su enraizamiento genuino con la situación histórica en la que se originan.

Si tenemos que buscar su estrato más profundo, el debate de la modernidad artística de los primeros años sesenta vuelve a centrarse, así, como el de los años cuarenta, en un estado de consciencia intensamente politizado. Frente a la deriva integradora del régimen franquista la cuestión de la modernidad se plantea ahora en los términos de una oposición entre rupturistas e integrados. Es con esta oposición de fondo como se produce en los años sesenta el segundo cambio profundo del mundo artístico español. Este cambio, con el que finaliza el período aquí estudiado, coincidirá internacionalmente con la primera crisis de la modernidad y los primeros síntomas de la confusa situación que llegará tras ella y que algunos críticos acabarán por llamar postmodernidad.

T. Ll.

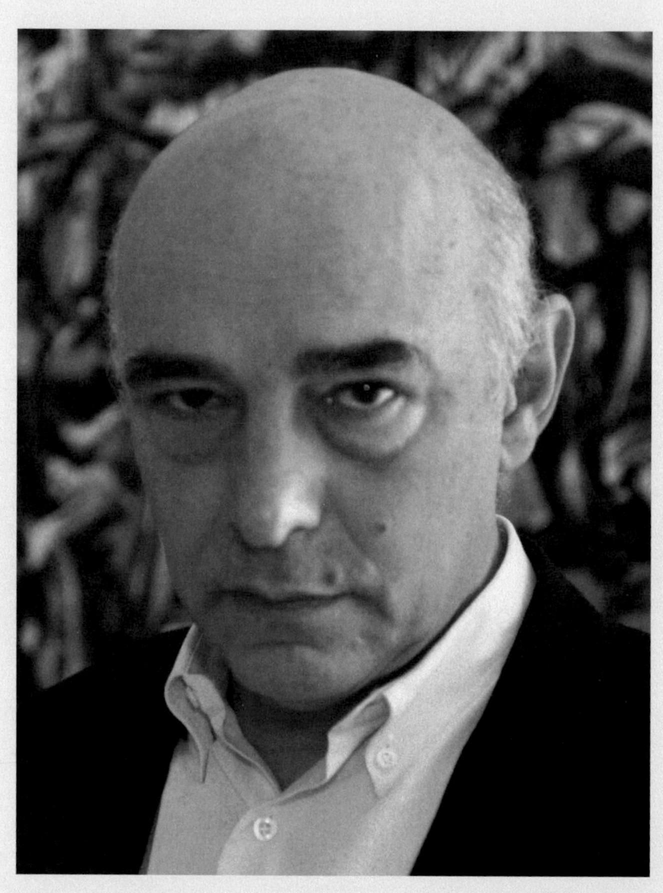

Antonio Saura

Huesca, 1930 - Madrid, 1998

Tout au long de sa vie, Antonio Saura n'a cessé de collectionner les images: cartes postales, coupures de presse, ou encore images découpées dans des livres d'art ou des revues – *«archives secrètes et amoureuses»*, disait-il. Un impressionnant répertoire iconographique, au travers duquel il regardait le monde et, bien sûr, la peinture: les reproductions de natures mortes baroques de Meléndez ou de Sánchez Cotán y voisinent des scènes de sinistres ou d'accidents; des images de corps assassinés ou mis en pièces, le portrait de Philippe II par Sánchez Coello ou le *Chien* de Goya y ont une place aussi importante que des photos d'actrices – Brigitte Bardot, Lupe Velez – ou de modèles, dans des poses plus ou moins provocatrices. Pour citer Malraux, il s'agit d'un authentique *musée imaginaire*, où la répétition, la séquence paraissent imposer un sens, un ordre mystérieux, qui relierait les images entre elles; un archétype souterrain, support d'actions et de déformations postérieures, qui guiderait le geste destructeur de sa peinture. La collection, pour Antonio Saura, active le mécanisme d'une *«image obsessionnelle et ancestrale, sans que cela suppose une régression»*[1].
Autodidacte, Saura fut attiré, dans les débuts de son activité artistique, d'abord à Cuenca, puis à Madrid, par le surréalisme: une voie qui lui permettait, comme à d'autres artistes de sa génération, d'accéder à un art d'avant-garde, non mimétique, et d'expérimenter différentes techniques de création automatique, du grattage à l'aspersion et à l'application directe, sans pinceau, de la couleur. Entre 1948 et 1950, il peint des cosmogonies, des constellations, formes instables qui cassent la composition centrale, privilégiant les signes d'un univers imaginaire vu comme paysage de l'inconscient. Une conception onirique de l'espace, qui se prolongera dans des compositions inspirées des photogrammes de Man Ray, interprétés, dit l'artiste, comme des *«radiographies magiques»*. Ces peintures sont notamment présentées à l'exposition collective «Art fantastique», qu'il

[1] Antonio Saura: *Note Book (Memoria del tiempo)*, Murcie, Colegio Oficial de Aparejadores y Arquitectos Técnicos, 1992, p. 57. Toutes les citations d'Antonio Saura, sauf mention contraire, proviennent de ce texte. Antonio Saura: *Mémoires du temps: carnet de notes*, La Différence, 1994.

Durante toda su vida, Antonio Saura fue creando un fichero de imágenes encontradas, secretos y amorosos archivos *los califica el artista, que procedían de revistas, tarjetas postales, libros de historia del arte, noticias de prensa. Un impresionante repertorio iconográfico a través del cual miró el mundo y, también, la pintura: reproducciones de los bodegones barrocos de Meléndez y Sánchez Cotán junto a escenas de siniestros y accidentes; imágenes de cuerpos asesinados o destrozados, el retrato de Felipe II por Sánchez Coello o el perro hundido de Goya ocupando el mismo espacio que fotos de actrices, Brigitte Bardot, Lupe Velez, y modelos publicitarias en posturas más o menos provocativas. Citando a Malraux, un auténtico* museo imaginario *en el que la misma repetición, la secuencia lineal parece imponer un sentido, un misterioso orden oculto que ligaría las diferentes imágenes entre sí; un arquetipo subterráneo, soporte de posteriores acciones y deformaciones, que guiaría el gesto destructor de su pintura. Antonio Saura coleccionista, estaba activando el mecanismo de una* imagen obsesiva y ancestral sin que ello suponga una regresión[1].
De formación autodidáctica, Antonio Saura se sintió atraído en el comienzo de su actividad artística, primero en Cuenca y luego en Madrid, por el Surrealismo; una vía para acceder, como otros artistas de su generación, al arte no mimético y de vanguardia, experimentando con diferentes técnicas de creación automática desde el grattage *y la aspersión hasta el color aplicado directamente sin pincel. Entre 1948 y 1950, pintará cosmogonías y constelaciones, formas inestables que rompían la composición centralizada privilegiando signos de un universo imaginario como paisaje del inconsciente. Una concepción onírica del espacio, fundamentalmente nocturno, que prolongaría en composiciones inspiradas en los fotogramas de Man Ray, interpretados, dice el artista, como* radiografías mágicas. *Pinturas que formaron parte de la exposición colectiva, organizada por él mismo, sobre "Arte Fantástico" en 1953.*

[1] Antonio Saura: Note Book (Memoria del tiempo), *Murcia, Colegio Oficial de Aparejadores y Arquitectos Técnicos, 1992, pág. 57. Todas las citas de Antonio Saura, mientras no se indique lo contrario, proceden de este texto.*

organise en 1953. La même année, il s'installe à Paris, où il restera jusqu'en 1955. Il prend peu à peu ses distances avec les groupes surréalistes qu'il avait rencontrés à son arrivée, pour se rapprocher du mouvement de l'art informel, et notamment du tachisme, des œuvres de Wols et de Dubuffet, et de l'*action painting* américaine.

Lorsque Saura revient en Espagne, sa peinture est un pur geste expressif, violent, qui peu à peu deviendra nez, yeux, cheveux et mains, marques d'une humanité aliénée, comme dans *Soleá* (1956), composition qui doit beaucoup aux dessins automatiques réalisés à Paris. Fluides et spontanés, les traits de peinture suivent les évolutions de la *soleá**, se font chanson d'amour, de vie et de mort, retrouvent les mouvements des *danseuses*: l'arrondi des bras levés, les ondulations de la hanche, les flexions de la taille. Gestes dynamiques, qui procèdent du vertige abstrait, mais aussi *touche brave, tache cruelle*, baroque, un expressionnisme avant la lettre, qui émancipe le geste pictural et tend vers le déséquilibre, le monstrueux, dans la lignée de ces artistes qui, pour reprendre les mots de Francisco Pacheco, *«non seulement ne peignent pas de jolies choses, mais mettent tout leur soin à affecter la laideur, la cruauté»*[2]. Déformation qui, dans la peinture de Saura, prétend, plus que transgresser, *«changer de lieu les signes du corps»*[3]. Action destructrice, ni incontrôlée ni irrationnelle, mais conséquence d'un procès rigoureux, d'une logique constructive par laquelle, affirme l'artiste, l'image défait, au moyen du coup de pinceau furieux, de la rupture du trait et de la superposition, la figure de la beauté immobile.

Coups de hache dans la chair de la peinture, mais donnés avec esprit, dans un mélange de cruauté et d'érotisme, évidents lors des expositions de l'année 1957, lorsque Saura

* NdT: *soleá*: *soledad* dans le parler andalou. Chant flamenco d'expression tragique, dont la mesure est à 3/8, la *soleá* est aussi dansée; elle fait partie du répertoire traditionnel.

[2] Antonio Saura: «La imagen barroca» («L'Image baroque»), *in*: *Fijeza. Ensayos* («Fixité. Essais»), Madrid, Círculo de Lectores, 1999, p. 98.

[3] Cité par Julian Ríos (Entretiens avec Antonio Saura): *Las tentaciones de Antonio Saura* («Les Tentations d'Antonio Saura»), Madrid, Mondadori, 1991, p. 52.

En ese año, se traslada a París donde residirá hasta 1955. En la capital francesa se distanció de los grupos surrealistas, con los que inicialmente había conectado, para acercarse al movimiento informalista a través del tachisme *francés, la obra de Wols y Dubuffet, así como a la* action painting *norteamericana.*

Cuando vuelve a España la pintura de Saura es un puro gesto expresivo y violento que progresivamente se transformará en ojos, nariz, pelo y manos; señales de un linaje enajenado como en Soleá *(1956), composición deudora de los dibujos automáticos que realizará en París. Fluidos y espontáneos trazos de pintura que siguen las evoluciones de la* soleá, *canciones de amor, de vida y muerte que se adaptan perfectamente a los movimientos de las* bailoras*: los gestos femeninos contorneando los brazos, las ondulaciones de la cadera o los quiebros de la cintura. Gestos dinámicos que incorporan el vértigo informalista pero, también, el* toque bravo*, la* mancha cruel *barroca, un expresionismo* avant la lettre *que independiza el gesto pictórico y tiende a lo desequilibrado y monstruoso en aquellos artistas que, citando a Francisco Pacheco,* no sólo no pintan cosas hermosas, más anteponen su principal cuidado en afectar la fealdad, la fiereza[2]. *Deformación que, en la pintura de Saura, pretende más que transgredir,* cambiar de lugar los signos del cuerpo[3]. *Acción destructora, por tanto, que no es incontrolada o irracional sino la consecuencia de un proceso riguroso, de una lógica constructiva en la que, comenta el artista, la imagen deshace, mediante la pincelada furiosa, la ruptura del trazo y la superposición, la figura de la belleza inmóvil.*

Hachazos sobre la carne de la pintura, entrelazando el humor, la crueldad y el erotismo, evidente en las representaciones del año 1957, cuando funda el grupo de tendencia informalista, El Paso, *junto a Millares, Feito, Canogar y Rivera. A esta época pertenece* Silena *(1957) que forma parte de una serie de retratos femeninos donde se aprecia una constante de la pintura de este artista: el*

[2] *Antonio Saura: "La imagen barroca" en* Fijeza. Ensayos, *Madrid, Círculo de Lectores, 1999, pág. 98.*

[3] *Citado en Julian Ríos (Entrevista con Antonio Saura):* Las tentaciones de Antonio Saura, *Madrid, Mondadori, 1991, pág. 52.*

Antonio Saura
Soleá
Soleá
1956
Huile sur toile
162×130 cm
ección de Arte
ontemporáneo,
Fundación
"la Caixa",
Barcelona

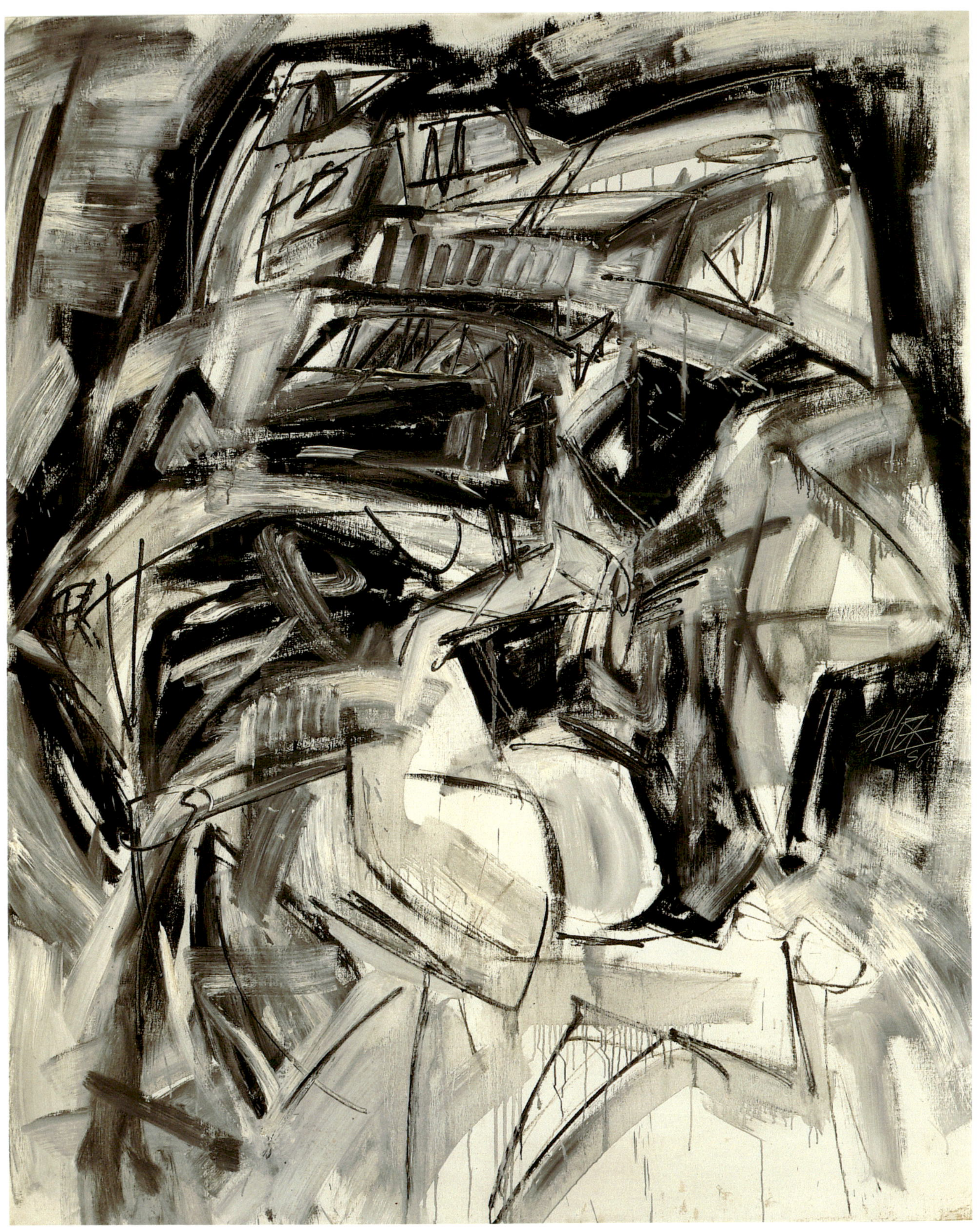

fonde, avec Millares, Feito, Canogar et Rivera, le groupe *El Paso*, proche de l'expressionnisme abstrait. *Silena* (1957) fait partie d'une série de portraits féminins, où s'énonce l'une des constantes de sa peinture: le traitement par le désordre et le déséquilibre de *«l'image déjetée du corps de la femme»*. Figures féminines monstrueuses, et même répulsives: dans l'imaginaire de Saura, elles font référence à la déesse mère primitive, la grande putain, la *«bête qui montre sauvagement ses attributs»*. Tradition de la part terrible, opposée à l'idéal de la perfection classique, qu'on pourrait suivre, des Vénus préhistoriques aux *Corps de dames* de Dubuffet, aux *Women* de De Kooning ou aux portraits de Picasso, en passant par l'iconographie baroque et Goya. Le corps de la femme contemplé à travers un *«regard cruel»*, qu'il ne faut toutefois pas confondre avec la satire féroce, la perversité ou le sadisme visuel, mais qui s'identifie au désir de construire un nouveau type de beauté, à fort contenu sexuel, terrible et déchirant, renvoyant le langage pictural *«à son essence monstrueuse et aberrante»*[4]. Pour Antonio Saura, lecteur de Bataille, il s'agit d'accepter positivement le mal comme principe originel de l'art.

Alliance, donc, entre destruction et érotisme, qui produira dans les figures des crucifiés, aussi éloignées du mysticisme que du blasphème, une icône de la solitude absolue dans laquelle se tient l'homme abandonné à sa souffrance. Monstre sanglant de la douleur dans *La Crucifixion rouge* (1963), inspirée, comme toutes les toiles de la même série, par le choc qu'éprouva l'artiste à la vue du Christ en croix de Velázquez, *«avec son visage masqué par des cheveux noirs de danseuse flamenca, avec ses pieds de torero, avec son immobilité de marionnette de chair transformée en Adonis»*. Traversant l'apparence apollinienne de ce Christ féminisé, le *«regard cruel»* de l'artiste découvre les contorsions d'une danse macabre, le cri du corps torturé d'un homme, rien qu'un homme. Sous la peau nacrée de la perfection, comme sur les radiographies des chefs-d'œuvre qu'il aime collectionner, Saura contemple le monstre, les traces de l'effort du peintre *«pour donner forme à un désir»*. Quant à la

[4]Antonio Saura: «La mirada cruel» («Le Regard cruel»), *in*: *Fijeza. Ensayos* («Fixité. Essais»), Madrid, Círculo de Lectores, 1999, p. 167.

desquiciado tratamiento de lo que denomina la imagen desechada del cuerpo de la mujer. *Figuras femeninas monstruosas, incluso repulsivas, con referencias en el imaginario de Saura, a la diosa madre primigenia, la gran puta, la* bestia que muestra salvajemente sus atributos. *Tradición de lo terrible femenino, enfrentado al ideal de perfección clásica, que iría desde las Venus prehistóricas, pasando por la iconografía barroca y Goya, a las damas de Dubuffet, las* Women *de De Kooning o los retratos de Picasso. El cuerpo de la mujer contemplado a través de una* mirada cruel *que no debe confundirse con la sátira feroz, la perversidad o el sadismo visual, sino con el deseo por construir un nuevo tipo de belleza, de fuerte contenido sexual, terrible y desgarradora, que devuelve el lenguaje* pictórico a su esencia monstruosa y aberrante[4]. *Para Antonio Saura, lector de Bataille, se trata, en definitiva, de aceptar positivamente el Mal como el principio originario del arte.*

Alianza entre destrucción y erotismo que alcanzará en las figuras de los crucificados un icono, alejado tanto del misticismo como de la blasfemia, de la completa soledad del hombre abandonado a su sufrimiento. Monstruo sangrante del dolor en Crucifixión roja *(1963), inspirado, como toda la serie, en la perturbación que provoca en el artista la aparición del Cristo crucificado de Velázquez:* con su rostro oculto entre cabelleras negras de bailaora flamenca, con sus pies de torero, con su estatismo de marioneta de carne convertida en Adonis. *Atravesando la apariencia apolínea de este Cristo feminizado, la* mirada cruel *del artista descubre las contorsiones de una danza macabra, el grito y el cuerpo torturado de un hombre; tan sólo un hombre. Bajo la piel nacarada de la perfección, como en las radiografías de obras maestras que gusta coleccionar, Saura contempla el monstruo, las huellas del esfuerzo del pintor* para conformar un deseo. *Una deformación que el artista no considera de índole expresionista, vehículo de emociones autobiográficas, sino construcción precisa y concepto meditado. De ahí la serie, la repetición del tema, una forma*

[4]*Antonio Saura: "La mirada cruel" en* Fijeza. Ensayos, *Madrid, Círculo de Lectores, 1999, pág. 167.*

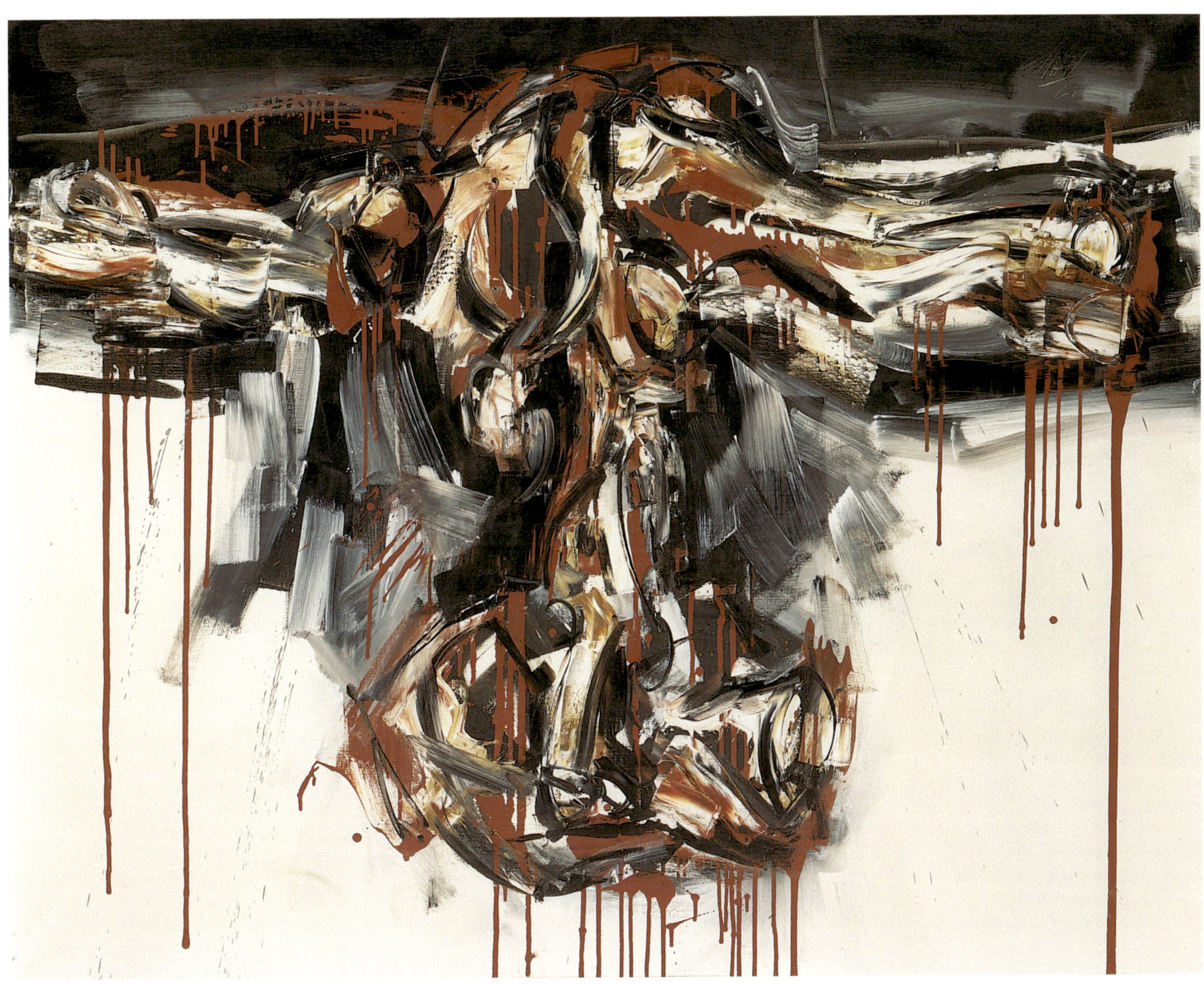

29 Antonio Saura
La Crucifixion rouge
Crucifixión roja
1963
Huile sur toile
130 × 162 cm
Collection des Musées d'art et d'histoire
de la Ville de Genève

déformation que lui-même met en œuvre, il ne lui attribue aucun caractère expressionniste; elle ne véhicule aucune émotion autobiographique: là encore, elle s'affirme comme construction précise, concept médité. D'où la série, la répétition du thème, forme paradoxale de constructivisme qui malmène la beauté établie.
L'exercice comporte une part de risque, car la beauté détruite peut se venger *«en perpétuant sa propre mémoire»*. En 1966, Antonio Saura abandonne la peinture pour se consacrer exclusivement au dessin, à l'illustration et à la gravure. Treize ans plus tard, il revient, avec cette même palette ascétique qui avait caractérisé son œuvre antérieure: le blanc, le noir et, à l'occasion, quelques ocres et marrons. Couleurs d'un crime, qu'elles laissent transparaître sous leurs traits impérieux, trace d'une obsession: la couleur de la chair, lieu de rencontre, dans l'art occidental, entre esthétique et plaisir; là est l'authentique *mémoire* de la peinture, que l'accomplissement de la violence ne peut faire disparaître. Le *«regard cruel»* de l'artiste caressera de nouveau, avant de détruire, la *«chair envahissante et proliférante»* qui s'offre, presque innocente, sous les plis du pigment obscurci: la *«chair rutilante et nacrée»* de Cranach, la *«viande rousse et dorée»* de Rembrandt, la *«carnation découpée sur la nuit obscure»* du Christ de Velázquez. A la fin, le fantôme de la sensualité, toujours présent dans la peinture de Saura: *«Amour et destruction s'unissent dans le lit transparent de l'esprit, et le peintre, face à l'impossible beauté, ressemble à l'amant, qui de tant aimer fait de l'objet de son amour un monstre.»*

M. R.

paradójica de constructivismo para violentar la belleza establecida.
Un ejercicio que conlleva algún riesgo, pues la belleza destruida, puede vengarse perseverando su propia memoria. *En 1966, Antonio Saura abandona la pintura para dedicarse exclusivamente al dibujo, la ilustración y el grabado. Trece años después retornaría con la misma paleta ascética que había caracterizado su obra anterior: el blanco y negro con ocasionales ocres y marrones. Colores de un crimen que transparentan en sus imperativos trazos, la huella de una obsesión: el color de la carne, el lugar de encuentro, en el arte occidental, entre la estética y el placer; la auténtica* memoria *de la pintura que no desaparece con el cumplimiento de la violencia. La* mirada cruel *del artista, acariciará de nuevo, antes de destruir, la* carne invasora y proliferante *que se ofrece ensimismada bajo los pliegues del pigmento oscurecido: la* carne rutilante y nacarada *de Cranach, la* dorada y rojiza carnaza *de Rembrandt, la* carnación recortándose en la noche oscura *del Cristo de Velázquez. En fin, el fantasma de la carnalidad siempre presente en la pintura de Antonio Saura:* Amor y destrucción se unifican en el transparente lecho mental, y el pintor, frente a la imposible belleza, se asemeja al amante que de tanto amar acaba convirtiendo en monstruo el objeto de su amor.

M. R.

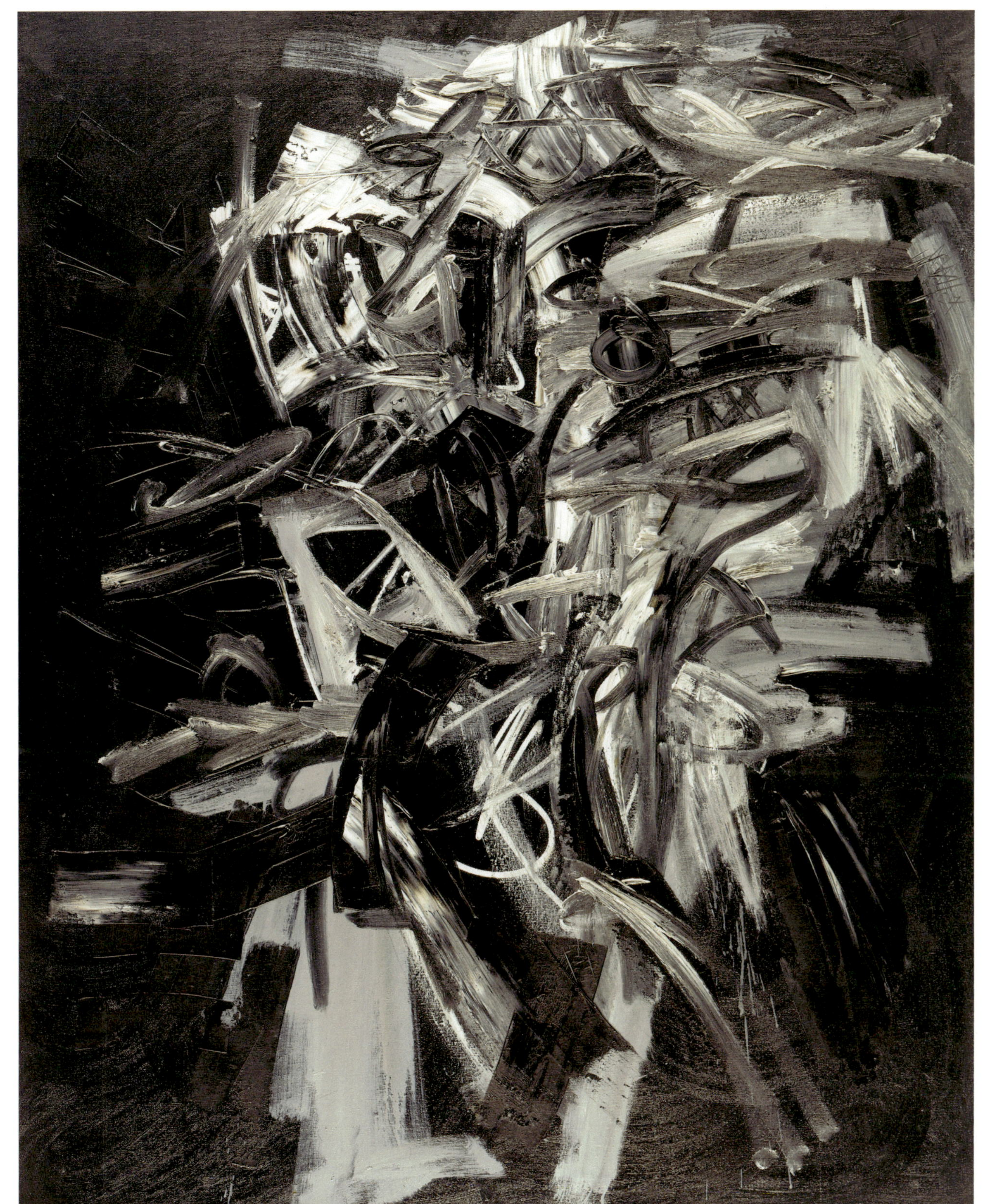

Antonio Saura
Silena
Silena
1957
Huile sur toile
162×130 cm
Instituto Valenciano de Arte Moderno (IVAM). Generalitat Valenciana, Valencia

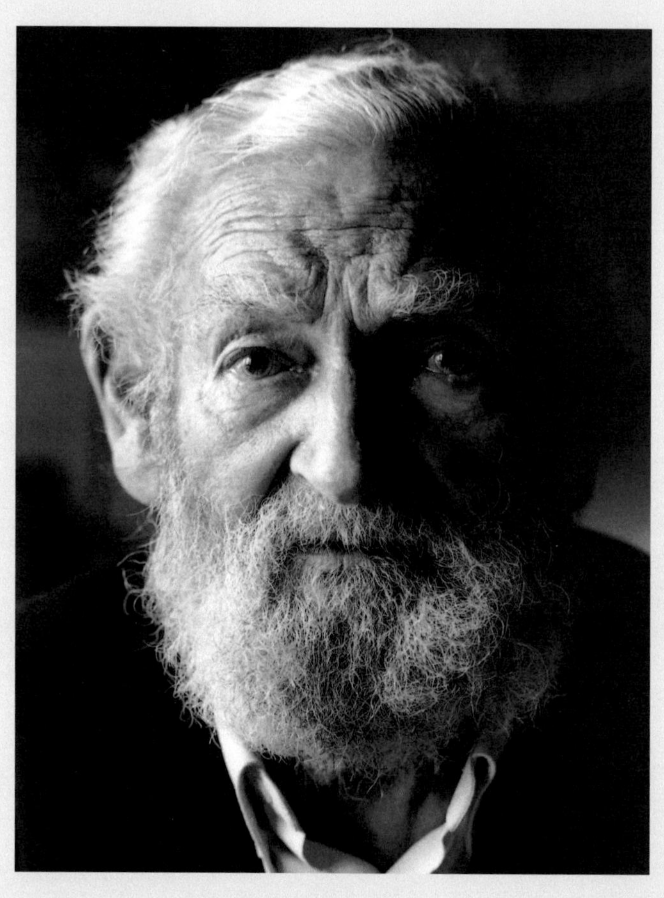

Jorge Oteiza

Orio (Guipúzcoa), 1908

Jorge Oteiza commence la sculpture à la fin des années vingt, après un passage par la Faculté de médecine et de brèves études d'art à Madrid, qu'il abandonne lorsqu'il voit qu'elles ne pourront répondre à son attente d'un art rénovateur. Oteiza a toujours montré un grand intérêt pour la physique et la biochimie, qui auront une certaine influence sur son œuvre artistique et l'aideront à définir et à résoudre des problèmes plastiques auxquels il donnera diverses solutions. Ayant obtenu une certaine reconnaissance et quelques prix lors de ses premières participations à des concours organisés dans son Pays basque natal, il part en 1935 pour l'Amérique du Sud, où il expose, à Buenos Aires et à Santiago du Chili. L'éclatement de la Guerre civile l'y surprend et il restera en Amérique jusqu'en 1948. Durant ces années, il expose, donne cours et conférences dans différents pays. Ce séjour est surtout l'occasion d'un contact avec les civilisations américaines précolombiennes, dont Oteiza tirera un substrat formel, conceptuel et anthropologique d'une très grande importance, non seulement pour sa création artistique, mais aussi pour l'étude des cultures, à laquelle il s'adonne activement. Oteiza a déployé une intense activité théorique et beaucoup publié. Parmi ses préoccupations, on retrouve aussi la question de l'identité culturelle basque, au cœur d'un projet éthique à caractère progressiste, qui domine toute son œuvre. En 1948, après ce long exil, il rentre en Espagne, où il reprend part à la vie artistique et expose. Ses créations d'alors s'éloignent petit à petit d'une figuration utilisant des volumes massifs et des formes schématiques, qui ne sont pas sans rappeler certaines solutions formelles d'Henry Moore. Au cours des années cinquante, Oteiza adoptera définitivement une abstraction d'abord fondée sur des formes organiques, qui aboutira, dans la seconde moitié de la décennie, à une sculpture géométrique dans laquelle l'artiste cherche à éliminer tout élément expressif ou émotionnel, pour se concentrer sur un projet analytique et expérimental uniquement préoccupé de la forme et de l'espace. Sa sculpture, pour autant, est bien autre chose qu'un simple déploiement formel, car elle a toujours été inspirée par le sentiment de l'essentiel et de la transcendance. La dimension culturelle et le fond métaphysique qu'il a perçu encore vivant dans les manifestations artistiques préhistoriques et primitives, voilà ce qu'il tente de transmettre, avant tout, dans ses œuvres, au-delà d'une réunion d'espaces et de formes. *Suspension vide. Stèle funéraire. Hommage à René Couzinet* (1957) est réalisé lors d'une année cruciale dans la trajectoire d'Oteiza, puisqu'il reçoit le Premier Prix de Sculpture de la IVe Biennale de São Paulo, au Brésil; les deux autres lauréats sont les peintres Morandi et Ben Nicholson. Oteiza, qui n'était pas jusqu'à présent très

La creación escultórica de Jorge Oteiza se inició a finales de los años veinte tras su paso por la Facultad de Medicina y un período de estudios artísticos en Madrid que abandonó al ver que éstos no colmaban sus espectativas de un arte renovador. Desde un principio Oteiza mostró un gran interés por la ciencia física y la bioquímica, que posteriormente tendría repercusión en su obra artística y la ayudaría a definir y desarrollar unos problemas plásticos para los cuales buscaría diversas soluciones. Habiendo logrado algunos reconocimientos y premios ya desde sus primeras participaciones en concursos en su País Vasco natal, en 1935 emprende viaje a Sudamérica para exponer en Buenos Aires y Santiago de Chile. Allí le sorprende el estallido de la Guerra Civil española, permaneciendo en América hasta 1948, tiempo que dedica a exponer, impartir clases y dar conferencias en varios países. Esta estancia le proporcionaría un contacto con las culturas americanas precolombinas del que Oteiza extraería un sustrato formal, conceptual y antropológico de gran alcance no sólo para su creación artística, sino también para su activa dedicación a los estudios culturales. Oteiza ha desplegado una intensa actividad teórica, publicando abundantes textos. Entre sus inquietudes se halla también la propia identidad cultural del pueblo vasco dentro de un proyecto ético de carácter progresista que preside toda su obra. En 1948 regresó a España tras su largo exilio, incorporándose de nuevo a la creación y la actividad expositiva. Sus creaciones de entonces se fueron alejando progresivamente de una figuración de volúmenes macizos y formas esquemáticas a la que no eran ajenas algunas de las soluciones formales de Henry Moore. Sin embargo, a lo largo de la década de los cincuenta Oteiza adoptaría definitivamente una abstracción que primero fue de formas orgánicas para transformarse, ya en la segunda mitad de la década, en una escultura geométrica en la que el artista quiso desterrar cualquier elemento expresivo o emocional, para centrarse en un proyecto analítico y experimental de la forma y el espacio. Su escultura no será nunca un mero despliegue formalista, ya que se vio siempre inspirada por un sentido esencialista y trascendente. La dimensión cultural y el trasfondo metafísico que encontraba vivo en las manifestaciones artísticas prehistóricas y primitivas, era lo que quería transmitir en sus obras, además de la conjunción de espacios y formas. Suspensión vacía. Estela funeraria. Homenaje a René Couzinet *(1957) fue realizada en un año crucial en la trayectoria de Oteiza. Fue entonces galardonado con el Premio de Escultura de la IV Bienal de São Paulo, en Brasil, junto a los otros dos premiados, los pintores Morandi y Ben Nicholson. Esto proyectó internacionalmente a un Oteiza hasta entonces no demasiado bien conocido. Ese año fue*

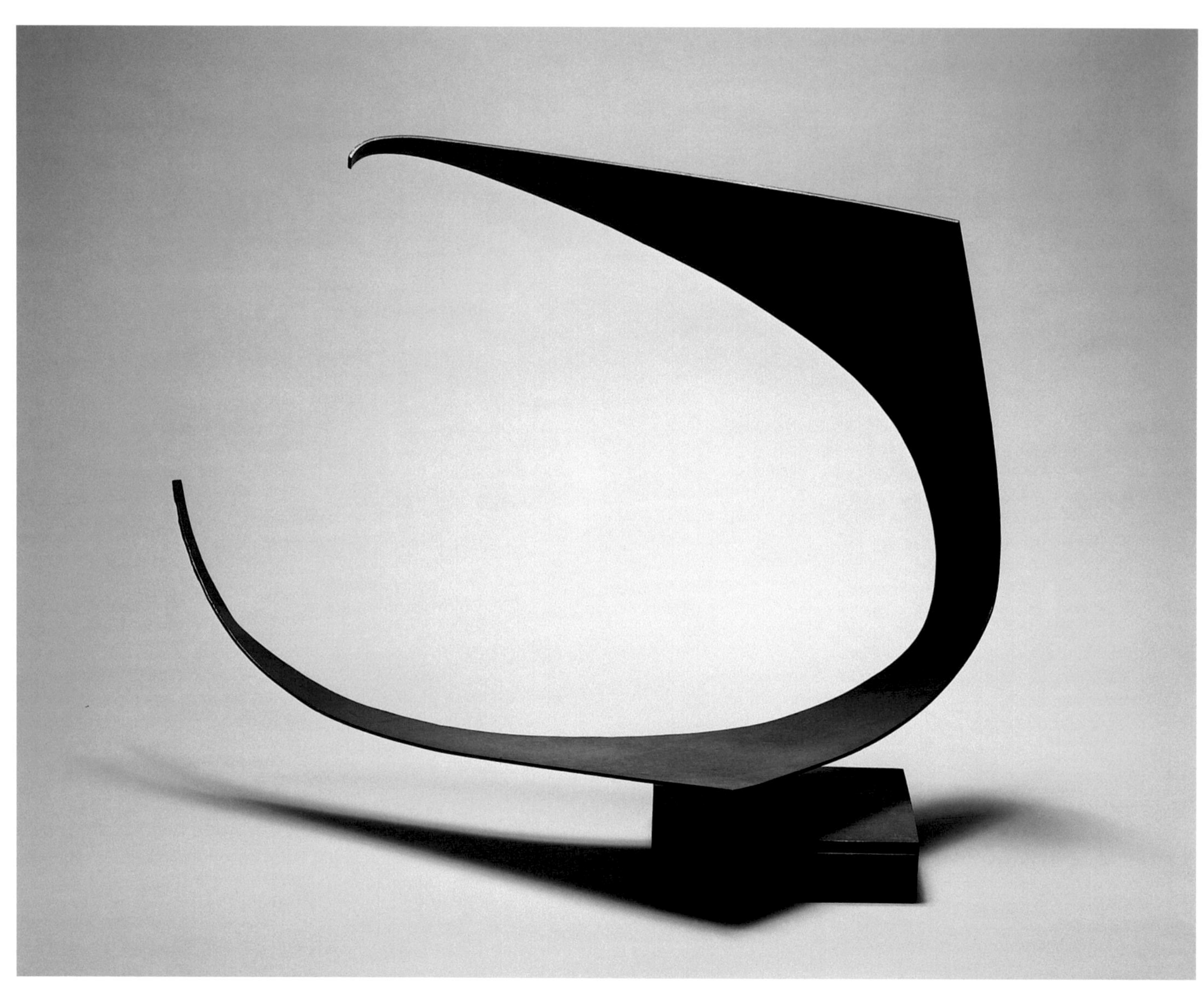

31 Jorge Oteiza
Suspension vide. Stèle funéraire. Hommage à René Couzinet
Suspensión vacía. Estela funeraria. Homenaje a René Couzinet
1957
Fer forgé
51,5×65×42,5 cm
Museo Nacional Centro de Arte Reina Sofía, Madrid

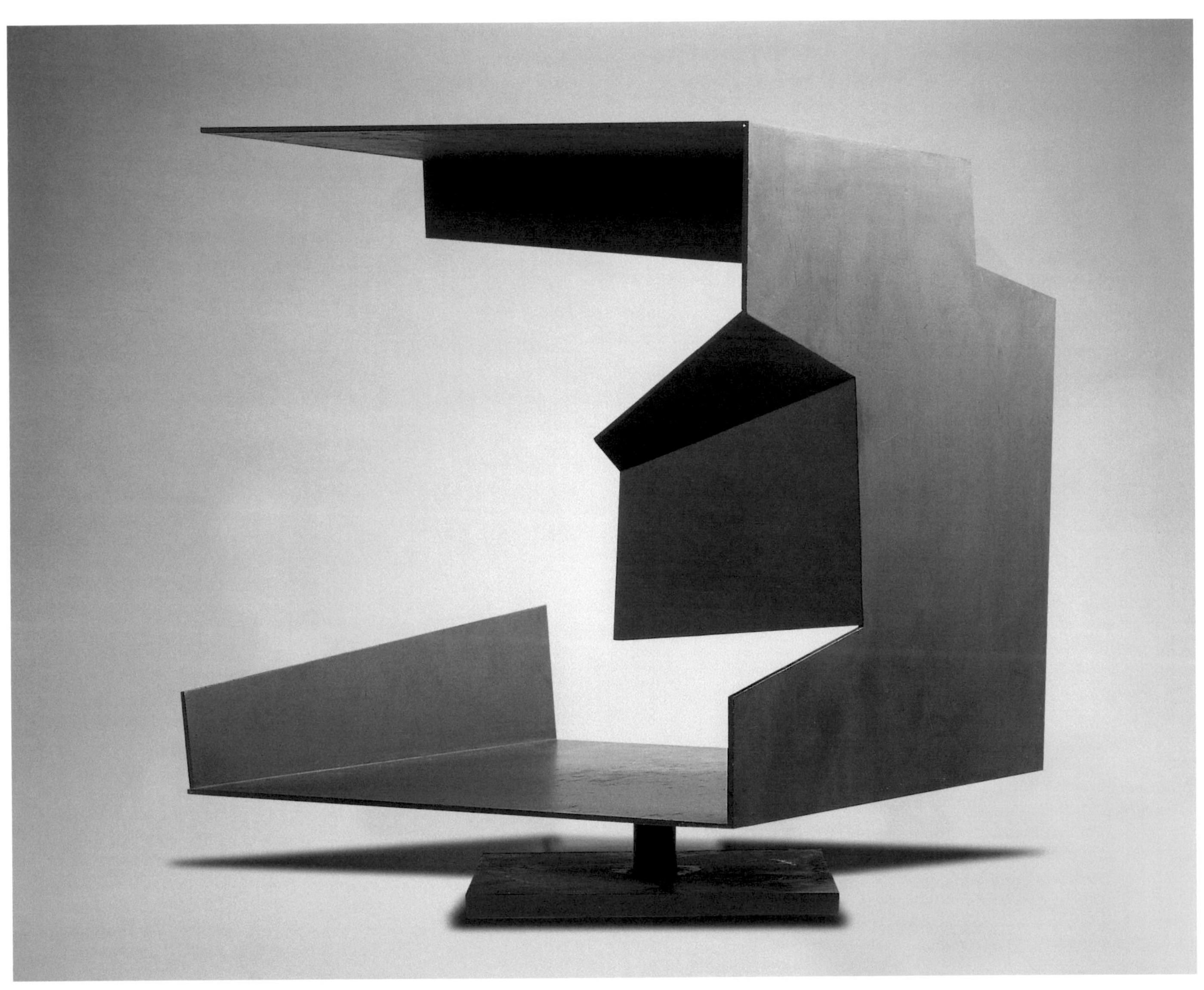

32 Jorge Oteiza
Boîte vide
Caja vacía
1958
Fer
42×42,5×42 cm
Colección de Arte Contemporáneo, Fundación "la Caixa", Barcelona

connu, se retrouve projeté sur la scène internationale. Cette année est aussi celle de la publication de l'un de ses meilleurs textes, *Propos expérimental*, dans lequel il expose ses idées sur la sculpture. La plus originale est la *«désoccupation spatiale»*. Face au système employé par Moore et d'autres artistes, qui consiste à perforer la masse sculpturale pour faire pénétrer l'espace vide, Oteiza propose une statuaire sans masse ni centre de masse. Au contraire, la désoccupation spatiale se fonde sur la construction d'unités ou de formes géométriques en plaque de métal, légères et fines, réunies entre elles de façon que l'espace vide constitue le centre vital et énergétique de la sculpture. Il soude donc des formes géométriques dont la combinaison dialogue avec l'absence, c'est-à-dire avec le vide. La sculpture n'est pas conçue comme une géométrie produite par le calcul mathématique, mais par la dynamique interne de formes combinées entre elles, déterminée par des facteurs tels que l'équilibre, l'appui, la pression, etc. Les sources auxquelles puise Oteiza sont d'abord celles de la peinture abstraite géométrique de Malevitch et Mondrian, mais il ne faut pas oublier sa relation étroite avec des propositions constructivistes comme celles de Gabo et Pevsner. *Suspension vide. Stèle funéraire. Hommage à René Couzinet* est formellement très simple: une fine plaque de fer découpée, engendrant une hyperbole ouverte, dont les extrémités, détournées dans différentes directions, interdisent leur réunion et par conséquent la clôture de la forme. L'espace vide constitue le centre et l'essence de cette sculpture, légère, et plus statique que la version du même nom réalisée en 1958 par le sculpteur, dans laquelle la plaque, courbée, engendre un plus grand dynamisme. Dans les deux versions, le point d'appui de la pièce lui donne sa stabilité, renforçant son appartenance et sa fixation au plan horizontal. *Boîte vide* (1958) et *Hommage à Velázquez* (1958) correspondent à l'année où Oteiza formule sa *Loi des Changements pour l'Expression*, qui le conduira, en dernière instance, à abandonner son activité de sculpteur en 1959 pour se consacrer à la création théorique. *Boîte vide* est une des diverses solutions formelles que le sculpteur donne à la désoccupation du cube. Les boîtes ouvertes et vides forment deux ensembles d'expériences où se déploient les différentes possibilités de réduction des plans solides de la sculpture. Oteiza est parti des formes du carré et du rectangle, figures géométriques essentielles, provenant de l'univers suprématiste de Malevitch. Dans une de ses séries, il a justement travaillé les plaques de fer en leur donnant ces formes, qu'il appelle «Unités Malevitch», et qui jouent le rôle de plans actifs (droits ou courbes) mais indépendants, ne constituant pas une boîte ou un cube, mais une figure totalement ouverte. Dans l'œuvre que nous

también el de la publicación de uno de sus textos más señeros, Propósito experimental, *en el cual expuso sus ideas sobre la escultura. La principal de ellas es la de la* "desocupación espacial". *Frente al sistema empleado por Moore y otros artistas al perforar la masa escultórica para hacer penetrar el espacio vacío, Oteiza propone una estatua en la que no hay masa ni centro macizo. Por el contrario, la desocupación espacial quiere, mediante la construcción de unidades o formas geométricas en chapa de metal, ligeras y delgadas, unir éstas de tal manera que el espacio vacío sea lo que constituye el núcleo vital y energético de la escultura. Para ello suelda formas geométricas cuya combinación dialoga con la ausencia, es decir, con el vacío. La escultura no se concibe como una geometría producto del cálculo matemático, sino de la dinámica interna de formas en combinación atendiendo a factores como equilibrio, apoyo, presión, etc. Las fuentes de las que parte Oteiza están en la pintura abstracta geométrica de Malevitch y Mondrian fundamentalmente, aunque no debe olvidarse la estrecha relación con propuestas constructivistas como las de Gabo y Pevsner.* Suspensión vacía. Estela funeraria. Homenaje a René Couzinet *es formalmente muy sencilla: una fina chapa de hierro recortada generando una hipérbole abierta cuyos extremos, doblados en distintas direcciones, imposibilitan la unión y como consecuencia el cierre de la forma. El espacio vacío constituye el centro y la esencia de esta escultura, que es liviana y más estática que la otra versión del mismo título que realizó el escultor en 1958 en la que la chapa se curva generando un dinamismo mayor. En ambas versiones el punto de apoyo de la pieza le proporciona estabilidad y acentúa la pertenencia y fijación al plano horizontal.* Caja vacía *(1958) y* Homenaje a Velázquez *(1958) corresponden al año en el que Oteiza formula su* Ley de los Cambios para la Expresión *que le llevará, en última instancia, al abandono de la actividad escultórica en el año siguiente, 1959, para dedicarse a la creación teórica.* Caja vacía *es una de las diversas soluciones formales que el escultor da a la desocupación del cubo. Las cajas abiertas y las cajas vacías son dos conjuntos de experiencias en las cuales se despliegan las diversas posibilidades de reducción de los planos sólidos de la escultura. Oteiza había partido de la forma del cuadrado y el rectángulo como figuras geométricas esenciales procedentes del universo suprematista de Malevitch. En una de sus series, trabajó precisamente con chapas de hierro con estas formas que llamó "Unidades Malevitch" y que actuaban como planos activos (rectos o curvos) pero independientes, que no constituían todavía la forma cúbica o de caja, sino otras completamente abiertas. En esta obra que presentamos, Oteiza no parte de planos independientes, sino de la*

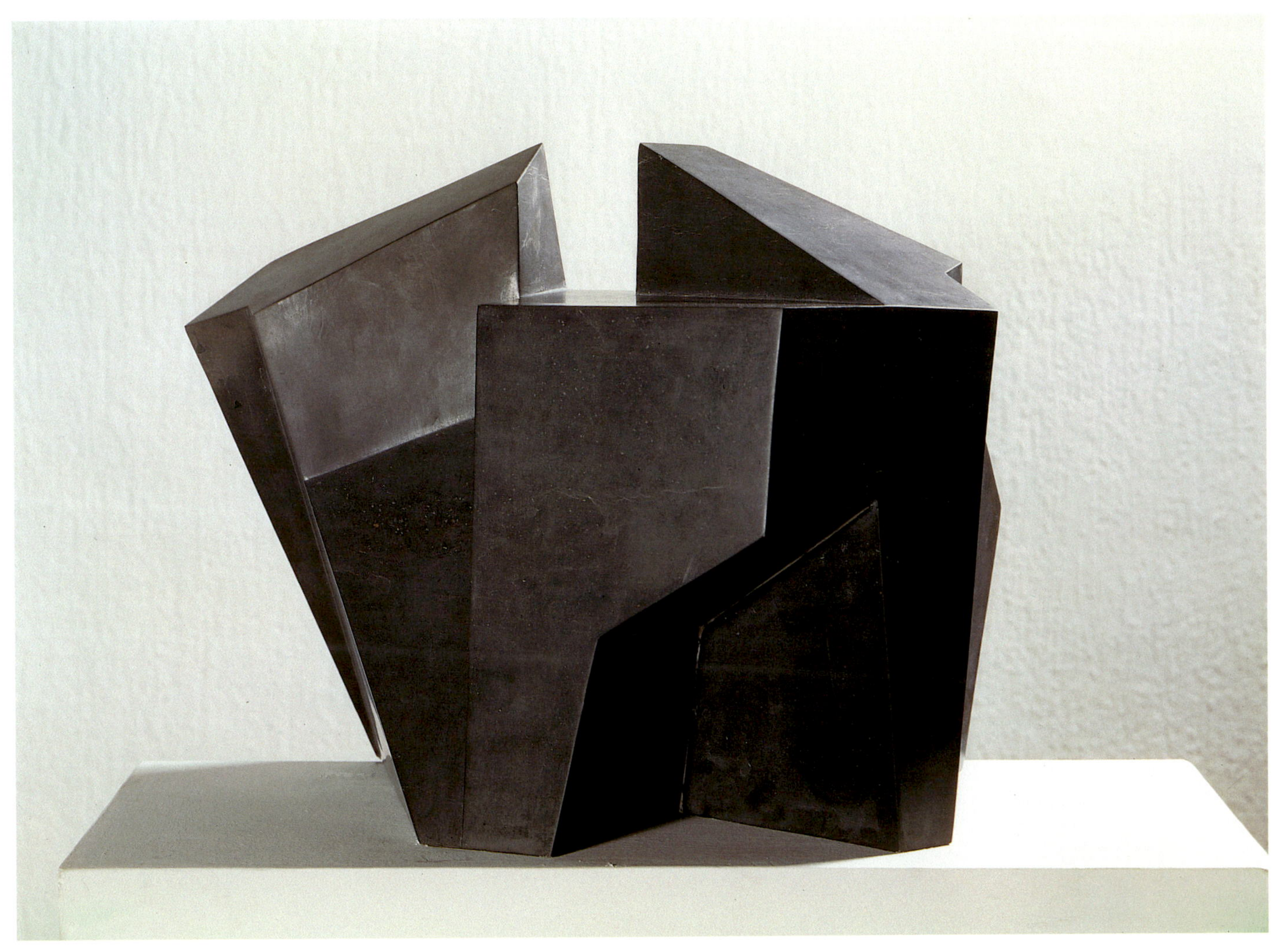

33 Jorge Oteiza
Macle ternaire avec la matrice. Malevitch-Atarrabi
Macla ternaria con la matriz. Malevitch-Atarrabi
1974
Pierre
50×39×40 cm
Colección de Arte Contemporáneo, Fundación "la Caixa", Barcelona

présentons, Oteiza ne part pas de plans indépendants, mais de la forme pleinement constituée du cube, dont il omet certains éléments. Par ce processus, l'artiste «libère» l'énergie de l'espace intérieur, vide et métaphysique. *Macle ternaire avec la matrice. Malevitch-Atarrabi*, bien que réalisé en 1974, provient d'un ensemble antérieur de pièces taillées dans la pierre et le bois, en 1957, les *Cuboïdes expérimentaux*. Fondé sur la forme première du suprématisme russe, *Macle ternaire avec la matrice. Malevitch-Atarrabi* n'en est pas moins très différent dans son concept; Oteiza y explore le noyau de la masse interne, résultant lui-même d'une fusion des deux éléments de la pièce. Les macles sont de plus réalisées dans un matériau dont les qualités physiques – robustesse, opacité – forment un contrepoint à la légèreté des plaques de fer soudées qui constituent les boîtes. Oteiza se sert de chaque matériau pour explorer une situation plastique. Il essaie sur de petites maquettes les multiples possibilités de chaque proposition, utilisant du fer-blanc, des craies, des morceaux de bois. Au travers de ces petites sculptures, il parvient à définir la ou les solutions qui expriment avec le plus d'efficacité son idée, qu'il portera jusqu'au matériau définitif, avec ce traitement précis des surfaces et des arêtes qui a pour but d'éviter toute présence d'une «touche», ou d'une marque expressive et subjective de l'artiste. *Hommage à Velázquez* date, quant à lui, de l'année même où Oteiza abandonne officiellement la sculpture. Dans le processus de désoccupation spatiale, la sculpture, dit-il, a fini par lui échapper des mains. Cette œuvre est une des plus simples, ouverte, mais aussi, dans le même temps, comme retirée. La lecture que donne Oteiza de Velázquez peut s'interpréter comme le choix de l'espace-cage où se déploient les personnages des *Ménines*: une sculpture qui s'apparente aux assemblages de dièdres réalisés en 1959. Une œuvre par laquelle Oteiza remplit presque entièrement son programme de désoccupation, qui n'est pas autre chose que la dématérialisation de la sculpture.

C. B.

forma del cubo plenamente constituida de la que omite partes. En este proceso, el artista "libera" la energía del espacio interior, vacío y metafísico. Macla ternaria con la matriz. Malevitch-Atarrabi, *aunque realizada en 1974, procede de un conjunto de esculturas anteriores que Oteiza talló en piedra y madera en 1957, los* Cuboides experimentales. *Si bien es muy diferente en su concepto, la* Macla ternaria con la matriz. Malevitch-Atarrabi *se basa también en la forma fundamental del Suprematista ruso, pero en las maclas Oteiza explora el núcleo macizo interno que resulta de la fusión de otros dos. Estas maclas están además realizadas en materiales cuyo cuerpo físico recio y opaco forma el contrapunto de la ligereza de las chapas de hierro soldadas que constituyen las cajas. Cada material le sirve a Oteiza para explorar una situación plástica. En su proceso de trabajo, el escultor ensaya en pequeñas maquetas las múltiples posibilidades de cada propuesta utilizando hojalata, tizas o maderas. A través de esas pequeñas esculturas llega a definir la solución o soluciones que más eficazmente expresan su idea, y serán esas las que lleve a material definitivo, siempre con un tratamiento preciso de superficies y aristas que evitan cualquier presencia del "toque" o la marca expresiva y subjetiva del artista.* Homenaje a Velázquez, *por su parte, data del año en que Oteiza abandona oficialmente la escultura. En su proceso de desocupación espacial –dice– la escultura llega a írsele de las manos. Esta obra es una de las más sencillas, abierta pero al mismo tiempo recogida. La lectura que hace Oteiza de Velázquez puede interpretarse como la elección del espacio-caja en el que se despliegan los personajes de* Las Meninas*: una escultura emparentada con las constituidas por diedros que realizó en 1959. Una obra en la que Oteiza alcanza casi en su totalidad su propósito de desocupación que no es otro que el de desmaterializar la escultura.*

C. B.

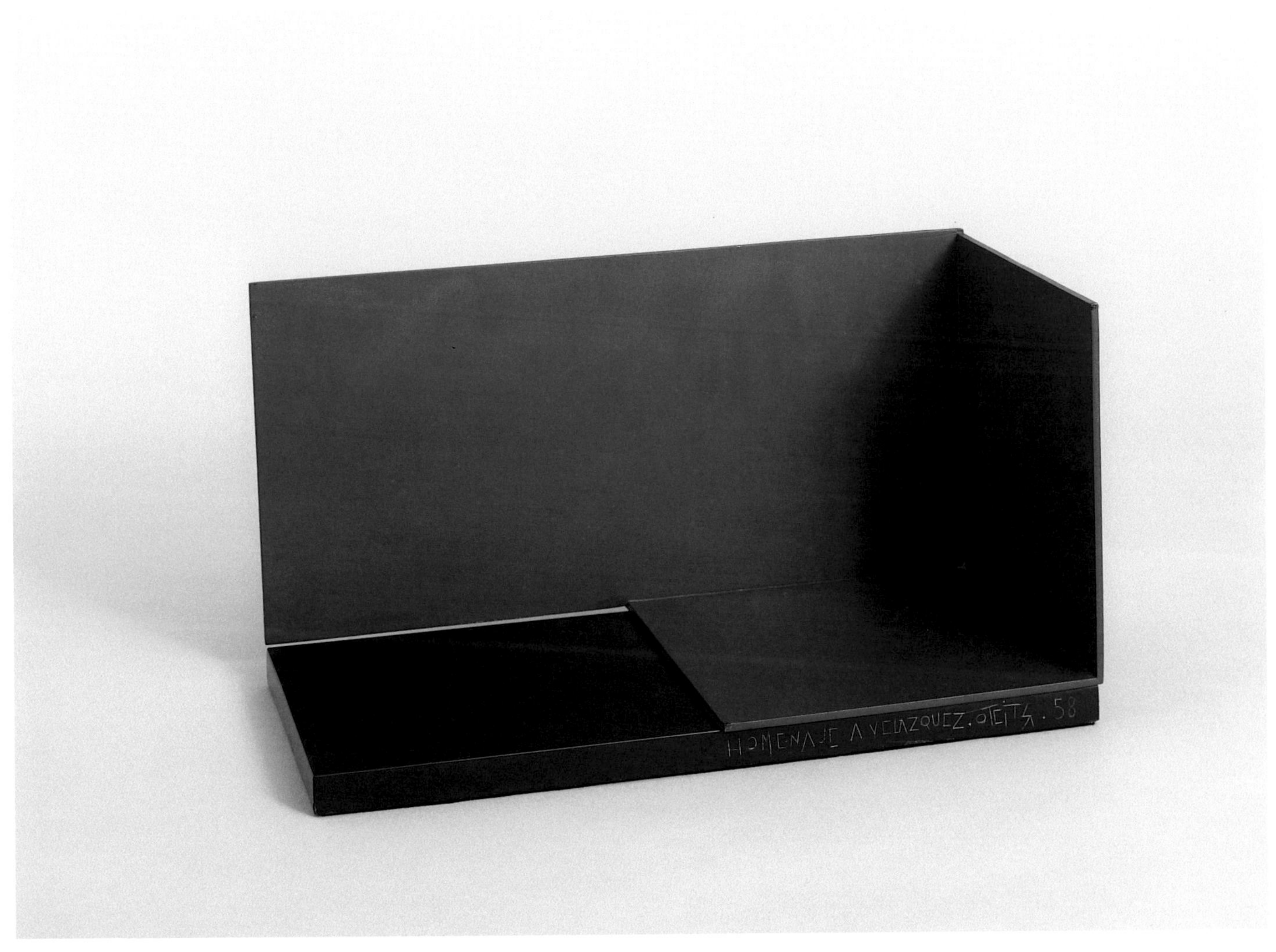

34 Jorge Oteiza
Hommage à Velázquez
Homenaje a Velázquez
1958
Acier
20 × 40 × 20 cm
ARTIUM de Álava. Vitoria-Gasteiz

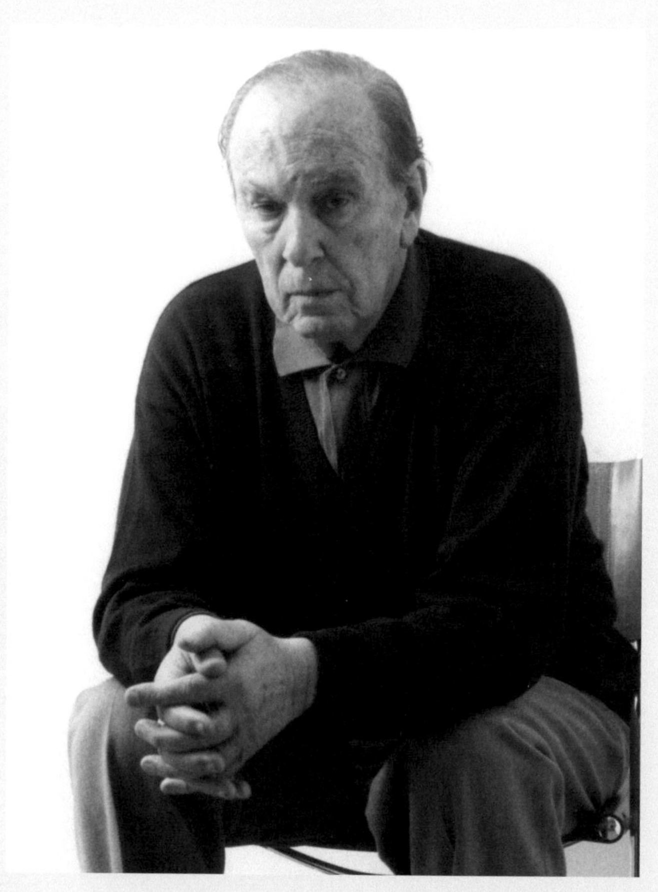

Pablo Palazuelo

Madrid, 1916

Les trois œuvres de Pablo Palazuelo présentées ici sont, avec celles de Jorge Oteiza, représentatives de l'abstraction dans son acception géométrique, développée par des artistes espagnols de la seconde moitié du XXe siècle. Palazuelo est peintre et sculpteur; sa trajectoire créatrice s'inscrit pour ainsi dire depuis le début dans l'abstraction. Né à Madrid, il a étudié l'architecture au Royal Institute of British Architects d'Oxford. Il revient en Espagne en 1936 et, à partir de 1940, décide de se consacrer à la peinture, réalisant, dans les dernières années de la décennie, ses premières œuvres abstraites, nettement influencées par le cubisme de Picasso et Juan Gris, puis, plus tard, par Paul Klee, Mondrian et Kandinsky. En 1948, il séjourne à Paris, grâce à une bourse du Gouvernement français; il loge au Collège d'Espagne, où il fait la connaissance d'Eduardo Chillida, avec lequel il participe au Salon de Mai, la même année. Il restera dans la capitale française jusqu'à la fin des années soixante. Dans ses œuvres, la géométrie ne répond en aucune façon à un sens formaliste, mais à ce que lui-même appelle une *«fonction géométrisante»*, fondamentalement un ordre au-delà des choses, imbu de spiritualité. L'abstraction, chez Palazuelo, se nourrit pour une part de l'inspiration de la nature, pour l'autre, de considérations et de contenus issus de l'hermétisme, de la mystique occidentale, mais plus encore orientale, perse ou hindoue, jusqu'au taoïsme. La nature est une source car elle offre le modèle de ses multiples capacités de création; c'est la *natura naturans* des Anciens: créatrice, génératrice de vie. En ce sens, Palazuelo est attentif à la formation des êtres biologiques, des architectures cristallines, des rythmes, des phases et des dérives imprimés par la génération dynamique. D'un autre côté, ce regard porté sur certaines forces de la nature se teinte de concepts cosmologiques, numérologiques et mystiques que Palazuelo n'a cessé d'étudier depuis ses premières années à Paris. Le nombre devient par antonomase la réalité même de la chose mesurée et les rapports numériques constituent pour Palazuelo un point de départ. La mystique contribue à imprégner son œuvre d'un sens transcendant, non pas religieux mais spirituel, et celle-ci gravite justement autour de l'idée fondamentale de la dimension spirituelle de l'existence. *Aube* (1952) montre bien cette transition des premiers postulats

Las tres obras de Pablo Palazuelo que se presentan en esta exposición son, junto con las de Jorge Oteiza, representativas de la abstracción en su vertiente geométrica desarrollada por artistas españoles en la segunda mitad del siglo XX. Palazuelo es pintor y escultor, y su trayectoria creativa se enmarca en la abstracción casi desde el principio. Nacido en Madrid, estudió arquitectura en el Royal Institute of British Architects de Oxford. Regresó a España en 1936 y desde 1940 decidió dedicarse a la pintura, realizando sus primeras obras abstractas en los últimos años de esa década con una clara influencia del Cubismo de Picasso y Juan Gris, y algo más tarde de Paul Klee, Mondrian y Kandinsky. En 1948 viajó a París con una beca del Gobierno francés, instalándose en el Colegio Español, donde conoció a Eduardo Chillida, con quien participó en el Salón de Mayo de ese mismo año. En la capital francesa permanecería hasta finales de la década de los sesenta. En sus obras la geometría no obedece a un sentido formalista, sino a lo que él mismo ha llamado una "función geometrizante", *fundamentalmente un orden más allá de las cosas, imbuido de carácter espiritual. La abstracción en Palazuelo bebe por una parte de la inspiración en la naturaleza, y por otra de consideraciones y contenidos procedentes del hermetismo, la mística occidental, y sobre todo oriental, desde la persa o hindú al taoísmo. La naturaleza es fuente porque le proporciona un modelo de múltiples capacidades creativas, la* natura naturans *de los antiguos, esto es: la naturaleza creadora, generadora de vida. En este sentido, Palazuelo está atento a las formaciones de entes biológicos, de formaciones cristalinas, de los ritmos, fases y derivas impresos por la generación dinámica. Por otra parte, esta mirada a ciertos impulsos de la naturaleza se ve matizado por conceptos cosmológicos, numerológicos y místicos que Palazuelo estudia desde sus primeros años en París. El número es el ente de medida por antonomasia, y las relaciones numéricas como razón esencial constituyen para él un punto de partida. La mística contribuye a impregnar su obra de un sentido trascendente no religioso sino espiritual, que hace que su obra gravite sobre la idea fundamental de la dimensión espiritual de la existencia.* Alborada *(1952) es una de las obras que muestran una transición desde sus postulados neocubistas primeros hacia geometrías dinámicas fuerte-*

néocubistes vers des géométries dynamiques fortement colorées. Il s'agit d'une composition fondée sur des formes planes fractionnées dérivées du rectangle et du triangle, ce que Palazuelo appelle «*moules à formes*», c'est-à-dire formes «*mères*»; triangle, carré, hexagone «moulent les formes qui en procèdent». On assiste là, avant tout, à une confrontation entre fond et forme, ainsi qu'au surgissement d'un espace dans lequel les plans flottent et se recouvrent légèrement. Comme dans presque toutes les œuvres de Palazuelo, il n'est pas question de symétrie latérale, qui ne ferait qu'ancrer excessivement la forme, la fixer ou l'ankyloser, et réduirait son rayonnement dynamique. Les plans chromatiques coexistent avec les lignes droites qui se croisent, constituant des faisceaux qui dialoguent dans une tension dynamique et alerte. Dans les peintures de cette période, Palazuelo travaille encore avec des formes fermées, mais l'interaction entre celles-ci est un phénomène qui se répétera plus tard. Ces structures géométriques actives se présentent à nous comme modifiées par leur présence même, se replaçant dans l'espace, variant leurs rythmes et les intervalles qui les séparent. Pour Palazuelo, cette idée de transformation, de déplacement, ainsi que la possibilité d'adopter différentes configurations sont un principe fondamental de la nature, mais aussi du schème abstrait des structures complexes et des modèles scientifiques et mathématiques. Il sait, par la peinture, en une métaphore fondamentale de l'existence spirituelle, rendre compatibles l'équilibre des forces et le potentiel de changement. En 1969, Palazuelo revient en Espagne. *Tempo* (vers 1960-1970) suppose déjà une évolution par rapport à *Aube*. Non seulement le format est différent, puisque c'est la verticalité qui s'exprime ici, mais s'y énonce aussi une transformation des schèmes antérieurs de tension entre fond et forme. Dans *Tempo*, ces derniers s'équivalent, de sorte qu'on peut lire dans la toile une forme blanche, mais également des plans noirs. Si l'on observe ces derniers, on voit apparaître un sens tectonique dans ces formes qui se divisent ou se séparent: leurs déchirures irrégulières dessinent une configuration ramifiée blanche. La symétrie demeure absente et la peinture tire parti, esthétiquement, de cette irrégularité. Un désordre qui garde en lui-même une possibilité d'ordre. Palazuelo joue avec les formes

mente coloreadas. Se trata de una composición basada en formas planas fraccionadas que derivan del rectángulo y el triángulo, algo que Palazuelo denominó "moldes de formas", *es decir, formas* "madres" *como el triángulo, el cuadrado o el hexágono que "moldean las formas procedentes de ellas". En esta composición se da una confrontación fundamental entre fondo y forma, así como la sugerencia de un espacio en el cual los planos flotan y se solapan levemente. Como en casi todas las obras de Palazuelo, se elude la simetría bilateral, que no es para él más que un anclaje excesivo de la forma que la fija y anquilosa, reduciendo la irradiación dinámica que ésta debe poseer. Los planos cromáticos conviven con las líneas rectas que se cruzan constituyendo haces que dialogan en una tensión ágil. En ésta y otras pinturas de la misma época Palazuelo todavía está trabajando con formas cerradas, pero la interacción entre éstas es un fenómeno que se repetirá en fechas posteriores. Estas estructuras geométricas activas se nos presentan como si su presencia fuera a modificarse recolocándose en el espacio, variando sus ritmos y los intervalos que las separan. Para Palazuelo esta idea de transformación, desplazamiento y posibilidad de adoptar diversas configuraciones es un principio básico de la naturaleza, pero también del esquema abstracto de las estructuras complejas y los modelos científicos y matemáticos. Sabe compatibilizar en la pintura el equilibrio de fuerzas con la potencialidad del cambio, siendo este aspecto una metáfora fundamental de la propia existencia espiritual. En 1969 Palazuelo regresó a España.* Tempo *(ca. 1960-70) supone ya un cambio respecto a* Alborada. *No sólo adopta un formato distinto, primando aquí la verticalidad, sino también se da una transformación de los anteriores esquemas de tensión entre fondo y forma. En* Tempo *son equivalentes, de suerte que puede leerse la obra como la forma blanca o igualmente como los planos negros. Si se observan éstos, hay un sentido tectónico en estas formas que se parten o segregan, y en su desgarro irregular dibujan una configuración ramificada blanca. Sigue ausente la simetría, y la pintura saca un gran partido estético a la irregularidad. Un desorden que guarda en sí mismo una capacidad de orden. Palazuelo juega con formas más allá de la geometría, en lo que se ha denominado* "transgeometría". *Los giros diagonales de la estructura*

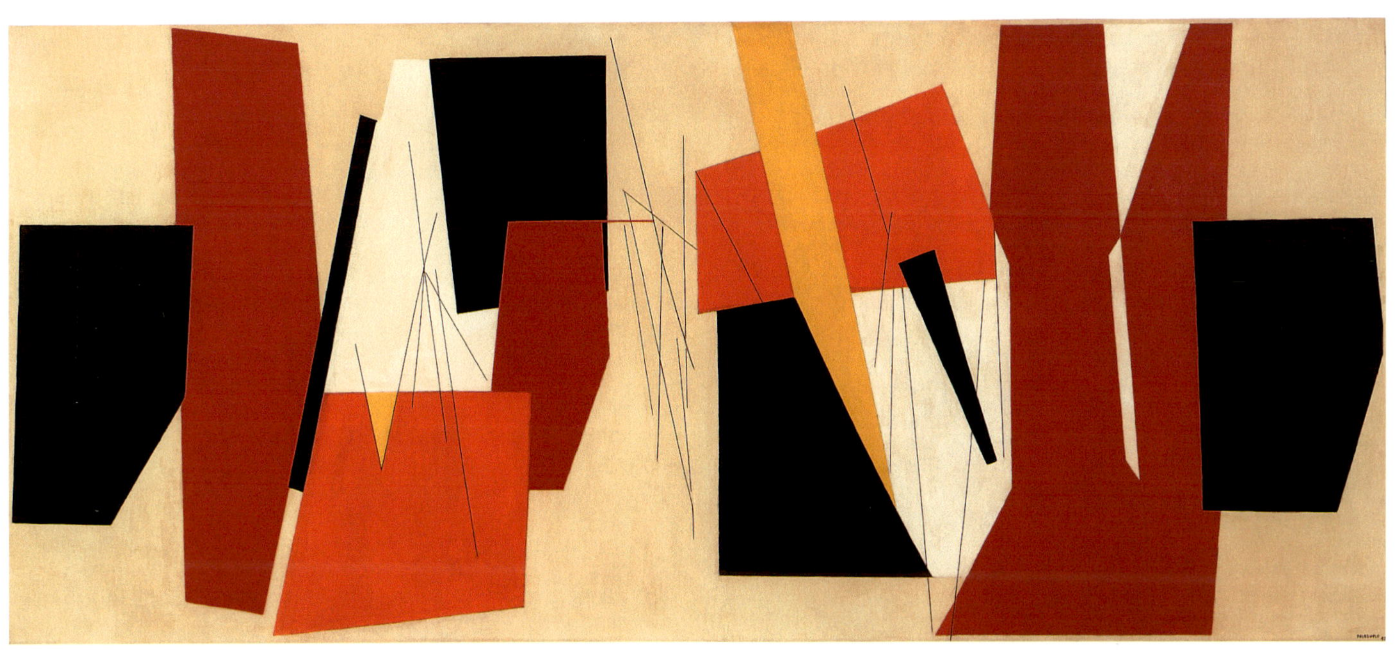

35 Pablo Palazuelo
Aube
Alborada
1952
Huile sur toile
101 × 220 cm
Colección de Arte Contemporáneo, Fundación “la Caixa”, Barcelona

au-delà de la géométrie, dans ce qu'il appelle *«transgéométrie»*. Les mouvements circulaires en diagonale de la structure blanche dirigent la perception du spectateur vers la partie haute de la toile. Palazuelo soumet la forme à un changement d'orientation et de vitesse, qui altère aussi bien sa morphologie *stricto sensu* que son éclairage. Bien qu'on puisse imaginer un calcul numérique sous-jacent, le parcours de la forme blanche ne paraît pas suivre des modulations strictement calculées, mais plutôt répondre à un jeu qui renforce et active l'imagination visionnaire au moyen de la dérive formelle proposée; c'est en ce sens qu'il faut rappeler le rôle d'incitation à la méditation joué par les modèles abstraits dans différentes cultures, notamment les motifs géométriques de l'art hispano-musulman. Dans *Tempo*, Palazuelo limite sa palette au noir et au blanc – pour lui, le contraste maximal des énergies. Par leur moyen, il exprime la tension bipolaire extrême entre la lumière et l'obscurité. Curieux de la science alchimique, l'artiste, dans nombre de ses œuvres, rend présente l'essence du noir comme point zéro de la couleur, évocation de la matière première fondamentale, le *niger* des alchimistes. Aussi l'usage de la couleur a-t-il, pour Palazuelo, un potentiel symbolique. *Minos* (1992) correspond à une étape où la ligne acquiert le premier rôle dans sa peinture. Elle est ici élément total, directionnel et dynamique, traçant parcours, trames et géométries sans fin. Elle part du point et se constitue comme *«pulsation rythmique»*, synonyme, pour Palazuelo, d'énergie: *«Ces directions et distances-lignes sont les éléments premiers d'un langage qui nous sert à connaître le monde, et qui dans le même temps* est *le monde.»* Palazuelo parvient à trouver une écriture propre, qui ne soit pas fondée sur des signes linguistiques conventionnels ou cryptographiques, mais sur des éléments aussi pleinement enracinés dans l'art que des lignes. Et celles-ci, qui, dans certains tableaux, se rapprochent de la partition musicale, traduisent des concepts d'énergie, d'ordre, de mouvement, de rythme, de répétition, de variation, d'espace et de perception. Elles sont droites et surtout diagonales, car la perpendicularité induit un statisme que Palazuelo rejette, que la diagonale parvient à désarticuler. Il y a, sous-jacent, dans *Minos*, un schème orthogonal originel, mais les lignes lui ont superposé un parcours labyrinthique par elles créé.

blanca dirigen la percepción del espectador hacia la parte alta del lienzo. Palazuelo somete la forma a un cambio de orientación y velocidad, y este cambio produce una alteración morfológica y lumínica. Aunque puede subyacer un cálculo numérico, no es evidente y el recorrido de la forma blanca no parece responder a modulaciones surgidas a partir de un cálculo estricto, sino más bien a un juego que potencia y activa la imaginación visionaria mediante la deriva formal que se le propone, y en este sentido hay que recordar la función de inducción a la meditación que los patrones abstractos han tenido en diversas culturas, entre otras, en las tracerías continuas del arte hispanomusulmán. En Tempo, *Palazuelo limita su paleta al blanco y negro, que para él es el máximo contraste de energías. Con ellos refleja la bipolaridad extrema, la tensión entre la luz y la oscuridad. Interesado por los conocimientos alquímicos, el artista hace presente en muchas de sus obras la esencialidad del negro como punto cero del color, como evocación de la materia prima fundamental que para los alquimistas se denominaba "nigredo". De esta manera, el uso del color tiene también un potencial simbólico para Palazuelo.* Minos *(1992) corresponde a una etapa en la que la línea adquiere un protagonismo total en su pintura. La línea es elemento direccional y dinámico que produce recorridos, tramas y tracerías continuas. Parte del punto y se constituye como una* "pulsación rítmica" *que es para Palazuelo sinónimo de energía:* "Tales direcciones y distancias-líneas son los elementos primeros de un lenguaje que nos sirve para conocer en el mundo y que al propio tiempo *es* el mundo". *Palazuelo logra hallar una escritura propia que no se basa en signos lingüísticos convencionales o criptográficos, sino en elementos de raigambre plenamente artística como las líneas. Sus líneas, que en algunos cuadros están próximas a la partitura musical, traducen conceptos de energía, orden, movimiento, ritmo, repetición, variación, espacio, percepción. Son rectas y sobre todo diagonales, ya que para Palazuelo la perpendicularidad induce a un estatismo no deseado que la diagonal consigue desarticular. En* Minos *subyace un esquema ortogonal primero, pero sobre él las líneas crean un recorrido laberíntico evocado claramente por el título alusivo al rey Minos y su laberinto realizado por Dédalo. Dominan los ángulos, resultado de los giros*

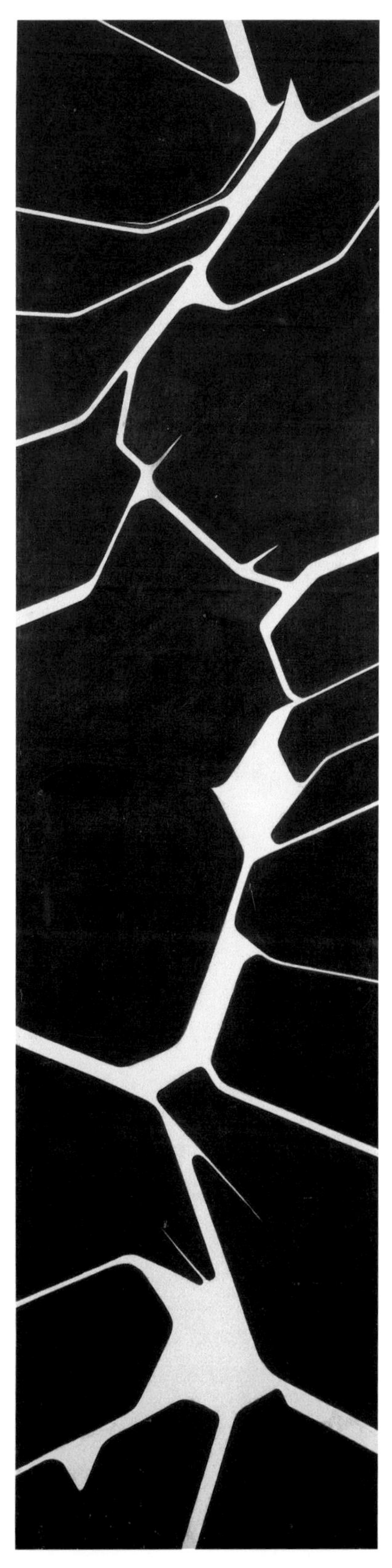

36 Pablo Palazuelo
Tempo
Tempo
vers 1960-1970
Huile sur toile
224,5×54,3 cm
Instituto Valenciano
de Arte Moderno (IVAM).
Generalitat Valenciana,
Valencia

Le titre est d'ailleurs une allusion claire au mythique labyrinthe de Dédale. Les angles dominent, résultant des tours rapides des lignes, dont la tension dynamique crée une image complexe et multiple. Le nombre est l'élément contenu dans ce vocabulaire linéaire qui en est l'aliment, qui fournit la structure. Il est mesure, mais aussi relation entre les choses et, comme l'affirment les pythagoriciens, sous-tend toute réalité. Pour l'artiste, le nombre stimule l'imagination; dans l'espace bidimensionnel du tableau, il est source de la forme. Fondamentalement, cette *«pulsation rythmique»* précédemment évoquée est *«nombre qui donne forme, qui chiffre et déchiffre la forme»*. La pulsation changeante et non uniforme de *Minos* crée des espaces où se multiplient angles et côtés, révélant des formes connues, mais en invoquant aussi d'inconnues. Le tableau devient alors la scène où se visualise un certain mystère, qui est au-delà de la vision.

C. B.

rápidos de las líneas, y la tensión dinámica de éstas crea una imagen compleja y múltiple. En este vocabulario lineal de Palazuelo hay un elemento que lo alimenta: el número que proporciona estructura. Número es medida, pero es también relación entre las cosas y, como decían los pitagóricos, subyace bajo toda realidad. Para Palazuelo el número estimula la imaginación y es la fuente de la forma en el plano bidimensional del cuadro. La forma de energía que Palazuelo llama "pulsación rítmica" *antes aludida es, fundamentalmente,* "número que da forma, que cifra y descifra la forma". *La pulsación varia y no uniforme de* Minos, *crea espacios de múltiples lados y ángulos, manifestando formas que conocemos pero invocando al mismo tiempo otras no conocidas, y convirtiendo así el cuadro en el escenario de la visualización de un cierto misterio más allá de la visión.*

C. B.

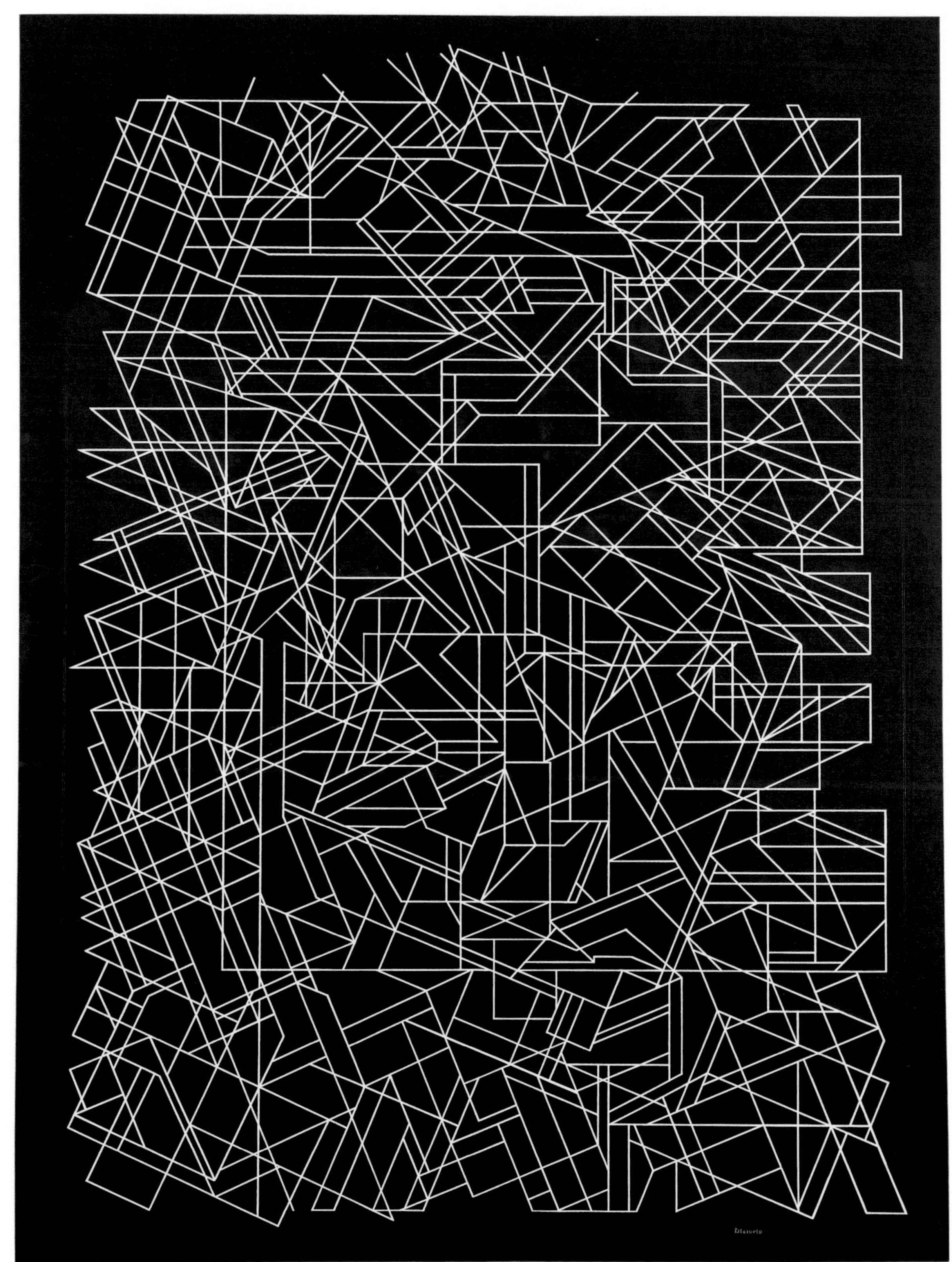

37 Pablo Palazuelo
Minos
Minos
1992
Huile sur toile
220×165 cm
Colección
Banco Zaragozano

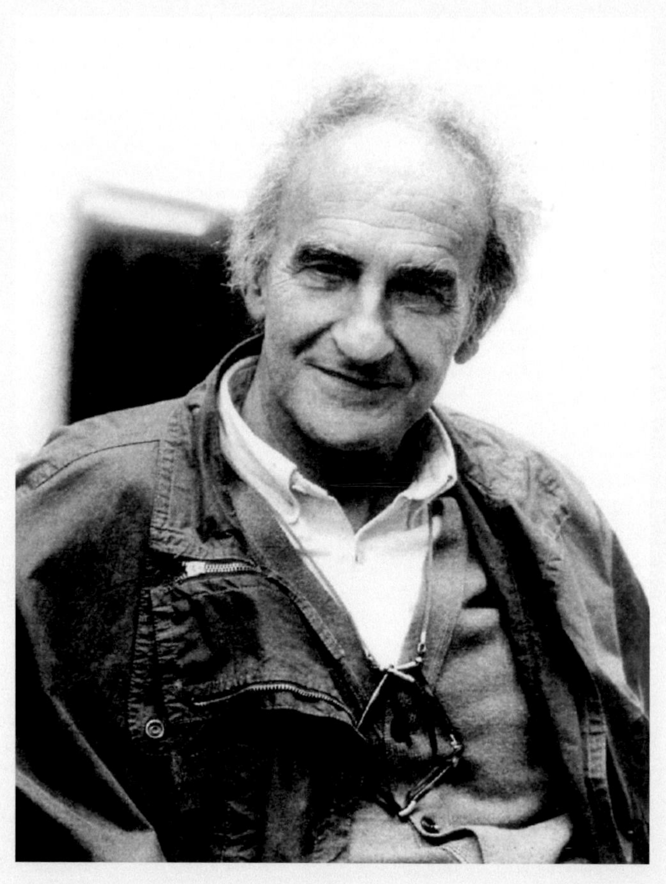

Eduardo Chillida

San Sebastián, 1924-2002

Arrivé à Madrid, depuis son Pays basque natal, en 1943, pour y faire ses études d'architecture, Eduardo Chillida les abandonne quatre ans plus tard pour se consacrer au dessin et à la sculpture. En 1948, il part pour Paris. Au Collège d'Espagne, où il réside, il fait la connaissance de Pablo Palazuelo, avec qui il entretiendra une amitié durable. Dans la capitale française, Chillida s'intéresse essentiellement à la sculpture archaïque grecque, dont il s'inspire pour réaliser des figures et des torses en plâtre. Sa conception de la statuaire est alors celle d'une inscription des corps dans le bloc sculpté. En 1951, il se rend compte de la distorsion entre le modèle grec et ses propres racines culturelles. La lumière de la Grèce, qui baigne la statuaire antique, lui apparaît très différente de cette «lumière obscure» – ainsi la définit-il – du Pays basque. Aussi décide-t-il de revenir s'installer sur sa terre natale et de reprendre son travail sur de nouvelles bases. Il s'adonne alors aux formes abstraites, abandonnant définitivement, dans sa sculpture, la figuration, dont relèveront pourtant, longtemps encore, nombre de ses dessins. Il change aussi sa manière de travailler et le choix de ses matériaux; du plâtre destiné à la fabrication de moules pour le bronze, il passe à la technique plus directe du forgeage du fer. Il renoue ainsi avec la tradition ancestrale des métiers du fer en Pays basque et notamment celle de la ferronnerie. Apprendre à forger le fer, c'est pour Chillida s'ouvrir un chemin qui le relie à sa terre et, dans le même temps, ouvrir la porte à la modernité de ses énoncés postérieurs. D'abord avec le fer, puis avec l'acier, Chillida cherche une nouvelle manière d'agir sur l'espace. *Espaces perforés II* (1952) est réalisé avec des barres et des plaques de fer forgées et soudées. La pièce est à rapprocher des procédés et de l'esthétique de la sculpture en fer développés par Julio González dans les années trente et témoigne, à travers le temps et l'histoire, d'une véritable continuité, d'une ligne spécifique selon laquelle se développe la sculpture espagnole en métal, dans laquelle s'inscrit aussi Jorge Oteiza. Chillida affirme vouloir *«perforer»* l'espace, c'est-à-dire le pénétrer et l'occuper. Les barres, effilées à leur extrémité et disposées verticalement, ouvrent l'espace, tandis que les plans courbes le divisent en différents compartiments générés par leurs tensions opposées. *Du plan obscur* fut réalisé en

Desde su San Sebastián natal, Eduardo Chillida se trasladó a Madrid en 1943 para estudiar arquitectura, aunque cuatro años más tarde abandonó los estudios y empezó a dedicarse al dibujo y la escultura. En 1948 viajó a París donde, instalado en el Colegio Español, conoció a Pablo Palazuelo, con quien entabló una duradera amistad. En la capital francesa Chillida estaba interesado fundamentalmente por la escultura arcaica griega, y en su diálogo con la tradición clásica realizó en yeso tallado torsos y figuras muy inspirados en aquélla. Predominaba la concepción estatuaria del bloque cerrado, con una definición genérica de las anatomías. En 1951 el escultor se dio cuenta de que el modelo griego no formaba parte de sus raíces culturales. La luz de Grecia que alentó las creaciones artísticas de éstos, era muy diferente de la "luz oscura" –así la definió– del País Vasco donde él había nacido. Decidió regresar y comenzar de nuevo, dando un importante giro a su escultura. Empezó a adentrarse en las formas abstractas, abandonando definitivamente lo figurativo que seguiría vivo, sin embargo, en muchos de sus dibujos posteriores. Además cambió su forma de trabajar y la elección de sus materiales, y del yeso para ser fundido en bronce, pasó a la técnica directa de la forja del hierro. Se ha resaltado siempre la importancia del oficio del metal en el País Vasco, y de la peculiaridad de los llamados ferrones *vascos. Para Chillida, aprender a forjar el hierro supuso abrir un camino que le ligaba a la tradición de su tierra y, al mismo tiempo, le abría la puerta a la modernidad de los planteamientos futuros de su escultura. Con el hierro y, posteriormente, el acero, Chillida buscó una nueva manera de actuar sobre el espacio.* Espacios perforados II *(1952) está realizada con barras y chapas de hierro forjadas y soldadas. Enlaza con los procedimientos y la estética de la escultura en hierro que Julio González había desarrollado en los años treinta, de forma que puede hallarse una importante continuidad que relaciona momentos históricos muy diferentes. Una línea de desarrollo de la escultura española en metal en la que hay que incluir también a Jorge Oteiza. Chillida quiere "perforar" el espacio, es decir, penetrarlo y ocuparlo. Las barras, afiladas en su extremo y dispuestas verticalmente, abren el espacio en un sentido, mientras que los planos curvos lo dividen creando compartimentos, espacios más*

1956, année de sa première exposition personnelle à la Galerie Maeght, à Paris; le philosophe Gaston Bachelard écrit un texte sur le sculpteur, intitulé *Le Cosmos du fer.* Dans les pièces présentées à Paris, l'espace intérieur est occulté, nié par la masse même de la matière; l'espace extérieur est un contenant plus ou moins neutre et continu, où sont disposées des pièces massives et monolithiques. Mais à partir du début des années cinquante, l'espace devient, comme pour González, un élément actif, défini, plié et déplié par la forme sculptée qui l'entoure, le pénètre et le borde. Les pièces de Chillida ont recours à la géométrie, mais ne s'y réduisent jamais; la rationalité géométrique est soumise aux transformations de l'asymétrie, des tensions directionnelles, et à la façon dont le sculpteur travaille le métal. Autre point commun avec Julio González, ses sculptures conservent la trace de son intervention, une certaine irrégularité qui rend compte du travail direct sur la matière. Dans *Du plan obscur* (1956), les pièces de fer sont courbées et effilées, s'accrochant les unes aux autres, créant une tension diagonale très différente de celle qui s'exprime dans *Espaces perforés II,* plus statique et verticale. A partir de 1965, Chillida explore les possibilités de l'acier; le choix du matériau est toujours déterminé par une recherche esthétique. *Champ espace de paix I* date de cette même année. Son œuvre connaît alors une reconnaissance mondiale: en 1958, le Grand Prix international de Sculpture de la Biennale de Venise lui a été attribué, et il a été lauréat, en 1964, à Pittsburgh, du Prix Carnegie. Dans la pièce présentée ici, Chillida crée avec l'acier de nouvelles formes qu'il emboîte pour constituer une œuvre insistant plus spécifiquement sur les espaces intérieurs générés par une combinatoire originale. L'idée de sculpture démontable, et surtout celle du geste qui *«enferme»* l'espace, fractionné en petits univers, résout la question posée par les premiers torses «archaïques»: comment travailler l'espace intérieur laissé inerte au-dedans de la masse. Ici, bien que la sculpture soit contenue dans un volume unique, dont elle conserve l'apparence, l'accent est mis sur une modulation de l'intérieur. En fin de compte, la vocation d'architecte de Chillida se manifeste dans sa volonté de donner vie aux espaces intérieurs; il a d'ailleurs placé nombre de ses œuvres sous le signe d'un hommage

pequeños generados por las tensiones en la dirección contrapuesta de los planos. Plano oscuro *fue realizada en 1956, el mismo año de la primera exposición individual de Chillida en la Galerie Maeght en París, y el filósofo Gaston Bachelard escribió un texto sobre el escultor titulado* Le Cosmos du fer*. En las obras parisinas de Chillida el espacio interno quedaba oculto, negado por la masa misma de la materia. También era un contenedor más o menos neutro y continuo en el que se instalaban unas piezas macizas y monolíticas. Pero a partir de principios de los años cincuenta el espacio es, igual que en González, un elemento activo que se define, se pliega y despliega activado por la forma escultórica que lo rodea, penetra y bordea. Las esculturas de Chillida hacen uso de formas geométricas, pero nunca llegan a ser geometrías estrictas, el elemento racionalizador de la geometría se transforma en su escultura con la asimetría, las tensiones direccionales y la propia manera de trabajar el metal. Como ocurría también con Julio González, se conservan las huellas de lo hecho a mano, una cierta irregularidad buscada que da cuenta del trabajo directo sobre la materia. En* Plano oscuro *(1956) las piezas de hierro son curvadas y afiladas, enganchándose unas en otras y creando una tensión diagonal bien distinta de la creada por* Espacios perforados II*, más estática y vertical. En 1965 empezó Chillida a explorar el acero como nuevo material para su escultura. Su elección de los materiales respondía siempre a sus búsquedas estéticas y a la elección de los que más aptos fuesen para traducirlas. De ese mismo año data* Campo espacio de paz I*, en una época en la que ya son frecuentes los reconocimientos internacionales a su obra pues, entre otros, en 1958 había obtenido el Gran Premio Internacional de Escultura de la Bienal de Venecia, y en 1964 el Premio Carnegie de Escultura en Pittsburgh. En esta escultura que comentamos, Chillida explora en acero formas nuevas que encaja para constituir una obra que da valor especialmente a los espacios interiores creados por las piezas en combinación. La idea de escultura desmontable y, sobre todo, del gesto de "encerrar" el espacio, fraccionándolo en pequeños ámbitos, da solución a la cuestión planteada en sus primeros torsos arcaicos: cómo trabajar ese espacio interno que queda inerte en el interior de una masa. Aquí, aunque la*

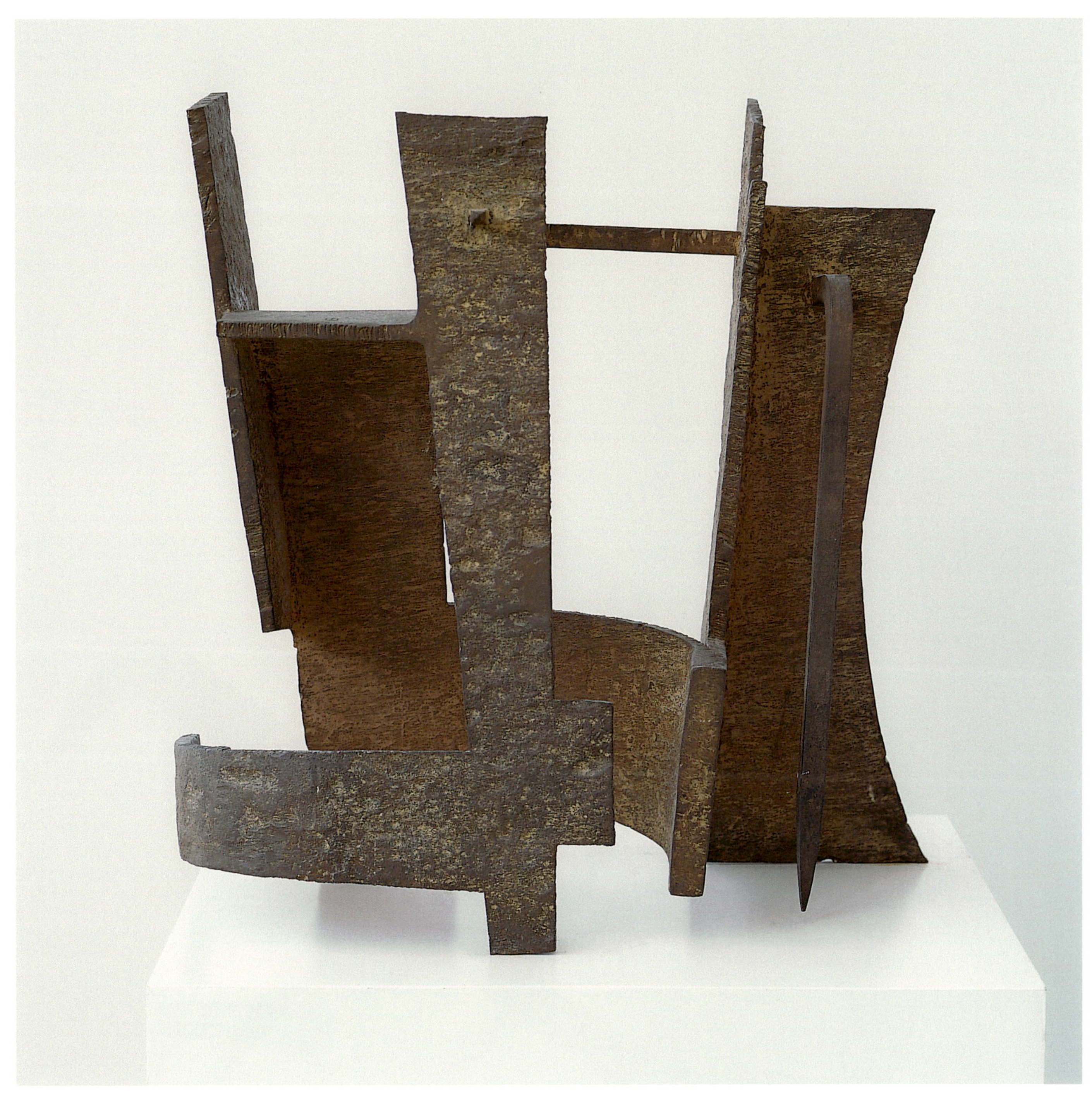

38 Eduardo Chillida
Espaces perforés II
Espacios perforados II
1952
Fer
79,5 × 76 × 43,5 cm
Colección Banco Guipuzcoano, San Sebastián

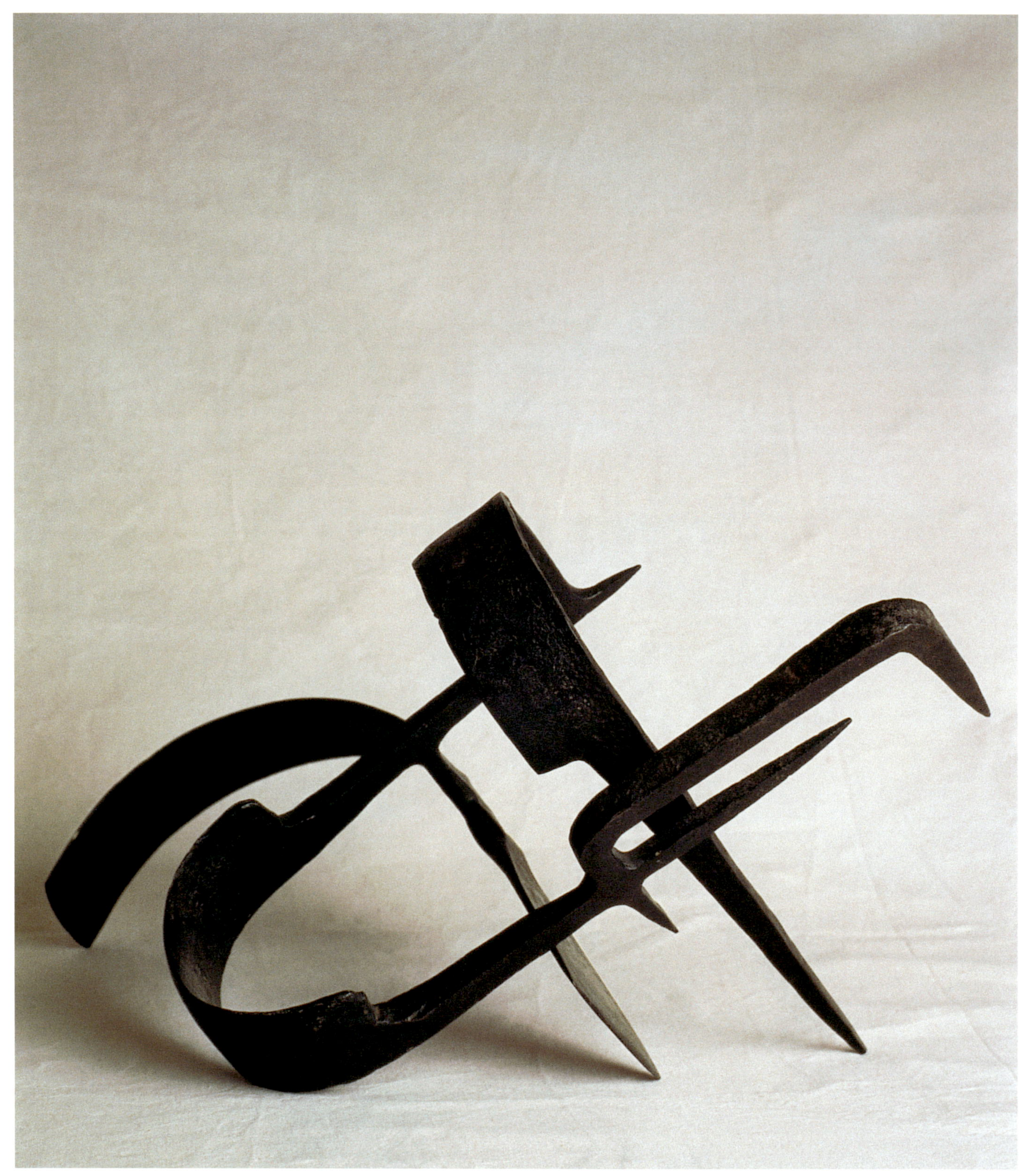

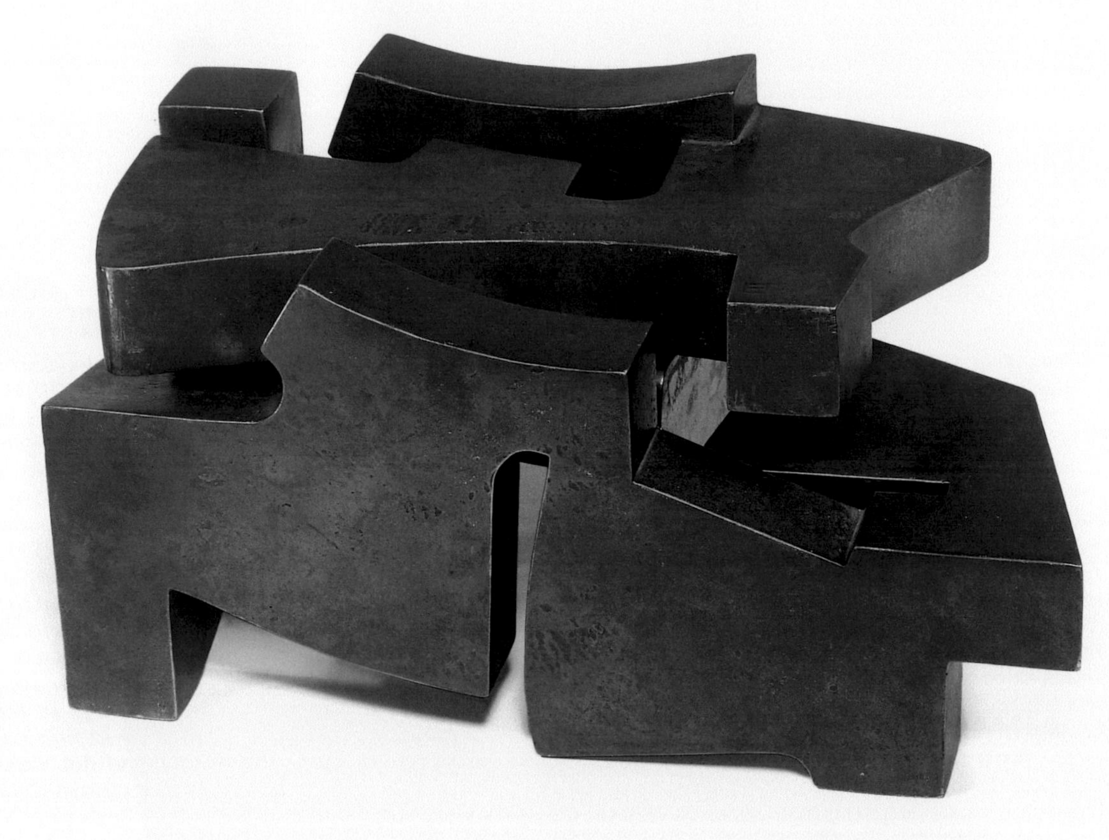

40 Eduardo Chillida
Champ espace de paix I
Campo espacio de paz I
1965
Acier
19×22×38 cm
Collection particulière

◁ 39 Eduardo Chillida
Du plan obscur
Plano oscuro
1956
Fer forgé
23×44,5×24,2 cm
Colecciones ICO

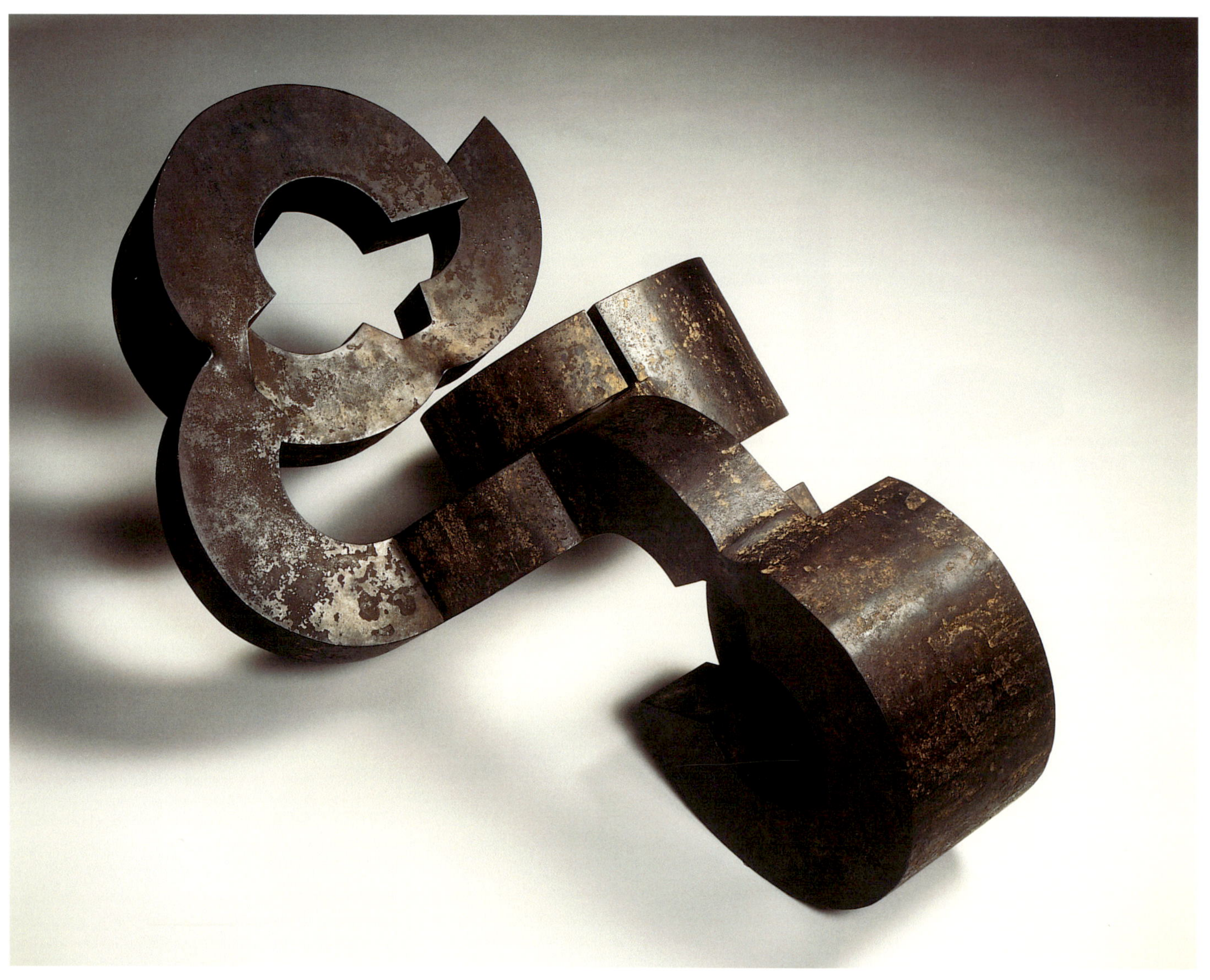

42 Eduardo Chillida
Trois orifices
Iru Zulo
1973-1974
Fer forgé
40×78×50 cm
Kunstmuseum Bern, acquis grâce à la Fondation Hermann et Margrit Rupf et des Musées de Berne

43 Eduardo Chillida ▷
Terre
Lurra
1979
Terre chamottée
21×19×19 cm
Collection Fondation Pierre Gianadda, Martigny, Suisse

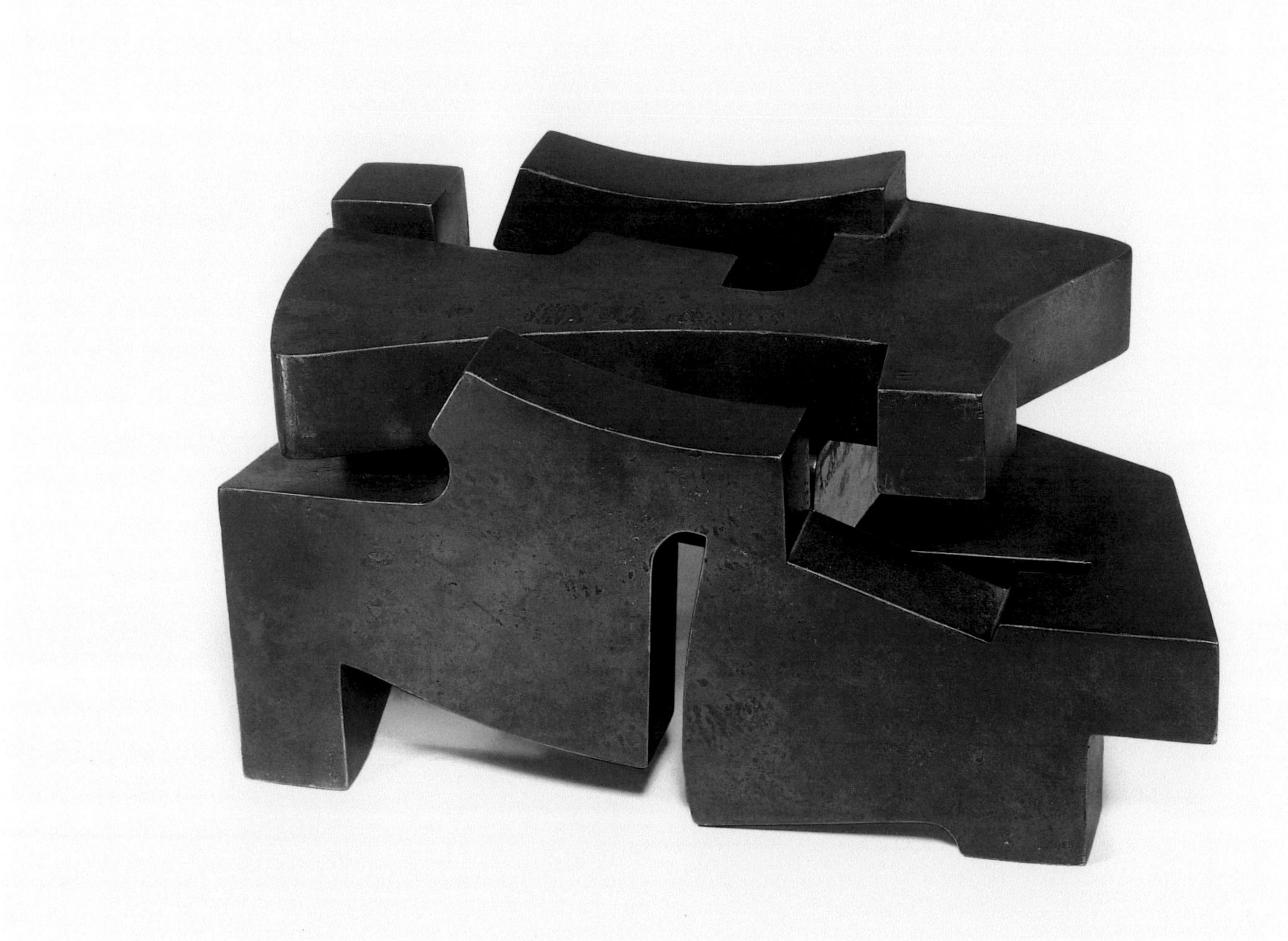

40 Eduardo Chillida
Champ espace de paix I
Campo espacio de paz I
1965
Acier
19×22×38 cm
Collection particulière

◁ 39 Eduardo Chillida
Du plan obscur
Plano oscuro
1956
Fer forgé
23×44,5×24,2 cm
Colecciones ICO

à l'architecture et a exprimé, dans d'autres, utilisant l'albâtre ou l'acier, les valeurs les plus proprement «architecturales» qui se puissent trouver en sculpture. *Trois orifices* (1973-1974) conserve certains points communs avec *Champ espace de paix I*, car il s'agit d'une sculpture ramassée, qui se déplie plutôt vers l'intérieur que vers l'extérieur. Réalisée avec des éléments circulaires, elle établit une opposition entre trois milieux creux, définis par des cercles non fermés, qui s'enchâssent les uns dans les autres, déterminant diverses directions. Le nombre trois est important pour Chillida: c'est pour lui celui de la musique et de la sculpture. *Projet Peigne du Vent II* (1968) est l'une des multiples versions déclinées par l'artiste depuis l'origine du projet, en 1952. L'œuvre définitive est exposée à Saint-Sébastien depuis 1977, face aux rochers et à la mer. La pièce que nous présentons ici montre clairement les chemins empruntés par la statuaire de Chillida: non seulement l'insertion dans l'espace, mais aussi la définition des limites de la sculpture. Il utilise ici des barres d'acier déployées horizontalement, étendues comme si elles constituaient les lignes de force d'un *«dessin dans l'espace»*. Son intérêt pour la limite le pousse à chercher aux confins des formes, aux frontières parfois indéfinies et impalpables qui sont aussi les points de tension maximale de l'énergie. Le traitement auquel Chillida soumet l'espace attira l'attention de Martin Heidegger, qui lui demanda d'illustrer, précisément en 1968, un court essai, *Die Kunst und der Raum* («L'Art et l'Espace»). *Terre* (1979) répond à des préoccupations différentes. Ici, plutôt que la ligne, la masse domine, la matière crue de la terre. En basque, «terre» se traduit par *lurra*; en effet, c'est l'aspect rude et terreux, âpre et sec, qui domine dans cette série des *lurras*, réalisées en terre chamottée, matériau réfractaire à haute teneur en oxyde de fer qui, selon la cuisson, au four à bois ou électrique, prend diverses teintes. Chillida modèle la terre comme un bloc, mais il y pratique des trous ou des incisions, selon les cas, qui ne pénètrent pas profondément, qui apparaissent comme des signes ou des accidents formels d'une masse cubique demeurant silencieuse à l'intérieur. La qualité tactile de ces pièces semble les transmuer en formes organiques, du moins marquées par quelque construction archaïque et énigmatique. Avec

escultura es contenida y conserva la apariencia de volumen único, se potencia la modulación de lo interno. Al fin y al cabo, la vocación arquitectónica de Chillida se manifiesta en su gusto por vivificar espacios interiores, de ahí que haya realizado obras en homenaje a la arquitectura y otras en las que, mediante el alabastro o el acero, ha propiciado precisamente los valores más arquitectónicos de la escultura. Iru Zulo *(Tres agujeros, 1973-74) guarda similitudes con* Campo espacio de paz I *porque es una escultura contenida que se despliega más hacia el interior que hacia fuera. Realizada con elementos circulares, establece una oposición entre tres ámbitos huecos definidos por círculos no cerrados que se engarzan unos en otros en distintas direcciones. El número tres es importante para Chillida: para él es el número de la música y de la escultura. Por su parte,* Proyecto Peine del Viento II *(1968) es una de las varias versiones que ensayó Chillida desde que empezó a plantear la idea de los* Peines del Viento *en 1952. La obra definitiva fue instalada en la ciudad de San Sebastián en 1977 junto a las rocas y el mar. Esta escultura que ahora comentamos muestra con claridad los derroteros que la obra de Chillida iba tomando: no sólo la inserción en el espacio, sino la definición de los límites de la escultura. Aquí hace uso de barras de acero cortén desplegadas horizontalmente, expandiéndose como si fueran las robustas líneas de un "dibujo en el espacio". Su interés por el límite indaga en los confines de las formas, en las fronteras a veces indefinidas e impalpables, y al mismo tiempo en los límites como puntos de máxima tensión de la energía. El tratamiento que confiere Chillida al espacio hizo que Martin Heidegger solicitara su participación como ilustrador en el ensayo de éste,* Die Kunst und der Raum, *precisamente en este mismo año de 1968.* Lurra *(1979) corresponde a otro planteamiento diferente. En lugar de lo lineal, domina la masa, la materia cruda de la tierra. Lurra significa tierra en euskera, y en efecto el aspecto rudo y terroso, áspero y seco está muy presente en la serie de* lurras *realizadas con chamota, material refractario de alto contenido en óxido de hierro que, según se verifique la cocción en horno de leña o eléctrico, produce una coloración u otra. Chillida modela la chamota como bloque, pero horada o crea incisiones –según los casos– que no penetran*

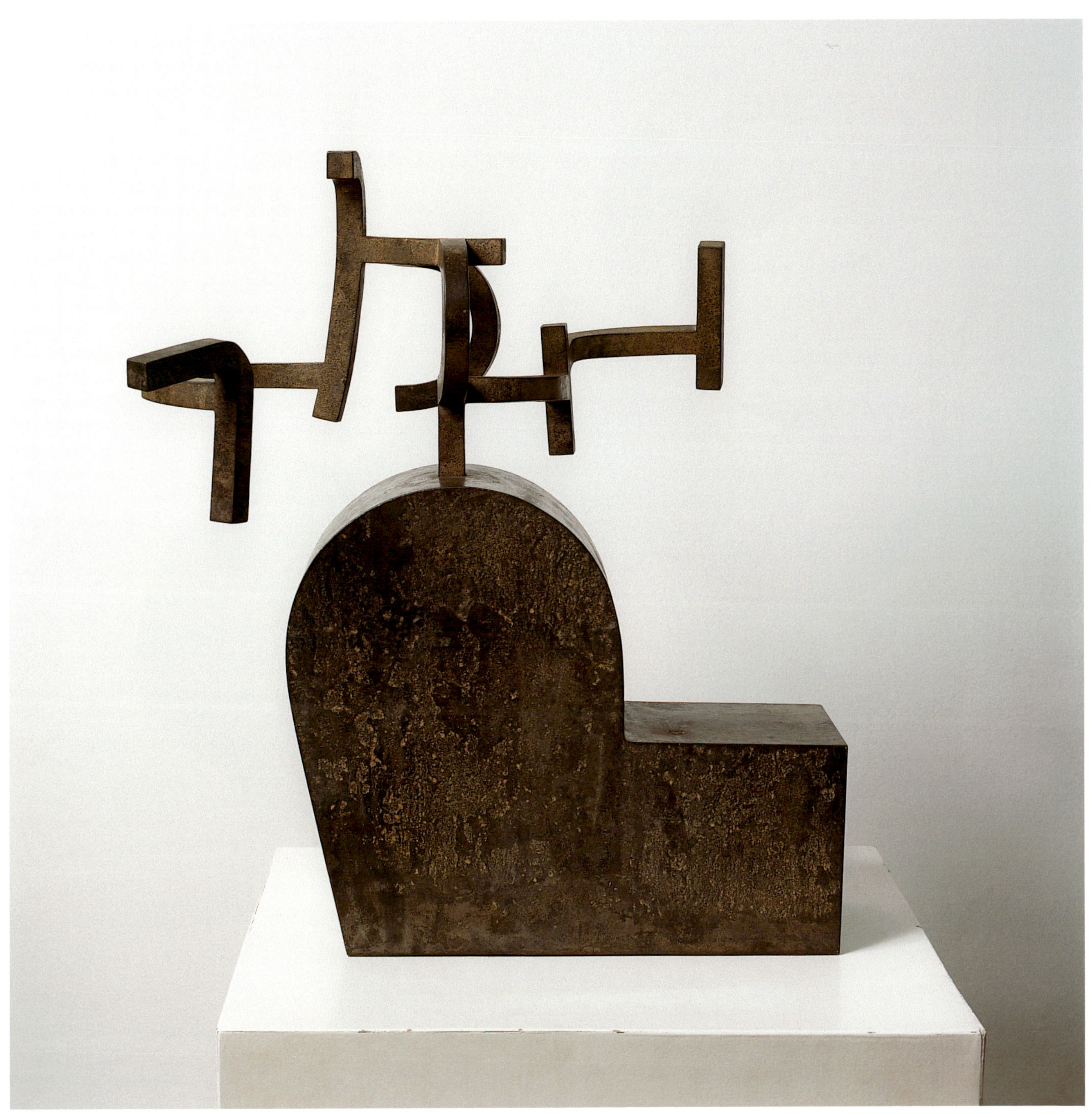

41 Eduardo Chillida
Projet Peigne du Vent II
Proyecto Peine del Viento II
1968
Acier
67 × 37 × 32 cm
Collection de l'artiste

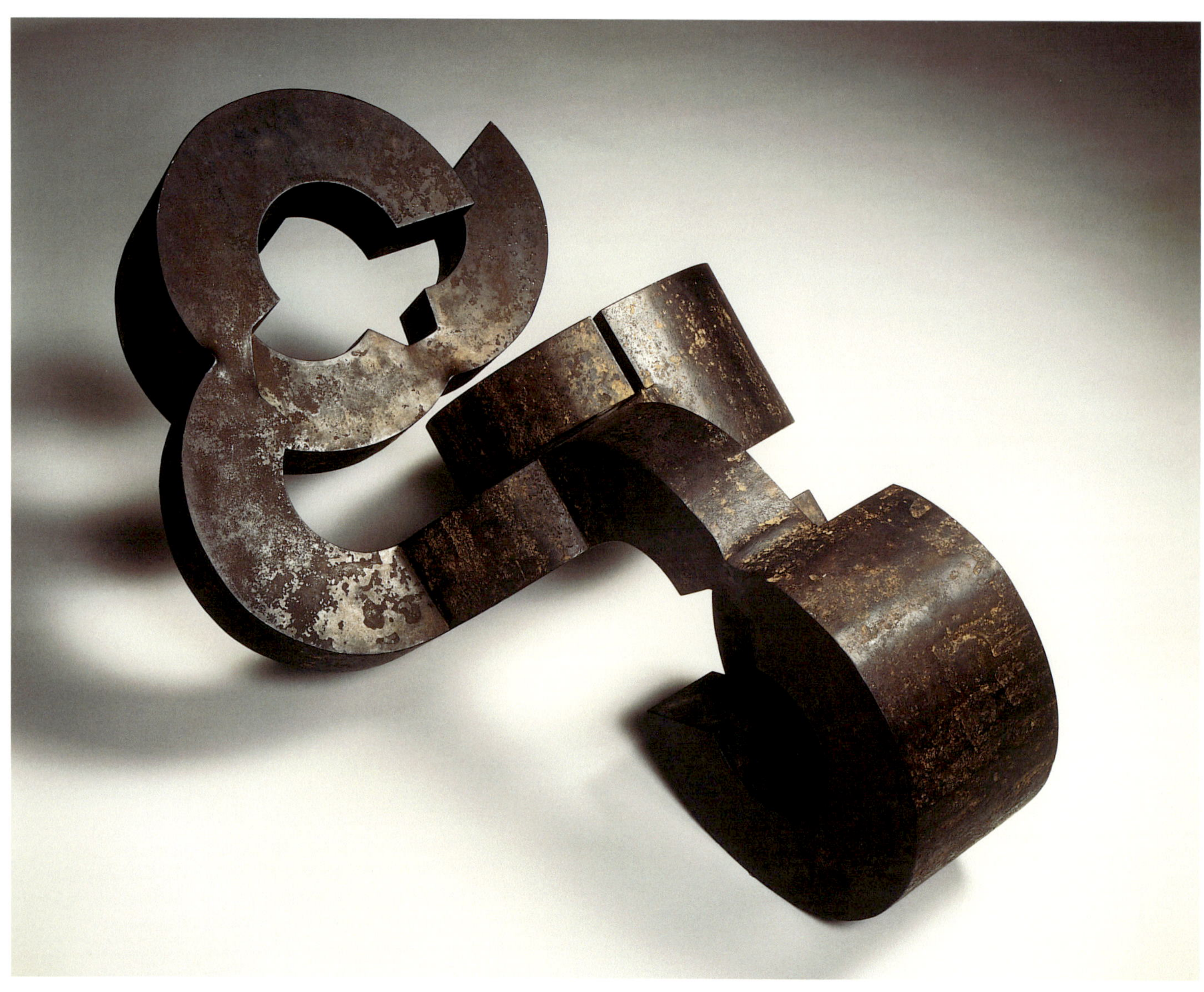

42 Eduardo Chillida
Trois orifices
Iru Zulo
1973-1974
Fer forgé
40×78×50 cm
Kunstmuseum Bern, acquis grâce à la Fondation Hermann et Margrit Rupf et des Musées de Berne

43 Eduardo Chillida ▷
Terre
Lurra
1979
Terre chamottée
21×19×19 cm
Collection Fondation Pierre Gianadda, Martigny, Suisse

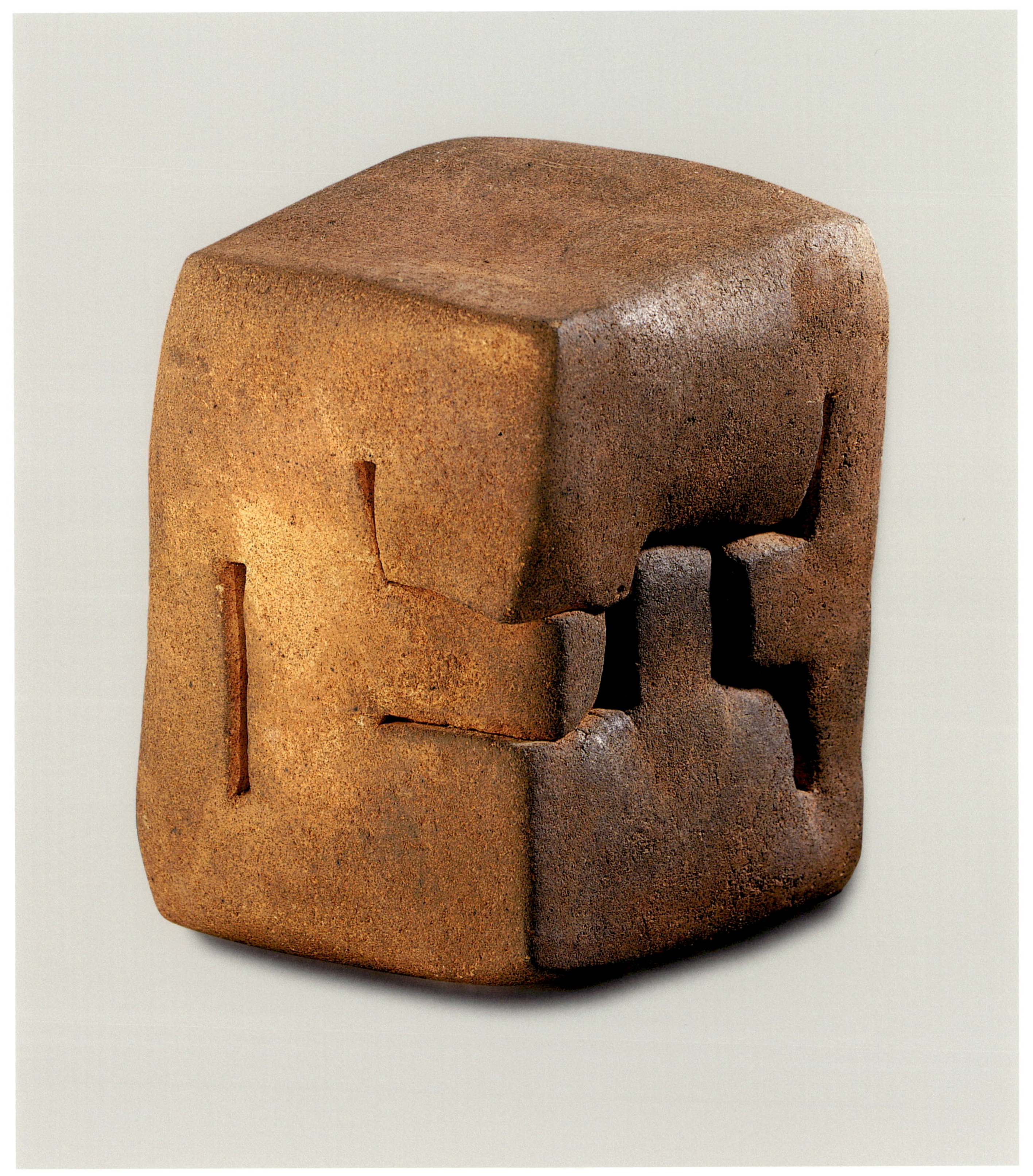

De la Musique II (1988), Chillida réalise le second projet de ce qu'il concevait comme un triple hommage – toujours, chez lui, cette prédilection pour le nombre trois – à la musique, à l'architecture et à la sculpture. La pièce se présente comme une méditation architecturale: un espace pénétrable, défini par de grosses poutres d'acier courbées, qui réunissent deux piliers verticaux latéraux. C'est un seuil. Aucune tension entre extérieur et intérieur, car cet espace est ouvert, incorporant visuellement l'acier à l'environnement, la sculpture et la couleur à la nature, avec une grande cohérence. Les éléments se répètent et se réfléchissent les uns les autres en un jeu d'échos: les deux verticales et les deux horizontales forment comme un accord, et la sculpture fonctionne comme le cadre ou le périmètre actif d'un vide.

C. B.

hasta en interior del bloque, quedando como signos y accidentes formales de una masa que permanece cúbica y silenciosa en su interior. La cualidad táctil de estas piezas parece transformarlas de minerales en formas orgánicas o en materiales marcados para alguna construcción arcaica y enigmática. En De Musica II *(1988) Chillida realiza el segundo proyecto de lo que él quiere que sea un homenaje triple –siempre esta preferencia por el número tres– a la música, la arquitectura y la escultura. La escultura se constituye como un ámbito arquitectónico: un espacio penetrable definido por gruesas vigas de acero curvadas que unen los dos pilares verticales laterales. El espacio creado es un umbral. No existe tensión entre el interior y el exterior porque el espacio se abre, fundiendo visualmente el acero con el lugar que lo rodea, incorporando la escultura y su color en la naturaleza con gran coherencia. Los elementos de* De Musica II *se repiten, como ecos, unos en otros: los dos verticales y los dos horizontales constituyen una especie de acordes, y la escultura funciona como marco y como perímetro activo del vacío.*

C. B.

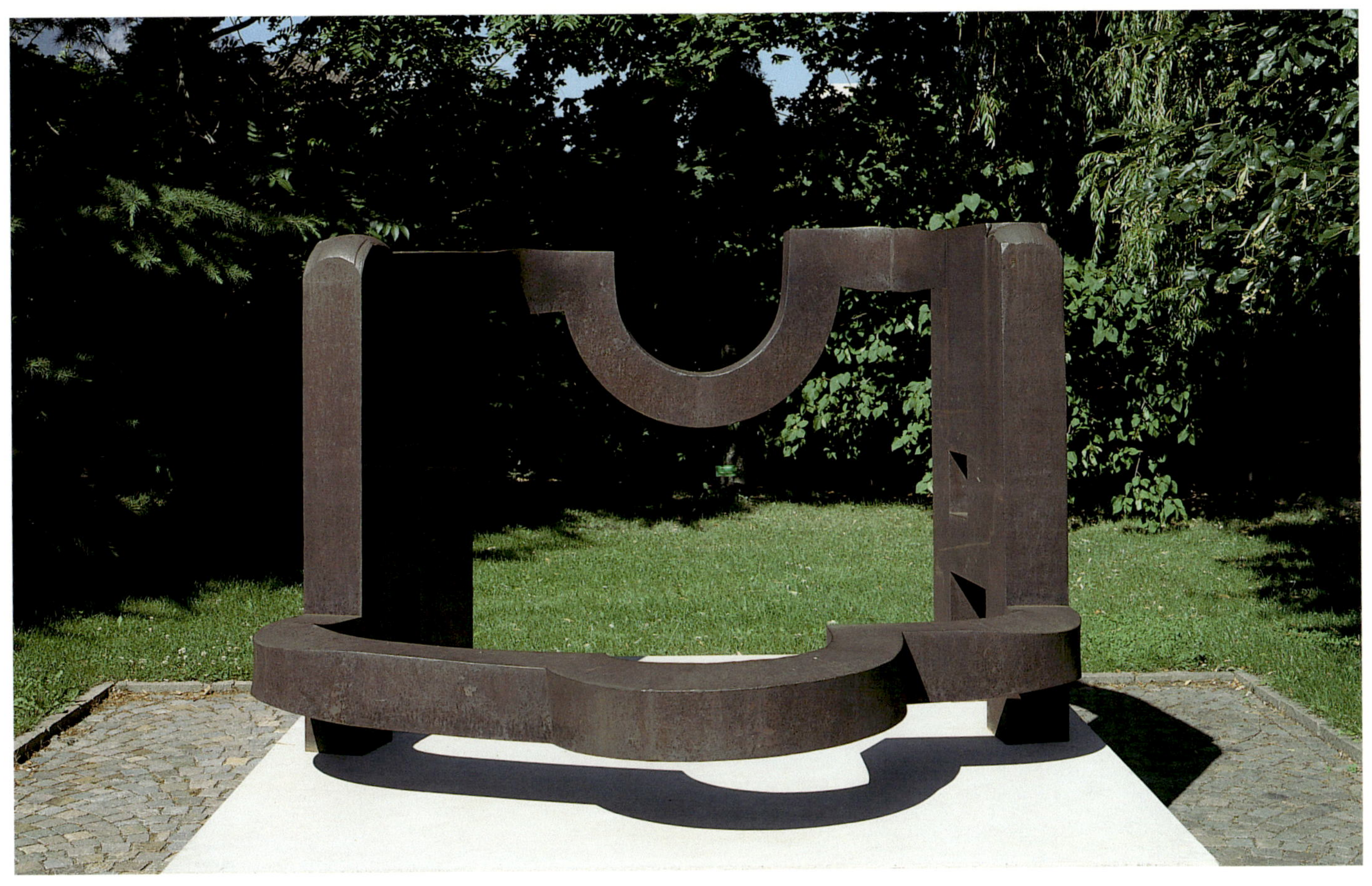

44 Eduardo Chillida
De la Musique II
De Musica II
1988
Acier (pièce unique)
140 × 211 × 216 cm
Collection Fondation Pierre Gianadda, Martigny, Suisse
Exposé dans les jardins de la Fondation

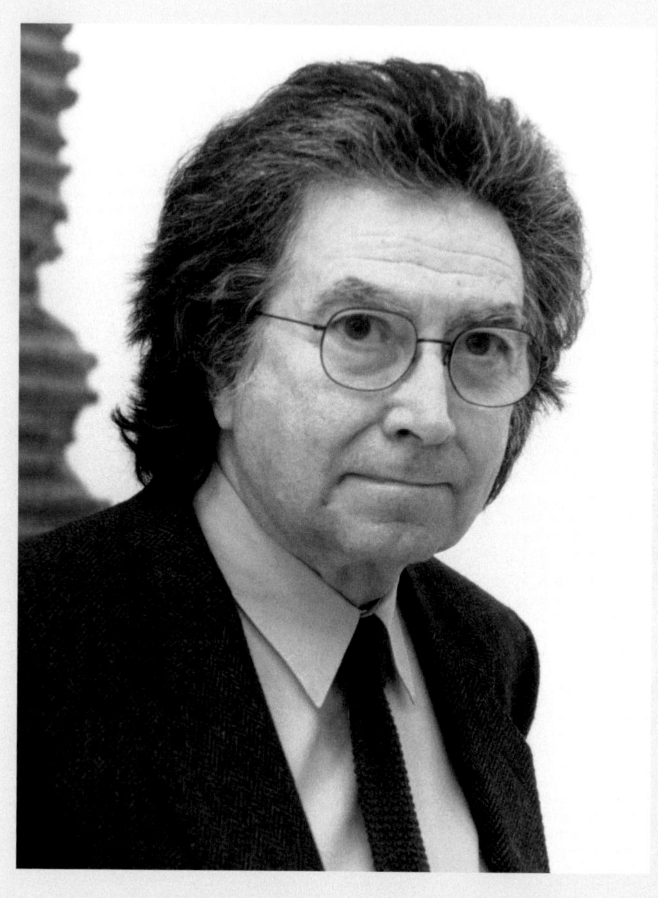

Antoni Tàpies

Barcelona, 1923

Reprenant la tradition des «manifestes visuels», Antoni Tàpies a édité, en 1999, une collection d'images[1] qui ont influencé ou accompagné sa propre évolution artistique, où se trouvent mêlés, sans distinction, la peinture chinoise et japonaise, Kandinsky, Joan Miró ou Paul Klee, la tradition hermétique de Robert Fludd et Athanasius Kircher, les gravures de Goya, Munch et Max Ernst, les dessins de Franz Kline, De Kooning et la statuaire primitive. Œuvres et artistes que Tàpies reconnaît en quelque sorte pour sa propre histoire de l'art, formée par *«un continuum de transformations évocatrices de l'Un primordial»*. Ce qui est intéressant, évidemment, c'est ce qu'il laisse en dehors de cette lecture personnelle, de cette façon spécifique «de comprendre et de sélectionner l'art»: presque toute la tradition occidentale, excepté la peinture médiévale catalane, le baroque de tendance ascétique – d'un Zurbarán par exemple – et la peinture visionnaire du romantisme. C'est-à-dire que demeure étranger à ces *«lieux de l'art»* l'humanisme classique, de l'Antiquité grecque à la Renaissance italienne, tradition qui, selon Tàpies, ne parvient pas à toucher *«le fondement de la nature humaine»*[2].
Tàpies, gothique et romantique, oriental et avant-gardiste, rejette l'image d'un être humain idéalisé et parfait. Peut-être faut-il voir là une conséquence de la relation douloureuse qu'il a entretenue, depuis l'adolescence, avec son

[1] Antoni Tàpies: *El arte y sus lugares* («L'Art et ses lieux»), Madrid, Siruela, 1999.

[2] Les citations d'Antoni Tàpies proviennent des ouvrages suivants: Antoni Tàpies: *La práctica del arte*, Barcelone, Ariel, 1975; *La Pratique de l'art*, Paris, Gallimard, 1994. *La realidad como arte*, Murcie, Colegio Oficial de Aparejadores y Arquitectos Técnicos, 1989; *La Réalité comme art*, Paris, D. Lelong, 1989. *Memoria Personal*, Barcelone, Seix Barral, 1983; *Mémoire: autobiographie*, Paris, Galilée, 1994. *Comunicación sobre el muro* (en colaboración con José Ángel Valente), Barcelone, Ediciones de la Rosa Cúbica, 1998; *Communication sur le mur* (avec José Ángel Valente), Draguignan, Editions Unes, 2000. Victoria Combalía: «Dos conversaciones con Antoni Tàpies, 1980-1988», *in*: *Tàpies. Els anys 80*, Ajuntament de Barcelona, 1988. Borja-Villel: «Conversaciones con Tàpies», *in*: *Comunicació sobre el mur*, Fondation Tàpies, janvier-mars 1992; «Tàpies por Tàpies. El arte cura» («L'Art soigne»), *in*: *ABC de las Artes*, nº 331 (6 mars 1998).

En la tradición de los manifiestos visuales, *Antoni Tàpies, en 1999, ha editado una colección de imágenes*[1] *que han influido o acompañado su propia evolución artística donde se mezclan, indistintamente, la pintura china y japonesa, Kandinsky, Joan Miró o Paul Klee, la tradición hermética de Robert Fludd y Athanasius Kircher, los grabados de Goya, Munch y Max Ernst o los dibujos de Franz Kline o De Kooning con la estatuaria primitiva. Obras y artistas en los que Tàpies reconoce una particular historia del arte formada por* un continuo de transformaciones evocadoras del Uno primordial. *Lo interesante, desde luego, es lo que queda fuera de esta determinada forma* de entender y seleccionar el arte*: casi toda la tradición occidental, excepto la pintura medieval catalana junto a la vertiente ascética del barroco, como Zurbarán, y la pintura visionaria del romanticismo. Es decir, queda fuera de estos* lugares del arte, *el humanismo clasicista, de Grecia a la Italia Renacentista; la tradición, según Tàpies, que no se aproxima* a la base profunda de la naturaleza humana[2]. *Tàpies, gótico y romántico, oriental y vanguardista, rechaza la imagen del ser humano idealizado y perfecto, consecuencia quizá de la traumática relación que el artista ha mantenido desde la adolescencia con su propio cuerpo, después de sufrir una grave enfermedad que le puso al borde de la muerte. Significativamente, sus primeras obras entre 1941 y 1946 son autorretratos de corte expresionista. Hacia 1947, después de abandonar los estudios de derecho, entra en contacto, a través de Joan Brossa, con los fundadores de la revista* Dau al Set, *Cuixart, Ponç, Arnau Puig y Tharrats, que reivindicaba una tradición catalana del*

[1] *Antoni Tàpies:* El arte y sus lugares, *Madrid, Siruela, 1999.*

[2] *Las citas de Antoni Tàpies en este texto proceden de: Antoni Tàpies:* La práctica del arte, *Barcelona, Ariel, 1975;* La realidad como arte, *Murcia, Colegio Oficial de Aparejadores y Arquitectos Técnicos, 1989;* Memoria Personal, *Barcelona, Seix Barral, 1983;* Comunicación sobre el muro *(en colaboración con José Ángel Valente), Barcelona, Ediciones de la Rosa Cúbica, 1998. Victoria Combalía: "Dos conversaciones con Antoni Tàpies, 1980-1988" en* Tàpies. Els anys 80, *Ajuntament de Barcelona, 1988. Borja-Villel: "Conversaciones con Tàpies" en* Comunicació sobre el mur, *Fundación Tàpies, enero-marzo de 1992; "Tàpies por Tàpies. El arte cura" en* ABC de las Artes, *n.º 331 (6 de marzo de 1998).*

propre corps, après une grave maladie qui aurait pu lui coûter la vie. Il est significatif que ses premières œuvres, entre 1941 et 1946, soient des autoportraits de nature expressionniste. Vers 1947, après avoir abandonné ses études de droit, il entre en contact, grâce à Joan Brossa, avec les fondateurs de la revue *Dau al Set* («La Septième Face du dé»), Cuixart, Ponç, Arnau Puig et Tharrats, qui revendiquent la jonction d'une tradition catalane de l'art avec les avant-gardes, le dadaïsme, le surréalisme, ainsi que certaines influences littéraires maudites. A cette époque, Tàpies construit un univers de visions cosmiques, mystérieuses et spectrales, à fort contenu biographique – un style qualifié de «réalisme magique», qui produit notamment des autoportraits aux grands yeux hallucinés. En 1950, il se rend à Paris. Il y assistera à diverses manifestations revendiquant un «Art autre» et, vers 1953, abandonnera la veine surréaliste pour revenir à un travail plus préoccupé des matières. Il expose à la Biennale de Venise en 1952 et obtient le Grand Prix de Peinture, en 1953, à la Biennale de São Paulo. Cette reconnaissance internationale survient au moment où Tàpies se rapproche de l'art informel, dans un dépouillement radical de son langage plastique, centré sur les capacités expressives de la matière.

A partir de là, le tableau devient un mur. Ainsi *Forme gris bleuâtre* (1955), enduit d'un mélange de poudre de marbre et de terres et sables divers adjoints au pigment. Sur ce mur – ou ce qui le suggère –, Tàpies inscrit ses propres signes, formes microscopiques qui pourraient contenir une galaxie, symbolique de la poussière, dont chaque grain pourrait constituer l'univers entier. Comme le signale l'artiste, citant le *Tao Te King*: *«Se confondre avec la poussière, c'est prendre la mesure d'une identité profonde, c'est-à-dire de la profondeur interne de l'homme et de la nature.»* Passion pour la grandeur de ce qui est simple, mysticisme naturel que l'artiste avait aussi perçu chez les peintres «franciscains», tels Cimabue et Giotto, et chez Zurbarán, dont l'œuvre est pour Tàpies *«une élévation vers le cosmique de ce qui est petit et quotidien, attitude qui m'a toujours enthousiasmé»*. La peinture comme support de la destruction, mur de protestation et de lamentation, univers de laves et de cendres, où s'évoquent aussi

arte en conexión con las vanguardias, Dadaísmo y Surrealismo, junto a ciertas influencias literarias malditas. En esta época, Tàpies construye visiones de un cosmos misterioso y espectral de fuerte contenido biográfico; un estilo calificado de realismo mágico, *en el que destacan los autorretratos de grandes ojos alucinados. En 1950, se traslada a París donde conocería las manifestaciones del* Art autre *que le hace abandonar hacia 1953, las tendencias surrealistas y conceder de nuevo importancia a lo matérico. Expone en la Bienal de Venecia en 1952 y obtiene el Gran Premio de Pintura de la Bienal de São Paulo de 1953. Reconocimiento internacional que coincide con el acercamiento de Tàpies al informalismo, un radical despojamiento del lenguaje plástico reducido a la capacidad expresiva de la materia. El cuadro se concibe, entonces, como un muro como en* Forma gris azulada *(1955), una superficie cementada de pigmento y texturas matéricas, mediante un compuesto de polvo de mármol con tierras y arenas. Sugerencias expresivas del muro, donde Tàpies inscribe sus propios signos, arañazos, grafías de puntos de cruz; toda una simbología del polvo, formas microscópicas que pueden contener una galaxia, un universo completo en cada uno de los granos. Como señala el artista, citando a* Tao Te King, confundirse con el polvo, he aquí la profunda identidad, es decir, la profundidad interna del hombre y la naturaleza. *Pasión por la grandeza de lo sencillo, un misticismo natural que el artista había descubierto también en los pintores franciscanos, de Giotto a Cimabue y en Zurbarán, cuya obra, dice Tàpies, es una* elevación a lo cósmico de lo que es pequeño y cotidiano, actitud que siempre me ha entusiasmado. *La pintura, soporte de destrucción, muro de protesta y lamento, universo de lava y ceniza que recuerda tanto las marcas de las cavernas primitivas como los* graffiti *urbanos que, por ejemplo, había fotografiado Brassaï en las calles de París. Muro o tapia, destino de un nombre pero, también, dice Tàpies, una* kasina, *agujeros en la pared, materia carbonizada o tierra colocada en un marco, instrumentos de apoyo en la meditación búdica.*

Sin embargo, del muro violentado irán surgiendo, progresivamente, fragmentos de cuerpos torturados, tornos, brazos y piernas reflejo de una tensión interior presente en la obra de este artista: el dibujo representaba un corte

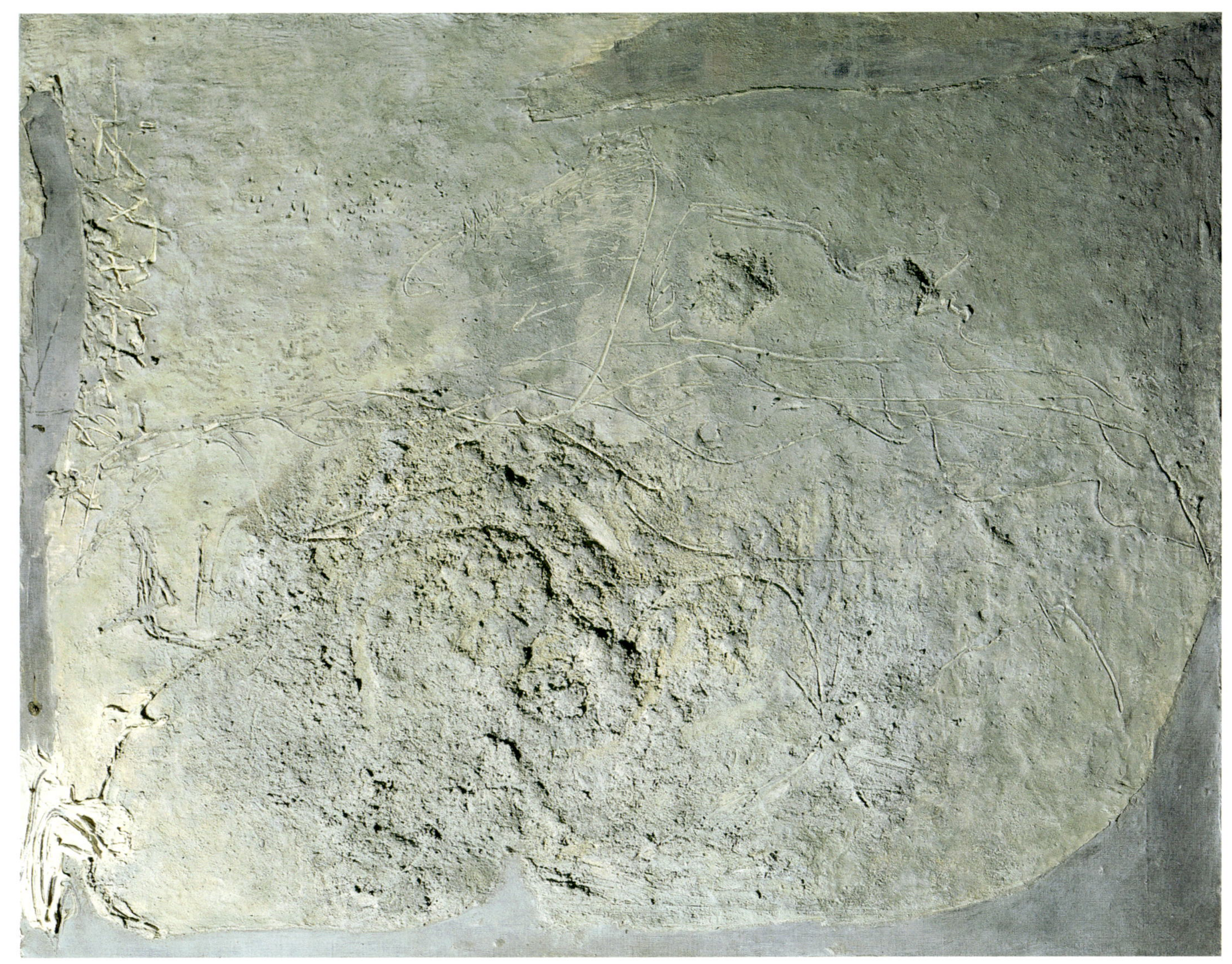

45 Antoni Tàpies
Forme gris bleuâtre
Forma gris azulada
1955
Technique mixte sur toile
72×92 cm
Colección BBVA

bien les marques gravées des cavernes que les graffitis urbains, comme ceux que Brassaï a photographiés dans les rues de Paris. Mur où s'inscrit un destin (*tapia* désigne en espagnol un mur de pisé) mais aussi, souligne Tàpies, support de la méditation, ce que les bouddhistes nomment *kasina*, avec ses trous, ses matières carbonisées ou terreuses.

Du mur violenté surgiront pourtant, progressivement, des fragments de corps torturés, bras et jambes, reflets d'une tension intérieure présente dans l'œuvre: *«Le dessin représentait une coupe violente dans la matière, comme une incision dans la chair.»* Corporalité de la matière, plus significative encore dans les années quatre-vingt, lorsque Tàpies, souffrant à nouveau de la maladie, médite sur la substance première et périssable de l'être humain: la chair. Remplaçant les matériaux denses – latex, poudre de marbre, terre –, propices à toutes sortes d'incisions et de déchirures, par le vernis, ductile, aux riches qualités plastiques, il transforme la chair blessée en carnation séduisante, comme dans *Collage de cheveux* (1985), où le vernis pénètre dans les couches les plus profondes du support, vient caresser la chaleur du bois, illumine, de l'intérieur, une peau palpitante, suggestive – une ombre colorée rappelle un corps baissé –, contrastant avec les restes, presque nauséabonds, de cheveux, le dessin de deux chaussons, traces éphémères du passage de l'homme sur la terre. Tàpies, *«ayant laissé la mort en arrière»*, peint d'abord la vie, couleur de sang – brûlante et mystérieuse couleur de la matière première par excellence, la chair, corruptible, qui semble ici l'aliment d'une croix, signe de la souffrance acceptée, d'une incarnation transitoire de la matière soumise et désirable.

Dans *Vision première* (2001), le corps est marqué d'un *t* qui rappelle le nom de l'artiste. Son regard s'est fait plus dur et sombre, comme dans les années soixante-dix. Il construit des images cruelles, dans l'évidence des chairs torturées et châtiées, de ce corps humilié au visage caché, replié sur lui-même, sur le point de se pétrifier, fondu au support. Tàpies, lecteur enthousiaste de Sartre, semble ici écouter la voix d'Antoine Roquentin: *«Chasser l'existence hors de moi, vider les instants de leur graisse, les tordre, les assécher, me purifier, me durcir, pour rendre enfin le*

violento en la materia, como una incisión en la carne. *Corporalidad de la materia, aún más significativa en los años ochenta cuando, de nuevo, la enfermedad le hace reflexionar sobre la sustancia primera y perecedera del ser humano: la carne. Sustituyendo los materiales densos, látex, polvo de mármol o tierra, propicios a todo tipo de desgarraduras por el maleable barniz, rico en efectos y calidades plásticas, Tàpies transforma la carne herida en seductora carnación como en* Collage de cabellos *(1985) donde el barniz penetra en las capas profundas del soporte adquiriendo la tonalidad cálida de la madera iluminando el interior de una piel, palpitante y sugestiva; una sombra coloreada que recuerda un cuerpo agachado en contraste con los restos, casi nauseabundos, de cabellos y el dibujo de unas zapatillas, huellas efímeras del paso del hombre en la tierra. Tàpies* teniendo a la muerte detrás, *utilizará en primer lugar el color de la vida, de la sangre; el encendido y misterioso color de la materia primera por excelencia: la corruptible y fugaz carne que se prolonga, en esta composición, en una cruz, signo de aceptación del sufrimiento; una marca que señala el cuerpo como materia sometida y deseada en su humana transitoriedad.*

Incisiones sobre el cuerpo, una de las t *alusivas al nombre del artista, en* Visión primera *(2001); pero ahora la mirada de Tàpies, como en los años setenta, se ha vuelto sombría y dura, construyendo imágenes crueles en su evidencia de carnes torturadas y castigadas como este humillado cuerpo con el rostro tapado; un cuerpo que se vuelve sobre sí mismo, a punto de petrificarse fundido con el propio soporte. Tàpies, lector entusiasta de Sartre, parece escuchar aquí la voz desgarrada de Antoine Roquentin:* arrojar fuera de mí la existencia, vaciar los instantes de su grasa, torcerlos, desecarlos, purificarme, endurecerme, para dar al fin el sonido neto y preciso de un saxofón.[3] *Cuerpo reducido a un sonido interior de piedra gracias al uso de un nuevo material, una masa blanda que solidifica lentamente*

---

[3] *Jean-Paul Sartre:* La Nausea *(1946), Madrid, Alianza Editorial, 1996, pág. 222. Tàpies leyó esta obra en un ejemplar prestado por su amigo Joan Ferraté que le pareció* hecha a mi medida para expresar mis angustias y mis intuiciones metafísicas, *según confiesa en* Memoria Personal.

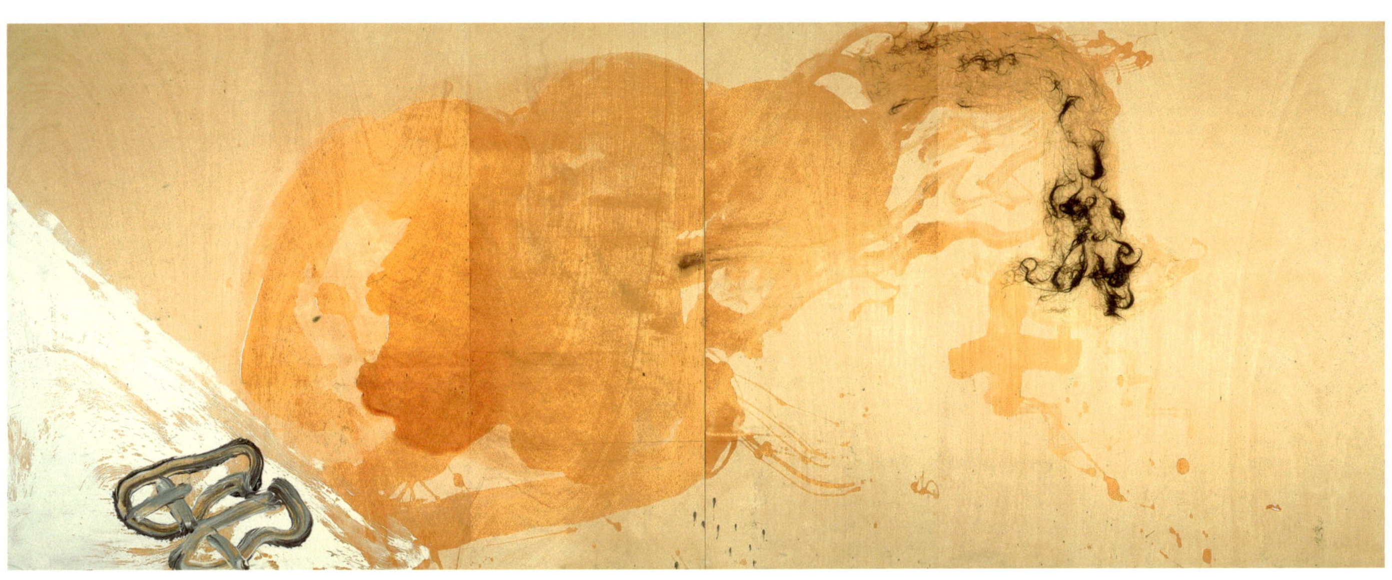

46 Antoni Tàpies
Collage de cheveux
Collage de cabellos
1985
Technique mixte sur bois
130×324 cm
Instituto Valenciano de Arte Moderno (IVAM). Generalitat Valenciana, Valencia

son net et précis d'une note de saxophone.»[3] Corps réduit à un son captif de la pierre. Usage, aussi, d'un nouveau matériau, masse molle qui solidifie lentement, permettant les corrections et révélant d'insolites qualités expressives. Le dessin, primitif, apparaît comme tatoué dans l'épaisseur d'une peau. C'est, dit Tàpies, *«une forme de magie, qui donne un pouvoir aux objets, pour que ceux-ci aident à vivre… Pour moi, l'art est quelque chose qui soigne.»* De fait, lorsqu'il évoque la composante sadique de ses peintures, Tàpies recourt au terme d'*ex-voto*, ces étranges images qui, dans les églises, réclament l'intervention divine pour soigner la maladie. La peinture devient offrande et libération de la souffrance: *«Il faut comprendre que la vie est douleur, pour ensuite trouver les chemins de son dépassement… une voie purgative pour accéder à un niveau supérieur, celui de la contemplation ou de l'illumination.»* Non seulement l'expression est chrétienne, mais aussi le contenu. La peinture, sans doute, mortification des chairs. L'acte créateur est un exercice de réflexion, et le tableau, un support à la méditation – talisman où le corps réunit matière et esprit. De la destruction à la réconciliation, l'artiste interprétera le corps comme lieu d'une évolution spirituelle. Corps glorieux des mystiques, corps cosmique oriental où se joignent, dit Tàpies, *«les valeurs du corps charnel et le corpus de sentiments, d'intuitions, d'expériences, de croyances, de connaissances, de souvenirs, de visions du monde, tout le système des symboles et des mythes, par lequel, de tout temps, l'art qui importe nous aide à nous rapprocher de la réalité la plus profonde»*.

M. R.

[3] Jean-Paul Sartre: *La Nausée*, Paris, Gallimard, 1938 (coll. Folio, pp. 243-244). Tàpies a lu *La Nausée* dans un exemplaire prêté par son ami Joan Ferraté; elle lui semblait, dit-il dans *Mémoire: autobiographie*, *«faite à ma mesure, pour exprimer mes angoisses et mes intuitions métaphysiques»*.

permitiendo correcciones y calidades expresivas insólitas, una apariencia primitiva de relieve con la piel tatuada que, dice Tàpies, es una forma de magia que concede poder a los objetos para que estos ayuden a vivir… Para mí el arte tiene un carácter curativo. *De hecho, Tàpies cuando argumenta sobre el componente sádico de estas pinturas recurre al término* ex-votos, *esas perturbadoras imágenes que en las iglesias reclaman la intervención divina en la curación de alguna enfermedad. La pintura, literalmente, ofrenda y liberación del sufrimiento:* hay que comprender que la vida es dolor para después encontrar los caminos de su superación… una vía purgativa para acceder a un nivel superior, el de la contemplación o iluminación. *No sólo la expresión es cristiana, también el contenido. La pintura, sin duda, una* mortificatio carnis.

El acto creador, por tanto, un ejercicio de reflexión y el cuadro un apoyo de la meditación, *un talismán donde el cuerpo representa la unión de la materia y el espíritu. De la destrucción a la reconciliación, el artista interpretará el cuerpo como soporte de una evolución espiritual; el cuerpo glorioso de los místicos o el cuerpo cósmico oriental donde se juntan, dice Tàpies,* los valores del cuerpo carnal y los del corpus de sentimientos, intuiciones, experiencias, creencias, conocimientos, recuerdos, visiones del mundo, de todo el sistema de símbolos y mitos con el que, en todos los tiempos, el arte importante nos ha ayudado a acercarnos a la más profunda realidad.

M. R.

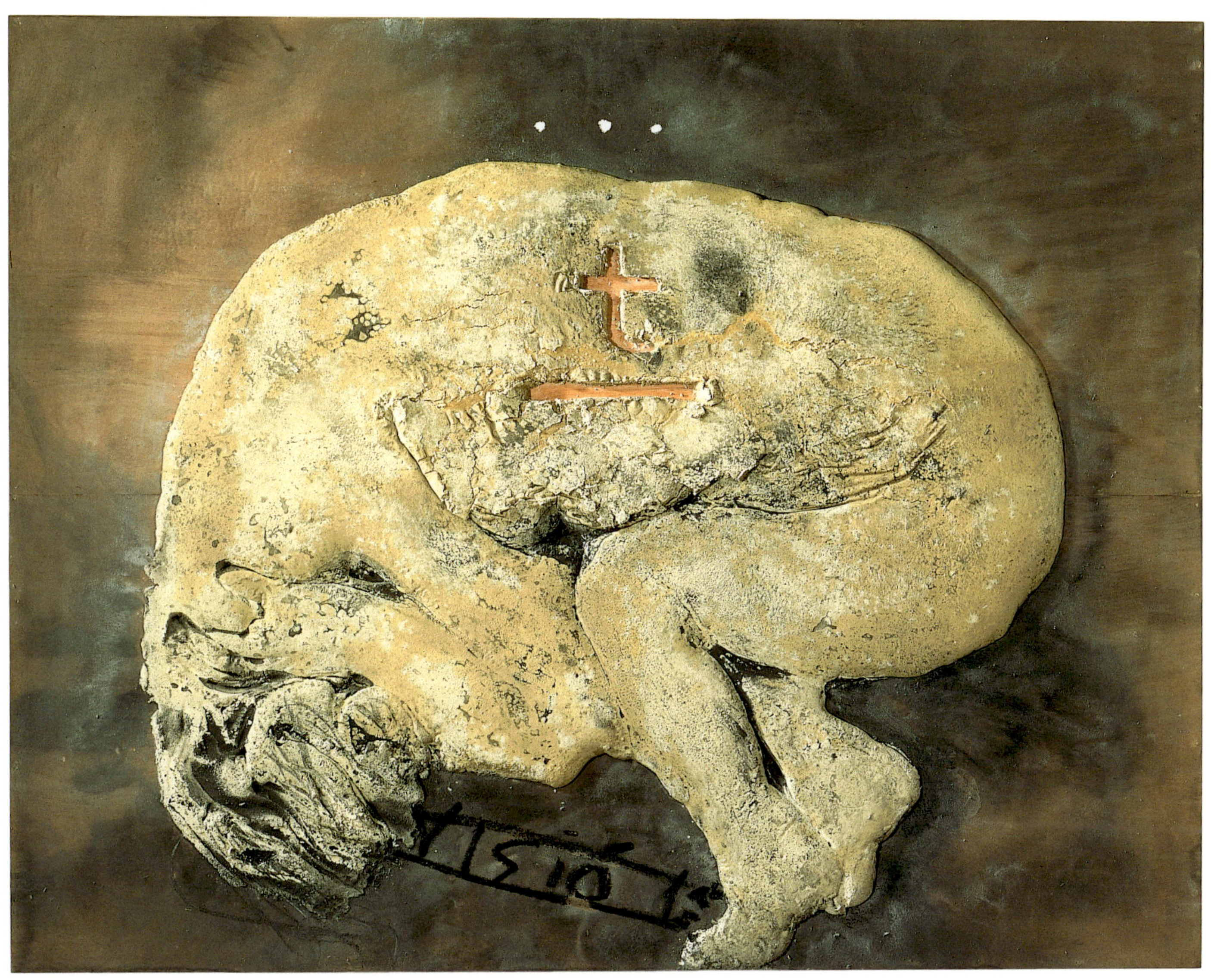

47 Antoni Tàpies
Vision première
Visión primera
2001
Technique mixte sur bois
130 × 162 cm
Collection Fondation Pierre Gianadda, Martigny, Suisse

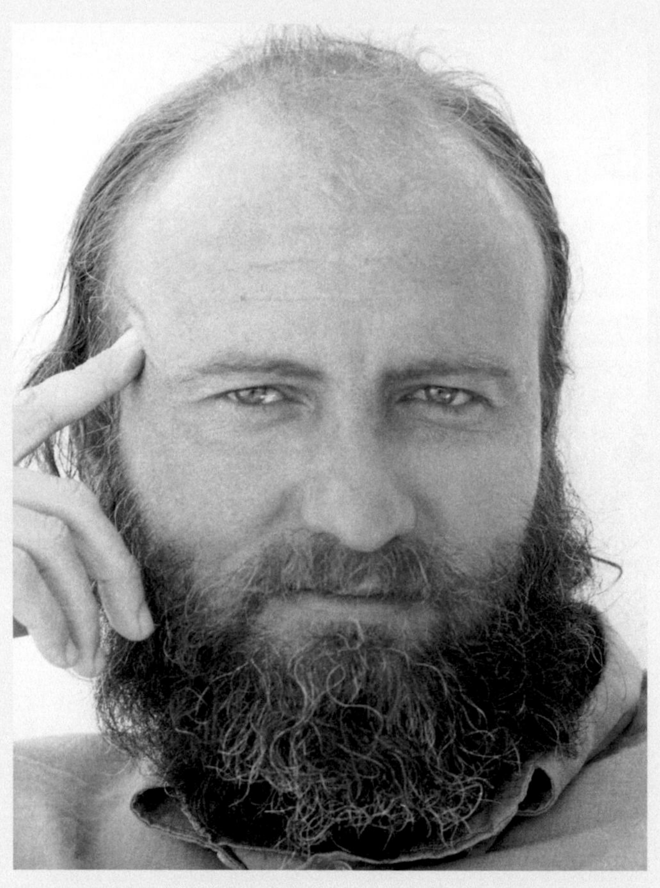

Manolo Millares

Las Palmas de Gran Canaria, 1926 - Madrid, 1972

Peindre comme un archéologue qui, creusant le sol de sa maison, descendrait dans le trou noir de l'Histoire. Manolo Millares pratique la peinture comme une *«excavation urbaine»*, exhumant de ses mains les vestiges vermoulus de l'histoire de l'art, strates mortes, couches superposées d'un temps ténébreux, dont l'inventaire comprend, pêle-mêle[1]: le sourire tordu de Mycènes, le bronze d'Etrurie, les vases sigillés hispaniques, la terre poisseuse du mésolithique, les dolmens préhistoriques, mais aussi les restes humains momifiés des Guanches, premiers habitants des îles Canaries, les cadavres des camps de concentration, les corps assassinés de la Guerre civile, ensevelis dans la boue, la terre, la pierre des cloaques. Il s'agit d'accomplir un destin: *«Montrer les choses en détail... sortir la momie de son sac, le vers hideux de son trou; mettre à sécher les cercueils des rois sous un soleil d'ombres humides... On sait d'avance quel moteur insuffle la haine à tant de sacs déchirés tant de fois recousus.»*[2] Processus duquel, dit l'artiste, la tragédie de la vie et la mort espagnole ne sont pas absentes.
Manolo Millares est un artiste extrême, que Juan Manuel Bonet définit comme un *«classique d'une période sombre»*. Années noires, véritablement, qui commencent dès l'enfance du peintre, lorsque, fuyant la guerre, sa famille revient aux Canaries et s'installe à Lanzarote, entre 1937 et 1939. C'est le premier contact avec le paysage canarien, qui marquera sa vision de l'art; inspiration sensible dès les premières *«pictographies»*, où il articule la tradition guanche, les signes et les idéogrammes des gorges de Balos, à la peinture surréaliste – Klee et Miró principalement –, introduite aux Canaries par Eduardo Westerdhal et la revue *Gaceta del Arte*. Entre primitivisme et surréalisme, Millares développera une peinture à caractère rituel et magique. Avec Juan Ismael, Felo Monzón et Plácido Fleitas, il participe à la fondation du groupe LADAC, *Los Arqueros del Arte Contemporáneo* («Les Archers de l'Art Contemporain»), qui revendique la tradition guanche, pratiquement disparue depuis la conquête espagnole. Cet intérêt pour l'art primitif est partagé dans la Péninsule par les *Nouveaux préhistoriques*, regroupés autour de l'Ecole d'Altamira, et trouve écho dans les propositions du mouvement catalan *Dau al Set* («La Septième Face du dé»).

[1] Manolo Millares: *Memoria de una excavación urbana y otros escritos* («Mémoire d'une excavation urbaine et autres écrits»), Barcelone, Gustavo Gili, 1973.
[2] Manolo Millares: «El homúnculo en la pintura actual» («L'Homuncule dans la peinture actuelle»), *in*: *Papeles de Son Armadans*, Palma de Majorque, nº XXXVII, avril 1959, p. 82. Sauf mention contraire, toutes les citations de Manolo Millares sont extraites de ces textes.

Pintar como un arqueólogo que va del suelo de su casa al agujero negro de la Historia. Con sus propias manos, Manolo Millares, practica la pintura igual que una excavación urbana *empujando hacia el exterior hallazgos carcomidos de la historia del arte, estratos de muerte, capas superpuestas de un tiempo tenebroso en el que se mezcla en un mismo inventario[1]: la sonrisa torcida de Micenas, el bronce de Etruria, la sigillata hispánica, el barro pegajoso del Mesolítico y los dólmenes prehistóricos; pero también, los fósiles humanos de las momias de los guanches, primitivos habitantes de las Islas Canarias, los cadáveres de los campos de concentración, los cuerpos asesinados de la Guerra Civil, envueltos en el barro, lodo y piedra de las cloacas. Se trata de cumplir con un destino:* Presentar las cosas con pelos y señales... sacar la momia de su saco, el gusano asqueroso de su sitio; traer a secar los ataúdes reales a un sol de sombras humedecidas... Se sabe de antemano que motor insufla odio a tanto saco desgarrado y a tanto recosido.[2] *Un proceso del que no están ausentes, dice el artista, la tragedia vital y la española muerte.*
Manolo Millares, un artista intenso que Juan Manuel Bonet define como un clásico de un tiempo sombrío. *Realmente, una época terrible que comienza para el artista en la misma infancia, cuando huyendo de la guerra su familia se traslada a Lanzarote, entre 1937 y 1939. Es el primer contacto con el paisaje canario que marcaría su visión posterior del arte desde las iniciales* pictografías, *donde articula la tradición guanche, los signos y los ideogramas rupestres del Barranco de Balos y otros yacimientos, con la pintura surrealista, Klee y Miró fundamentalmente, presente en el ambiente canario desde la época de Westerdhal y la* Gaceta del Arte. *Entre el primitivismo y el Surrealismo, Millares, desarrollaría una pintura de carácter ritual y mágico en contacto con el grupo LADAC, los Arqueros del Arte Contemporáneo, junto a Juan Ismael, Felo Monzón y Plácido Fleitas, que hacia 1950, reivindicaban la tradición guanche, prácticamente desaparecida después de la conquista española. Un interés por lo primitivo común en la península con los* Nuevos prehistóricos *agrupados hacia 1949 alrededor de la Escuela de Altamira y las propuestas catalanas de Dau al Set.*
Pero el estilo más personal y definitivo de la pintura de Manolo Millares se desarrolla, tras su traslado a Madrid en

[1] *Manolo Millares:* Memoria de una excavación urbana y otros escritos, *Barcelona, Gustavo Gili, 1973.*
[2] *Manolo Millares: "El homúnculo en la pintura actual" en* Papeles de Son Armadans, *Palma de Mallorca, n.º XXXVII, abril de 1959, pág. 82. Todas las citas de Manolo Millares, mientras no se indique lo contrario, proceden de estos textos.*

Mais le style très personnel de la peinture de Manolo Millares s'affirmera surtout, après son installation à Madrid, au sein du groupe *El Paso*, fondé en 1957, en compagnie d'Antonio Saura, Luis Feito, Rafael Canogar et Manuel Rivera, artistes proches de l'art informel, qui revendiquent la tradition européenne de l'abstraction lyrique. Comme le signale Juan Manuel Bonet, Millares et Saura, enfants de la Guerre civile, représentent la tendance la plus dramatique du groupe. Ils portent sur Pollock aussi bien que sur Mathieu un regard douloureux, et relient la peinture gestuelle à une lecture attentive de tout un pan de la tradition picturale espagnole: le Velázquez des bouffons, le Valdés Leal des fins dernières, le Goya de la maison du Sourd, le Picasso de *Guernica*, l'*Espagne noire* décrite par José Gutiérrez Solana[3]. Finalement, la modernité traversée par le drame, irriguée par le sang espagnol. Une histoire tragique, pour laquelle Manolo Millares sait trouver le matériau expressif, la toile de jute, rappelant celle dont les Guanches enveloppaient leurs morts. Un suaire, support de la peinture, mémoire de la destruction et de la mort. Toiles à sac, au début sous les espèces de collages légèrement colorés de rouge, de noir et de jaune, puis, formant le tableau lui-même, pliées, nouées, perforées ou déchirées, dans leur couleur naturelle. De nombreux critiques ont relevé des points communs entre la peinture de Manolo Millares et celle d'Alberto Burri. Il y a pourtant entre eux deux, pour reprendre le mot de José Augusto França, *«beaucoup de cadavres d'homuncules»*. Se dresse en effet l'image monstrueuse d'êtres déformés, effrayantes copies de la figure humaine, loques de sang et d'os désincarnées: *«Leur existence marque le commencement de l'introversion de l'artiste, comme une claque, un coup de boutoir, un avertissement emporté au loin... réplique tératologique qui sauve, par la haine qu'elle lui inspire, la part qu'elle meurtrit.»* Toiles tordues comme de la peau rongée, qui deviennent fumier et l'engrais de nouveaux corps. Dans *Tableau 85* (1959), trouée et recousue, la toile de jute soutient un paysage noir, avec des graphies blanches, d'étranges symboles qui encadrent le pli torturé de la figure centrale, pareille à un amas de restes humains: un homuncule formé de toiles pliées, *«chassies de ce temps»*, disait l'artiste, ou encore lèpre du corps qui se manifeste comme une excroissance, non de la peau, mais des vêtements corrompus par les pustules de la souffrance, de l'horreur. Copie laïque, dans un sens, de la Véronique ou du saint suaire de Turin.

[3]Juan Manuel Bonet: «Para un retrato de Manuel Millares» («Pour un portrait de Manuel Millares»), *in*: *Millares*, Museo Nacional Centro de Arte Reina Sofía, janvier-mars 1992, p. 25.

1955, al formar parte del grupo El Paso, *junto a Antonio Saura, Luis Feito, Rafael Canogar y Manuel Rivera, fundado en 1957. Un grupo de tendencia informalista que reivindicaba la tradición europea del Expresionismo abstracto. Como señala Juan Manuel Bonet, Millares y Saura representan dentro del grupo, como hijos de la Guerra Civil, la tendencia más dramática. Una mirada dolorida que enlazará la pintura gestual, al mismo tiempo Pollock y Mathieu, con una atenta lectura de la tradición* negra *de nuestra pintura: el Velázquez de los bufones, el Valdés Leal de las postrimerías, el Goya de la quinta del Sordo, el Picasso del* Guernica, *la España negra descrita por Solana*[3]*. En definitiva, la modernidad atravesada por la sangre y el drama de nuestro país. Una historia trágica para la que Manolo Millares encontró el material expresivo adecuado, la arpillera, inspirada en las telas que envuelven los cadáveres de los guanches. Un sudario, soporte de la pintura como memoria de destrucción y muerte.*
Telas de saco, al principio, como collages *levemente coloreados de rojo, negro y amarillo, para después formar parte del cuadro como pliegue, retorcido y perforado, en su color natural. Muchos críticos han señalado semejanzas, entre la pintura de Manolo Millares y Alberto Burri. Sin embargo, entre uno y otro, como dice José Augusto França,* hay muchos cadáveres de homúnculos. *Es decir, se alza la imagen monstruosa de seres deformados, trasunto esperpéntico de la figura humana, como pingajos desencarnados de sangre y hueso:* su existencia da comienzo en la introversión del artista, como si fuera una cachetada, un aldabonazo a la inversa, un aviso destemplado hacia fuera... réplica teratológica que, a la par que le daña, le salva por el odio que le inspira. *Telas retorcidas como piel carcomida convertidas en estiércol y abono de nuevos cuerpos. En* Cuadro 85 *(1959), lienzo agujereado y recosido, la arpillera sostiene un paisaje negro de grafías blancas, extraños símbolos, que enmarcan el pliegue torturado de la figura central, un revoltijo casi humano; un homúnculo formado por telas plegadas,* legañas de este tiempo *las denomina el artista, una especie de lepra del cuerpo que se manifiesta como una excrecencia no de la piel sino de los propios ropajes corroidos por las pústulas del sufrimiento, del horror. En cierto sentido, un trasunto laico del paño de la Verónica o la sábana santa de Turín.*
Después de Goya, el florecimiento del homúnculo, dice Manolo Millares, un arquetipo que adopta, a veces, la forma de un crucificado como en el Cuadro 163 *(1962).*

[3]Juan Manuel Bonet: "Para un retrato de Manuel Millares" en Millares, *Museo Nacional Centro de Arte Reina Sofía, enero-marzo de 1992, pág. 25.*

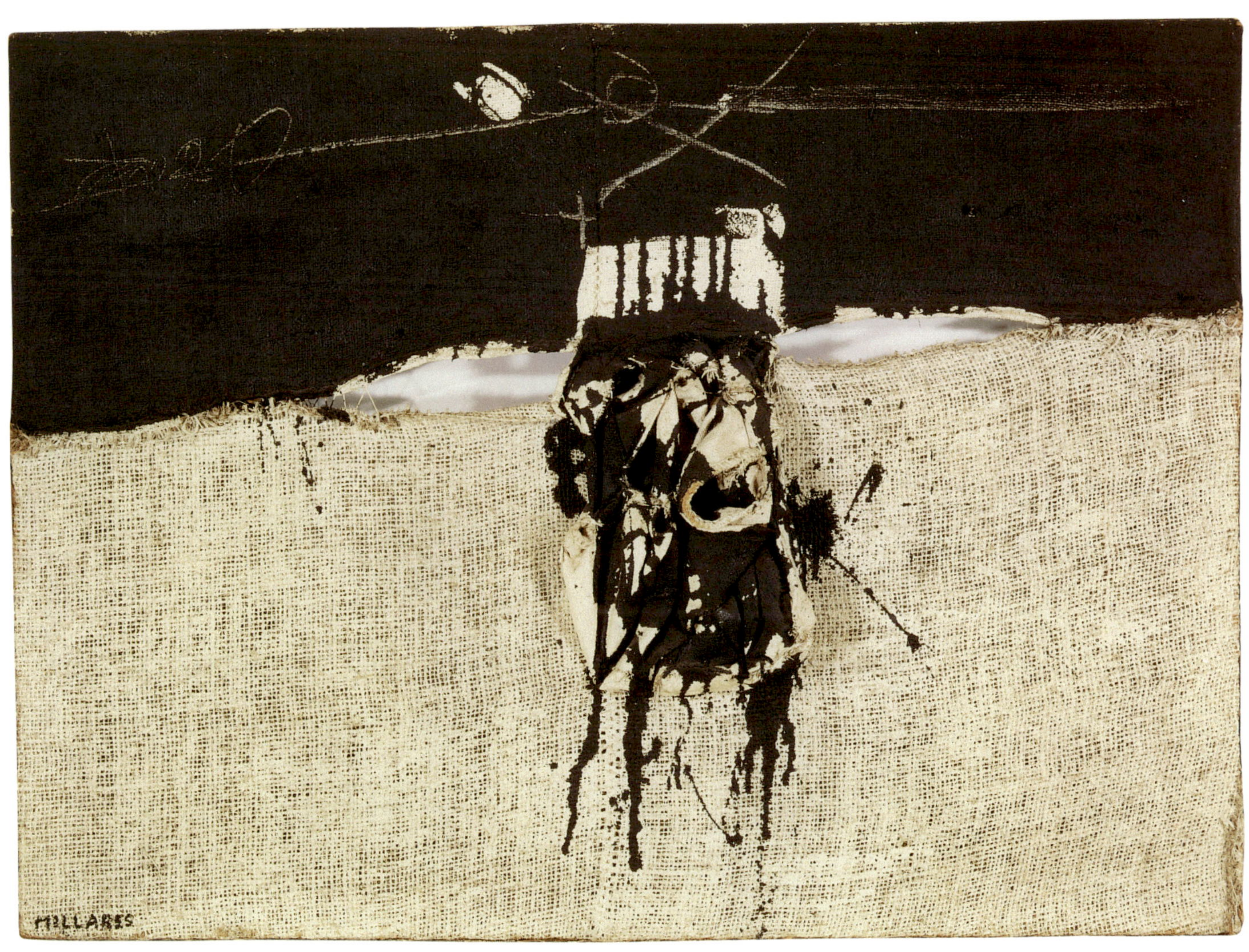

48 Manolo Millares
Tableau 85
Cuadro 85
1959
Technique mixte sur toile de jute
97 × 130 cm
Colección de Arte Contemporáneo, Fundación "la Caixa", Barcelona

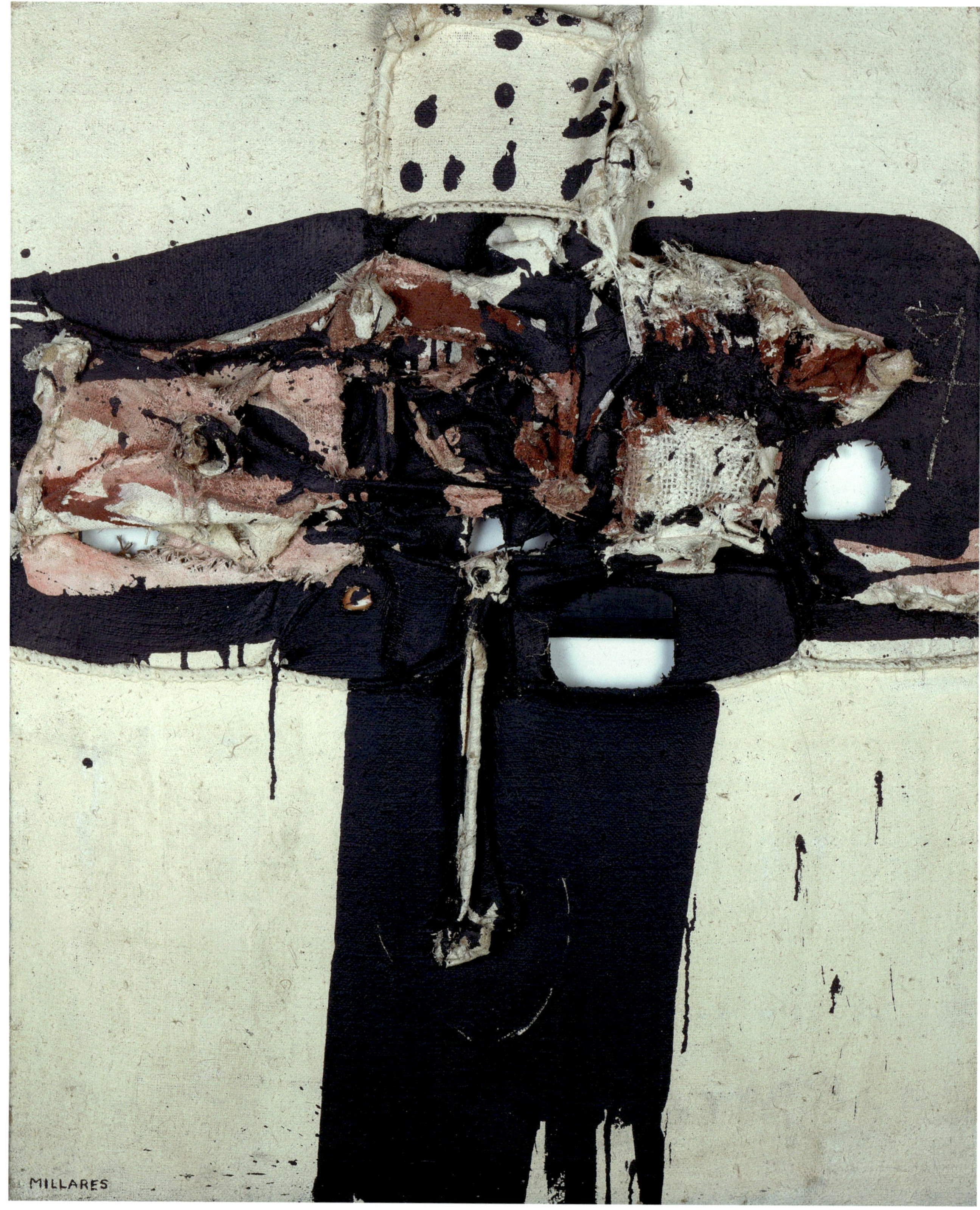

49
Manolo Millar
Tableau 163
Cuadro 163
1962
Technique mi
sur toile de ju
100×81 cm
Instituto
Valenciano de
Arte Moderno
(IVAM).
Generalitat
Valenciana,
Valencia

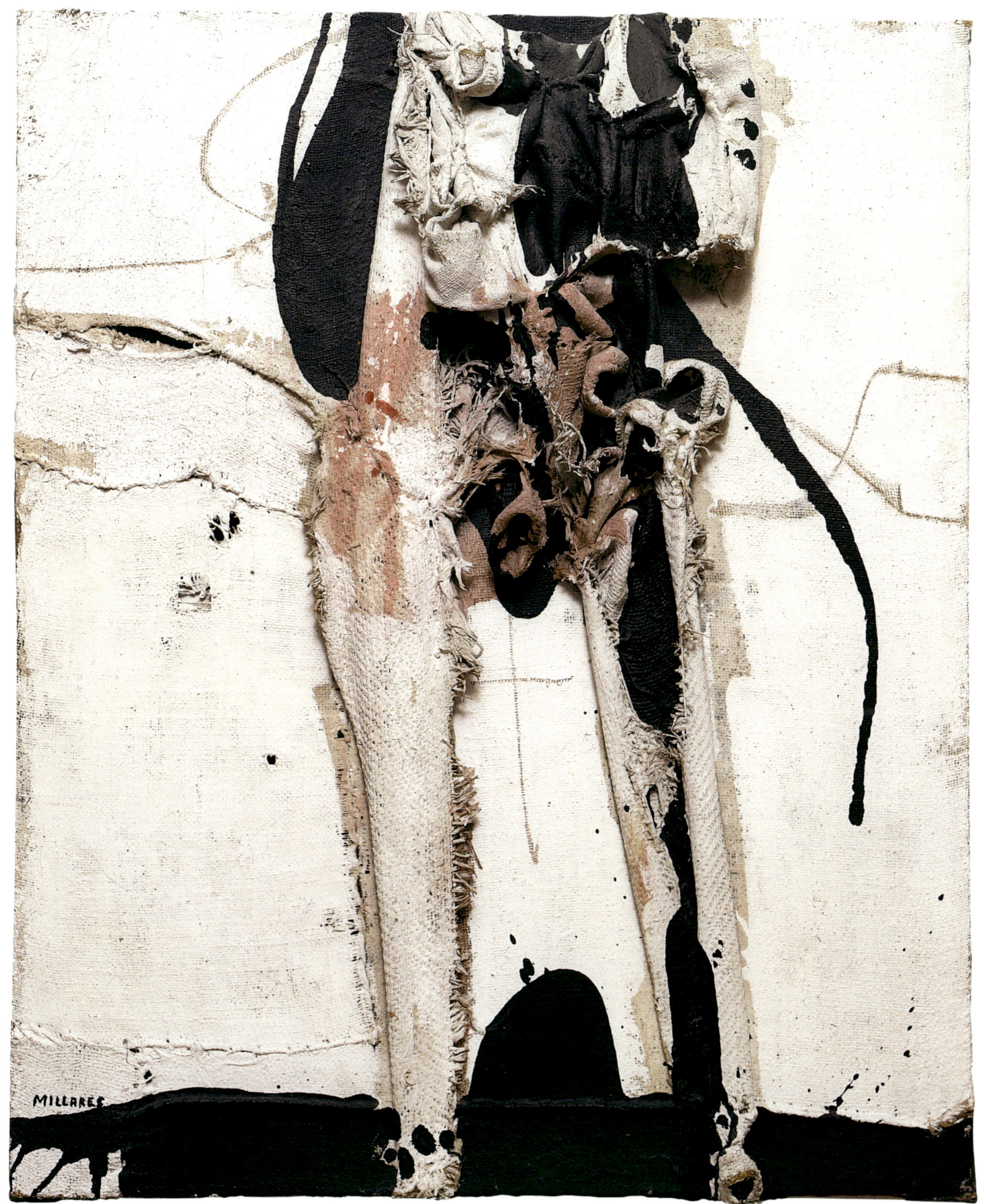

50
nolo Millares
Tableau 198
Cuadro 198
1962
nique mixte
toile de jute
100×81 cm
ollección LL-A

Après Goya, la floraison de l'homuncule; selon Manolo Millares un archétype, qui adopte, parfois, la figure d'un crucifié, comme dans *Tableau 163* (1962). L'homuncule, en réalité une figure monstrueuse de rédemption de l'humanité: *«Peu importe que l'homme soit brisé, si de lui émergent des roses de terre fertile et des commencements, neufs comme un poing.»* Figure de destruction et de réparation, qui traîne dans les fibres sanglantes de son tissu, dit Millares, les corps maltraités de Pollock, les épouvantails de Willem De Kooning, les terribles dames de Dubuffet, les otages de Fautrier, les êtres effrayants d'Appel et les Vénus de la laideur de Saura. Figures torturées qui déchirent la toile pour montrer le châssis, l'envers de la peinture, et surtout pour révéler *«ce que nous sommes réellement et que nous tenons caché»*. Ainsi dans *Tableau 198* (1962): le trou de la toile, un hurlement, une ligne déchirée et recousue, qui dessine les plis d'êtres brisés. Sur un fond blanc, couleur caractéristique des œuvres postérieures, mur lumineux où coller des chiffons tire-bouchonnés comme des viscères, on devine un torse, des jambes, dans une espèce de pâte de haillons. Blessures au sang coagulé. Ordures et dépouilles calcinées par la lave.

L'homuncule pétrifié entraîne l'artiste vers le sous-sol, le convoque à l'exploration des restes fossilisés de tant de souffrance et de désespérance. Le peintre comme archéologue ou mineur, qui s'abîme dans les grottes effondrées de l'Histoire: c'est *Galerie de la mine* (1965), thème repris dans de nombreuses compositions, où se donne cours l'intérêt de l'artiste pour les excavations et les gisements archéologiques. Nécessité d'exposer la misère d'un drame qui colle à son âme comme les écailles d'une chronique funeste. Excavations, puits et galeries, qui guident, à la fin, comme il le déclare lui-même, un va-et-vient perpétuel, où se fait et se défait la boîte noire des putréfactions, des inquiétudes. Un catafalque, une tombe: *«Je ne sors plus de la maison,* écrit Manolo Millares un an avant sa mort, *et je me retrouve seul, face au trou profond, sans plus de dissimulation, ni de polissages diurnes, mais tout le jour à trimer, avec cette grande commodité, inespérée, de monter et de descendre. En réalité, tout le monde le sait, mon corps est à son aise ici, à mille mètres sous la terre, et je pense que c'est le lieu, maintenant, dont il ne doit plus sortir.»*

M. R.

El homúnculo, en realidad una monstruosa figura de redención de la humanidad: No importa que el hombre se haya roto si de él emergen rosas de légamos y principios renovadores como puños. *Figura de destrucción y reparación que arrastra entre las hebras sangrantes de su tejido, dice Millares, los cuerpos maltratados de Pollock, los esperpentos de Willem De Kooning, las damas terribles de Dubuffet, los rehenes de Fautrier, los horribles seres de Appel y las Venus ibéricas de la fealdad de Saura. Figuras torturadas que rasgan la tela para mostrar el bastidor, el revés de la pintura pero, sobre todo, para desvelar* lo que realmente somos y escondemos. *El agujero de la tela, un aullido, una línea desgarrada y recosida que dibuja los pliegues de seres quebrados como en* Cuadro 198 *(1962), donde se adivina un torso y unas piernas entre el amasijo de harapos recortados sobre el fondo blanco, color característico de las obras posteriores del artista. Muro luminoso donde colgar trapos arrugados como vísceras, heridas de sangre coagulada, basura calcinada de lava y despojos.*

Cosificación mineral del homúnculo que incita al artista hacia el interior del subsuelo, a la exploración de los rastros fosilizados de tanto sufrimiento y desesperanza. El pintor como el arqueólogo o el minero que se abisma en las arruinadas grutas de la Historia en Galería de la mina *(1965), tema al que dedicaría varias composiciones, prolongación de su interés por las excavaciones y los yacimientos arqueológicos, por la necesidad de exponer la miseria de un drama que se ha adherido a su alma como desconchones de una crónica funesta. Excavaciones, huecos y galerías que al final se convierten, como el propio artista declara, en un continuo hacer y rehacer la negra caja de las podredumbres. Un catafalco, una tumba:* Ya no salgo de casa, *escribe Manolo Millares un año antes de su muerte,* nunca salgo… y me encuentro bien sólo con el profundo agujero ya sin disimulos ni bruñidos diurnos, todo el día para mí en el trajinar y esa gran comodidad del bajar y el subir inesperados. En realidad, todo el mundo lo sabe, mi cuerpo se encuentra a gusto allí, a miles de metros bajo tierra y pienso que es el sitio del que no debiera salir jamás.

M. R.

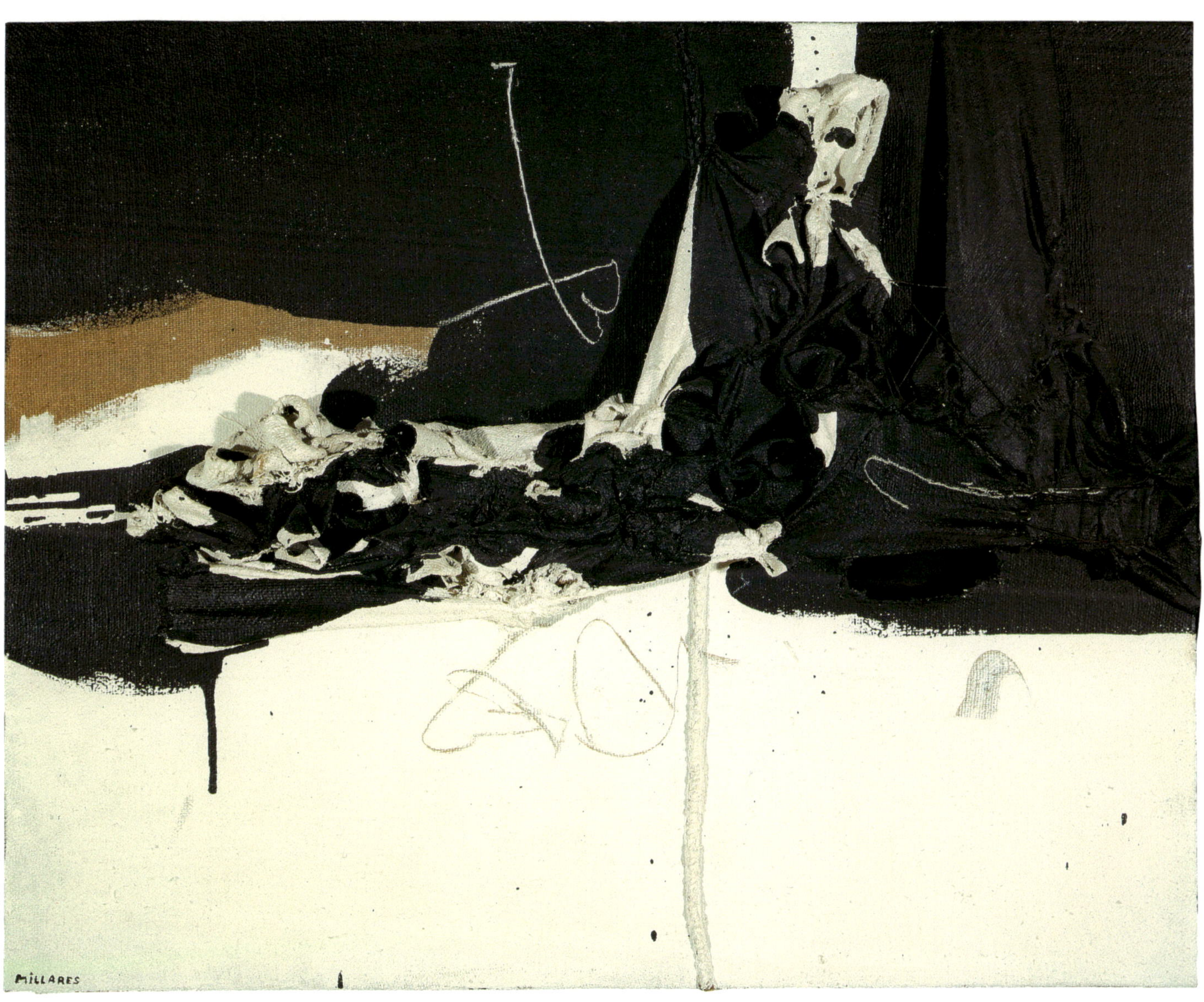

51 Manolo Millares
Galerie de la mine
Galería de la mina
1965
Technique mixte sur toile de jute
81,5 × 100 cm
Colección de la Fundación Juan March, Madrid

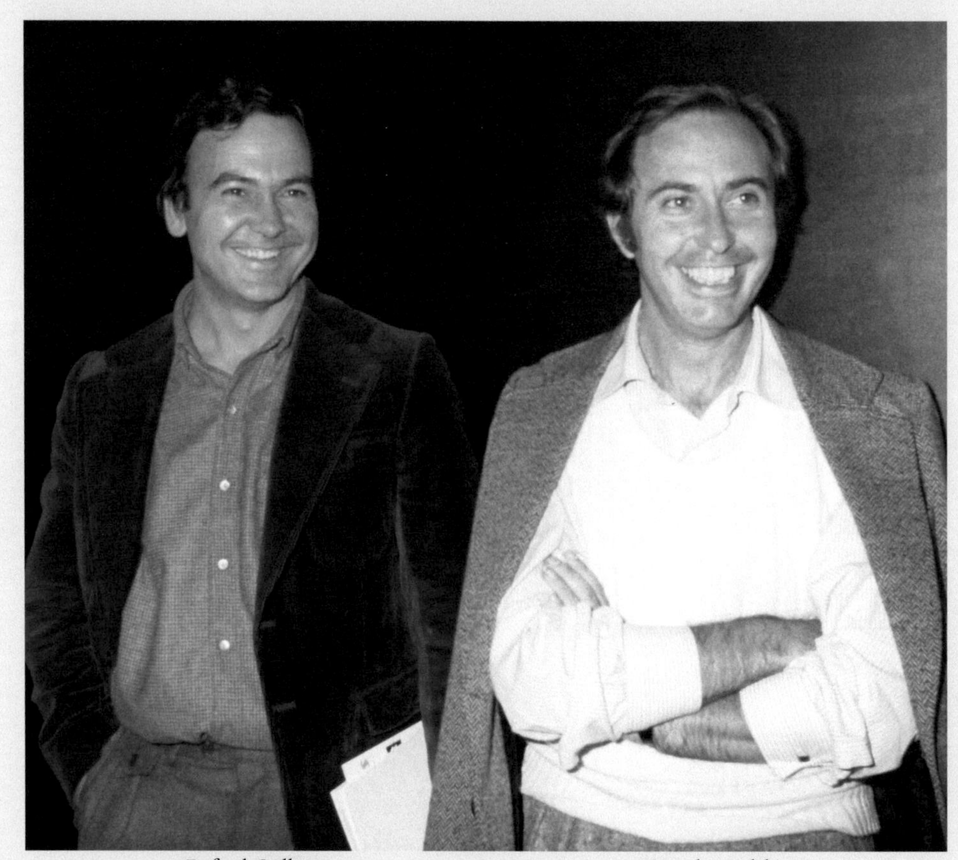

Rafael Solbes Manolo Valdés

Equipo Crónica

Valencia, 1964-1981

Rafael Solbes, Valencia, 1940-1981
Manolo Valdés, Valencia, 1942

La peinture, un certain type de peinture, plus que donnée à voir, semble avoir été faite pour être entendue: conversations entre images, programmes, histoires – peinture littérale, où se mêlent plusieurs voix tissant le même récit. Dès les débuts de l'existence du groupe, les artistes d'Equipo Crónica entretinrent un dialogue animé sur le sens de l'activité picturale en tant que langage, mais aussi action politique et sociale. S'appuyant sur la *Critica del gusto* («Critique du goût») de Galvano della Volpe, ils cherchèrent à construire les fondements d'une idéologie de l'art à partir de la *forme linguistique* de l'œuvre et non de son contenu. Pour Equipo Crónica, comme le signale Tomàs Llorens[1], parler de peinture, c'était aussi parler du monde, de la société dans laquelle ils vivaient et sur laquelle ils voulaient agir. Une peinture pour écouter, pourrait-on dire. Constitué en 1964 à Valence par Rafael Solbes, Manuel Valdés et Juan Antonio Toledo, Equipo Crónica, bientôt réduit aux deux premiers membres, vivra jusqu'à la mort de Rafael Solbes, en 1981. Demeurant dans la même ville, où ils avaient suivi les mêmes études d'art, les deux hommes avaient pourtant emprunté, au départ, des voies différentes. Valdés pratiquait *«une abstraction lyrique, chargée de matière, antiacadémique»*, et Solbes donnait quant à lui dans *«un expressionnisme teinté d'influences solanesques et picassiennes»*[2]. Jusqu'au jour où ils purent articuler un langage commun, proche du mouvement *Estampa Popular* («Image populaire»), théorisé par Tomàs Llorens, qui combinait critique sociale et syntaxe figurative pour tenter de créer un art en rapport avec les préoccupations des gens. C'est dans ce contexte qu'Equipo Crónica publie son premier manifeste, exigeant le *«dépassement radical de la mythologie individualiste, de l'expression subjective comme intentionnalité de l'activité artistique»*. Le travail collectif permettait un langage objectif, non personnel, dépouillé du goût et du style; par lui s'exprimaient affinités et différences avec les autres «modèles»: les «informels» qui, à l'époque, avancent en ordre dispersé, tant sur le plan idéologique qu'esthétique; les «formels», comme *Equipo 57*, dont le caractère excessivement utopique et scientifique est rejeté; enfin, la Figuration Narrative d'Arroyo et Aillaud, dont

[1] Tomàs Llorens: «Equipo Crónica: la amistad y la palabra» («Equipo Crónica: l'amitié et la parole»), *in*: *Equipo Crónica. 1965-1981*, Centro de Arte Reina Sofía, 1989, p. 58.

[2] Equipo Crónica: «Datos sobre la formación del Equipo Crónica» («Eléments sur la formation d'Equipo Crónica»), *in*: *Equipo Crónica*, Colección del IVAM, Palacio de Gabia, Diputación provincial (Conseil général) de Grenade, 1990, p. 7.

La pintura, un determinado tipo de pintura, más que darse a ver parece creada para ser oida; la pintura, una conversación entre imágenes, programas e historias, literal, cuando es el resultado de una combinación de voces tejiendo el mismo relato. Los artistas del Equipo Crónica mantuvieron, durante un breve tiempo, un diálogo intenso sobre el significado de la actividad pictórica como lenguaje y, también, como acción política y social. Sobre el fondo doctrinario de la Critica del gusto *de Galvano della Volpe, buscaron los principios ideológicos de la creación en la propia* forma lingüística *de la obra de arte y no en su contenido. Para Equipo Crónica, señala Tomàs Llorens*[1]*, hablar de pintura era, al mismo tiempo, hablar del mundo, de la sociedad en la que vivían y querían actuar. En definitiva, una pintura para escuchar.*
Constituido en 1964 en Valencia por Rafael Solbes, Manuel Valdés y Juan Antonio Toledo, al poco tiempo Equipo Crónica se redujo a los dos primeros para disolverse, trás la muerte de Rafael Solbes, en 1981. Viviendo en la misma ciudad y con los mismos estudios de Bellas Artes seguían, sin embargo, tendencias artísticas diferentes. Valdés practicaba un informalismo matérico, lírico y anti-académico *y Solbes, por su parte,* un expresionismo con ribetes solanescos y picassianos[2]*, hasta que ambos articularon sus propósitos en el ambiente artístico creado por* Estampa Popular*, movimiento teorizado por Tomàs Llorens, en el que se combinaba un lenguaje de denuncia social con la sintaxis de la figuración para provocar un arte próximo a los intereses de la gente. En este contexto, Equipo Crónica publica en 1965 su primer manifiesto exigiendo* la radical superación de la mitología individualista, de la expresión subjetiva como intencionalidad de la actividad artística. *El trabajo colectivo permitía un lenguaje objetivo, no personal, carente de gusto y estilo. En este sentido, los propios artistas, señalan afinidades y diferencias con otros* modelos*: los informalistas en ese momento dispersos en sus planteamientos ideológicos y estéticos; los formalistas, como* Equipo 57*, de los que rechazan su carácter excesivamente utópico y cientifista; y, por último, la Figuración Narrativa de Arroyo y Aillaud, de los que apreciaron su enfrentamiento a las neovanguardias oficiales y ociosas y la subversión desde el propio lenguaje plástico.*

[1] Tomàs Llorens: "Equipo Crónica: la amistad y la palabra" en Equipo Crónica. 1965-1981*, Centro de Arte Reina Sofía, 1989, pág. 58.*

[2] Equipo Crónica: "Datos sobre la formación del Equipo Crónica" en Equipo Crónica*, Colección del IVAM, Palacio de Gabia, Diputación provincial de Granada, 1990, pág. 7.*

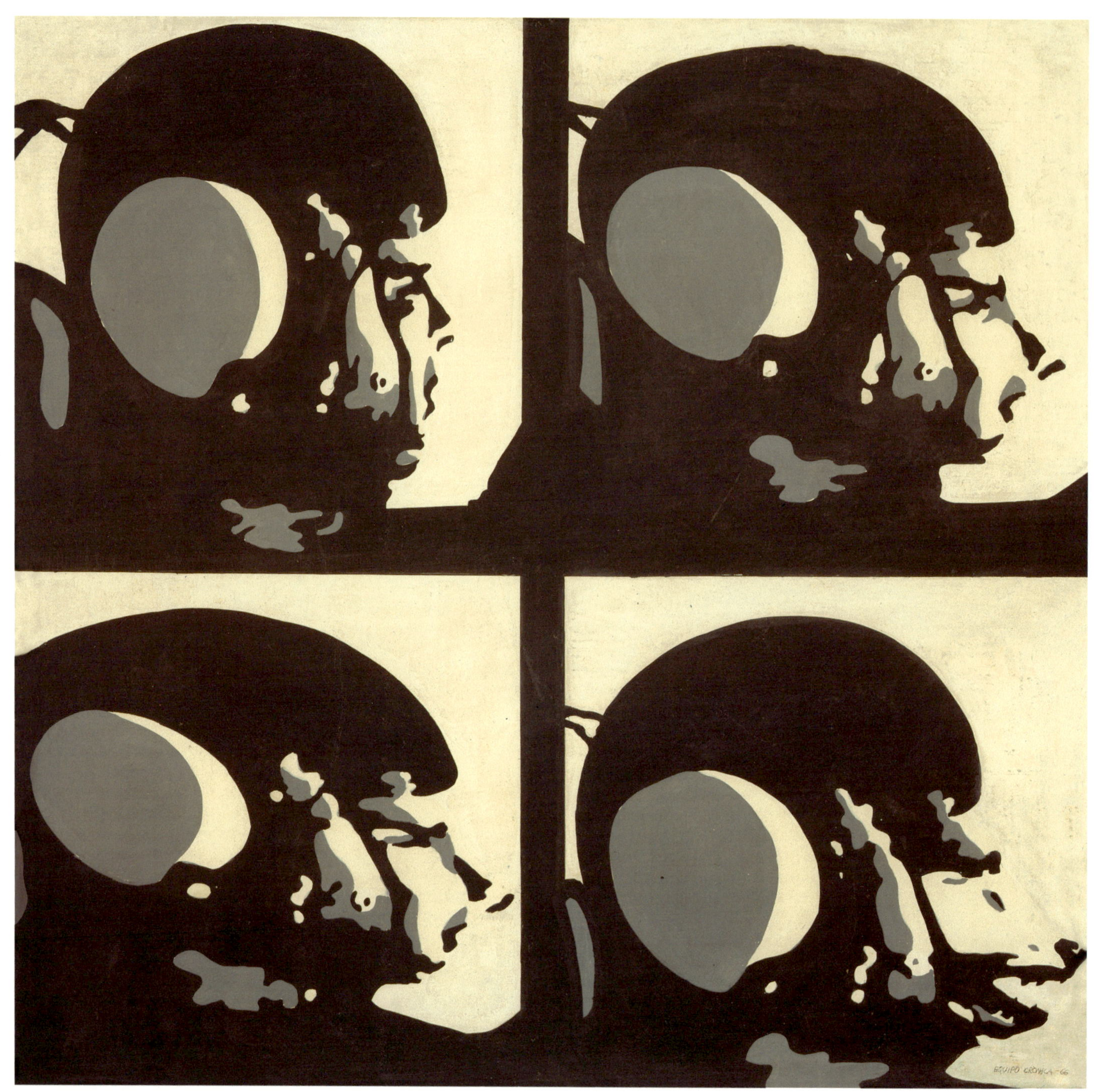

52 Equipo Crónica
La Métamorphose du pilote
La metamorfosis del piloto
1966
Acrylique sur tablex
53,5 × 53,5 cm
Instituto Valenciano de Arte Moderno (IVAM). Generalitat Valenciana, Valencia

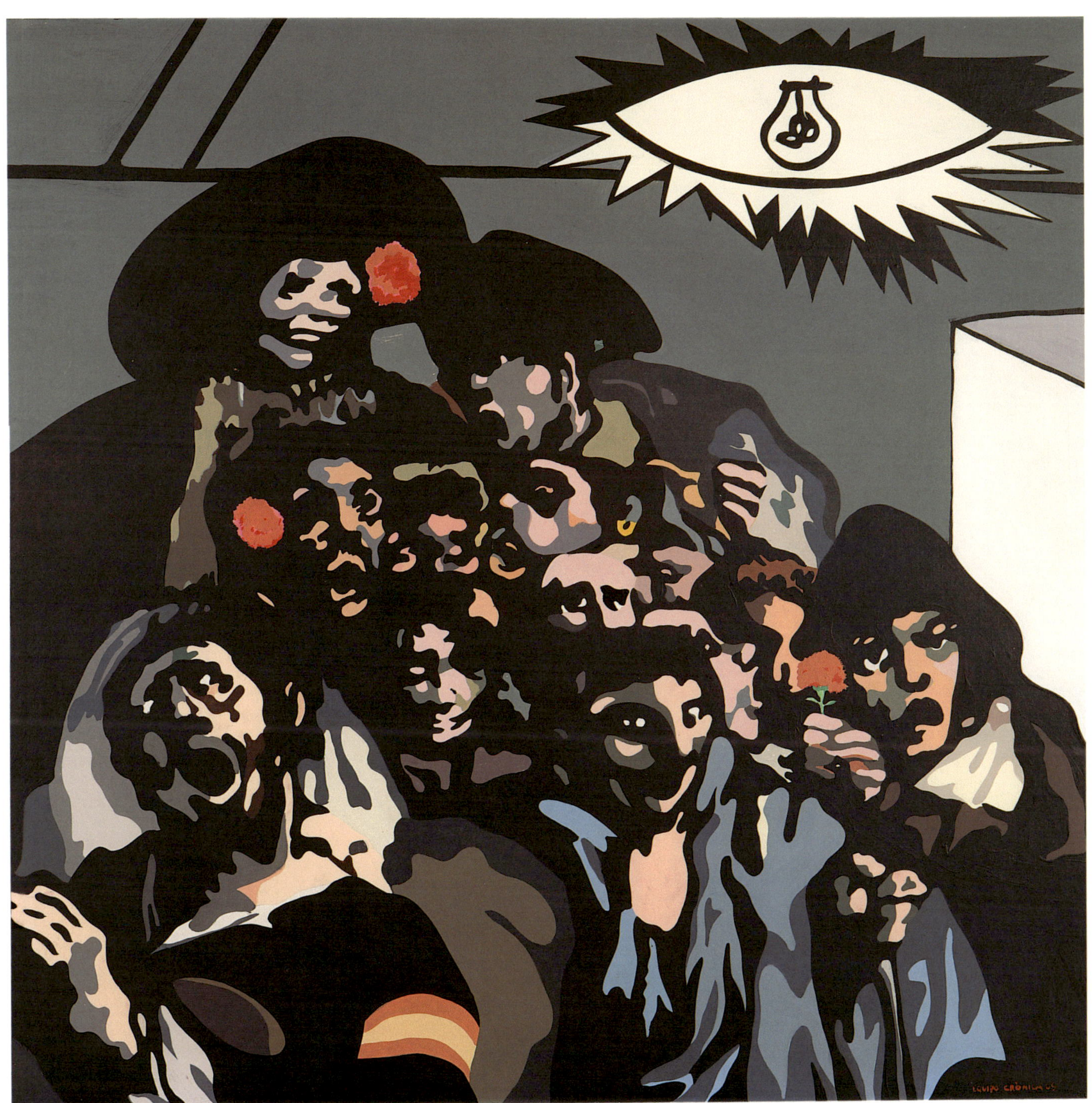

53 Equipo Crónica
Sabbat
Aquelarre
1969
Acrylique sur masonite
69×69 cm
Colección de Arte Contemporáneo, Fundación "la Caixa", Barcelona

l'opposition aux *«néo-avant-gardes officielles et oisives»* ainsi que la subversion du langage plastique sont appréciées.
C'est sur ces bases que la série, la répétition du même énoncé en différents tableaux deviennent l'outil de travail fondamental: *«Pour nous, chronique de la réalité signifie objectivation et réalisme des faits utilisés, ainsi que typification et sérialisation des ensembles. C'est-à-dire: réalisme quant au particulier, qui donne aux séries leur caractère interprétatif. La série, pour nous, est une manière convenable d'unir le particulier au développement dynamique et dialectique du général.»*[3] Les premières séries, entre 1964 et 1966, utilisaient exclusivement une iconographie issue des médias, fonctionnant sur des variations qui induisaient la fragmentation et la déformation des images. A partir de 1967, le travail s'effectue avec le *«matériel linguistique»* de l'histoire de l'art elle-même: œuvres emblématiques du passé – plus particulièrement la peinture espagnole du Siècle d'or – et du présent, traitées par les techniques et les procédés des médias – publicité, bande dessinée, télévision et presse illustrée – qui permettent de rassembler dans une même structure le choix de ces œuvres.
Il s'agit d'élaborer, disent les deux artistes, des images qui soient reconnaissables, capables de parler, avec les moyens d'aujourd'hui, des expériences quotidiennes de l'homme contemporain. Ainsi dans la série démystificatrice nommée *Guernica*, à laquelle appartiennent *L'Emballage* et *Sabbat*, réalisée en 1969. Par rapport aux séries précédentes, la nouveauté tient ici au fait d'avoir recours à un tableau donné, qui plus est œuvre emblématique et universellement connue, *«chargée de signification et non exempte d'une certaine valeur de cliché symbolique... Au niveau du contenu, cette série représente pour nous une possibilité de réfléchir sur le processus de transformation d'une image et sur sa signification.»* Ce processus de transformation iconographique est évident dans *L'Emballage*, paquet déchiré qui laisse voir, dans un coin, le tableau nommé *Guernica*. L'œuvre fait précisément référence aux tentatives des milieux officiels de ramener la fameuse toile en Espagne, alors que Picasso lui-même ne pouvait pas y revenir. Caché à son destinataire légitime, le peuple espagnol, qui en était, par l'intermédiaire des représentants de la République, le propriétaire, *Guernica* apparaît emballé et prêt pour un transfert qui n'eut jamais lieu du vivant du dictateur. La concision, la froideur même de cette image, au regard de la charge émotive, historique et politique de *Guernica*, illustrent l'emploi systématique par

[3] Equipo Crónica: *Manifiesto* («Manifeste»), 1965, reproduit *in*: Valeriano Bozal, *Pintura y Escultura españolas del siglo XX (1939-1990)* [«Peinture et sculpture espagnoles du XXe siècle (1939-1990)»], Madrid, Espasa-Calpe, 1993, p. 452.

Desde estos planteamientos, la serie, la repetición en cuadros diferentes del mismo argumento, se convirtió en una herramienta de trabajo fundamental: para nosotros, crónica de la realidad significa objetivación y realismo de los datos utilizados, así como tipificación y serialización de los conjuntos... Es decir: realismo en lo particular dando carácter interpretativo a las series. La serie es, para nosotros, un modo idóneo de unir lo particular con el desarrollo dinámico y dialéctico de lo general.[3] *Las primeras series, entre 1964 y 1966, utilizaron exclusivamente iconografía de los medios de comunicación, a partir de variaciones que implicaba la fragmentación o deformación de las imágenes. Desde 1967, el trabajo se realizó con el* material lingüístico *aportado por la propia historia del arte, obras emblemáticas del pasado, sobre todo de la pintura española del Siglo de Oro, y del presente, tratadas con técnicas y procedimientos de los medios de comunicación, publicidad, comic, televisión y prensa ilustrada; procedimientos que permiten uniformar la selección de obras en una única estructura.*
Se trata de elaborar imágenes, dicen los artistas, reconocibles, aptas para hablar, con los medios actuales, de las experiencias habituales del hombre contemporáneo como en la serie desmitificadora Guernica *a la que pertenecen* El embalaje *y* Aquelarre, *de 1969. Respecto a series anteriores, la novedad residía en el hecho de utilizar un cuadro concreto y, además, de ser una obra muy conocida y emblemática* cargada de significación y no exenta de un cierto valor de cliché simbólico... a nivel de contenido, para nosotros esta serie representó una oportunidad de reflexionar sobre el proceso de transformación de una imagen y su significación. *Un proceso de modificación iconográfica, evidente en* El embalaje, *1969, un paquete desgarrado, a través del cual, en una esquina, aparece el cuadro del* Guernica. *La obra hace referencia a un momento preciso en el que, desde medios oficiales, se estaban haciendo gestiones para traer el famoso lienzo a nuestro país cuando Picasso, su autor, no podía volver a España. Oculto para los destinatarios legítimos de este cuadro, el pueblo español que lo había comprado a través de los representantes de la República,* El Guernica *aparece embalado y listo para un traslado que nunca se realizó en vida del dictador. La concisión, incluso la frialdad de esta imágen frente a la carga emotiva, histórica y política que representa* El Guernica, *responde al empleo sistemático que los artistas hicieron del concepto de* distanciamiento, *según las teorias de Brecht; un mecanismo de separación entre el hecho y el sentimiento de lo que se narra que*

[3] *Equipo Crónica:* Manifiesto, *1965, reproducido en Valeriano Bozal,* Pintura y Escultura españolas del siglo XX (1939-1990), *Madrid, Espasa-Calpe, 1993, pág. 452.*

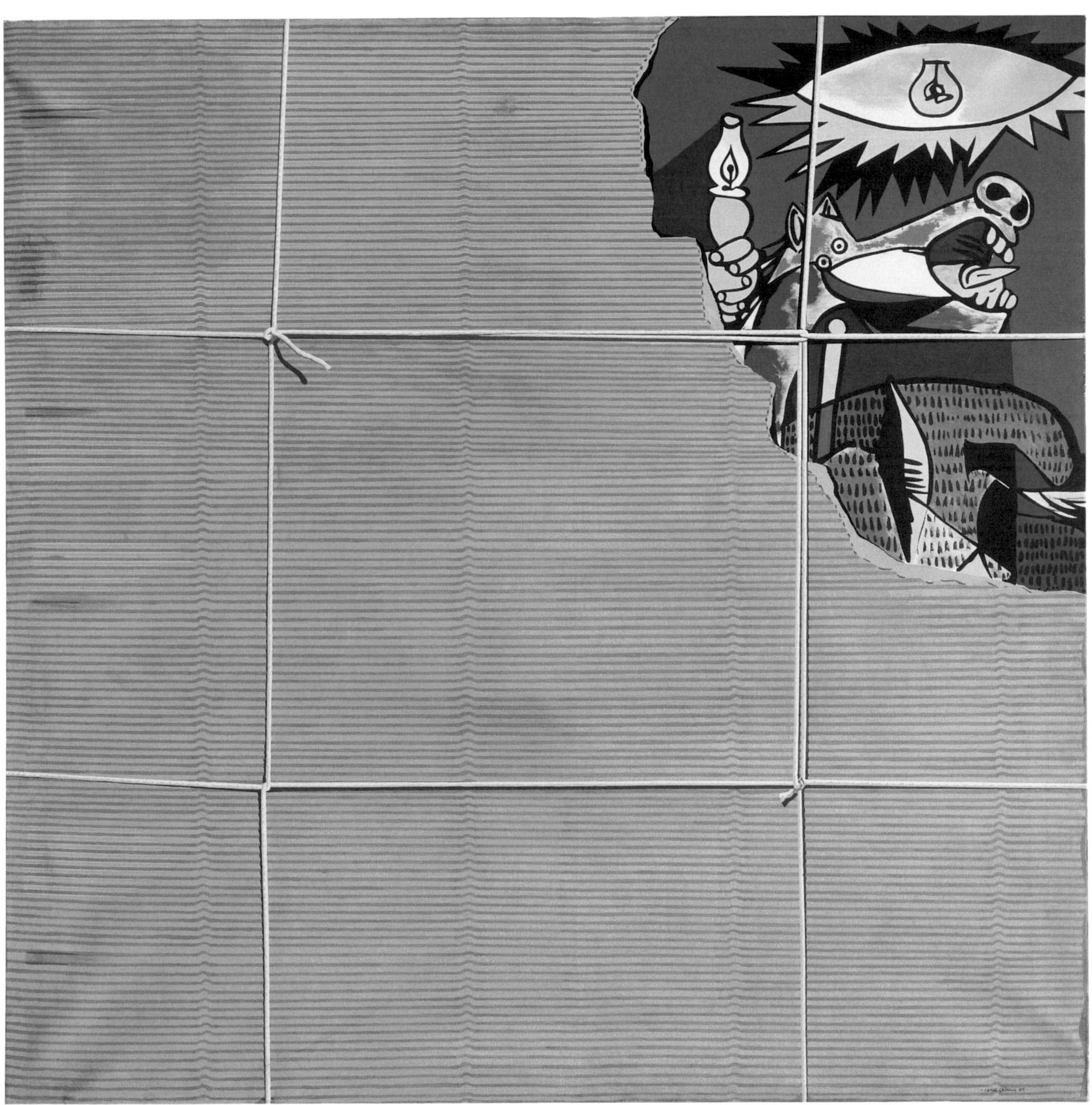

54 Equipo Crónica
L'Emballage
El embalaje
1969
Acrylique sur toile
123,3 × 122 cm
Colección de Arte Contemporáneo, Fundación "la Caixa", Barcelona

les deux artistes du concept de distanciation, employé par Brecht: un mécanisme, dans la narration, de séparation du fait et du sentiment qui interdit au spectateur toute réaction irréfléchie d'empathie.

A partir de ce véritable tour de passe-passe, Equipo Crónica déchire le papier qui cache la toile, montrant les différentes métamorphoses de *Guernica*, liées aux peintures de Zurbarán, à l'image exaltée du héros de la Reconquête, au Vengeur masqué, personnage d'une bande dessinée très lue dans les annés cinquante, ou, comme c'est le cas pour *Sabbat* (1969), à une célèbre composition de Goya, *Le Pèlerinage de San Isidro*, appartenant au cycle des peintures noires. Les artistes ont d'ailleurs donné à cette œuvre le titre de *Sabbat*, en réalité celui d'une autre toile du même cycle goyesque, ce qui est très significatif du ton dramatico-burlesque sous lequel ils veulent voir, à la lumière de l'œil-phare de *Guernica*, ces sombres personnages de l'Espagne profonde, portant fleurs et *banderitas*, qui semblent contempler depuis l'arène les blessures encore ouvertes du drame national. Sinistre corrida, où se mêlent à nouveau le sang du passé et celui du présent, l'obscurantisme des âges superstitieux et l'aveuglement de la Guerre civile, formant la toile de fond d'un nouveau sacrifice. Pièce particulièrement intéressante pour appréhender la valeur, le rôle joué par la *citation* dans les montages d'Equipo Crónica. Les superpositions ne constituent jamais un collage, mais un espace unique, sans couture; il n'y a pas de découpages, mais les images forment une synthèse à l'intérieur du discours porté par le tableau. Pour certains critiques, comme Michèle Dalmace[4], ces procédés sont une garantie de neutralité visuelle et d'objectivité. Et pourtant, malgré tout, les compositions de ces deux artistes ont bien un *style*. Ces collages trompeurs contribuent, paradoxalement, à donner une touche personnelle, à témoigner d'une *manière*, qui identifient un tableau d'Equipo Crónica. Par des voies surprenantes, la fragmentation contemporaine conduit à un nouveau type de trompe-l'œil, où la pensée, plus que l'œil, est trompée. Voici comment Equipo Crónica, en 1965, définissait l'objectif que devaient poursuivre des auteurs conséquents: *«Des méthodes collectives, des fins qui dépassent l'individu, la présence de la réalité et de la dialectique historique appellent un art engagé, au service des valeurs humaines.* Equipo Crónica *défend une* chronique de la réalité, *véhicule intentionnel pour donner à la peinture une fin élevée, une raison d'être dans notre société et dans le cadre historique des valeurs positives contemporaines.»*

M. R.

[4] Michèle Dalmace: *Equipo Crónica. Catálogo razonado a cargo de Michèle Dalmace* («Equipo Crónica, catalogue raisonné»), Valence, IVAM, 2001, p. 106.

impide cualquier reacción de empatía sin reflexión por parte del espectador.

A partir de este literal trampantojo, Equipo Crónica va desgarrando el papel que oculta el lienzo, mostrando las distintas metamorfosis del Guernica *en combinación con pinturas de Zurbarán, la imagen exaltada del héroe de la Reconquista, el Guerrero del Antifaz, protagonista de un tebeo muy leido en los años cincuenta, o, es el caso de* Aquelarre *(1969), con una muy conocida composición de Goya,* La romería de San Isidro *que forma parte de las pinturas negras. El hecho de que los artistas hayan bautizado esta obra como* Aquelarre*, título en realidad de otra pintura de la misma serie goyesca, parece significativo del tono dramático-burlesco que quisieron proyectar, iluminados por el ojo-lámpara del* Guernica*, sobre estos tenebrosos personajes de la España profunda, con flores y banderitas españolas en el brazo que parecen contemplar, desde el ruedo, las heridas de nuestro drama nacional, todavía abiertas. Una siniestra corrida de toros, donde se mezcla de nuevo la sangre del pasado y la del presente, el oscurantismo de la superstición y la ceguera de la Guerra Civil como tétrico telón de fondo para un nuevo sacrificio. Una pieza interesante para poner a prueba el valor, el papel que desempeña la* cita *en los montajes del Equipo Crónica. Las superposiciones aquí jamás construyen un* collage *sino un único espacio sin costuras; no hay recortes, las imágenes forman una síntesis dentro del discurso del cuadro.*

Para algunos críticos, como Michèle Dalmace[4], estos procedimientos son una garantía de neutralidad visual y objetividad. Sin embargo, a pesar de todo, las composiciones de estos artistas tienen un estilo*. Estos* collages *fingidos contribuyen a dar, paradójicamente, un toque personal, una* manera *que hace reconocible un cuadro de Equipo Crónica. Por un camino sorprendente, la fragmentación contemporánea conduce a un nuevo tipo de* trompe-l'œil*, como trampa para el pensamiento, más que una trampa para el ojo. El objetivo, escribía el Equipo Crónica, en 1965, es para los autores contundentes:* métodos colectivos, fines sobreindividuales y presencia de la realidad y de la dialéctica histórica, implican un arte comprometido, un arte al servicio de los valores humanos. El *Equipo Crónica* propugna una *crónica de la realidad* como vehículo intencional para dar a la pintura una finalidad elevada, una razón de ser en nuestra sociedad y en el marco histórico de los valores positivos contemporáneos.

M. R.

[4] *Michèle Dalmace:* Equipo Crónica. Catálogo razonado a cargo de Michèle Dalmace, *Valencia, IVAM, 2001, pág. 106.*

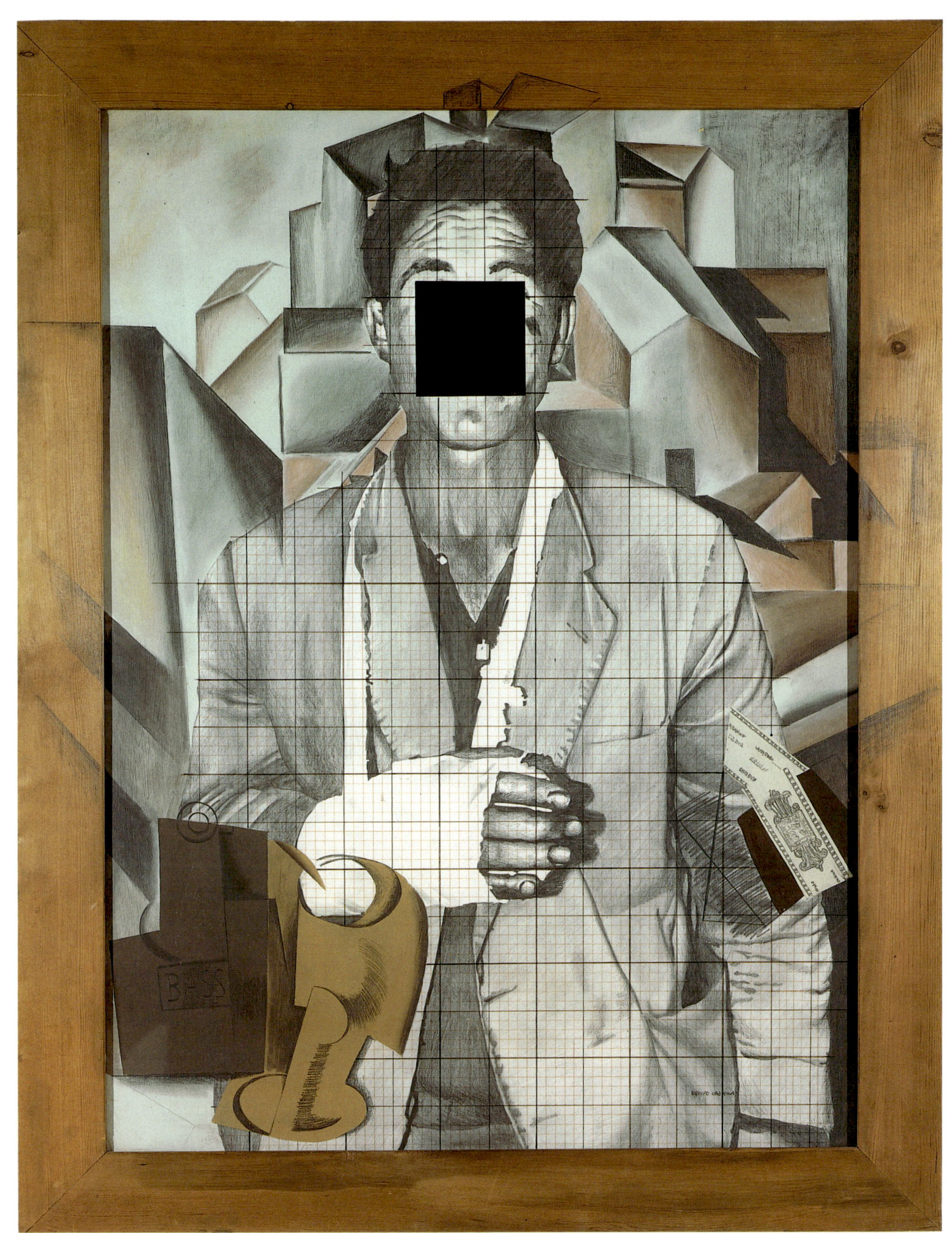

55 Equipo Crónica
Chronique rurale
Crónica rural
1973
Technique mixte
sur carton
127×97 cm
[C]ollection particulière

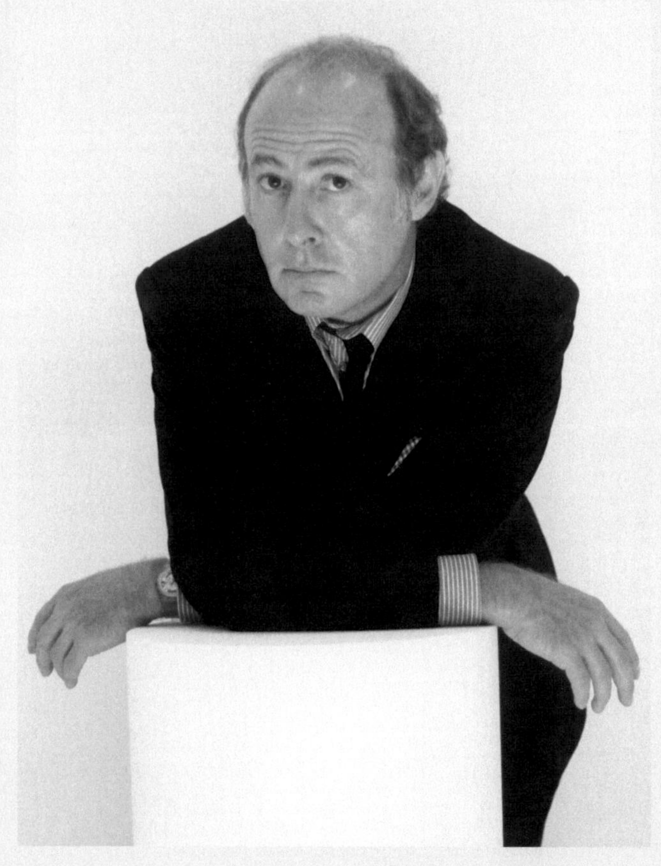

Eduardo Arroyo

Madrid, 1937

Matisse imaginait la peinture comme un espace où habiter, parfois un simple fauteuil où se reposer et lire un bon livre. Eduardo Arroyo, d'un caractère sobre, la voit comme une chaise avec un coussin: «*Sans Picabia et sa peinture-littérature, l'art du XX*e *siècle serait une chaise à deux pieds, assez mangés, déjà, par les termites. Francis représente, à mon opinion, les deux pieds solides et sains de cette chaise et son œuvre possède aussi un antidote magique, qui empêche les termites de progresser et de se développer dans les pieds pourris... Marcel Duchamp représente le coussin de la chaise. Il n'en fait pas partie, malgré les efforts des savants ébénistes.*»[1] Entre Francis Picabia, parfait exemple d'artiste provocateur, critique du modèle imposé par les avant-gardes, peintre excessif de la *Nuit espagnole*, et Marcel Duchamp, les «-phile» et les «-phobe» d'Eduardo Arroyo. Entre ces deux extrêmes apparaissent Picasso et Léger, la peinture de De Chirico et de Derain et, maître indiscutable, Velázquez, qu'il a peint comme s'il s'agissait de son père. Une lignée bien définie, somme toute.

Généalogie provocante, qui commence pour l'artiste avec son voyage à Paris, en 1958, où, paradoxalement, il vient s'installer pour se faire écrivain, fuyant l'atmosphère asphyxiante de la dictature en Espagne. Dans la capitale française, il découvre pourtant le langage universel et transparent de la peinture, qui lui permettra d'aller dans le *sens de l'histoire*, de l'inscrire même, jouant le rôle véritable qui revient à l'artiste et à l'art dans la société contemporaine. C'est avec cette idée d'une réappropriation figurative de la peinture qui doit servir de plate-forme à un discours critique qu'Eduardo Arroyo se lie avec les artistes qui exposent leurs œuvres au Salon de la Jeune Peinture, institution qu'il dirigera lui-même entre 1964 et 1969. Des jeunes gens politiquement engagés, acteurs de ce qu'on appelle alors la Figuration Narrative, qui, dans les années soixante, coexiste, en France, avec des mouvements comme la Nouvelle Figuration, la Figuration Critique, ou le Nouveau Réalisme, né un peu plus tôt. Des artistes comme Gilles Aillaud, Jacques Monory, Bernard Rancillac, Henri Cueco, Eduardo Arroyo lui-même, entre autres, qui allaient mettre à l'épreuve la crédibilité de l'image comme véhicule d'un engagement politique et idéologique dans leur propre époque.

Pour Eduardo Arroyo, cet engagement ne pouvait procéder que de la conscience d'un déracinement, de la notion d'exil, volontaire d'abord, puis forcé, lorsque, en 1974, il est incarcéré puis expulsé d'Espagne, ce qui lui vaut le statut de réfugié politique en France. Peinture marquée par la

[1] Eduardo Arroyo: *Sardines à l'huile*, Paris, Plon, 1989. Sauf mention contraire, toutes les citations d'Eduardo Arroyo sont tirées de ce texte.

Matisse imaginaba la pintura como una butaca. Eduardo Arroyo, más espartano, la concibe como una silla con cojín: sin Picabia y su pintura-literatura el arte del siglo XX sería una silla de dos patas ya bastante carcomidas por termes. Francisco representa, según mi opinión, las dos patas sólidas y sanas de esta silla, y su obra posee también el antídoto mágico que impide que los termes progresen y se desarrollen en las patas podridas... Marcel Duchamp representa el cojín de la silla. No forma parte de él, a pesar de los esfuerzos de los sabios del mueble.[1] *Entre Francis Picabia, el perfecto ejemplo de artista provocador, crítico con el modelo impuesto por las vanguardias, el pintor excesivo de la* Noche española, *y Marcel Duchamp se desarrollan las filias y fobias de Eduardo Arroyo. Los dos extremos entre los que aparecen Picasso y Léger, la pintura de De Chirico y Derain, y como maestro, Velázquez, al que retrató como su padre en una de sus primeras composiciones. De la lista, se desprende a qué línea del arte contemporáneo pertenece Eduardo Arroyo.*

Una genealogía provocativa de la pintura que para el artista comienza con su viaje a París, en 1958, donde paradójicamente, se había trasladado para hacerse escritor, huyendo de la atmósfera asfixiante de la dictadura en España. En la capital francesa, encuentra, sin embargo, el lenguaje universal y transparente de la pintura que le permitirá inscribir el sentido de la historia, *el verdadero papel que, en su opinión, debe desempeñar el arte y el artista en la sociedad contemporánea. En el ambiente de recuperación figurativa de la pintura como plataforma de un discurso crítico, Eduardo Arroyo se relaciona con los artistas que exhibían sus obras en el* Salón de Pintura Joven, *una institución que el mismo dirigiría entre 1964 y 1969; jóvenes políticamente comprometidos, protagonistas de lo que se definió como* Figuración Narrativa, *tendencias que convivían en los años sesenta en Francia con la Nueva Figuración, la Figuración Crítica, además de los Nuevos Realismos. Artistas como Gilles Aillaud, Jacques Monory, Bernard Rancillac, Henri Cueco, y el propio Eduardo Arroyo, entre otros, pondrían a prueba la credibilidad de la imagen como vehículo del compromiso político e ideológico con la época que les había tocado vivir.*

Para Eduardo Arroyo, este compromiso sólo podía tomar posesión desde la conciencia del desarraigo, desde la noción de exilio, voluntario primero y luego forzoso, cuando en 1974 es detenido y expulsado de España lo que le vale el estatuto de refugiado político en Francia. Pintura marcada por la

[1] Eduardo Arroyo: Sardinas en aceite, *Madrid, Mondadori, 1989, pág. 83. Mientras no se indique lo contrario, todas las citas de Eduardo Arroyo proceden de este texto.*

vision du combattant antifranquiste, qui, dans une même image, rejettera la politique réactionnaire et l'avant-garde artistique, la répression idéologique et l'art informel. Nœud évident depuis les premières œuvres, telle la parodie de la mort de Duchamp, réalisée en collaboration avec Aillaud et Recalcati, en 1964, récit développé comme des séquences d'un film noir, entre ironie et drame, où les trois artistes tuent l'auteur des *ready-made*, dont le cadavre, enveloppé dans le drapeau américain, est transporté par Warhol et d'autres, déguisés en *marines*; vision critique, renouvelée, mais en solo, dans la série des *Miró refaits*, entre 1966 et 1967, allusion au confortable exil intérieur de l'artiste catalan, modèle respecté des avant-gardes, mais parfaitement intégré, malgré son refus de Franco, dans l'Espagne de la dictature.

Comme le souligne fort opportunément Pierre Astier, Eduardo Arroyo, ayant renoncé au journalisme et à l'écriture, se découvre *«peignant l'histoire»*[2], avec l'Espagne et l'exil comme obsessions, d'où vont naître des séries consacrées à d'autres déracinés, comme José María Blanco White et Ángel Ganivet, et des hommages aux poètes Antonio Machado et Federico García Lorca, qui vécurent la blessure espagnole et souffrirent la répression politique, ou encore à Miguel Hernández, mort en prison durant la Guerre civile, célébré dans *Mort du poète Miguel Hernández* (1966), pièce qui annonce la série *Miró refait ou Les Malheurs de la coexistence*, réalisée de 1966 à 1967, où les formes mironiennes sont intégrées à des scènes de la répression franquiste. Signes indubitables de la peinture de Miró qui viennent composer, ici, la figure d'un dictateur, déchirant de ses griffes sanglantes la toile; une histoire de terreur, de frustration et de mort, qui, comme le signale Francisco Calvo Serraller, *«dénonce un comportement réputé exemplaire, et plus spécifiquement la mascarade de la* cohabitation *heureuse entre l'avant-garde artistique et la réaction politique la plus noire»*[3].

Refaire, pour Arroyo, c'est transformer la peinture *artistique* en un art d'action, de dénonciation. En définitive, dit l'artiste, *«pour la sortir de l'Histoire de l'Art et la transposer dans la véritable Histoire, dans la vie. On aurait dû la refaire entièrement. Malheureusement, c'est impossible... et je confesse que je suis trop paresseux.»*[4] La technique est du

[2] Pierre Astier: *Arroyo*, Paris, Flammarion, 1982, p. 17.

[3] Francisco Calvo Serraller: *Diccionario de ideas recibidas del pintor Eduardo Arroyo* («Dictionnaire des idées reçues du peintre Eduardo Arroyo»), Madrid, Mondadori, 1991, pp. 99-101.

[4] Cité *in*: *Eduardo Arroyo. 20 años de pintura* («Eduardo Arroyo. 20 ans de peinture»), Madrid, Ministerio de Cultura, mai-juin 1982, p. 44.

visión del combatiente antifranquista que, en una misma imagen, rechazará política reaccionaria y vanguardia artística, represión ideológica y arte formalista. Un lazo, evidente, por ejemplo, en Vivre et laisser mourir *o* La Fin tragique de Marcel Duchamp *(1964), en colaboración con Aillaud y Recalcati, una parodia desarrollada como secuencias del cine negro, donde los tres artistas matan al autor de los* ready-made, *cuyo cadáver envuelto en la bandera de los EEUU, es transportado por Warhol y otros artistas disfrazados de marines; visión crítica que reproducirá, ya en solitario, en la serie de los* Miró rehechos *entre 1966 y 1967 en alusión al confortable exilio interior del artista catalán, respetado modelo de las vanguardias perfectamente integrado, pese a su postura antifranquista, en la España de la dictadura.*

Como señala muy oportunamente Pierre Astier, habiendo renunciado al periodismo y la escritura, Eduardo Arroyo se descubre pintando la historia[2]*, con España y el exilio como obsesión, de la que nacerán las series dedicadas a desterrados, como Blanco White y Ángel Ganivet, y los homenajes a poetas como Antonio Machado y Federico García Lorca que vivieron la herida española y sufrieron la represión política como Miguel Hernández, muerto en la cárcel durante la Guerra Civil, al que dedica* Muerte del poeta Miguel Hernández *(1966), una pieza que se puede considerar un antecedente de la serie* Miró refait ou Les Malheurs de la coexistence, *desarrollada entre 1966 y 1967, donde las formas mironianas forman parte de escenarios de la represión franquista. Signos inequívocos de la pintura de Miró, transformados, en este caso, en la figura de un dictador con garras que despedaza sangrientamente el lienzo; una historia de terror, frustración y muerte que, como señala Calvo Serraller,* denuncia la ejemplaridad en cualquier situación que se presentase y, específicamente, el de la *coexistencia* feliz entre vanguardia artística y la más negra reacción política[3].

Rehacer para Eduardo Arroyo quiere decir transformar unas pinturas artísticas en algo totalmente diferente, sacarla de la Historia del Arte y transponerla a la Historia verdadera, la vida. Se debería haberla rehecho totalmente. Desgraciadamente esto es imposible... yo me confieso harto perezoso.[4] *Aun así, tuvo tiempo suficiente para rehacer* La Masía, *que convirtió en un cementerio, una de las bailarinas transformada en el dramático rostro de Constantina Pérez Martínez, rapada por la policía; o la desenfadada* España te miro el culo, *de 1967, basado en el*

[2] *Pierre Astier:* Arroyo, *París, Flammarion, 1982, pág. 17.*

[3] *Francisco Calvo Serraller:* Diccionario de ideas recibidas del pintor Eduardo Arroyo, *Madrid, Mondadori, 1991, págs. 99-101.*

[4] *Citado en* Eduardo Arroyo. 20 años de pintura, *Madrid, Ministerio de Cultura, mayo-junio de 1982, pág. 44.*

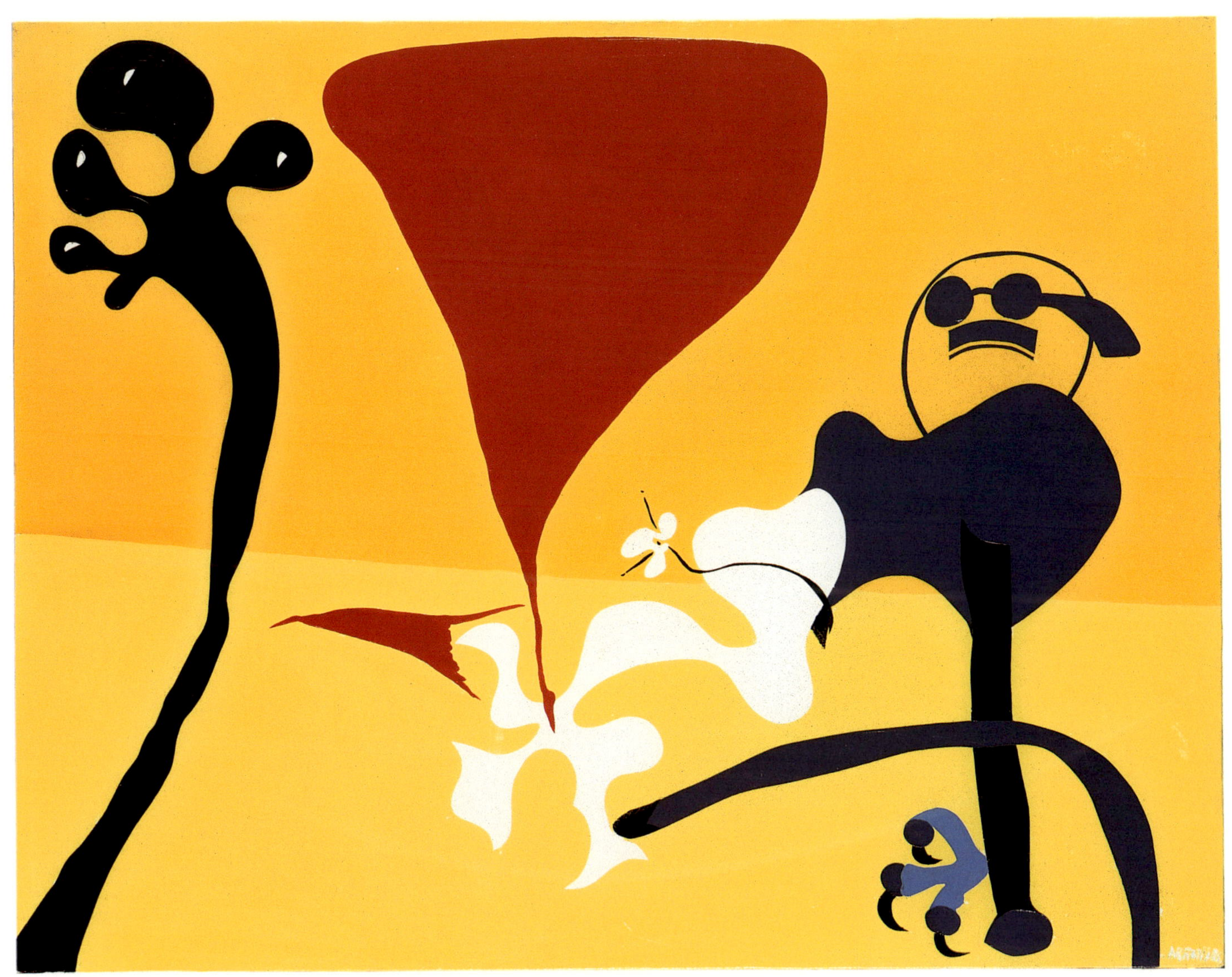

56 Eduardo Arroyo
Mort du poète Miguel Hernández
Muerte del poeta Miguel Hernández
1966
Huile sur toile
73×92 cm
Colección de Arte Contemporáneo, Fundación "la Caixa", Barcelona

domaine du pastiche, jouant de façon décalée sur différentes manières de peindre. Et le procédé est mené à son terme sans aucun complexe, car, pour Arroyo, la peinture n'est ni *«un ensemble de touches, ni une grammaire, ni un style»*, mais action et décision. En somme, citation et réappropriation, le tout fondé sur la séquence narrative, comme au cinéma les plans successifs: chaque tableau est l'instant d'une histoire nécessaire à la continuité du récit. Un procédé qu'Eduardo Arroyo réutilisera dans des séries postérieures, comme celle des *Peintres aveugles*, à laquelle appartient *Portrait-Peintre* (1975), où les avant-gardes apparaissent à nouveau liées à un contexte sombre, dans une atmosphère de film noir américain: la peinture comme lieu du crime, avec ses acteurs, peintres élégamment vêtus en gangsters, dont les mains et les visages ont été remplacés par du papier de verre où sont appliquées quelques petites taches de couleur.

L'artiste sans visage, le peintre sans corps, mais surtout sans regard, voilà le résultat d'une peinture aliénée de la société à laquelle elle appartient pourtant. A propos de la généalogie de ces peintres, il suffit de signaler que l'un d'entre eux porte un nom précis: *Max Bill*, de 1976, auteur de géométries aseptisées, digne héritier des principes rigoristes du constructivisme des débuts du siècle. Ces peintres aveugles renvoient, paradoxalement, à la *peinture rétinienne*, peinture sans concept, uniquement fondée sur l'impression visuelle, que dénonça Duchamp: *«Quand on voit ce qu'ont fait les abstraits à partir des années quarante, c'est pire que tout, c'est de l'optique. Ils s'enfoncent jusqu'au cou dans la rétine!»*[5] Pour une fois, Eduardo Arroyo serait sans doute d'accord avec Marcel Duchamp. Peintres sans visage, aveugles, enfoncés jusqu'au cou dans la rétine.

Dans l'œuvre postérieure d'Eduardo Arroyo, ces procédés narratifs verront se développer des atmosphères chaque fois plus ambiguës et suggestives, dont l'esthétique uniforme – un rendu qui évoque les techniques de reproduction mécanique – se laisse imprégner d'un certain ton surréaliste, d'une autre forme de regard et d'écriture de l'expérience artistique. Une aspiration narrative qui commence avec les titres, avec l'acte même de nommer. Comme l'a signalé l'artiste, donner un titre à une œuvre, c'est l'attraper, la posséder, l'adopter: *«Ma peinture a tenté de donner des titres à la réalité.»*

M. R.

[5] Pierre Cabanne: *Conversations avec Marcel Duchamp*, Paris, Gallimard, 1964.

célebre Nu au miroir, *donde juega irreverentemente con el apellido del artista. La técnica pertenece al ámbito del pastiche, a la utilización en otro contexto de las pinturas ajenas. Una variante del apropiacionismo y la cita, fundada en la secuencia narrativa, como si se tratara de planos cinematográficos; cada cuadro como el instante de una historia que exige una continuidad del relato. Un procedimiento que Eduardo Arroyo utilizará en series posteriores como la de los* Pintores ciegos, *a la que pertenece* Retrato-Peintre *(1975), donde, de nuevo, las vanguardias aparecen relacionadas con un contexto sombrío, la atmósfera del cine negro americano como escenarios de un crimen donde los rostros y las manos de pintores vestidos como elegantes gángsters, han sido sustituidos por papel de lija con pequeñas manchas de colores.*

Artistas que han perdido el rostro, el cuerpo de pintor y, más importante, han perdido la mirada, en una referencia directa a la ceguera de aquellos pintores vueltos sobre sí mismos. Sobre la posible filiación de estos pintores, sólo hay que señalar que uno de ellos tiene nombre preciso: Max Bill, *de 1976, pintor de asépticas geometrías como digno heredero de los principios rigoristas del Constructivismo de principios de siglo. Curiosamente, estos pintores hacen pensar en el concepto de* pintura retiniana, *la pintura sin concepto basada exclusivamente en la impresión visual que rechazará Duchamp:* cuando se ve lo que han hecho los abstraccionistas a partir del cuarenta, es peor que nunca, son ópticas, ¡están metidos hasta el cuello en la retina![5] *Sin duda, por una vez, Eduardo Arroyo estaría de acuerdo con Marcel Duchamp. Pintores sin rostro, ciegos, pintores metidos hasta el cuello en la retina.*

En la obra posterior de Eduardo Arroyo estos procedimientos narrativos, entre irónicos y críticos, darán lugar al desarrollo de atmósferas cada vez más ambiguas y sugerentes donde la estética uniforme próxima a la apariencia de las técnicas de reproducción mecánica que había utilizado hasta entonces, se impregna de un cierto tono surrealista como en la inquietante Toda la ciudad habla de ello *o la biográfica* Madrid-París-Madrid, *los escenarios de las ciudades que han marcado su trayecto vital y artístico. Títulos elocuentes de una forma de mirar y entender la pintura. Como ha señalado el propio artista, ponerle título a la obra es atraparla, poseerla, adoptarla:* Mi pintura ha tratado de ponerle títulos a la realidad.

M. R.

[5] *Pierre Cabanne:* Conversaciones con Marcel Duchamp, *Barcelona, Anagrama, 1972, pág. 65.*

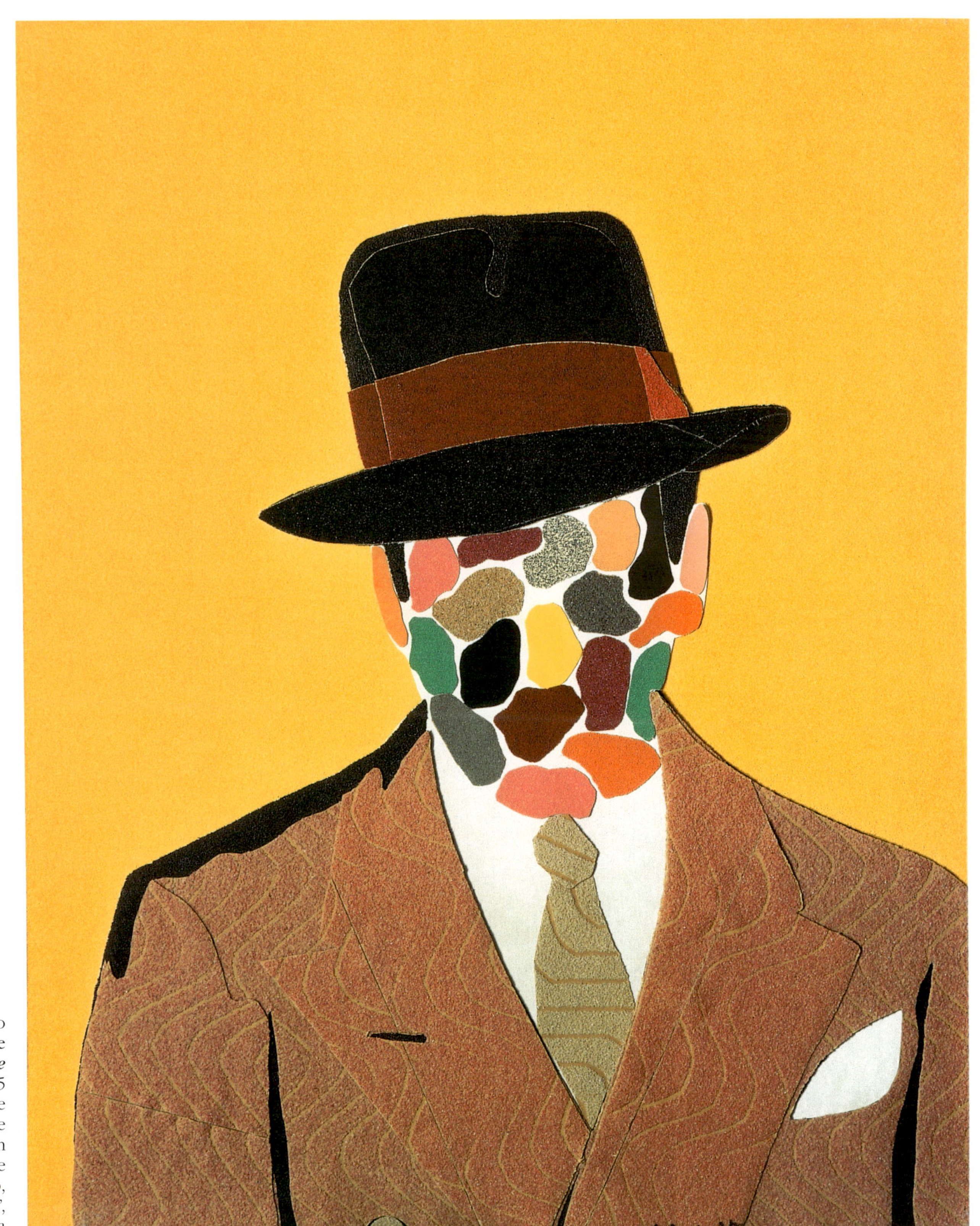

57 Eduardo Arroyo
Portrait-Peintre
Retrato-Peintre
1975
Collage de
papier de verre
80×60 cm
Colección de Arte
Contemporáneo,
ndación "la Caixa",
Barcelona

Les dernières décennies

Juan Manuel Bonet
Directeur du Museo Nacional
Centro de Arte Reina Sofía, Madrid

A certaines époques, l'art espagnol a pu présenter, aux yeux du spectateur international, un visage clairement défini. Celui de Sorolla ou de Zuloaga, en des temps déjà bien anciens, puis, plus près de nous, de Picasso ou de Juan Gris; un peu plus tard, de Dalí et de Miró; de Tàpies ou de Saura, de Millares ou de Chillida, après-guerre; d'Arroyo et d'Equipo Crónica dans les années soixante... Mais aujourd'hui, alors que ne cessent de se multiplier les échanges internationaux, on peut se demander quelle est l'image de l'art espagnol, et surtout si elle est comparable à celle que peuvent donner d'autres pays.

S'il fallait, rétrospectivement, comme nous y invite l'exposition de la Fondation Pierre Gianadda à Martigny, conçue par María Antonia de Castro, consacrée à la peinture et à la sculpture espagnoles du XXe siècle, désigner un moment symbolique qui marquât l'apparition de la génération la plus active aujourd'hui, mon choix se porterait sur l'été 1972. Trois ans avant la mort de Franco et cinq ans avant les premières élections démocratiques, la famille navarraise Huarte finançait, à Pampelune, des Rencontres plurielles, placées sous le signe de l'interaction des arts, imaginées par le compositeur Luis de Pablo, secondé par le sculpteur et peintre José Luis Alexanco. Y intervinrent, entre autres, John Cage et David Tudor, Steve Reich et Laura Dean, Martial Raysse, Shusaku Arakawa, Equipo Crónica, Antonio Muntadas, Nacho Criado... Nous nous trouvions, Carlos Alcolea et le signataire de ces lignes, parmi les collaborateurs de ces Rencontres qui n'eurent pas de postérité. Y ont aussi assisté Juan Antonio Aguirre – qui les filmait –, Fernando Huici, Rafael Pérez Mínguez, Guillermo Pérez Villalta, et bien d'autres jeunes créateurs ou jeunes critiques espagnols d'alors.

Les Rencontres de Pampelune coïncidèrent avec l'apogée de l'art conceptuel espagnol, mais aussi avec le début de son déclin. Les difficultés rencontrées étaient, pour partie, de nature politique, comme cela avait été

Las últimas décadas

Juan Manuel Bonet
Director del Museo Nacional
Centro de Arte Reina Sofía, Madrid

Ha habido épocas en que del arte español el espectador internacional tenía una visión muy definida. Pudo ser Sorolla o Zuloaga en una determinada época, Picasso o Juan Gris en otra, Miró y Dalí un poco más tarde, Tàpies o Saura o Millares o Chillida en la posguerra, Arroyo o Equipo Crónica en los años sesenta... En una época cada vez más internacionalizada como la nuestra, cabe preguntarse cuál es la imagen del arte español, y sobre todo si esta es comparable a la que pueda existir de otras escenas nacionales.

Puestos a encontrar, mirando hacia atrás en el tiempo con motivo de la muestra en torno al último siglo español que para la Fondation Pierre Gianadda de Martigny ha comisariado María Antonia de Castro, un momento simbólico que fije la aparición de la generación española actuante hoy con más fuerza, yo elegiría el verano de 1972. Tres años antes de la muerte de Franco y cinco antes de las primeras elecciones democráticas, la familia navarra Huarte financiaba, en Pamplona, unos Encuentros plurales, puestos bajo el signo de la interconexión entre las artes, e ideados por el compositor Luis de Pablo, al que auxilió el escultor y pintor José Luis Alexanco. En ellos intervinieron además, entre otros muchos, John Cage y David Tudor, Steve Reich y Laura Dean, Martial Raysse, Shusaku Arakawa, el Equipo Crónica, Antonio Muntadas, Nacho Criado... Entre los colaboradores de aquellos Encuentros, que no tuvieron continuidad, estuvimos Carlos Alcolea y el firmante de estas líneas. Entre los asistentes, Juan Antonio Aguirre –que los filmó–, Fernando Huici, Rafael Pérez Mínguez, Guillermo Pérez Villalta y otros de los creadores y críticos españoles entonces emergentes.

Los Encuentros de Pamplona supusieron el apogeo e inicio del declive del arte conceptual español. Parte de sus desvelos fueron de carácter político, como había sucedido antes con el pop art, *y es en esa perspectiva*

le cas, auparavant, avec le *pop art*, et c'est dans cette perspective qu'il faut voir le travail de Muntadas ou de Francesc Torres – sur une ligne radicale, qui trouve aujourd'hui son prolongement chez Pedro G. Romero ou Rogelio López Cuenca –, sans oublier toutefois les cas singuliers de Nacho Criado, Antoni Llena ou Carlos Pazos.

Parmi ceux qui étaient présents à Pampelune, Juan Antonio Aguirre, peintre, critique et gestionnaire, participa activement, avec Carlos Alcolea, Rafael Pérez Mínguez, Guillermo Pérez Villalta – déjà cités – et d'autres artistes, tels que Carlos Franco, Chema Cobo, Herminio Molero ou Manolo Quejido, à un mouvement original et figuratif dont l'épicentre se tenait à Madrid, plus spécialement et successivement dans les galeries Amadís et Buades. Ce mouvement eut pour *phare* Luis Gordillo, peintre sévillan résidant dans la capitale espagnole, qui séjourna à Paris dans les années cinquante, vécut l'euphorie abstraite, lui découvrit ensuite des sorties figuratives et qui, au milieu des années soixante, avait commencé, sans grande répercussion au début, une peinture où se conciliaient son intérêt pour la figure et pour des problèmes d'ordre sociologique, ainsi qu'un goût marqué pour la géométrie, la couleur et l'évocation d'atmosphères à caractère *pop*. Tous ces peintres, qui eurent l'œuvre de Gordillo pour référence principale, regardaient aussi vers l'extérieur, s'intéressant à David Hockney, Alex Katz ou Ed Ruscha. Il en surgit, longtemps avant que ne parviennent en Espagne les échos de la trans-avant-garde italienne ou du nouvel expressionnisme allemand, une figuration *sui generis*, dont l'un des héros les plus lucides fut Carlos Alcolea, artiste doublé d'un intellec-

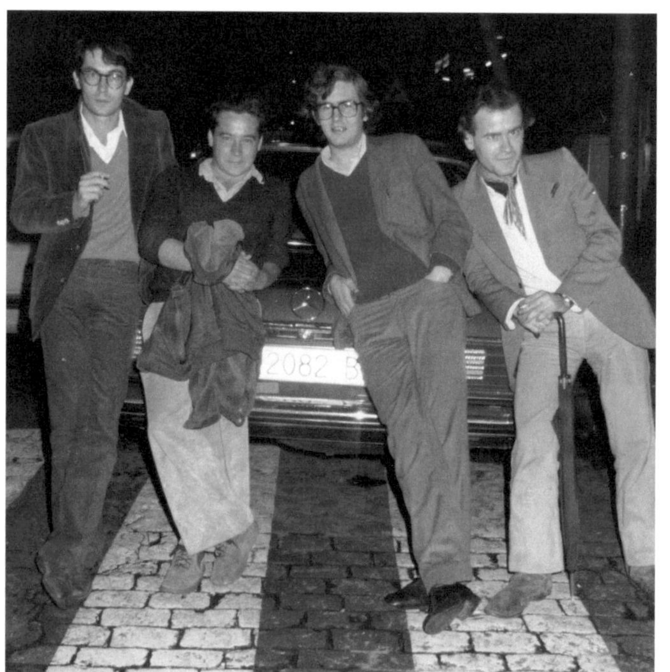

Andrés Trapiello, Pancho Ortuño, Juan Manuel Bonet et Quico Rivas, Madrid, 1982 (Photo Luis Pérez Mínguez).

que hay que contemplar el trabajo de Muntadas o Francesc Torres –dentro de una línea radical que hoy encuentra su continuidad con Pedro G. Romero o Rogelio López Cuenca–, aunque no hay que olvidar los casos singulares de Nacho Criado, Antoni Llena o Carlos Pazos.

Acabo de mencionar, entre los presentes en Pamplona, a Juan Antonio Aguirre, Carlos Alcolea, Rafael Pérez Mínguez y Guillermo Pérez Villalta. Estos pintores, el primero de los cuales desarrolló en su día una importante actividad como crítico y gestor, protagonizaron, junto con otros como Carlos Franco, Chema Cobo, Herminio Molero o Manolo Quejido, un original movimiento figurativo con epicentro en Madrid, sucesivamente en las galerías Amadís y Buades. Su faro *fue Luis Gordillo, un pintor sevillano residente en la capital española, que pasó por el París de los cincuenta, que vivió la euforia informalista, que descubrió luego salidas neofigurativas, y que a mediados de los años sesenta había empezado a hacer, en un principio sin apenas eco, una pintura en que se conciliaban su interés por la figura y por los problemas sicológicos, y un gran interés por la geometría, por el color, por la evocación de ciertas atmósferas de carácter* pop. *Con la obra gordillesca como principal referencia, aquellos pintores miraron ellos también hacia fuera, interesándose por David Hockney, Alex Katz o Ed Ruscha. Surgió así, mucho antes de que llegaran aquí ecos de la Transvanguardia italiana o del nuevo Expresionismo alemán, una figuración* sui generis, *uno de cuyos héroes fue el siempre lúcido Carlos Alcolea, un artista doblado de intelectual, desaparecido cuando todavía cabía esperar*

tuel, disparu alors qu'on attendait encore beaucoup de lui, qui a laissé une série de tableaux inoubliables, délirants, et en même temps aussi précis que ceux d'un Félix Vallotton, pour qui il avait une grande admiration. Dans un autre coin de la scène se livrait la bataille de l'abstraction. Des nouvelles de ce qui se passait à Paris dans certains ateliers et certaines rédactions parvenaient jusqu'en Espagne: le groupe Support/Surface, la «peinture-peinture», la relecture maoïste et lacanienne des écrits de Clement Greenberg et des peintres américains que celui-ci défendait. Tout cela fut revendiqué par un noyau de peintres venus de Saragosse, bientôt établis à Barcelone, dirigés par José Manuel Broto et vite parrainés par Tàpies. Quoique moins portés sur la théorie, Jordi Teixidor, à Valence, et Gerardo Delgado, à Séville, tous deux venus de la géométrie, se rapprochèrent de ces postulats. Finalement, presque tous abandonnèrent leur activité théorique, ce qui coïncide avec l'intérêt porté à des œuvres comme celles de Motherwell, Sam Francis, Joan Mitchell ou Richard Diebenkorn, de Cézanne et Matisse, plus loin dans le temps, mais surtout de José Guerrero, Espagnol new-yorkais depuis le début des années cinquante, qui était parvenu à concilier sa mémoire andalouse et ce qu'il avait appris auprès de ses amis de l'*action painting*.
1979 et 1980 mirent à l'ordre du jour, dans un certain climat d'euphorie et dans tous les centres artistiques espagnols, la bataille de la peinture. Les expositions collectives «1980» et «Madrid DF», qui se tinrent toutes deux dans la capitale, la première en 1979, dans un espace emblématique, l'une des deux salles alors dirigées par Juana Mordó, virent la convergence des figuratifs et des abstraits, qui s'étaient jusque-là ignorés et même parfois combattus. Les modèles italien – la trans-avant-garde d'Achile Bonito Oliva – et allemand – le néoexpressionnisme des *Neue Wilden* – commençaient à se diffuser. Des peintres comme Alfonso Albacete, Juan Navarro Baldeweg – également grand architecte – et Ferrán García Sevilla, ex-conceptuels tous les trois, rompaient assurément avec tous les schémas en travaillant à l'articulation de l'abstraction et de la figuration, tandis que Carmen Calvo produisait une œuvre faisant une grande place à la mémoire et que l'Aragonais Víctor Mira, héritier, d'une certaine façon, de son compatriote Antonio Saura, regardait, dans la solitude

mucho de él, dejando atrás una serie de cuadros inolvidables, delirantes y a la vez tan precisos como los de su admirado Félix Vallotton.
En otro ángulo de la escena, se libraba la batalla de la abstracción. A España fueron llegando noticias de lo que sucedía en ciertos estudios y en ciertas redacciones de París: el grupo Support/Surface, la pintura-pintura, la relectura maoísta y lacaniana de los escritos de Clement Greenberg y de los pintores norteamericanos por él defendidos. Todo eso fue asumido como propio por un núcleo de pintores zaragozanos que pronto se establecerían en Barcelona, que capitaneaba José Manuel Broto, y que pronto serían apadrinados por Tàpies. Sin tanto énfasis en lo teórico, se acercaban a esos postulados Jordi Teixidor en Valencia o Gerardo Delgado en Sevilla, que venían ambos de la geometría. La teoría, finalmente, fue abandonada por casi todos, algo que coincidió con el interés por obras como las de Motherwell, Sam Francis, Joan Mitchell o Richard Diebenkorn, de Cézanne y Matisse más atrás en el tiempo, y sobre todo de José Guerrero, español en Nueva York desde comienzos de la década del cincuenta, y que había logrado conciliar su memoria andaluza, y lo aprendido junto a sus amigos, los action painters.
Los años 1979 y 1980, fueron años en que en todos los centros artísticos españoles, y dentro de un clima de cierta euforia, estuvo a la órden del día la batalla de la pintura. Las colectivas «1980» y «Madrid DF», celebradas ambas en la capital del país, la primera en 1979 y en un espacio emblemático como una de las dos salas que entonces regentaba Juana Mordó, visualizaron la confluencia de figurativos y abstractos, hasta entonces distantes, cuando no enemigos. Se empezaron a divulgar los modelos italiano –la Transvanguardia de Achile Bonito Oliva– y alemán –el Neoexpresionismo de los Neue Wilden–. *Pintores como Alfonso Albacete, Juan Navarro Baldeweg –también gran arquitecto– y Ferrán García Sevilla, ex-conceptuales los tres, por cierto, rompían con todos los esquemas, trabajando en el quicio entre abstracción y figuración, mientras Carmen Calvo producía una obra en que tenía un gran peso la memoria, y el aragonés Víctor Mira, heredero en cierto modo de su paisano Antonio Saura, miraba, en la más absoluta soledad,*

la plus totale, du côté de Goya. En Galice, Antón Patiño et Menchu Lamas, entre autres, créaient, en 1980, le groupe *Atlántica.*

Passé cette époque des groupes, les voix individuelles purent s'exprimer. Bientôt allait émerger Miquel Barceló, qui finirait par élir domicile à Paris. Avec lui, Miguel Ángel Campano – le premier à s'installer dans la capitale française, encore à l'époque de la peinture-peinture –, José Manuel Broto et José María Sicilia, notamment, montraient que les artistes espagnols revenaient là où étaient leurs habitudes, c'est-à-dire sur les rives de la Seine.

Barceló est aujourd'hui le principal peintre espagnol de la scène internationale. Lorsqu'il était très jeune, sur son île natale de Majorque, il envisageait les choses sous l'angle conceptuel, au sein du groupe *Neón de Suro.* Quand il s'installa à Barcelone, ce fut pour participer, en première ligne, à la bataille néoexpressionniste. La capitale de la Catalogne fut surtout une étape dans un périple qui devait le mener à Paris, puis à travailler dans des lieux plus marginaux (Portugal, Mali) et enfin à réinstaller son atelier à Majorque. Bien qu'il ait d'abord cultivé, lors de son apparition sur la scène artistique, une image de «nouveau sauvage», son insistance sur des motifs comme la bibliothèque, le musée ou l'atelier lui-même, sa collaboration avec les poètes, son admiration pour Picasso ou pour Miró témoignent de sa volonté d'inscription dans une tradition. Parmi les tableaux les plus puissants qu'il ait peints, ressortent, très dépouillés, ceux que lui inspira le désert du Mali.

Broto – la voix la plus profondément lyrique de sa génération –, Campano – qui proposa des cycles de tableaux inspirés de Poussin, de Delacroix, de Rimbaud ou de Cézanne, mais dont d'autres toiles travaillent le motif tellement espagnol de la *vanité* –, Sicilia – poète du silence –, Darío Urzay, Diego Moya ou Alberto Reguera, parmi nombre d'autres, témoignent aujourd'hui de la continuité d'une abstraction fondamentalement lyrique qui, en Espagne, a toujours su trouver, depuis les années cinquante, des interprètes de talent. A New York, ville qu'il a célébrée dans de nombreuses toiles, Juan Uslé travaille dans cette même direction: il est aujourd'hui l'artiste abstrait espagnol le plus important de la scène internationale. Proposant une synthèse très personnelle entre lyrisme et constructivisme, il a

del lado de Goya. En Galicia, Antón Patiño y Menchu Lamas, entre otros, crearon, en 1980, el grupo Atlántica.

Pasada aquella etapa de los grupos, se consolidaron las voces individuales. Pronto sobresalió Miquel Barceló, que terminaría eligiendo París como su ciudad de residencia. Junto a él, Miguel Ángel Campano –el primero en llegar allá, todavía en la época de la pintura-pintura–, José Manuel Broto y José María Sicilia, entre otros, demuestran que los artistas españoles vuelven donde solían, es decir, a orillas del Sena.

Barceló es hoy por hoy el pintor español de mayor proyección internacional. Cuando era muy joven, en su isla natal de Mallorca, se planteaba las cosas en clave conceptual, en el contexto del grupo Neón de Suro. *Instalado en Barcelona, se metió de lleno en la batalla neoexpresionista. La capital catalana no fue sino una escala en un periplo que lo llevó a París, a trabajar en los márgenes (Portugal, Malí) y a instalar de nuevo un estudio en Mallorca. Aunque cuando apareció en escena cultivaba una imagen de "nuevo salvaje", su insistencia en motivos como la biblioteca, el museo o el propio estudio, su colaboración con los poetas, su admiración por Picasso o por Miró nos hablan de su voluntad de inscripción en una tradición. Entre los cuadros más potentes que ha pintado, hay que destacar aquellos, muy despojados, inspirados en el desierto de Malí.*

Broto –la voz más hondamente lírica de su generación–, Campano –que en su momento propuso ciclos de cuadros inspirados en Poussin, en Delacroix, en Rimbaud, en Cézanne, pero que tiene otros que retoman el motivo tan español de la vanitas–, *Sicilia –poeta del silencio–, Darío Urzay, Diego Moya o Alberto Reguera, entre otros muchos, nos hablan hoy de la continuidad de una abstracción de raíz lírica, que en España ha contado siempre, de 1950 en adelante, con cultivadores de talento. En ese mismo ángulo de la escena labora, en Nueva York, una ciudad a la que ha rendido homenaje en más de un cuadro, Juan Uslé, hoy por hoy nuestro abstracto de mayor proyección internacional, capaz de proponer una síntesis muy personal entre lo lírico y lo constructivo, y que ha realizado además incursiones especialmente afortunadas en el ámbito de la fotografía.*

aussi réalisé d'heureuses incursions dans le domaine de la photographie.
La sculpture a d'abord fait figure de parent pauvre de la renaissance artistique espagnole. Tout semblait se passer dans le domaine de la seule peinture. Julio González, Oteiza, Chillida ou Chirino n'avaient apparemment pas d'héritiers. Les choses se précipitèrent pourtant. Ouvrirent alors la marche les Autrichiens Eva Lootz et Adolfo Schlosser, avec leurs propositions d'inspiration conceptuelle, formellement puristes et d'une grande charge poétique; Miquel Navarro, avec ses villes en terre cuite et plus tard en métal; Sergi Aguilar, au travail rigoureux et léger; Susana Solano, dont l'œuvre unit au minimalisme une réflexion d'une haute teneur symbolique, et l'«atlantiste» Francisco Leiro, avec ses bois creusés, riches de connotations primitivistes, fortement marqués par sa terre natale de Galice, pour laquelle il quitte, tous les étés, sa résidence new-yorkaise. Vinrent ensuite Juan Muñoz – autre créateur doublé d'un intellectuel, disparu l'année 2000, alors que son travail acquérait une grande renommée, peu après avoir réalisé, dans la salle des Turbines de la Tate Modern de Londres (l'un des nombreux musées où il fut accueilli), une installation à la fois marquante et mystérieuse –, Jaume Plensa, les Basques Txomin Badiola, Pello Irazu – qui se réclament de leur compatriote Oteiza – et Cristina Iglesias – qui crée de labyrinthiques architectures intérieures –, ainsi qu'un autre artiste, très prometteur, mort lui aussi prématurément, Pepe Espaliú, principal moteur d'un

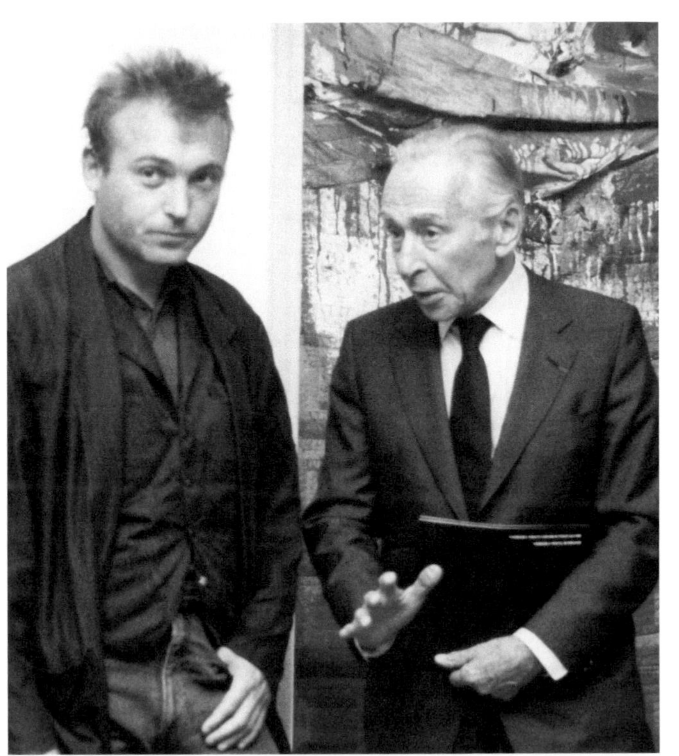
Miquel Barceló et Leo Castelli, Madrid, 1987 (Photo Luis Pérez Mínguez).

En un primer momento, la escultura fue la pariente pobre del renacer artístico español. Todo parecía suceder en el ámbito de la pintura. Julio González, Oteiza, Chillida o Chirino parecían no tener herederos. Luego, sin embargo, las cosas se precipitaron. Abrieron la marcha los austríacos Eva Lootz y Adolfo Schlosser con sus propuestas de base conceptual, puristas en lo formal, y de gran carga poética; Miquel Navarro con sus ciudades en barro cocido, y luego en metal; Sergi Aguilar con su trabajo riguroso y leve; Susana Solano con una obra que aúna minimalismo y una reflexión de alto contenido simbólico; y el "atlántico" Francisco Leiro con sus maderas excavadas cargadas de connotaciones primitivistas, enraizadas en su tierra natal gallega, a la que hoy vuelve todos los veranos desde Nueva York. Algo después se consolidaron Juan Muñoz –otro creador doblado de intelectual, desaparecido en 2000, en un momento de gran proyección internacional de su trabajo, poco después de realizar una impactante y a la vez misteriosa instalación en la Sala de Turbinas de la Tate Modern de Londres, uno de los muchos museos internacionales donde ha estado presente–, Jaume Plensa, los vascos Txomin Badiola y Pello Irazu –que reivindicaron el ejemplo de su paisano Oteiza–, su paisana Cristina Iglesias –que crea laberínticas arquitecturas interiores–, y otro artista que murió cuando todavía cabía esperar mucho de él, Pepe Espaliú, principal motor de un núcleo agrupado alrededor de la revista sevillana Figura, *y de la Galería La Máquina Española.*
Entre quienes siguen creyendo hoy en lo que Juan Gris llamaba, en su conferencia de la Sorbona de

groupe réuni autour de la revue sévillane *Figura* et de la Galerie La Máquina Española.
Parmi ceux qui croient encore à ce que Juan Gris, dans sa conférence de la Sorbonne en 1924, nommait les «*possibilités de la peinture*», me semblent spécialement dignes d'attention certains figuratifs et néométaphysiques à contre-courant, dont les héros sont Giorgio De Chirico, Alberto Savinio, Morandi, ou encore, à nouveau, Hopper, Alex Katz, Ed Ruscha, et qui revendiquent l'influence des «réalistes magiques» espagnols des années trente, jusqu'alors à peu près oubliés. Dis Berlin – le principal animateur de ce courant –, Ángel Mateo Charris, Marcelo Fuentes, María Gómez, Miguel Galano, Joël Mestre, Pelayo Ortega, Antonio Rojas, Gonzalo Sicre et Xesús Vázquez comptent parmi ceux qui luttent dans cette partie de la scène espagnole, dont ont rendu compte des expositions collectives «de tendance» comme *El retorno del hijo pródigo* («Le Retour de l'enfant prodigue»), *Muelle de Levante* («Môle Est»), *Canción de las figuras* («Chanson des figures») ou *Pieza a pieza* («Pièce à pièce»), cette dernière, itinérante, diffusée par le réseau des Instituts Cervantès. Il faut encore lier le dynamisme de ce courant avec l'intérêt croissant suscité par deux peintres demeurés confidentiels jusqu'à présent, tenus dans le secret relatif de leur ville natale, respectivement Zamora et Pampelune, José María Mezquita et Juan José Aquerreta, dont le second fut récompensé, l'année 2000, par le Prix national des Arts plastiques. Le tournant du siècle est propice à la découverte de ces œuvres éloignées des sentiers battus, et notamment celle, fragile, minimale, à laquelle j'accorde pour ma part une grande importance, de Santiago Mayo, qui réconcilie Morandi et Richard Tuttle.
Quoique l'Espagne, hormis les cas isolés d'Oteiza, de Palazuelo, de Sempere ou d'*Equipo 57*, n'ait rien apporté de décisif au constructivisme et que l'art minimal n'y ait jamais non plus connu grand écho, il faut souligner qu'existent aujourd'hui des artistes d'une grande cohérence, travaillant dans cette direction, prenant pour exemple Rothko, le minimaliste Blinky Palermo ou encore Helmut Federle. Je rappellerai parmi eux les vétérans José María Yturralde et Julián Gil, Ángel Guache des *Poèmes géométriques*, José María Báez, fasciné par l'architecture de la lettre et par la poésie lui aussi, ainsi que Luis Palmero, dont le discours concis,

1924, las posibilidades de la pintura*, me parecen especialmente dignos de atención ciertos figurativos y neometafísicos a contracorriente, que tienen entre sus* faros *a Giorgio De Chirico y a Alberto Savinio, a Morandi, a Hopper, a Alex Katz y a Ed Ruscha de nuevo, y que reivindican también a algunos de los hasta hace poco muy olvidados "realistas mágicos" españoles de los años treinta. Dis Berlin –el principal articulador de tal corriente– Ángel Mateo Charris, Marcelo Fuentes, María Gómez, Miguel Galano, Joël Mestre, Pelayo Ortega, Antonio Rojas, Gonzalo Sicre y Xesús Vázquez son algunos de quienes luchan en ese ángulo de nuestra escena, del que han dado cuenta colectivas "de tendencia" como* El retorno del hijo pródigo, Muelle de Levante, Canción de las figuras *o* Pieza a pieza*, esta última itinerante en estos momentos por la red de los Institutos Cervantes. Cabe relacionar con la pujanza de este sector de la escena, el creciente interés que despiertan dos pintores hasta hace poco secretos, ocultos en sus respectivas ciudades natales de Zamora y Pamplona, José María Mezquita y Juan José Aquerreta, al segundo de los cuales le fue concedido, en 2000, el Premio Nacional de Artes Plásticas. El entre-dos-siglos en que vivimos es propicio a la revisión de tal clase de obras a trasmano, entre las que por mi parte le concedo mucha importancia a alguna de apariencia frágil, mínima, como la de Santiago Mayo, que reconcilia a Morandi y a Richard Tuttle.*
Aunque pese a los casos aislados de Oteiza, de Palazuelo, de Sempere o del Equipo 57*, España no realizó grandes aportaciones históricas al Constructivismo, y aunque el* minimal *tampoco tuvo jamás demasiado eco entre nosotros, cabe subrayar que existen hoy artistas de gran coherencia trabajando en ese ángulo de la escena, con Rothko, el* minimal*, Blinky Palermo o incluso Helmut Federle como referencias. Entre ellos, recordaré a los veteranos José María Yturralde y Julián Gil, al Ángel Guache de los* Poemas geométricos*, a José María Báez, fascinado por la arquitectura de la letra, y por la poesía él también, y a Luis Palmero, cuyo discurso escueto, postminimalista, presenta la particularidad de incorporar ecos de lo real, y más concretamente de los horizontes, de la arquitectura y de la luz de su archipiélago natal canario.*

postminimaliste, présente la particularité d'incorporer des échos du réel et plus concrètement des horizons, de l'architecture et de la lumière de l'archipel canarien dont il est natif.

En 2001, Enrique Juncosa montait une exposition collective espagnole dans un espace européen connu, le Hamburger Bahnhof de Berlin, intitulée, en suivant Jack Kerouac, *Big Sur*. Il s'agissait de saluer et de montrer l'émergence d'une nouvelle génération espagnole, après Barceló et Sicilia, Juan Muñoz et Espaliú. Génération incroyante, partisane de l'hybridation et du simulacre. Seize artistes furent choisis pour l'occasion. Bien que des peintres comme Charris, José Manuel Ballester, Victoria Civera ou Darío Urzay y aient fait figure de vétérans, le gros de la manifestation était consacré à des artistes qui peignent, réalisent des installations, font de la vidéo et de la photo, le plus souvent simultanément. Il y avait notamment Antoni Abad, Ana Laura Aláez, Daniel Canogar, Susy Gómez, Alberto Peral, Javier Pérez, Montserrat Soto, Eulàlia Valldosera… Certains de ces artistes résident hors d'Espagne. La plupart commencent à être présents sur le circuit international, ainsi que d'autres néoconceptuels comme Ignasi Aballí, Pep Agut ou Jordi Colomer.

En même temps que ce flux constant d'artistes espagnols vers les principaux centres artistiques mondiaux, il faut constater le phénomène inverse, la présence de nombreux étrangers dans une scène espagnole qui les considère sans le moindre problème comme les siens. En effet, hormis Eva Lootz et Adolfo Schlosser, déjà mentionnés, s'y sont incorporés ces dernières années l'Uruguayen Yamandú Canosa, l'Argentin Alejandro Corujeira, Martin Kippenberger et d'autres Allemands, le Tchéco-Allemand Jiři G. Dokoupil, le Britannique Oliver Johnson… Une galerie périphérique comme Leyendecker à Santa Cruz de Tenerife, très attentive au nouvel art allemand et plus concrètement à certains des noms que je viens de mentionner, mais qui a aussi travaillé avec l'Italien Salvo, l'Américain et néogéométrique Peter Schuyff ou le Brésilien Roberto Cabot, notamment, a joué là un rôle très singulier, qu'on peut bien entendu relier au passé récent de cette île qui, en 1935, recevait, à l'initiative du groupe formé autour de *Gaceta del Arte*, une exposition surréaliste internationale et la visite d'André Breton, de Jacqueline Lamba et de Benjamin Péret.

En 2001, Enrique Juncosa comisariaba una colectiva española en un espacio europeo muy visible, el Hamburger Bahnhof de Berlín, titulada, con Jack Kerouac, Big Sur. *De lo que se trataba era de constatar la emergencia de una nueva generación española, una generación que viene después de la de Barceló y Sicilia, de la de Juan Muñoz y Espaliú, una generación descreída, partidaria de la hibridación y del simulacro. Dieciseis fueron los artistas elegidos para la ocasión. Aunque ahí comparecían, casi como veteranos ya, pintores como Charris, José Manuel Ballester, Victoria Civera o Darío Urzay, el grueso de la muestra estaba dedicado a creadores que, a menudo simultáneamente pintan, hacen instalaciones, video o fotografía. Ahí estaban, entre otros, Antoni Abad, Ana Laura Aláez, Daniel Canogar, Susy Gómez, Alberto Peral, Javier Pérez, Montserrat Soto, Eulàlia Valldosera… Algunos de estos artistas residen fuera de España. La mayoría empieza a estar presente en el circuito internacional, como también les sucede a otros neoconceptuales como Ignasi Aballí, Pep Agut o Jordi Colomer.*

A la par que se produce ese constante flujo de nombres españoles hacia los principales centros artísticos del mundo, hay que dejar constancia del fenómeno inverso, la presencia de nombres foráneos en una escena española que no tiene el menor problema en considerarlos como propios. Así, a esta última, además de los ya mencionados Eva Lootz y Adolfo Schlosser se han incorporado, estos últimos años, el uruguayo Yamandú Canosa, el argentino Alejandro Corujeira, Martin Kippenberger y otros alemanes, el checo-alemán Jiři G. Dokoupil, el británico Oliver Johnson… Una galería periférica, como Leyendecker, de Santa Cruz de Tenerife, tan atenta al nuevo arte germánico y más concretamente a algunos de los nombres que acabo de mencionar, pero que también ha trabajado con el italiano Salvo, con el norteamericano y neogeométrico Peter Schuyff o con el brasileño Roberto Cabot, entre otros, ha jugado en ese sentido un papel muy singular, que de alguna manera cabe relacionar con el pasado reciente de una isla que en 1935 recibía, por iniciativa del núcleo de Gaceta del Arte, *una exposición surrealista internacional, y la visita de André Breton, Jacqueline Lamba y Benjamin Péret.*

J'ai déjà mentionné le travail occasionnel de certains des plus jeunes artistes espagnols dans le domaine de la photographie. La contamination de la peinture par cette dernière constitue un phénomène extrêmement important, positif dans la plupart des cas. Il faut aussi souligner que les photographes proprement dits ont aujourd'hui en Espagne une importance toujours plus grande, ce qu'atteste l'existence depuis plusieurs années, parmi les prix nationaux octroyés par le Gouvernement, d'un prix récompensant cette discipline, qui, comme dans les autres pays d'Europe, compte toujours plus de galeries et de centres spécialisés, donnant lieu à des festivals, des livres et des revues en nombre toujours plus grand.

Les transformations énormes de la scène artistique espagnole ces vingt-cinq dernières années se sont aussi reflétées dans la sphère institutionnelle. Le paysage d'aujourd'hui n'a plus rien à voir avec celui qu'on découvrait en faisant ses premiers pas dans le monde de l'art. A l'époque, seuls les musées de Madrid, de Barcelone et de Bilbao montraient un peu, de façon très incomplète, la réalité de l'art moderne. Presque rien de la production internationale n'atteignait l'Espagne. Le Musée espagnol d'Art contemporain (MEAC) possédait à peine une œuvre de Picasso et seulement un Dalí; ni Juan Gris ni Miró n'étaient représentés; il va sans dire que les grands noms étrangers ne l'étaient pas non plus. Les années de transition furent celles d'un rattrapage à marches forcées du temps perdu, du *Guernica* de Picasso revenant de New York, tableau qui fut justement qualifié de «dernier exilé», aujourd'hui montré sans protection, de la création du Musée national Centre d'art Reina Sofía – dirigé depuis l'année 2000 par le signataire de ces lignes, aujourd'hui engagé dans un processus d'agrandissement, œuvre du Français Jean Nouvel –, des opérations successives grâce auxquelles la collection s'est enrichie, toujours plus ouverte, au reste, à l'international… Années qui sont aussi celles d'une consolidation, pour bon nombre de galeries dans tous les coins du pays et pour la foire annuelle madrilène, l'Arco, lancée en 1982, qui chaque année présente une section consacrée à un pays, qui sera, en 2003, la Suisse. Années où fut intégrée au patrimoine national la collection Thyssen-Bornemisza, qui non seulement complète le Prado dans des domaines où celui-ci a des lacunes, mais offre en plus la possi-

A propósito de algunos de nuestros artistas más jóvenes, he mencionado su trabajo ocasional en el ámbito de la fotografía. La contaminación de esta última sobre la pintura constituye un fenómeno extremadamente importante, y en muchos casos positivo. Hay que subrayar además que los fotógrafos propiamente dichos alcanzan en la España de hoy una repercusión cada vez mayor, algo que viene a simbolizar el hecho de que entre los Premios Nacionales que concede el Gobierno, exista desde hace unos años uno específicamente dedicado a esta disciplina, que al igual que sucede en los demás países de Europa cuenta hoy con cada vez más galerías y centros especializados, con cada vez más festivales, con cada vez más editoriales y revistas.

Las enormes transformaciones vividas en la escena artística española a lo largo de estos últimos veinticinco años, han tenido también su reflejo en la esfera institucional. Nada tiene que ver, en ese sentido, el paisaje con el que uno se encontró cuando daba sus primeros pasos en el mundo del arte, con el actual. Entonces sólo los museos de Madrid, Barcelona y Bilbao reflejaban, y de modo muy incompleto, la realidad del arte moderno. Casi nada de la producción internacional recalaba en España. El Museo Español de Arte Contemporáneo (MEAC) apenas poseía obra de Picasso, y un Dalí tan sólo, y no estaban representados en él ni Juan Gris, ni Miró, ni por supuesto los grandes nombres foráneos. Los años de la transición fueron los años de la recuperación a marchas forzadas del tiempo perdido, del retorno desde Nueva York del Guernica *de Picasso –un cuadro que ha sido justamente calificado de "el último exiliado", y que hoy se exhibe ya sin urna–, de la creación del Museo Nacional Centro de Arte Reina Sofía –dirigido desde 2000 por el firmante de estas líneas, y hoy sometido a un proceso de ampliación, obra del francés Jean Nouvel–, de las sucesivas operaciones (Picasso, Miró, Juan Gris) gracias a las cuales se ha enriquecido una colección, cada vez más abierta, por lo demás, a lo internacional… Años, también, de consolidación para buen número de galerías en todos los rincones del país, y para su feria anual madrileña de Arco, que arrancó en 1982, y que cada año presenta una sección dedicada a un país, que en 2003 será Suiza. Años*

bilité de disposer à Madrid d'exemples majeurs de l'œuvre des impressionnistes et des postimpressionnistes, des expressionnistes allemands, des constructivistes russes ou hongrois, des surréalistes, de Rothko et des grands peintres américains... Années de création de nouvelles Facultés des Beaux-Arts ou d'un centre atypique comme Arteleku, à Saint-Sébastien, autour duquel se regroupe la majeure partie du nouvel art basque. Années surtout de la décentralisation muséale, matérialisée par la création d'un nouveau réseau de pinacothèques en périphérie, au premier rang desquelles l'IVAM de Valence, le CAAM de Las Palmas de Gran Canaria – un rêve du sculpteur Martín Chirino –, le CGAC de Saint-Jacques-de-Compostelle, le MEIAC de Badajoz, le CAAC de Séville, le MACBA de Barcelone, le Guggenheim – cas à part, extraterritorial – de Bilbao, l'EACC de Castellón de la Plana, le Musée Patio Herreriano de Valladolid, l'ARTIUM de Vitoria, le MARCO de Vigo...

J. M. B.

de la incorporación al patrimonio español de la colección Thyssen-Bornemisza, que no sólo viene a complementar al Prado en facetas en la que este último ofrece lagunas, sino que además supone la posibilidad de disponer en Madrid de ejemplos mayores de la obra de los impresionistas y postimpresionistas, de los expresionistas alemanes, de los constructivistas rusos o húngaros, de los surrealistas, de Rothko y otros grandes norteamericanos... Años de creación de nuevas Facultades de Bellas Artes, o de un centro atípico, como Arteleku, en San Sebastián, alrededor del cual se agrupa gran parte del nuevo arte vasco. Años, sobre todo, de descentralización museística, que se materializa en el surgimiento de una nueva red de pinacotecas en la periferia, entre los que destacan el IVAM en Valencia, el CAAM en Las Palmas de Gran Canaria –un sueño del escultor Martín Chirino–, el CGAC en Santiago de Compostela, el MEIAC en Badajoz, el CAAC en Sevilla, el MACBA en Barcelona, el Guggenheim –un caso aparte, extraterritorial– en Bilbao, el EACC en Castellón de la Plana, el Museo Patio Herreriano en Valladolid, ARTIUM en Vitoria, el MARCO en Vigo...

J. M. B.

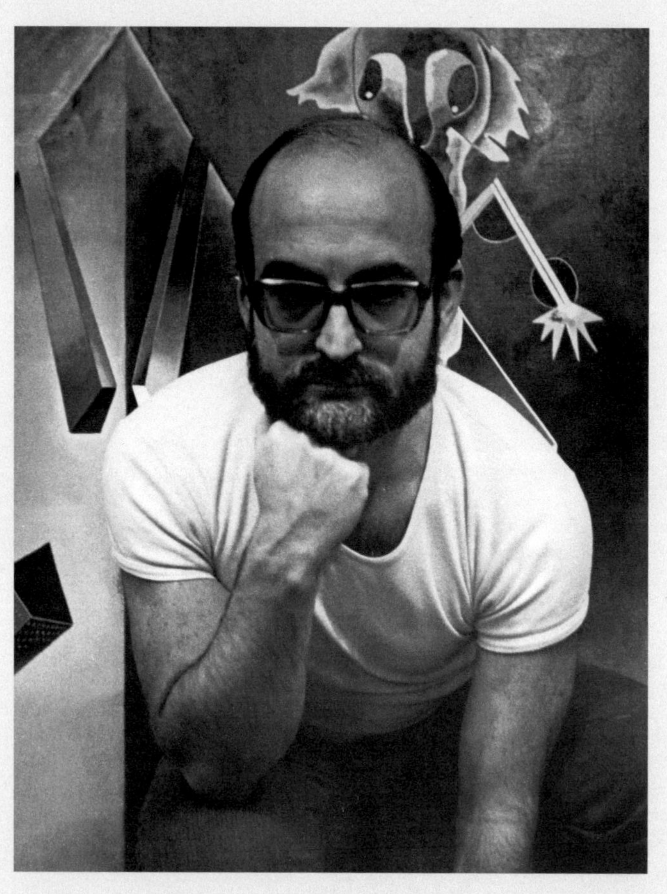

Luis Gordillo

Sevilla, 1934

Pétrifier le marécage, mettre à sec, littéralement, le flux d'images et de formes qui gicle entre cerveau et tableau, telle est la raison première de la peinture de Luis Gordillo. La peinture: liquide coagulé, dessin du cortex cérébral. L'histoire de l'art: un torrent. «*Je réfléchis aux fondements de l'histoire de l'art... je suis dans un fleuve, dans un mouvement, dans un fluide.*» Connexions liquides entre passé et présent de la peinture, qui fixent le regard de l'artiste, lorsqu'il visite le Musée du Prado, et que, face au *Baptême du Sauveur*, il perçoit, de loin, derrière les traits cassés et expressifs du pinceau du Greco, presque un Pollock[1]. La peinture de Luis Gordillo se glisse ainsi entre la ligne sinueuse du maniérisme et les enchevêtrements de l'*action painting* – émulsion de méandres, de molécules, de cellules, graphies liquides de l'inconscient: «*J'accumule comme je peux, sur la soupe originelle, des coagulations, et j'essaie de les solidifier... Je n'ai d'autre argument que celui de solidifier le marécageux, le rien, la dissolution.*»

Cela coule, chez Gordillo, comme un flux irrépressible, depuis les premières toiles informelles, après son séjour à Paris, en 1958, et qu'il a quitté l'Ecole des Beaux-Arts de Séville, où il est passé presque en clandestin, entre ses études de droit et de musique. L'étape informelle, malgré sa brièveté, est importante; il y apprend les limites du geste expressif, ce qui le conduira à chercher – c'est une constante de son œuvre – l'espace intermédiaire entre l'informe et la forme, entre la tache et la structure. Vers 1962, après un court séjour à Londres, il s'installe à Madrid, et développe une peinture progressivement figurative, avec des réminiscences de Bacon, de Giacometti et du pop

[1] Luis Gordillo: «Desde el Greco» («Depuis Greco»), *in*: *Doce artistas de vanguardia en el Museo del Prado* («Douze artistes d'avant-garde au Musée du Prado»), Madrid, Mondadori, 1990, p. 82. Les citations de Luis Gordillo proviennent de «Que la pintura respire placer por ti» («Que la peinture pour toi respire le plaisir»), *in*: *La Luna*, octobre 1984, et *in*: *Luis Gordillo. Pinturas 1982-84*, Madrid, Fernando Vijande, 1985; «Entrevista en *El Paseante*», 1988, *in*: *Luis Gordillo. Los años ochenta* («Luis Gordillo. Les années quatre-vingt»), Madrid, Tabapress, 1991; «Conversación con Jordi Teixidor», *in*: *Lápiz*, n°s 99-101 («100×100 arte español»), janvier-mars 1994; *El arte visto por los artistas* («L'Art vu par les artistes»), Madrid, Taurus, 1987, p. 94.

Petrificar lo pantanoso, detener en seco, literalmente, el fluido de imágenes y formas que como un surtidor se dispara entre el cerebro y el cuadro, es el gesto originario de la pintura de Luis Gordillo. La pintura, líquido coagulado, un dibujo del córtex cerebral; la historia del arte, entonces, un torrente: reflexiono sobre la base de la historia del arte... estoy en un río, en un movimiento, en un fluido. *Conexiones líquidas entre el pasado y el presente de la pintura que fijan la mirada del artista, cuando visita el Museo del Prado, frente al* Bautismo del Salvador *para percibir, de lejos, tras las quebradas y expresivas pinceladas del Greco, un* casi *Jackson Pollock*[1]*. Entre la línea sinuosa del manierismo y la maraña de la* action painting *se desliza la pintura de Luis Gordillo emulsionada en meandros, moléculas y células como grafías líquidas del inconsciente:* yo amontono como puedo, sobre la sopa base, coagulaciones, intentando solidificarlas... el único argumento que hay es el de solidificar lo pantanoso, lo que no es nada, lo que es disolución.

Tendencia a la pintura como fluido incontenible desde las primeras obras informalistas de Luis Gordillo, tras su primer viaje a París en 1958, después de abandonar los estudios en la Escuela de Bellas Artes de Sevilla, una actividad casi clandestina entre los estudios de derecho y de música. La etapa informalista, aunque breve, fue importante como aprendizaje de los límites del gesto expresivo que le conduciría a buscar, una constante en su obra, el espacio intermedio entre lo informe y la forma, entre la mancha y la estructura. Hacia 1962, tras una breve estancia en Londres, se traslada a Madrid, desarrollando una pintura progresivamente figurativa con sugestiones de Bacon, Giacometti y

[1] *Luis Gordillo: "Desde el Greco" en* Doce artistas de vanguardia en el Museo del Prado, *Madrid, Mondadori, 1990, pág. 82. Las citas de Luis Gordillo en este texto proceden de "Que la pintura respire placer por ti" en* La Luna, *octubre de 1984, y en* Luis Gordillo. Pinturas 1982-84, *Madrid, Fernando Vijande, 1985; "Entrevista en* El Paseante*", 1988, en* Luis Gordillo. Los años ochenta, *Madrid, Tabapress, 1991; "Conversación con Jordi Teixidor" en* Lápiz, *n.ºs 99-101 ("100×100 arte español"), enero-marzo de 1994;* El arte visto por los artistas, *Madrid, Taurus, 1987, pág. 94.*

américain. Il utilise beaucoup, à cette époque, les images des médias, en séries, chargées d'un fort contenu critique et ironique face à la société de consommation. Approche de la névrose contemporaine, dont Gordillo pénètre l'inconscient, non seulement produit de la culture de l'image, mais aussi, comme le signale Dan Cameron, des *«mondes intérieurs»* révélés par la psychanalyse. Vers 1967, il fait partie du groupe *Nueva Generación* («Nouvelle Génération»), défendu par Juan Antonio Aguirre. Ouvrant une voie différente de celle de l'art conceptuel et postinformel, il exercera alors une grande influence sur des artistes plus jeunes, notamment sur Carlos Alcolea, Guillermo Pérez Villalta ou Carlos Franco.

Sous l'influence de la psychanalyse, il pratique, dans les années quatre-vingt, une peinture chargée de symboles, où la figuration se dilue dans une trame de méandres, d'espaces constitués de lignes labyrinthiques, évoquant des tissus organiques, des membranes ou des systèmes nerveux. Représentation d'une réalité psychique, plus que physique, comme dans *Desafinadamente tuyo* («A toi, désaccordé», 1989), rythme abstrait de cellules et de formes organiques interconnectées, qui évoque spontanément la liberté, mais qui obéit à une géométrie secrète, parfaitement tracée. Ce qui est fluide, dit l'artiste, n'est pas amorphe, mais réagit comme l'eau *«répandue sur la terre qui cherche son lit, forme un dessin, de sorte que, l'été passé, l'année suivante, au dégel, ce dessin est inscrit dans la terre, car l'eau reprend les mêmes chemins»*. La force irrépressible de la peinture, aveugle et sans but, finit par concrétiser une sorte d'orographie, une carte topographique, produit du hasard. Débordement liquide du champ pictural, qui correspond, ici, à la fragmentation du support lui-même en différentes pièces, brisant le cadre, limite traditionnelle de la peinture. Au plan principal – une structure saturée de spirales et de cellules –, Luis Gordillo en superpose un autre, panneau ajouté qui dépasse du bord inférieur, reproduisant les tons et les formes du motif central, contrastant avec le tableau factice, peint en trompe-l'œil sur la structure mère: tableau dans le tableau, de couleur criarde, turquoise intense, qui contient une unique forme serpentine.

Dissonances qui répondent à la tension, présente dans la peinture de l'artiste, entre le geste spontané et l'ordre, la

el Pop norteamericano. En esta época utiliza imágenes de los medios de comunicación, técnicas de serialización y repetición, con un contenido crítico e irónico frente a la sociedad de consumo. Una aproximación a la neurosis contemporánea donde Gordillo penetra, como señala Dan Cameron, en el inconsciente como producto tanto de la cultura de la imagen como de los mundos interiores *revelados por el psicoanálisis. Hacia 1967 forma parte del grupo* Nueva Generación *promovido por Juan Antonio Aguirre. Un período donde ejercería una gran influencia, como alternativa al arte conceptual y postinformalista, entre los artistas más jóvenes como Alcolea, Pérez Villalta, Carlos Franco, entre otros.*

La influencia del psicoanálisis en los años ochenta, le acercó a una pintura de contenido simbólico donde la figuración se diluye en una trama de meandros y espacios de líneas laberínticas, evocando tejidos orgánicos, membranas y circuitos nerviosos. Representación de una realidad psíquica más que física, como en Desafinadamente tuyo *(1989), un ritmo abstracto de células y formas orgánicas conectadas entre sí que, a pesar de su espontánea apariencia de libertad, obedecen a una geometría oculta perfectamente trazada. El extenderse de lo fluido no es amorfo, dice el artista, forma un esquema como el agua cuando* se echa sobre la tierra y va buscando cauces, va formando un dibujo, de forma que pasa el verano y el año siguiente, con el deshielo, ese dibujo está en la tierra, porque el agua vuelve a recorrer los mismos sitios. *La fuerza incontenible de la pintura, ciega y sin dirección, termina por solidificar una especie de orografía, un mapa topográfico, producido por el azar. Desbordamiento líquido del campo pictórico que se corresponde, en esta pintura, con la fragmentación del propio soporte en varias piezas, rompiendo el marco como límite tradicional de la pintura. Al plano principal, una estructura saturada de espirales y células, Luis Gordillo yuxtapone otro cuadro, un panel añadido que sobresale del borde inferior reproduciendo el tono y las formas de la pintura central, en contraste con el cuadro ficticio, pintado a la manera de un* trompe-l'œil *sobre la estructura mayor; un cuadro dentro del cuadro, en un* desafinado *color turquesa intenso que contiene una única forma serpenteante.*

tendance à la dissolution et l’exigence d’une architecture stable. Un conflit, dont le procès créatif est lui-même le reflet, que Luis Gordillo décrit comme une scène; la peinture comme théâtre, avec sa succession de rideaux délimitant les espaces: d’abord la toile blanche, souvent laissée vierge, puis un plan intermédiaire de formes organiques et bulbeuses; enfin, des tracés spiralés, grands gestes et lignes ondulantes, qui, comme ici, paraissent contenir le glissement incontrôlé des cellules. Une trame qui fonctionne comme un filet, une toile d’araignée, où, tôt ou tard, *«la trouvaille poétique, l’inspiration»* finit par tomber. L’application de la couleur répond au même principe. L’artiste étend d’abord une couche sombre, délimitant des îles ou des cellules laissées en blanc, sur lesquelles il superpose ensuite d’autres couches plus claires, jusqu’à obtenir l’apparence d’un relief, à la façon d’une carte topographique. Le résultat donne une sensation de profondeur, sans recourir à la perspective, une impression de volume, par accumulation des taches, des plus foncées aux plus claires, sans utiliser le clair-obscur.

Dispositif de superpositions, qui répond aux étapes d’une introspection, plongée à la verticale vers le moi profond de l’artiste – les couches de pigment sont les paliers d’une immersion dans les strates douloureuses de la vie. Peinture et psyché, pigment et circuits nerveux forment un même tissu: *«Ce dessin, finalement, serait ma biographie, et aussi mon œuvre.»* La peinture, vraiment, est une nécessité vitale: *«C’est un peu comme un organe de mon corps, comme le foie ou les poumons, par lesquels passe le processus de ma propre vie.»* Conscience de la corporalité de la peinture qui permet un retournement de la métaphore: du labyrinthe et de la carte topographique, l’artiste se déplace vers une thérapie analytique qui devient le modèle de la peinture. Le discours incohérent de l’analysé, torrent de paroles anarchiques et libres, finit par former une structure, un dessin, même si celui-ci n’a pas de sens. Du fluide aquatique à la logorrhée psychanalytique, il n’y a, pour Gordillo, qu’un pas: formes et mots se dissolvent dans un espace en continuelle métamorphose, comme si le cerveau était capable d’observer, du dehors, ses propres processus mentaux. La peinture, dans un contexte imaginaire et symbolique, devient un autoportrait intérieur, et, pour para-

Disonancias que responden a la tensión, presente en la pintura de este artista, entre gesto espontáneo y orden, la tendencia a la disolución y la exigencia de una arquitectura estable. Un conflicto que se refleja en el propio proceso creativo que Luis Gordillo describe como un escenario; la pintura como un teatro con varios telones superpuestos: en primer lugar el lienzo en blanco, que muchas veces queda sin manchar, después un plano medio de formas orgánicas y bulbosas; por último, el trazado de unas espirales, garabatos y líneas ondulantes que, como en esta pieza, parecen contener y sujetar el deslizamiento incontrolado de las células. Una trama que actúa como una red, una tela de araña, donde termina por caer, antes o después el hallazgo poético, la inspiración. *El color se aplica de la misma manera, el artista deja deslizar una capa base de pintura oscura, delimitando islas o células en blanco, a las que posteriormente superpone otras capas más claras hasta adquirir la apariencia de los relieves señalizados de un mapa topográfico. El resultado es una pintura que produce sensación de profundidad, sin recurrir a la perspectiva, y una impresión de volumen, por amontonamiento de manchas desde las más oscuras a las más claras, sin recurrir al claroscuro.*

Dispositivos de superposición de la pintura que, al mismo tiempo, responden a procedimientos de introspección psicológica, regresiones en vertical hacia el yo profundo del artista; capas de pigmento reflejo de una inmersión en los estratos dolorosos de la propia vida. Pintura y psique, pigmento y circuitos nerviosos forman un mismo tejido: ese dibujo, al fin y al cabo, sería mi biografía y también mi obra. *La pintura, definitivamente, una necesidad vital:* es algo así como un órgano de mi cuerpo, como el hígado o los pulmones, a través del cual pasa el proceso de mi propia vida. *Conciencia de la corporalidad de la pintura que propicia un cambio de metáforas: del laberinto y el mapa topográfico el artista se desplaza a los métodos terapéuticos del psicoanálisis como modelo de la pintura; el discurso incoherente del psicoanalizado, un torrente de palabras anárquicas y en libertad que, como los meandros y laberintos, terminan por configurar una estructura, un dibujo con sentido. Del fluido acuático a la verborrea psicoanalítica sólo hay para Gordillo un paso: formas y palabras se disuelven en un espacio en continua metamorfosis, como si*

phraser Robert Smithson, une authentique *«sédimentation de l'esprit»*.
Le pigment retient la marche du temps dans le tissu de la peinture et parcourt les veines, le système nerveux du corps de l'artiste, fait écho à son propre pouls, au son du sang dans son perpétuel va-et-vient, à la voix de l'énergie libératrice. Comme il le reconnaît lui-même, l'objet ultime de sa peinture serait, pour Luis Gordillo, de parvenir à une mélodie – tribut à sa formation musicale – où le rythme de la vie s'accorderait, irait au même pas que celui de l'expression plastique, formant un tout, un ensemble unitaire. Une utopie, dit-il encore, qui exige des prouesses d'athlète. L'artiste, parfois, ne parvient qu'à un accord dissonant; malgré tout, il ne renonce pas à *«peindre, pour sentir son bras, sa verticalité sur le sol, un rythme qui passe d'un côté à l'autre du corps... et les yeux, qui mesurent. C'est aussi simple que cela, se sentir, au moins, objet vivant et mesurant.»*

M. R.

el cerebro fuera capaz de observar, desde fuera, su propio proceso mental. La pintura, en un contexto imaginario y simbólico, un autorretrato interior, parafraseando a Robert Smithson, una auténtica sedimentación de la mente.
El pigmento retiene el paso del tiempo en el tejido de la pintura y recorre las venas, el sistema nervioso del cuerpo del artista como un eco del pulso vital, del sonido de la sangre en su continuo recorrido, de la voz de la energía liberadora. Como reconoce el propio artista, el objetivo último de su pintura, una deuda con su formación musical, sería conseguir una melodía donde el ritmo de la vida esté en sintonía, vaya al mismo compás que el ritmo de la expresión plástica, formando un todo, un conjunto unitario. Una utopía, dice Luis Gordillo, que exige proezas de atleta. El artista, a veces, sólo consigue un acorde desafinado, un tono destemplado; pero, a pesar de todo, no renuncia a pintar para sentirse un brazo, una verticalidad sobre el suelo, un ritmo que pasa de un lado a otro del cuerpo, los ojos midiendo. Así de elemental: sentirse, al menos, objeto vivo y medidor.

M. R.

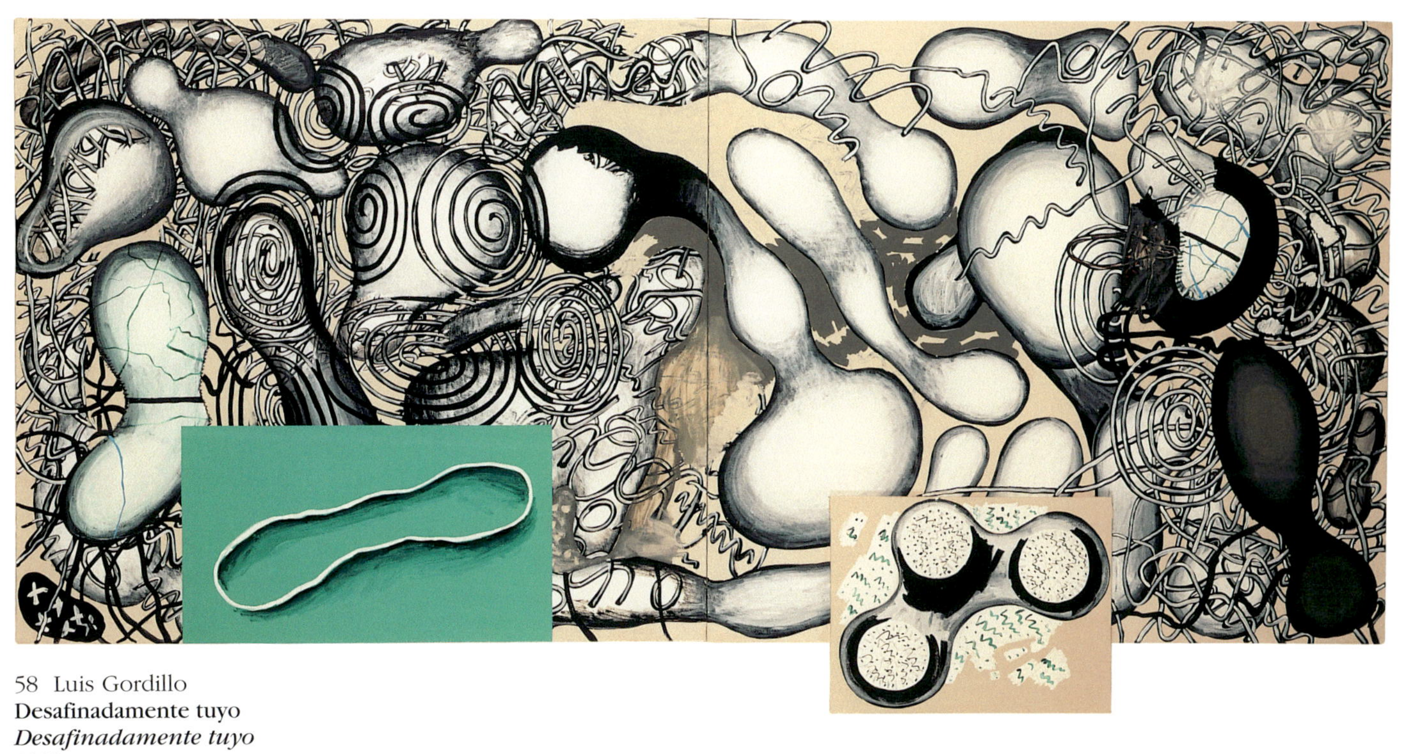

58 Luis Gordillo
Desafinadamente tuyo
Desafinadamente tuyo
1989
Acrylique sur toile
143 × 314 + 50 × 65 cm
Collection particulière

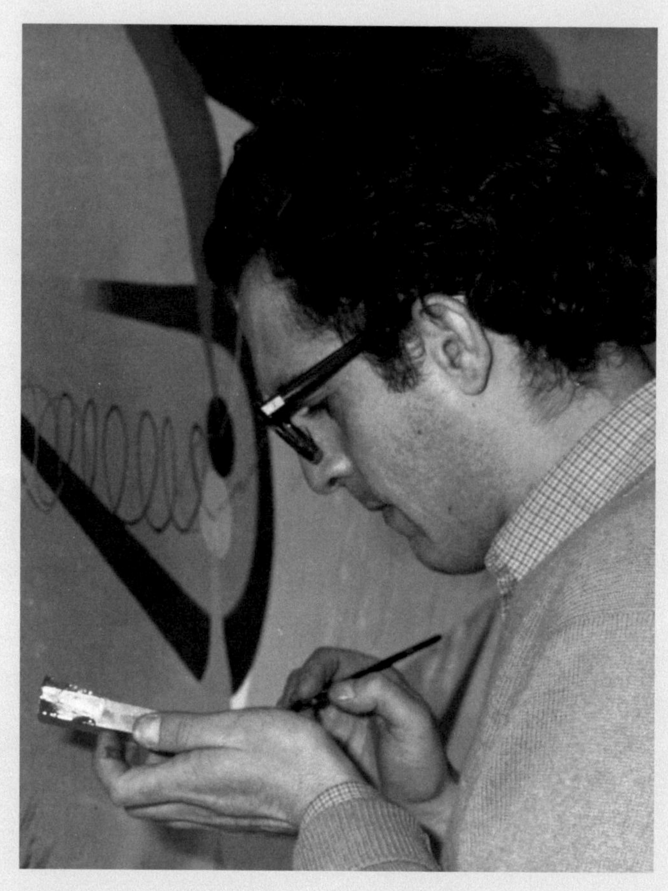

Carlos Alcolea

La Coruña, 1949 - Madrid, 1992

Lorsque Carlos Alcolea donne à sa peinture une généalogie possible, le système de parenté artistique qu'il construit n'est pas, comme le signale le critique Ángel González García, d'ordre linéaire, mais magique: il a rêvé sa rencontre avec Jasper Johns au zoo de Barcelone, où il était allé voir le gorille albinos *Tête de neige*; avec Proust, il est fasciné de partager la même maladie, l'asthme, et il a, pour les champignons, la même passion que John Cage. Quant à Duchamp, il est, comme lui, fils de notaire. Une généalogie fabuleuse qui confortait Carlos Alcolea dans la certitude qu'*«il n'y avait pas, que je ne reconnaissais pas une "tradition moderne" qui puisse me consoler de l'extrême et irritante précarité de la peinture. Peinture sans direction; peintre sans atelier.»*[1]

Rencontres absurdes, généalogie improbable, qui commencent lorsque ce fils de notaire né à La Corogne abandonne, vers 1970, ses études de droit et, avec un groupe de jeunes artistes, parmi lesquels Carlos Franco, Rafael Pérez Mínguez, Chema Cobo, Pérez Villalta, fréquente la Salle Amadís de Madrid, alors dirigée par Juan Antonio Aguirre, sous la figure tutélaire de Luis Gordillo, charnière avec la génération antérieure. Des artistes qui firent, à la fin des années soixante-dix, ce qu'on a appelé la «Nouvelle Figuration» madrilène. En réalité, plus que d'un mouvement, il s'agissait de revendiquer pour la peinture une distanciation tant vis-à-vis des réalismes académiques que des engagements de la néofiguration. Dans un environnement hostile, dominé par les courants conceptuels et, à l'autre extrême, par les prolongements de l'abstraction, l'attitude de Carlos Alcolea et de ses amis apparaît comme la première tentative de se réclamer d'une *autre* histoire de l'art, aux antipodes de tout esprit ascétique, du mythe de l'Espagne noire, douloureuse et tragique. À partir de là, la peinture ne se fait plus *au travers* de l'histoire, mais utilise celle-ci directement, à sa propre convenance. Tout style, toute époque peut être utilisé, copié ou exercer son influence. Sans complexe, ces jeunes gens revendiquaient le plaisir de peindre.

[1] Ángel González García: «Vida y obra de Carlos Alcolea. "hacer equilibrios para caerse"» («Vie et œuvre de Carlos Alcolea. "faire des équilibres pour tomber"», *in*: *Carlos Alcolea*, Museo Nacional Centro de Arte Reina Sofía, février-mars 1998, p. 28.

Carlos Alcolea escribió una posible genealogía de su pintura, sistemas de parentesco entre artistas que, como señala el crítico de arte Ángel González García, no es de orden lineal sino de orden mágico: soñó con encontrar a Jasper Johns en el zoológico de Barcelona, donde al parecer el artista norteamericano iba a visitar al gorila albino, Copito de nieve*; de Proust le fascina compartir la misma enfermedad, el asma; con John Cage coincidía en la pasión por la micología. Respecto a Duchamp, sin duda, el hecho de ser los dos, hijos de notario. Una genealogía fabulosa que confirmó a Carlos Alcolea en la certeza de que* no había ni reconocía una "tradición moderna" que pudiera consolarlo de la extrema y destemplada precariedad de la pintura. Pintura sin dirección; pintor sin estudio.[1]

Encuentros absurdos, genealogía improbable que comienza cuando este hijo de notario nacido en La Coruña abandona hacia 1970 los estudios de Derecho y con un grupo de jóvenes artistas, Carlos Franco, Rafael Pérez Mínguez, Chema Cobo, Pérez Villalta, entre otros, se reunen en la Sala Amadís de Madrid, dirigida entonces por Juan Antonio Aguirre y con Luis Gordillo como figura paternal, una bisagra con la generación anterior. Artistas que protagonizaron, a finales de los setenta, lo que se denominó la Nueva Figuración madrileña. En realidad, más que un movimiento, era una reivindicación de la pintura que intentaba distanciarse tanto de los realismos academicistas como de las soluciones de compromiso de la neofiguración. En un ambiente hostil dominado por las corrientes conceptuales y, en el otro extremo, por la prolongación del informalismo, la actitud de Carlos Alcolea y sus amigos destaca por ser el primer intento de conectar con otra *historia del arte, alejada del espíritu ascético, del mito de la España negra, dolorosa y trágica. La pintura ya no se hacía* a través *de la historia sino, directamente, utilizando la historia a su propia conveniencia. Cualquier estilo o período podía ser aprovechado, copiado o representar una influencia. Sin complejos, reivindicaron el placer de la pintura.*

[1] Ángel González García: "Vida y obra de Carlos Alcolea. «hacer equilibrios para caerse»" en Carlos Alcolea, *Museo Nacional Centro de Arte Reina Sofía, febrero-marzo de 1998, pág. 28.*

L'œuvre de Carlos Alcolea, tout comme celle de ses amis, résulte d'une assimilation particulière des avant-gardes, dans laquelle Matisse finit par être plus intéressant que Picasso, où Marcel Duchamp devient un modèle qu'il faut toujours prendre en compte et qui regarde aussi, même obliquement, vers le pop britannique, notamment vers David Hockney et Alex Katz, dont les influences sont visibles à l'époque des piscines et des baigneurs. Une peinture non exempte d'humour, depuis les titres eux-mêmes, le plus souvent constitués de jeux de mots, jusqu'à l'utilisation criarde, rejetant toute convention, de la couleur, d'un chromatisme très vif et même strident. Mais plus importante encore dans la formation d'Alcolea est la relation qu'il maintint avec la psychanalyse, la découverte sans cesse réaffirmée que désirs, pulsions et fantasmes engendrés par l'inconscient ont une vie plus forte que la perception nue de la réalité. De là l'univers complexe de son iconographie, peuplée de références subjectives, de personnages défigurés, de symboles et de concepts étranges. Des images qui n'appartiennent pas à la réalité matérielle, mais à ce que Freud a nommé *«réalité psychique»*, où l'espace se plie, où les choses ne demeurent jamais en place; l'image et son reflet se confondent, et la ligne qui sépare l'objet du regard qu'on lui porte disparaît.

Finalement, l'espace se retourne sur lui-même, comme dans *Les Lunettes* (1978), composition où l'artiste pense la surface de la peinture en dehors de la structure rigide qu'impose la perspective traditionnelle. Comme le rappelle Roland Barthes, ce n'est pas l'imitation qui définit la représentation: *«Même si nous nous débarrassions des notions de réel, de vraisemblable et de copie, il y aurait encore de la représentation, dans la mesure où, lorsqu'un sujet dirige son regard vers l'horizon, il y découpe la base d'un triangle dont le sommet est occupé par son œil (ou son esprit).»*[2] Carlos Alcolea rejettera ce découpage de la réalité et cherchera pour l'espace de la peinture une autre solution; par exemple dans les figures géométriques du réversible, comme celle représentée par le célèbre anneau de Möbius, une image, signe de l'espace fluide, qui apparaîtra dans nombre de ses compositions. En 1975, Alcolea ira

[2]Roland Barthes: *L'Obvie et l'Obtus*, Paris, Seuil, 1982.

La obra de Carlos Alcolea es el producto, como en sus compañeros, de una particular asimilación de las vanguardias en la que Matisse resultó ser más interesante que Picasso, y Marcel Duchamp un modelo a tener siempre en cuenta; sin olvidar, una mirada oblicua al Pop británico, especialmente David Hockney y Alex Katz, visible en la época de las piscinas y bañistas. Una pintura no exenta de humor, desde los propios títulos, por lo general juegos de palabras, hasta la utilización chillona, nada convencional del color, un cromatismo muy vivo, incluso, estridente. Pero, más importante en la formación de este artista fue la relación que mantuvo con el psicoanálisis; el descubrimiento de que los deseos y pulsiones, los fantasmas que engendra el inconsciente tienen una vida más fuerte que la percepción desnuda de la realidad. De ahí el complejo universo de su iconografía poblada de referencias subjetivas, personajes desfigurados, extraños símbolos y conceptos. Unas imágenes que no pertenecen a la realidad material, sino a aquello que Freud denomina realidad psíquica, *donde el espacio se pliega y las cosas no permanecen en un sitio fijo; la imagen y su reflejo se confunden y la línea, que separa el objeto de la visión del propio acto de mirar, desaparece.*

En definitiva, un espacio vuelto sobre sí mismo como en la pintura Las gafas *(1978), composición donde el artista piensa la superficie de la pintura fuera de la estructura rígida que impone la perspectiva tradicional. Como recuerda Roland Barthes, no es la imitación lo que define a la representación:* Aunque nos desembarazáramos de las nociones de lo real, lo verosímil y la copia seguiría habiendo representación, en la medida en que un sujeto dirija su mirada hacia el horizonte y en él recorte la base de un triángulo cuyo vértice esté en su ojo (o en su mente).[2] *Carlos Alcolea rechazará este recorte de la realidad y buscara otra situación para el espacio de la pintura; por ejemplo, en las figuras geométricas de lo reversible como la representada por la conocida cinta de Möbius, una imagen que como signo del espacio fluido, aparecerá en muchas de sus composiciones. Incluso, en*

[2]*Roland Barthes:* Lo obvio y lo obtuso, *Barcelona, Paidós, 1995, págs. 93-94.*

même jusqu'à fondre son regard dans le visage du mathématicien allemand. Un hommage qui se réaffirme ici: la monture des lunettes n'est rien d'autre qu'un anneau de Möbius et, dans le nœud qu'elle trace, les différents plans de la représentation construisent un visage continu, un espace sans bord où intérieur et extérieur se confondent. Littéralement, ces lunettes se trouvent *entre* la cornée et la paupière. Plis et torsions. Paysage mental où le spectateur ne peut fixer l'attention sur un centre unique. L'ambiguïté, le dédoublement entre l'œil et le verre, en une surface aveugle, interdisent ce rapprochement frontal: les yeux sont impossibles, de l'intérieur comme de l'extérieur. Impossible également la forme elliptique avec iris qui traverse l'intérieur des lunettes, ou le globe oculaire, qui se devine, en avant ou en arrière de la monture, dotée de cils. Même le dessin des branches, qui emberlificote les relations entre figure et fond, contribue à la confusion de l'espace. Des yeux en métamorphose permanente, qui semblent se déplacer au travers d'une matière fluide, liquide. Une relation, eau-optique, explicite dans l'un des dessins préparatoires à la toile, où un baigneur nage la brasse dans l'espace occupé par les verres des lunettes. Lien signifiant, aussi, dans un autre de ces dessins, où les lunettes se transforment en aquarium-scaphandre, dont la transparence est traversée d'un œil-poisson. Tout fait eau dans la peinture d'Alcolea, matière fluide qui enveloppe la perception. *Apprendre à nager.* Rien moins que le titre d'un texte sur la peinture qu'il publia en 1980. La peinture, *stricto sensu*, est une méthode de natation.

La peinture. Récipient mobile, espace onirique où l'œil fait naufrage. Mais, au juste, quel œil? Carlos Alcolea en distingue différents types. Il y a les yeux qui regardent et qui peignent ensuite, ceux qui voient sans regarder – une espèce de lapsus –, mais surtout celui-ci, *«l'œil qui ne regarde pas et qui ne voit pas, ou vice versa, qui peint la lumière paralytique: sa propre superficie oculaire. De là l'onirique, l'inconscient, l'obscurité-métaphore qui réclame pour elle-même l'appareil historique: l'absence d'œuvre.»*[3] Parvenir à réduire la distance entre la peinture

[3] Carlos Alcolea: «Aprender a nadar» («Apprendre à nager»), 1980, *in*: *Carlos Alcolea*, *op. cit.*, p. 175.

1975, Alcolea fundirá su mirada con el rostro del matemático alemán. Un homenaje que se vuelve explícito en esta pintura donde la montura de las gafas, auténtica cinta de Möbius, traza un nudo en el que los distintos planos de la representación forman una cara continua, un espacio sin bordes donde interior y exterior se confunden. Literalmente, estas gafas se encuentran entre *la córnea y el párpado.*

Pliegues de la representación, un paisaje mental donde el espectador no puede fijar la atención en un único centro. La ambigüedad, el desdoblamiento entre ojo y cristal en una superficie blanda impiden este acercamiento frontal: ojos imposibles, dentro y fuera, como la forma elíptica con iris que atraviesa el interior de las gafas; o, el globo ocular que se adivina, detrás o delante de la montura con pestañas. Incluso el diseño de las patillas contribuye a la confusión del espacio volviendo más complejas las relaciones entre figura y fondo. Ojos en permanente metamorfosis que parecen desplazarse a través de una materia fluida, líquida. Una relación, cristal y agua, explícita en uno de los dibujos preparatorios de esta pintura, con la imagen de un nadador braceando que ocupa el espacio de las lentes. Conexión sugerente, también, en otro de los dibujos con las gafas convertidas en transparente pecera-escafandra atravesada por un ojo-pez. Todo en la pintura de Alcolea es agua, materia fluida que envuelve la percepción. Precisamente Aprender a nadar *es el título de un texto sobre pintura que Alcolea publicó en 1980. La pintura, estrictamente, un método de natación.*

La pintura, recipiente móvil, espacio onírico donde el ojo naufraga. Pero, exactamente, ¿qué ojo? Carlos Alcolea distingue varios tipos: hay ojos que miran y luego pintan, hay ojos que ven sin mirar, una especie de lapsus, pero fundamentalmente esta el ojo que no mira y que no ve, o viceversa, pinta la luz paralítica: su propia superficie ocular. De aquí lo onírico, el inconsciente, la oscuridad-metáfora que reclama para sí el aparato histórico: la ausencia de obra.[3] *Conseguir reducir la distancia entre la pintura y el ojo: no mirar, no ver, es decir pintar a*

[3] *Carlos Alcolea: "Aprender a nadar", 1980, en* Carlos Alcolea, op. cit., *pág. 175.*

et l'œil: ne pas regarder, ne pas voir, c'est-à-dire peindre à tâtons, sans mémoire, sans souvenirs. Une méthode qui recommande, comme forme de travail, de fermer les yeux pour que la vue ne puisse être trahie, pour que seule la main puisse gratter l'espace des images. Dans ces conditions, la ligne tracée *«ne limite pas le vide, ni ne le remplit. Son épaisseur fait partie de l'irritabilité de l'œil.»*[4] La peinture comme stimulus de la vue, diaphane et fluide; la peinture, définitivement, représentation aqueuse de la surface oculaire, pas de n'importe quel œil, mais de celui qui appartient à l'artiste lui-même. S'il subsistait un doute, cette peinture – et qui douterait que cela n'ait un sens? – s'appelle aussi *Les Lunettes du peintre.*

M. R.

[4] Carlos Alcolea: «Poco tiempo lleva tardar tanto» («Pas beaucoup de temps pour durer»), *in*: *Sur Exprés*, nº 12, octobre 1988, p. 124.

oscuras, sin memoria y sin recuerdos. Un método que recomienda, como forma de trabajo, cerrar los ojos para que la vista no pueda ser traicionada y la mano sólo pueda arañar el espacio de las imágenes. En esas condiciones, la línea trazada no limita el vacío ni lo rellena. Su grosor forma parte de la irritabilidad del ojo.[4] *La pintura una excitación de la vista, diáfana y fluida; la pintura, definitivamente, la representación acuosa de la superficie ocular; no de cualquier ojo, sino aquel que pertenece al propio artista. Por si hubiera alguna duda, esta pintura, significativamente, también se titula* Las gafas del pintor.

M. R.

[4] *Carlos Alcolea: "Poco tiempo lleva tardar tanto" en* Sur Exprés, *n.º 12, octubre de 1988, pág. 124.*

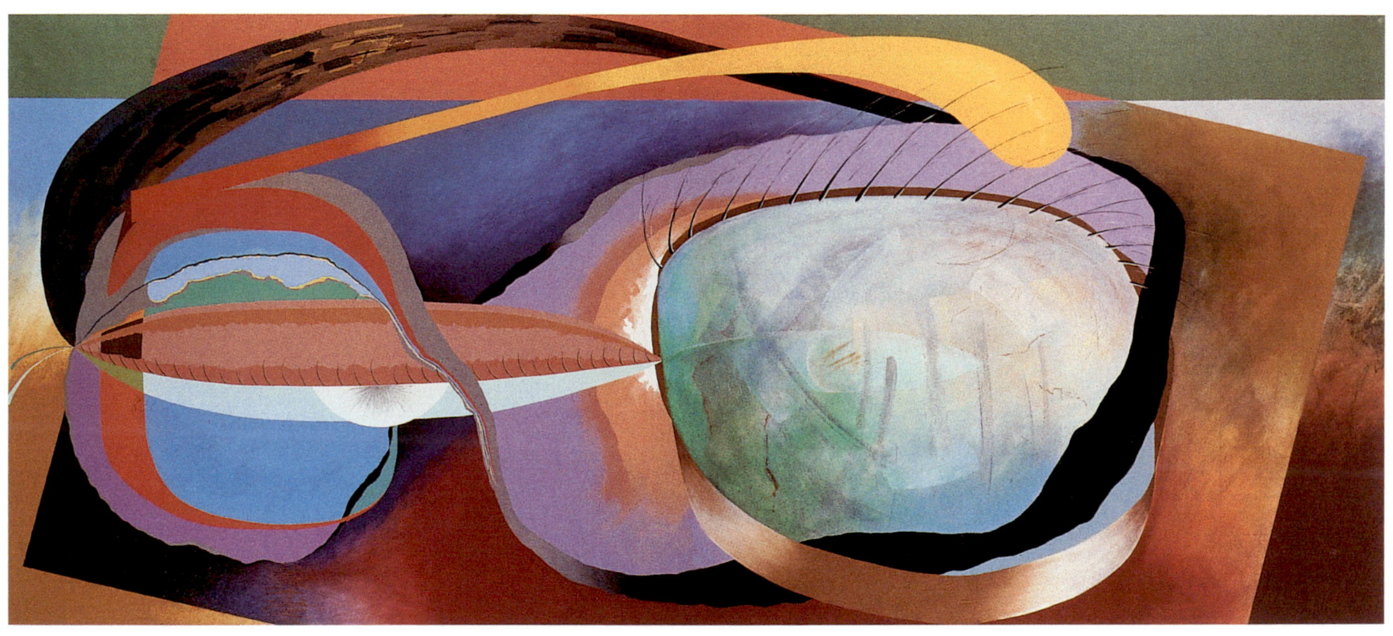

59 Carlos Alcolea
Les Lunettes
Las gafas
1978
Acrylique sur toile
170×400 cm
Collection particulière

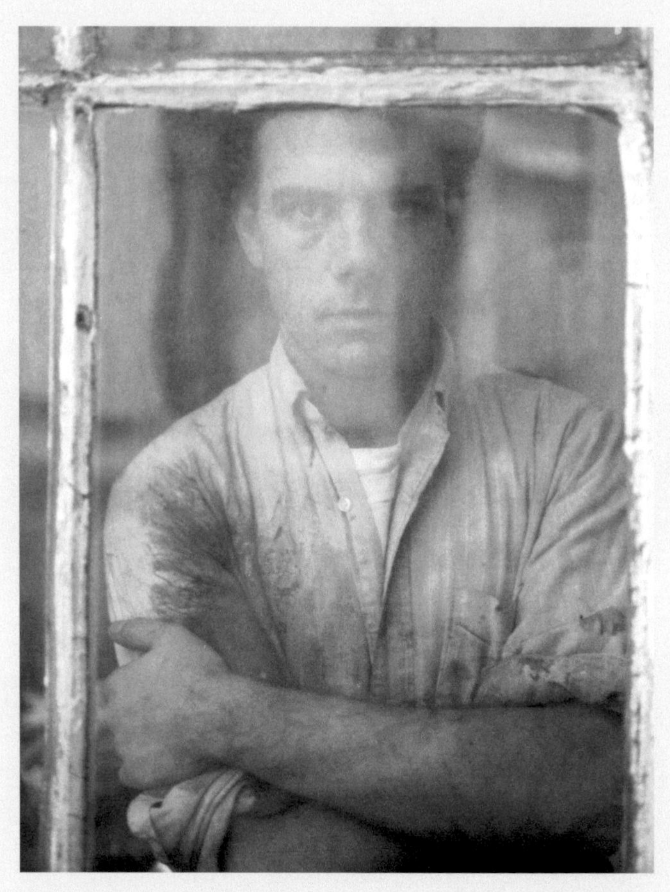

José María Sicilia

Madrid, 1954

L'art, dit José María Sicilia, c'est *«faire pour défaire, une histoire d'excroissance, de maladie»*[1]. La peinture comme épreuve, comme le reste impur d'une activité qui entraîne, fait et défait, en premier lieu, l'histoire de la peinture elle-même: la leçon apprise dans les musées, la tradition espagnole au Prado et la tradition française – Delacroix, Cézanne et Courbet –, en 1980, lors d'une visite à Paris, en résidence, après un passage fugace par l'enseignement académique, à l'Ecole des Beaux-Arts de Madrid, de 1975 à 1979. Au début des années quatre-vingt, José María Sicilia se fait connaître par une peinture proche de l'art informel, avec des objets de la vie quotidienne en grandes dimensions: ciseaux, appareils électroménagers, instruments de son atelier deviennent les acteurs monumentaux de la composition, mis en correspondance avec des vues nocturnes inquiétantes de rues ou de bâtiments de Paris. Les uns et les autres, monuments et objets, adoptent l'aspect d'une ruine, d'une figure fossilisée, de restes archéologiques d'une civilisation morte. La peinture de Sicilia, ces années-là, s'inscrit, avec celle de Miguel Ángel Campano et de Miquel Barceló, dans le courant néoexpressionniste européen, dans un paysage occupé notamment par la Nouvelle Figuration en Espagne, la trans-avant-garde italienne et les *sauvages* allemands.

A la fin des années quatre-vingt, José María Sicilia, dont toute la production artistique est caractérisée par une tension permanente entre figuration et abstraction, éliminera presque entièrement les références figuratives, leur substituant une structure où le carré joue le rôle d'élément simple de composition, proche en cela de la tradition suprématiste et de Malevitch. Dans ce nouveau processus de production, l'expérimentation sur le support devient l'axe central du travail, lieu privilégié des relations ambiguës entre figure et fond, représentation et abstraction, à tel point que c'est le choix du matériau qui viendra construire, véritablement, l'image. Si, dans les premières peintures, la matière compacte semblait repousser, laisser suinter les images vers la surface, lorsque l'artiste découvre,

[1] José María Sicilia: «Entretien», *in*: *Lateral*, n° 35, novembre 1997, p. 30.

El arte, dice José María Sicilia, es una historia de hacer para deshacer, una excrecencia, una enfermedad[1]. *La pintura como padecimiento, como el resto impuro de una actividad que arrastra, hace y deshace, en primer lugar, la propia historia de la pintura: la lección aprendida en los museos: la tradición española en el Prado, y la tradición francesa, Delacroix, Cézanne y Courbet, tras el traslado a París como residencia en 1980, después de un paso fugaz por la enseñanza académica en la Escuela de Bellas Artes de Madrid, entre 1975 y 1979. A principios de los ochenta, José María Sicilia, se dio a conocer con una pintura matérica próxima al gestualismo informalista, con objetos de la vida cotidiana de grandes dimensiones: tijeras, electrodomésticos, instrumentos de su taller, como protagonistas monumentalizados de la composición, en correspondencia con las inquietantes vistas nocturnas de plazas y lugares de París. Unos y otros, monumentos y objetos, adoptan el aspecto de una ruina, una figura fosilizada, restos arqueológicos de una civilización muerta. Son los años en que junto a Miguel Ángel Campano y Miquel Barceló se encuadra la pintura de Sicilia con las corrientes neoexpresionistas europeas, en correspondencia con el paisaje de la Nueva Figuración en España, la Transvanguardia italiana y los* Salvajes *alemanes.*

A finales de los ochenta José María Sicilia, en una permanente tensión entre figuración y abstracción que caracterizará toda su producción artística, eliminará casi por completo las referencias figurativas a favor de una estructura que privilegia el cuadrado como módulo compositivo, próximo a la tradición suprematista de Malevitch. En este proceso, la experimentación con el soporte se vuelve el eje de su trabajo como lugar privilegiado de las ambiguas relaciones entre figura y fondo, representación y abstracción, hasta el punto de que es la elección del material, realmente, el que construye la imagen. Si en las primeras pinturas, la materia compacta empujaba, hacía rezumar las figuras hacia la superficie; cuando descubre, en el otro extremo, la cera virgen como material expresivo,

[1] *José María Sicilia: "Entrevista" en* Lateral, *n.º 35, noviembre de 1997, pág. 30.*

à l'autre extrême, la cire vierge comme matériau d'expression, l'objet tend à disparaître, jusqu'à devenir pratiquement invisible. La composition transparente *Sans titre V* (1990) appartient à cette période d'épuration presque absolue: *«Il s'agissait d'éliminer les éléments pour parvenir au cœur du tableau... alors on peut penser que le tableau est vide, mais tu sais qu'il ne l'est pas, que ce cœur-là est au fond.»*[2] Quête de l'essence de la peinture en tant que trace, comme dans cette composition, l'empreinte d'un simple pot en terre, dont la forme rappelle ces objets de la peinture traditionnelle espagnole.

Et le regard de l'artiste a, en effet, changé de direction; les appareils qui représentaient toute la sophistication des sociétés industrielles ont été remplacés par les choses les plus communes, vulgaires, des objets sans histoire, intimes et secrets, comme ce récipient pris dans la surface transparente de la cire. Un halo mystique semble envelopper cette figure, qui procède peut-être d'une vision différente de l'environnement, qui a, par exemple, son origine dans ces lieux isolés, hors du temps, que le peintre dit admirer dans certains monastères: *«Il y a toujours dans ces cellules des objets chargés d'un sens religieux absolu, qui portent la trace de l'humain.»*[3] Calebasses, pommes, lampes à huile sont réduites, dans la peinture, à une silhouette que traverse la lumière; images silencieuses, où le temps semble se concrétiser en quelque chose, selon Francisco Calvo Serraller, de *«finalement indéchiffrable, mais dont le secret conserve la peinture comme une capsule embaumée... une nature immobile, une vie immobilisée, plus que morte»*[4]. Peinture silencieuse, peinture du silence, qui paraît avoir trouvé dans la cire vierge le support expressif, la nature authentique d'un temps arrêté.

José María Sicilia, qui avait jusque-là travaillé à l'acrylique, a découvert l'usage de la cire à Sóller (Palma de Majorque),

[2] José María Sicilia: «Entretien», *in*: *El País*, supplément hebdomadaire, n° 1064, 16 février 1997, p. 55.

[3] José María Sicilia: «Entretien», *in*: *Babelia*, n° 129, Madrid, 9 avril 1994, p. 7.

[4] Francisco Calvo Serraller: «Et in Arcadia Ego», *in*: *José María Sicilia*, Diputación provincial (Conseil général) de Grenade, juin-juillet 1993, p. 20.

el objeto desaparecerá hasta volverse prácticamente invisible. La transparente composición Sin título V *(1990), pertenece a este período de depuración casi absoluta:* Se trataba de eliminar elementos para llegar al corazón del cuadro... entonces parece que el cuadro está vacío pero tú sabes que no lo está, que en el fondo está ese corazón.[2] *Búsqueda de la esencia de la pintura que deja un rastro, como en esta composición, la huella de una sencilla vasija de cerámica cuya forma recuerda la presencia de estos objetos en la pintura tradicional española.*

En efecto, la mirada del artista ha cambiado de dirección, aquellos aparatos que representan las sofisticadas sociedades industriales han sido sustituidos por las cosas más comunes y vulgares; objetos sin historia, íntimos y secretos como este recipiente atrapado en la superficie transparente de la cera. Un halo místico parece envolver esta figura que procede quizá de una visión diferente del entorno, por ejemplo, de los lugares aislados, fuera del tiempo, que el artista admira en algunos conventos: En estas celdas siempre hay objetos con un sentido religioso absoluto, objetos que tienen la huella de lo humano.[3] *En estas pinturas, calabazas, manzanas, lámparas de aceite son reducidos casi a una silueta atravesada por la luz; imágenes silenciosas donde el tiempo se cosifica en una vida, dice Francisco Calvo Serraller,* finalmente indescifrable, pero cuyo secreto atesora la pintura como una cápsula embalsamada... una naturaleza inmóvil, una vida inmovilizada más que muerta[4]. *Pintura en silencio que parece haber encontrado en la cera virgen el soporte expresivo, la auténtica naturaleza de un tiempo detenido.*

José María Sicilia, hasta ese momento, había trabajado con acrílico hasta que descubre el uso de la cera que había visto en las labores del campo en Sóller en Palma

[2] *José María Sicilia: "Entrevista" en* El País semanal, *n.º 1064, 16 de febrero de 1997, pág. 55.*

[3] *José María Sicilia: "Entrevista" en* Babelia, *n.º 129, Madrid, 9 de abril de 1994, pág. 7.*

[4] *Francisco Calvo Serraller: "Et in Arcadia Ego" en* José María Sicilia, *Diputación provincial de Granada, junio-julio de 1993, pág. 20.*

60 José María Sicilia
Sans titre V
Sin título V
1990
Technique mixte sur toile
220 × 220 cm
Colección Banco Zaragozano

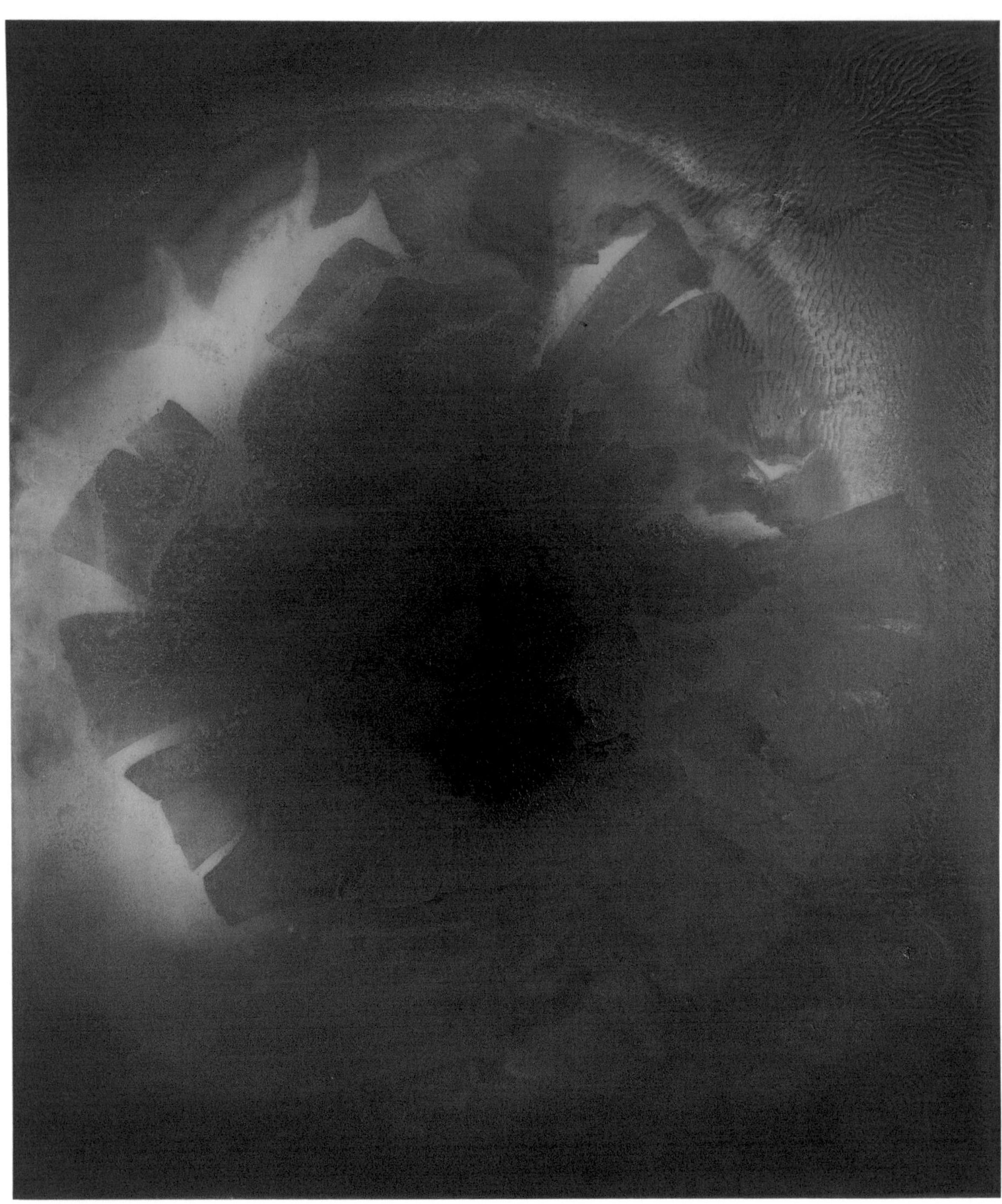

61 José María Sicilia
Sans titre VIII
Sin título VIII
2002
Technique mixte et cire
180 × 156,5 cm
Art & Public, Pierre Huber, Genève

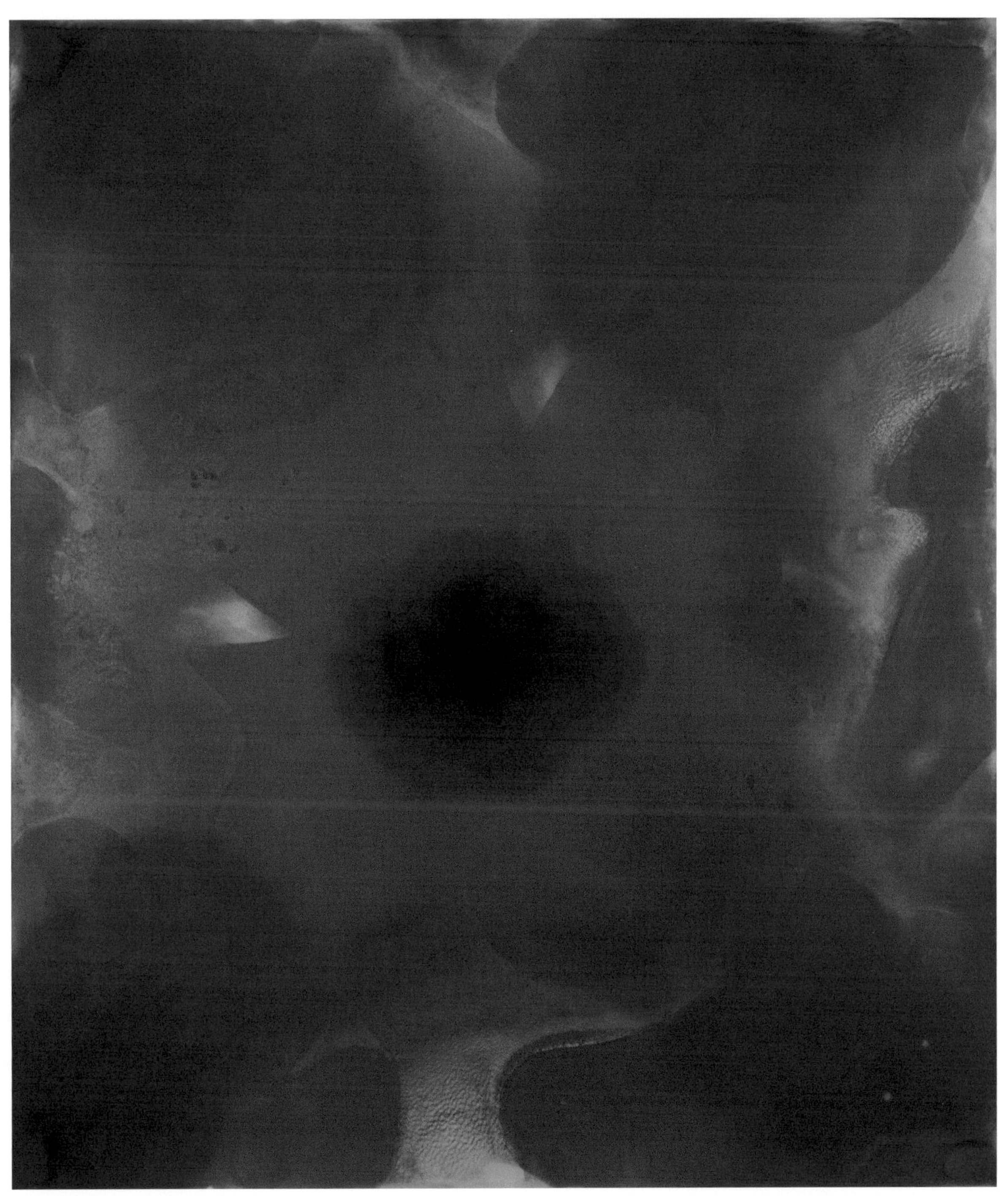

62 José María Sicilia
Sans titre VI
Sin título VI
2002
Technique mixte et cire
184,5 × 156,5 cm
Art & Public, Pierre Huber, Genève

en assistant aux travaux agricoles: *«Un matériau fascinant, possédant une structure moléculaire particulière qui change avec la chaleur. C'est une façon de peindre sans peindre, et j'ai su tout de suite que cela me correspondait.»*[5] Un matériau où l'huile acquiert une consistance fluide, liquide, comme on le verra dans toutes les représentations de fleurs, un motif qui l'accompagne depuis 1985, lorsque, de retour d'un voyage au Pakistan, il s'inspire de la calligraphie du Coran, qui évoque pour lui l'image d'un jardin, avec ses sillons où planter coquelicots et tulipes. La fleur, comme thème pictural, complexe et simple à la fois, évoluera d'une représentation naturaliste, suivant les réminiscences expressionnistes de l'acrylique, vers une synthèse du motif floral, jouant parfois avec le contraste de formes géométriques issues du constructivisme – carrés, stylisation de la tige créant des lignes blanches, rouges ou noires –, pour culminer dans les séries où la cire renforce les qualités tactiles de ces images délicates.

Ces dernières années, la représentation du thème floral se centre sur la corolle, tache libre de couleur, une sorte d'expansion qui va jusqu'à embrasser tout le plan pictural, comme dans ces peintures de la série *La Lumière qui s'éteint, Sans titre VIII* et *Sans titre VI* (2002), où les figures semblent surgir de la matière même, comme si l'artiste n'était pas intervenu dans le processus créatif: *«Avec la cire, mon travail consiste à être attentif à la fleur qui se fait. Je peins avec l'air; la seule chose que je fais, c'est souffler.»*[6] Cette matière diaphane, qui ensevelissait le contour des choses et dissipait la peinture aux limites de l'invisible, fait aujourd'hui monter la couleur en éruptions volcaniques; une couronne incandescente de couches de pigment fondues dans la texture, dans la rugosité malléable de la cire. Fleurs brûlées, qui absorbent en elles tout ce qui les entoure, comme l'écrit dans ses carnets José María Sicilia: *«Elles sont rouges, veloutées, des lignes irridescentes les dessinent, paupières s'agitant autour de la lampe, s'y brûlant; à l'intérieur de la lampe, il y a les journaux, la table et, plus loin à l'intérieur, les rideaux, et*

[5] José María Sicilia: «Entretien», *in*: *El País*, supplément hebdomadaire, nº 1064, 16 février 1997, p. 57.
[6] *Ibidem*, p. 55.

de Mallorca: Un material fascinante que tiene su propia estructura molecular y que varía con el calor. Es una forma de pintar sin pintar, y de pronto supe que me correspondía.[5] *Un material donde el óleo adquiere consistencia fluida, líquida como se verá en todas las representaciones de flores, un motivo que le acompaña desde 1985, cuando después de un viaje a Pakistán, la escritura del Corán le evoca la imagen de un jardín, surcos de una huerta donde plantar amapolas y tulipanes. La flor como tema pictórico, complejo y sencillo a la vez, evolucionará desde una representación naturalista, siguiendo las sugerencias expresionistas del acrílico, hasta una síntesis del motivo floral, a veces jugando con el contraste de formas geométricas derivadas del Constructivismo, cuadrados y estilizaciones del propio tallo como líneas en blanco, rojo y negro; para culminar en las series donde la cera potencia las calidades táctiles de estas delicadas imágenes.*

En los últimos años, la representación del tema floral se centra en la corola, una mancha libre de color, una especie de expansión hasta abarcar todo el plano pictórico como en estas pinturas de la serie La luz que se apaga, Sin título VIII *y* Sin título VI *(2002), donde las figuras parecen surgir de la propia materia, como sí el artista no hubiera intervenido en el proceso creativo:* Con la cera, mi labor es estar atento mientras la flor se hace. Pinto con aire, lo único que hago es soplar.[6] *Esta materia diáfana que sepultaba el perfil de las cosas y desvanecía la pintura hasta límites de lo invisible, ahora, hace brotar el color como erupciones volcánicas; una corona incandescente de capas de pigmento fundidas con la textura, la rugosidad maleable de la cera. Flores quemadas que absorben hacia su interior todo lo que le rodea, como escribe José María Sicilia en su diario:* Son rojas, aterciopeladas, unas líneas iridiscentes las dibujan, párpados agitándose alrededor de la lámpara, quemándose, en el interior de ésta están los periódicos, la mesa, y más al interior las cortinas, y aún más mis manos sobre la almohada, espera, aún más, que aquí está la habitación y más al interior, la casa con su jardín

[5] *José María Sicilia: "Entrevista" en* El País semanal, *n.º 1064, 16 de febrero de 1997, pág. 57.*
[6] *Ibídem, pág. 55.*

encore plus loin mes mains sur l'oreiller, attends, plus loin, c'est la chambre et, plus encore à l'intérieur, la maison avec son jardin ardent.»[7]
Une vision qui est un regard mystique et celui de la peinture espagnole, caractérisé par María Zambrano comme la passion pour la lumière religieuse des mystères, une lumière qui traverse les corps en les brûlant, sans les détruire, *«comme s'il était possible qu'un incendie consume cette ignition pure, que se transporte sur terre le foyer de la lumière solaire, et que les choses opaques et froides vibrent et soient elles-mêmes. Que la matière ne soit pas éclairée, mais brûle.»*[8] Il faut rappeler que cette série, *La Lumière qui s'éteint*, a commencé avec le travail de José María Sicilia sur le fac-similé du manuscrit de Sanlúcar de saint Jean de la Croix. Sur les pages cirées du *Cantique spirituel*, l'artiste laisse imprimés des insectes, des feuilles, la trace de sa main, mais aussi, dit-il, le monde rural de Majorque, la morsure blanche de la tramontane en janvier, les nuits dans la vallée de Sóller, l'agitation des fourmis en août, les arbres de Prague et les fenêtres embuées donnant sur le petit jardin de Sudek, le froid et l'incertitude de Paris; le support à propos duquel, dit Sicilia, *«je me demandais vaguement, parfois: "bon, pourquoi? à quoi ça sert?" et ce genre de choses. "Jusqu'à quand?" et, vaguement, je me disais: "je ne sais pas, jusqu'à ce que la lumière s'éteigne..."»*

M. R.

[7] José María Sicilia: *Una tumba en el aire* («Une tombe en l'air»), Madrid, Galerie Soledad Lorenzo, septembre-octobre 2002, p. 6.
[8] María Zambrano: «España y su pintura» («L'Espagne et sa peinture»), *in*: *Algunos lugares de la pintura* («Quelques lieux de la peinture»), Madrid, Espasa-Calpe, Acanto, 1991, p. 84.

ardiendo.[7] *Un círculo de fuego por donde se abisma la realidad, lo que confiere a estas composiciones un tono sombrío, a la vez calido y frío; una sensualidad extrañamente tenebrosa.*
Una visión que se corresponde con la mirada de los místicos y de la pintura española que María Zambrano caracteriza como la pasión por la luz religiosa de los misterios; una luz que atraviesa los cuerpos incendiándolos, sin destruirlos, como si fuera posible un incendio que consuma esta ignición pura, que se traslade a la tierra, el foco de la luz solar y que las cosas opacas y frías vibren y sean ellas mismas. Que la materia no se ilumine sino que se incendie.[8] *Resulta oportuno recordar que esta serie,* La luz que se apaga*, se inició con el trabajo de José María Sicilia sobre el facsímil del manuscrito de Sanlúcar de San Juan de la Cruz. Sobre las páginas enceradas del* Cántico Espiritual*, el artista deja impresos, insectos, hojas, la huella de su mano, pero también, dice, el mundo rural de Mallorca, el perfil blanco de la tramontana en enero y la floración de los almendros de febrero, las noches del barranco de Sóller, la agitación de las hormigas en agosto, los árboles de Praga y las ventanas empañadas del pequeño jardín de Sudek, el frío y la incertidumbre de París; el soporte donde, dice Sicilia,* a veces y vagamente me preguntaba: bueno y ¿por qué? ¿para qué? y todo esto ¿hasta cuándo? y, vagamente me respondía, no lo sé, hasta que la luz se apague...

M. R.

[7] *José María Sicilia:* Una tumba en el aire*, Madrid, Galería Soledad Lorenzo, septiembre-octubre de 2002, pág. 6.*
[8] *María Zambrano: "España y su pintura" en* Algunos lugares de la pintura*, Madrid, Espasa-Calpe, Acanto, 1991, pág. 84.*

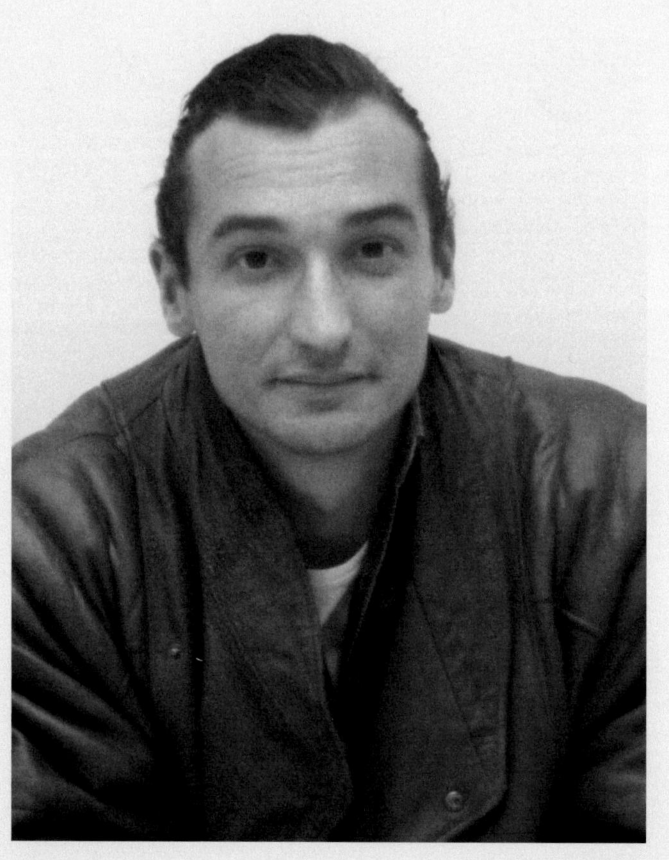

Juan Muñoz

Madrid, 1953 - Ibiza, 2001

En 1996, date de réalisation de *Conversation Piece*, Juan Muñoz était déjà reconnu internationalement comme un des artistes les plus intéressants issus du panorama espagnol dans les années quatre-vingt. Il est consacré cette année-là par deux grandes expositions, l'une à Madrid, au palais Velázquez (MNCARS), l'autre à New York, au Dia Center for the Arts. Il dirige aussi la performance *Will it Be a Likeness*, écrite et interprétée par John Berger, au Theater am Turm de Francfort, qui sera radiodiffusée et récompensée par la radio allemande. L'œuvre présentée ici correspond aux *Conversation Pieces* qu'il commence de réaliser en 1991. Cinq figures y nouent entre elles et avec l'espace une relation qui va bien au-delà de celle établie par la statue ou le groupe sculpté avec l'espace qui les contient et dans lequel ils s'insèrent. Il ne s'agit plus d'un espace rationnel et neutre qu'il faudrait occuper, puisque les figures définissent une topologie que leur position, leur présence, leur rayonnement et la perception qu'en a le spectateur chargent de sens, pour en faire le milieu où se déroule ce qui apparaît comme un rituel. Différentes figures, formant le groupe principal, communiquent entre elles par une gestuelle dynamique, tandis que d'autres se tiennent à part, à distance. Les sculptures sont posées à même le sol, qui se trouve ainsi valorisé et, peut-on dire, activé, répondant en cela à une intention constante dans le travail de Juan Muñoz, à l'œuvre depuis ses sols avec effets d'optique (par exemple, dans *The Wasteland*, 1989), qui a pour but de renforcer ce qui peut être perçu du sol même, et de créer une relation inédite entre celui-ci et les figures. Le sculpteur ne renonce pas totalement à la présence et à la fonction du piédestal, mais il le transforme en développant la sphère générée par le corps proprement dit des figures. Sans jambes, les personnages apparaissent indissolublement unis à cette base sphérique anomale – qui fait une première apparition dans la série des *Ballerines*, commencée en 1989 – créée par l'étonnement qu'ils suscitent. Ils rappellent ces pantins qu'on nomme «culbutos», qui ne peuvent tomber et qui bougent sans toutefois se déplacer. Leur mouvement est parcimonieux, rendu difficile, voire impossible, par le poids de la base, qui constitue un ancrage définitif, un frein puissant à toute mobilité. L'échelle des figures, d'une

En 1996, fecha de la realización de Conversation Piece, *Juan Muñoz contaba ya con un reconocido prestigio internacional como uno de los artistas más relevantes surgidos en el panorama español en la década de los ochenta. En ese año realizó dos grandes exposiciones, una en Madrid en el Palacio de Velázquez (MNCARS), y otra en Nueva York en Dia Center for the Arts. También dirigió la performance* Will it Be a Likeness, *escrita e interpretada por John Berger en el Theater am Turm de Frankfurt, que sería radiada y premiada por la radio alemana. Esta obra que presentamos corresponde a las* Conversation Pieces *que empezó a realizar en 1991. En ella cinco figuras establecen entre sí y con el espacio una relación que va más allá de la que creaba tradicionalmente la estatua o el grupo escultórico con el espacio-contenedor en el que se insertaban. No se trata de un espacio racional neutro que ocupar, pues las figuras definen un espacio topológico en el que la colocación de éstas, su presencia, su irradiación y su recepción por parte del espectador lo cargan de significado, convirtiéndolo en el ámbito de una especie de ritual. Formando el grupo principal, varias figuras se relacionan entre sí en una dinámica de gestos, mientras otras se apartan a cierta distancia. Las esculturas se posan directamente en el suelo, elemento que se ve valorado y activado, respondiendo a una intención muy presente en la escultura de Juan Muñoz desde que empleara suelos ópticos (como en* The Wasteland, *1989) para potenciar todos los efectos perceptivos del suelo y crear una inédita relación entre éste y las figuras. El escultor no renuncia totalmente a la presencia y función del pedestal, pero lo transforma desarrollando la esfera que se funde con el propio cuerpo de las figuras. Sin piernas, los personajes aparecen indisolublemente unidos a esa base esférica anómala –que apareció primero en las series de* Bailarinas *iniciadas en 1989– que provoca su extrañamiento. Recuerdan las de ciertos muñecos que se mueven pero sin caerse ni desplazarse. Se alude a un movimiento enrarecido, dificultado e incluso imposibilitado por el peso de la base, que es un anclaje definitivo para cualquier movilidad. La escala de las figuras, algo más reducidas que el tamaño natural, permite sólo en apariencia una mayor proximidad, pero de hecho enfatiza la extrañeza, el hecho de que pertenecen a una especie distinta. Su ubicación*

taille légèrement réduite par rapport à la normale, ne permet qu'en apparence une plus grande proximité; de fait, elle renforce leur étrangeté, le sentiment qu'elles appartiennent à une espèce distincte. Leur disposition invite à parcourir l'espace qu'elles définissent et à assumer la surprise de leur présence. Un jeu paradoxal s'instaure entre leur physionomie, leur vêtement concret et très ordinaire, aux plis multiples, et l'évidence, en même temps, qu'il s'agit de représentations génériques, indifférenciées, en aucun cas de portraits individualisés. Bien qu'engagés dans une conversation, ces personnages semblent condamnés à ne pas s'entendre; leur expression est figée pour l'éternité dans une parenthèse temporelle où aucun langage, aucune communication n'est possible. Cet effet d'isolement, de rumeur inaudible, d'attente anxieuse est souvent à l'œuvre dans les sculptures de Juan Muñoz, aussi bien dans ses nains et ventriloques solitaires, dans ses figures «écoutant aux murs», que dans les groupes d'êtres similaires qui se rapprochent les uns des autres en un mouvement à la fois indécis et minutieux. Personnages qui suivent, dans l'ordre d'apparition, les balcons vides et les montants d'échelle qui constituèrent ses premières créations. Déjà, ces pièces de mobilier, au-delà de leurs simples formes, évoquaient des aspects de l'expérience humaine qui seraient plus tard pleinement associés à des figures: l'étonnement du mouvement, l'incertitude, la mémoire et l'absence.

C. B.

invita a recorrer su espacio y asumir la sorpresa de su presencia. Se crea un juego paradójico entre sus rasgos fisonómicos, lo concreto y común de la vestimenta con sus múltiples pliegues, y al mismo tiempo la constatación de que se trata de representaciones genéricas indiferenciadas, nunca retratos particulares. Aunque involucrados en una "conversación", estos personajes parecen condenados a no entenderse, congelando eternamente sus ademanes en un paréntesis temporal en el que no existe lenguaje ni comunicación posibles. Este efecto de aislamiento, de rumor inaudible y de atenta espera es presencia frecuente en las esculturas de Juan Muñoz, tanto en los solitarios enanos y ventrílocuos, en las figuras "escuchando la pared", como en los grupos de seres similares que se acercan unos a otros en un movimiento detenido y absorto. Sus personajes aparecieron en un momento posterior a los balcones vacíos y los pasamanos de escalera que constituyeron sus primeras creaciones. Sin embargo, esas piezas de mobiliario no eran meras formas, y ya aludían a aspectos de experiencia humana que más tarde estarían plenamente asociados a figuras: el movimiento detenido, la incertidumbre, la memoria y la ausencia.

C. B.

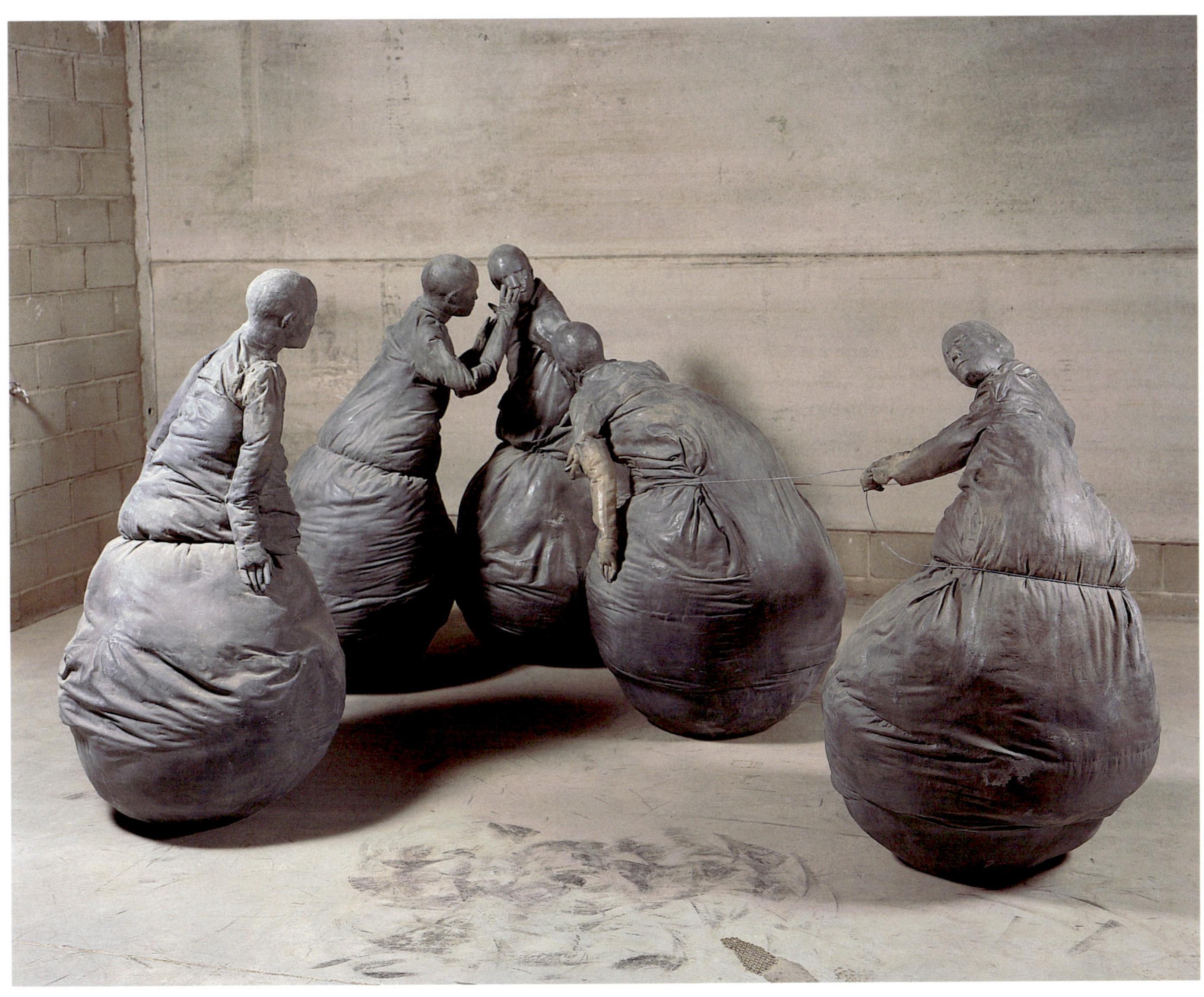

63 Juan Muñoz
Conversation Piece
Conversation Piece
1996
Résine de polyester et câble d'acier
Cinq pièces de 164×80×80 cm chacune
Collection particulière

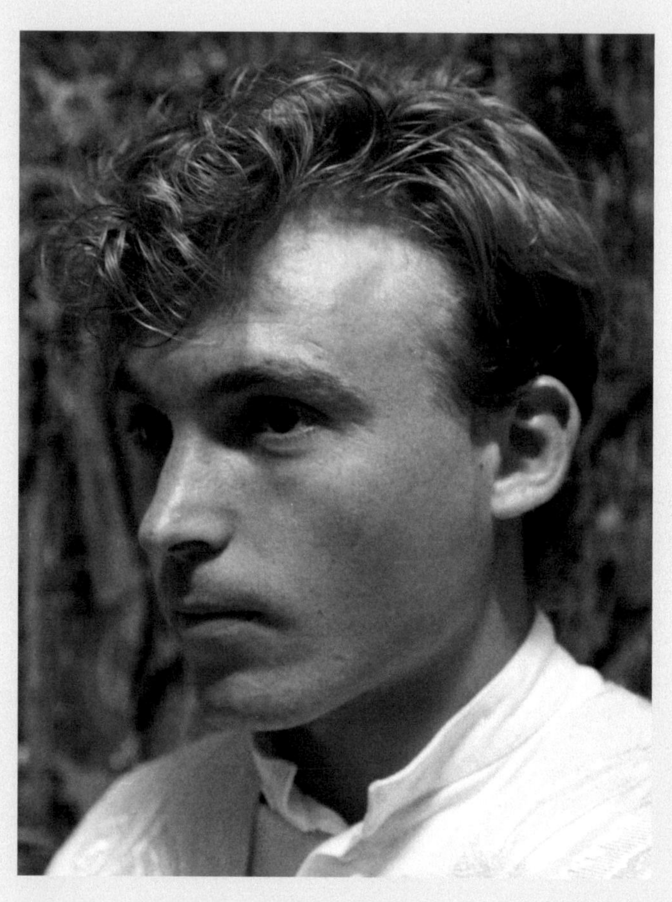

Miquel Barceló

Felanitx (Mallorca), 1957

L'horizon vers lequel allait se déployer la peinture de Miquel Barceló était clair depuis le début: *«Abjurer la tradition Cézanne-Matisse, d'une part; répudier, d'autre part, l'art postconceptuel, pop-dada-lacan-duchamp-breton, et reprendre la danse qui va pour moi de Valdés Leal aux peintres inconnus de poulpes et de moules sur les vitrines du* barrio chino *de Barcelone.»*[1] Une ligne séduisante, qui relierait la peinture sombre de la tradition espagnole, inévitablement porteuse d'une réflexion sur le passage du temps et la mort, avec le culot de ses incroyables images populaires, criardes, évidentes, qui décorent les bars espagnols et vantent leurs prouesses culinaires. Peindre comme on cuisine; presque tout le vocabulaire de Miquel Barceló provient de la gastronomie: il appelle *«potage»* le mélange des procédés et des techniques; certaines natures mortes lui apparaissent comme des *«viandes mal cuites et des nouilles ahuries»*; et puis il considère que peindre et faire une paella, c'est pareil: *«Regarder par terre et ramasser des escargots, cueillir des asperges, ajouter deux gambas, pour faire un riz. Je faisais la même chose en peignant.»*[2] La peinture, comme le rappelle le titre d'une de ses œuvres, est une *«soupe commémorative»*, un bouillon où se mélangent mémoire et pigment.

Passion pour la cuisine de la peinture qui commence dans son île natale de Majorque, et qui l'amènera à troubler l'ambiance antipeinture où se plaisait Barcelone, dominée par les courants conceptuels et minimalistes, dans les années soixante-dix. Après un bref passage, en 1974, par l'Ecole des Beaux-Arts de San Jordi, qu'il quitte l'année suivante, il fait partie, en 1981, de l'exposition *Otras figuraciones* («Autres figurations») et, à partir de 1982, sélectionné pour la VIIe Documenta de Kassel, il peut prétendre à une reconnaissance internationale. C'est une période expressionniste; la technique rappelle celle de Pollock dans les dernières années, avec une inclination pour l'*arte povera* et l'art brut. Peinture chargée de matière et d'émotion qui incorporera progressivement les techniques et procédés traditionnels, se rapprochant du baroque et du maniérisme, où la présence de la figure humaine se fait toujours plus prégnante, à la mesure des nombreuses représentations de

[1] Miquel Barceló: «Trabajar como un panadero entre el Louvre, el taller y la biblioteca» («Travailler comme un boulanger entre le Louvre, l'atelier et la bibliothèque»), *in*: *El arte visto por los artistas* («L'Art vu par les artistes»), Madrid, Taurus, 1987, p. 59.

[2] Miquel Barceló, cité *in*: *Miquel Barceló. Obra sobre papel 1979-1999* («Miquel Barceló. Œuvre sur papier 1979-1999»), Museo Nacional Centro de Arte Reina Sofía, 1999, p. 24. Toutes les citations de Miquel Barceló, sauf mention contraire, proviennent des carnets et journaux cités dans ce catalogue.

El horizonte que guiaría la pintura de Miquel Barceló estuvo claro desde un principio: renegar de la tradición Cézanne-Matisse, por una parte, y la postconceptual popdadalacanduchampbreton, por otra, y retomar un baile que iba para mí desde Valdés Leal a los ignotos pintores de pulpos y mejillones murales del barrio chino de Barcelona.[1] *Una seductora línea que conectaría la pintura sombría de la tradición española, inevitablemente una reflexión sobre el paso del tiempo y la muerte, con el desparpajo de esas increíbles imágenes populares, chillonas y evidentes, que decoran los bares españoles anunciando excelencias culinarias del local. Pintar como cocinar, casi todo el vocabulario de Miquel Barceló procede de la gastronomía: llama* potaje *a la mezcla de diversos procedimientos y técnicas, algunos bodegones le parecen* carnes mal cocidas y macarrones sobrecogidos *y, por último, considera que pintar es lo mismo que hacer una paella:* mirar el suelo y encontrar caracoles de tierra y espárragos y dos gambas, para hacer un arroz. Yo hacía lo mismo pintando.[2] *La pintura, como el título de una de sus obras, una* sopa conmemorativa, *un caldo donde mezclar memoria y pigmento.*

Pasión por la cocina de la pintura que comienza en su Mallorca natal y que le llevaría a enfrentarse al ambiente antipintura que se respiraba en la Barcelona de los años setenta, dominada por las corrientes conceptuales y minimalistas. Tras un breve paso en 1974 por la Escuela de Bellas Artes de San Jordi, que abandona al año siguiente, en 1981 es incluido en la exposición Otras figuraciones *y a partir de 1982 será reconocido internacionalmente al ser seleccionado para la VII Documenta de Kassel. Es un período expresionista, próximo a las técnicas de Pollock de los últimos años, con alguna inclinación por el arte povera y el art brut; pintura matérica y emocional a la que incorporaría progresivamente procedimientos y técnicas tradicionales, un acercamiento al Barroco y el Manierismo, y la presencia cada vez más importante de la figura humana que coincide con las numerosas representaciones de bibliotecas y museos como emblemas de la memoria. Una tensión entre visceralidad y reflexión que ya nunca le abandonaría.*

[1] *Miquel Barceló: "Trabajar como un panadero entre el Louvre, el taller y la biblioteca" en* El arte visto por los artistas, *Madrid, Taurus, 1987, pág. 59.*

[2] *Miquel Barceló, citado en* Miquel Barceló. Obra sobre papel 1979-1999, *Museo Nacional Centro de Arte Reina Sofía, 1999, pág. 24. Todas las citas de Barceló, mientras no se indique lo contrario, proceden de los carnets y diarios publicados en este catálogo.*

bibliothèques et de musées qui fonctionnent comme emblèmes de la mémoire. Une tension entre viscéralité et réflexion qui jamais ne le quittera.

Vers 1988, il part pour l'Afrique. Huit mois pour traverser le Sahara, jusqu'à Gao, au Mali. Le premier de nombreux voyages, de nombreux séjours sur le continent africain, où il a maintenant maison et atelier, en Pays dogon. Un itinéraire qui l'éloigne définitivement de New York, où il avait un temps séjourné, et d'un processus d'épuration radicale qui le menait vers une peinture transparente, le poussait à peindre *«cela même qui ne se voit pas»*, entre le verre et l'eau: *«Je suis parti pour l'Afrique parce que mes tableaux étaient devenus blancs, non pas à force de n'y mettre rien, mais à force de tout enlever. Je suis allé dans le désert parce que mes tableaux ressemblaient au désert.»* Là-bas, vers Tamanrasset, il dessine des rochers solitaires – pour les Dogons, une pierre représentera la totalité de l'univers – dans de nombreuses compositions, comme *Paysage pour aveugles sur fond vert* (1989). Etranges accumulations de peinture, sur des grains de riz enrobés de latex, dont la blancheur, sur le vert du fond, semble annoncer une régénération. Protubérances émises par le paysage comme s'il s'agissait d'un phénomène naturel, d'*«un accident géographique. C'est un peu l'idée du tableau comme cosmogonie.»* Histoire fossilisée de la terre, donnée à toucher, plus qu'à voir – géologie. La peinture naîtrait, pour Barceló, du mouvement même de cette terre; elle procéderait comme les glaciers qui arrachent dans leur progression pierres et troncs. Geste naturel, où n'intervient pas la main du peintre.

Ce processus naturel de la création artistique évoque les rites dogons, où l'on n'utilise pas de verbes, où l'idée de fabrication et même d'action est éliminée de la cérémonie: *«Le fait de peindre, le verbe "peindre" se déverbaliserait, se changeant en geste, comme celui de verser du sang, lors des sacrifices.»* La peinture comme sacrifice: c'est la surprenante *Somalie 92* (1992), où Barceló renouvelle le genre de la nature morte, en hommage aux toiles fascinantes de Sánchez Cotán, à ses figures spectrales, accrochées à un fond noir. Matière morte, qui prend une dimension terrible dans ces peaux inspirées de la coutume majorquine consistant à pendre une chèvre à un arbre jusqu'à ce qu'elle se vide de son sang; référence, également, aux autels animistes africains et à la couleur des marchés, où sont entassés, sur les étals, les quartiers de viande. Cette peau suspendue se change en image du Christ, figure douloureuse, corps sacrifié. Il ne s'agit pas pour l'artiste d'un blasphème ou d'un goût morbide pour la cruauté, mais, tout au contraire, de la manifestation d'une *«austère violence expressive»*; retable d'une religion qui s'invente, où animaux et humains feraient

Hacia 1988, viaja a África. Durante ocho meses cruzará el Sahara hasta Gao, en Malí. El primero de otros viajes y estancias en el continente africano, donde tiene casa y taller en el País Dogón. Un itinerario que le aleja definitivamente de Nueva York, donde había instalado estudio, y del proceso de depuración casi absoluto que le había llevado a una pintura transparente, a pintar aquello que no se ve *entre el agua y el cristal:* me fui a África porque mis cuadros se habían vuelto blancos, no a fuerza de no poner nada, sino a fuerza de borrarlo todo. Fui al desierto porque mis cuadros se parecían al desierto. *Allí, cerca del desierto de Tamanrasset, dibuja rocas solitarias –para los dogones una piedra representa la totalidad del universo– en numerosas composiciones como en* Paisaje para ciegos sobre fondo verde *(1989). Extrañas acumulaciones de pintura sobre granos de arroz envueltos en latex cuya blancura sobre el verde del fondo parece anunciar una regeneración. Protuberancias en el paisaje como si fueran el resultado de una acción natural,* un accidente geográfico. Es un poco la idea del cuadro como cosmogonía. *Historia fosilizada de la tierra, para ser tocada más que vista y, al mismo tiempo, geología; la pintura nacería, dice Barceló, igual que los glaciares cuando arrastran en su curso piedras y troncos, del propio movimiento de la tierra. Un gesto natural sin la intervención de la mano del pintor. Proceso natural de la creación artística como en los ritos de los dogones que no utilizan verbos, eliminando la idea de fabricación o acción en sus ceremonias:* el hecho de pintar, el verbo "pintar" se desverbalizaría convirtiéndose en un gesto, como el de verter sangre en los sacrificios. *La pintura como un sacrificio es la sorprendente* Somalia 92 *(1992), donde renueva el género de la naturaleza muerta, en un homenaje a los fascinantes bodegones de Sánchez Cotán, a sus espectrales figuras suspendidas sobre un fondo negro. Materia muerta que adquiere una dimensión terrible en esas pieles inspiradas en la costumbre mallorquina de colgar una cabra en un árbol hasta que desangre; una referencia, también, a los altares animistas africanos y al colorido de los mercados callejeros donde se exhiben mesas repletas de trozos descuartizados de animales. Piel colgada que se convierte en la imagen de Cristo, figura doliente y cuerpo sacrificado. Para el artista, no se trata de una blasfemia o un gusto morboso por la crueldad, sino, todo lo contrario, la manifestación de una* austera violencia expresiva*; el retablo de una religión en trance de inventarse donde animales y seres humanos formarían parte de una misma dimensión.*[3] *Composición*

[3] *Citado en Miquel Barceló,* Mapamundi, *Fondation Maeght, abril-junio de 2002, pág. 82.*

64 Miquel Barceló
Paysage pour aveugles sur fond vert
Paisaje para ciegos sobre fondo verde
1989
Technique mixte sur toile
200 × 300 cm
Colección BBVA

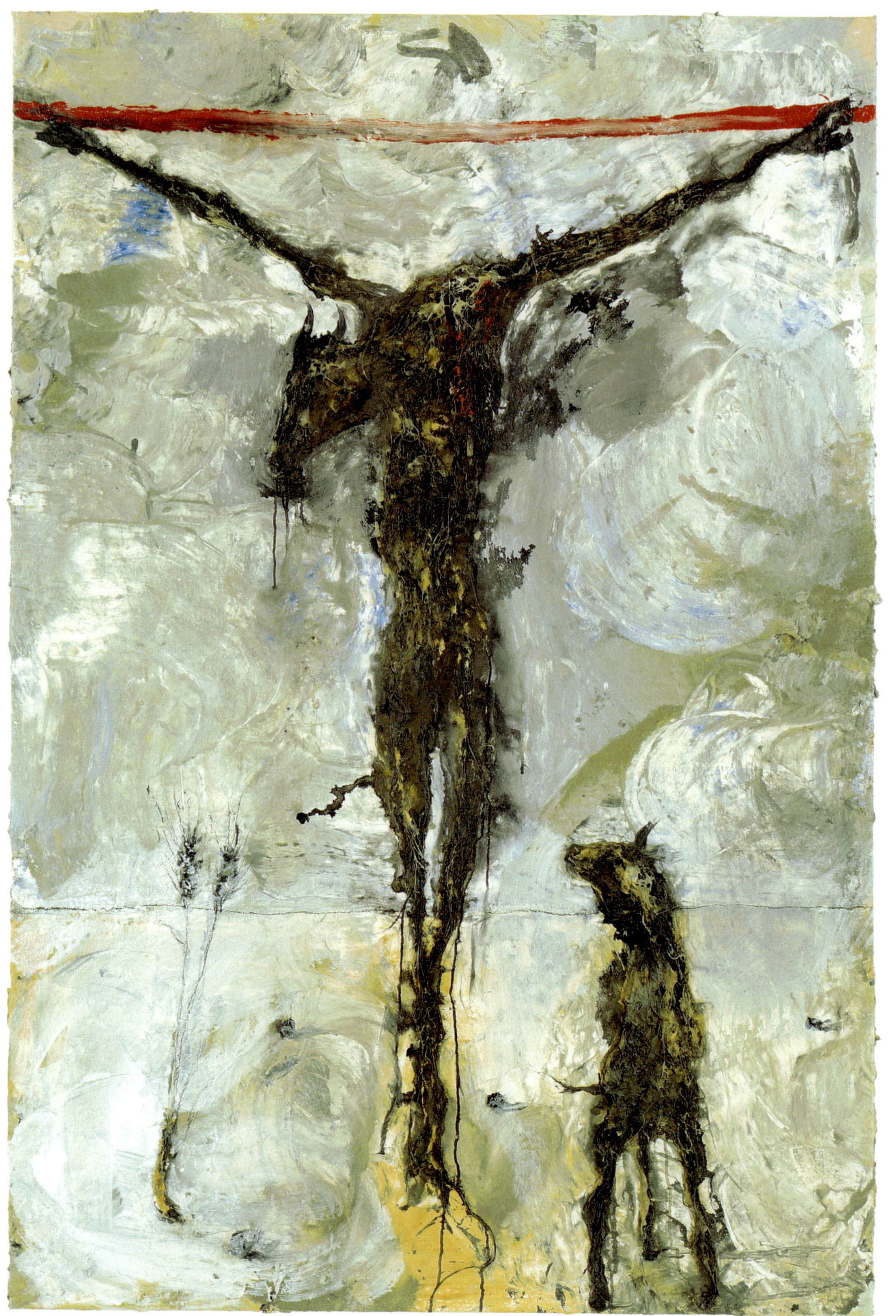

65 Miquel Barceló
Somalie 92
Somalia 92
1992
Technique mixte sur toile
195×130 cm
Collection particulière

66 ▷
Miquel Barceló
Cécile à 9 mois
Cécile de 9 meses
1992
Technique mixte sur toile
100×81 cm
Collection particulière

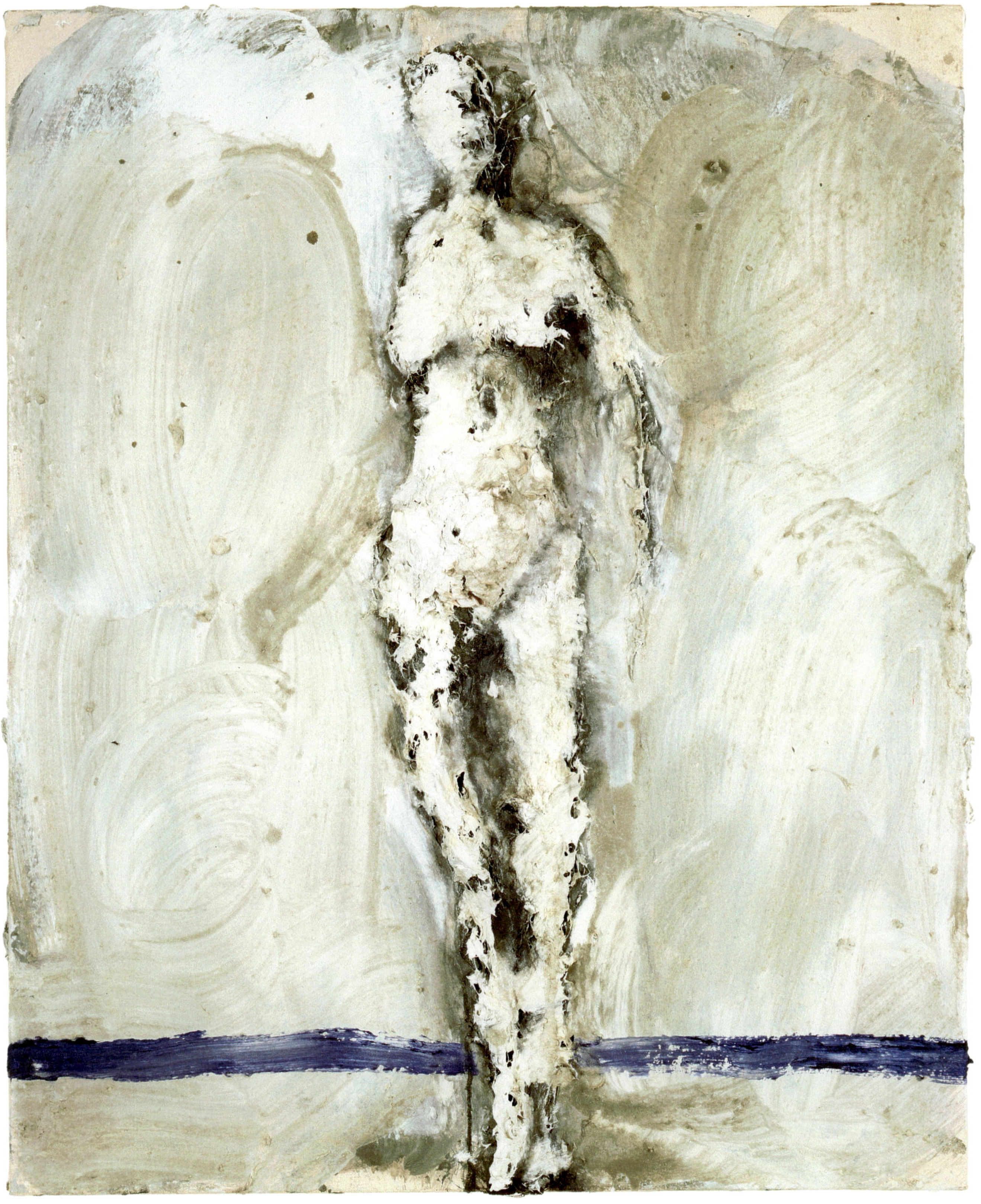

partie d'une même dimension.[3] Composition aux accents religieux que Barceló retrouvera plus tard, lorsque, en 1998, il installera son atelier à Palerme, dans une église abandonnée. *Cécile à 9 mois* (1992) date de la même époque. Barceló, qui admire profondément Giacometti, affronte, avec une intensité dramatique, la difficile relation du peintre à son modèle: «*Je cherche,* dit-il, *d'une certaine façon, des modèles qui ressemblent à mes tableaux.*» C'est dire des corps et des visages construits de couches superposées de terre et de chair, qui interrogent le plan du support; c'est mélanger au pigment des cendres volcaniques, la boue des fleuves, laisser s'opérer ces «*oxydations naturelles*» qui, à partir de 1992, vont donner les résultats les plus spectaculaires, lorsque le peintre joue des lézardes et des trous produits par les termites qui ont rongé son papier. Comme le ventre de Cécile enceinte, la peinture de Barceló «grossit» peu à peu et semble s'étendre à une troisième dimension, tel un matériau vivant, en croissance continue; il y incorpore des pierres et des graines, des os, des restes, des déchets: «*Dans toute la peinture occidentale, le modèle est vu dans un espace extérieur... mais lorsqu'il est sur le tableau, cet espace disparaît... ce n'est plus que de la peinture.*» Corporéité de la peinture, qui va l'amener à ses premières sculptures en argile et aux bronzes comme *Sans titre. Semence* (1993), un crâne-semence, indique Jean-Luc Olivié, qui conserve la trace des doigts de l'artiste, signe de la composante picturale dans le processus de la sculpture. La mort comme germe d'une vie nouvelle. Des orbites vides, comme d'une vallée fertile, de restes calcinés d'êtres humains et d'animaux, pourra surgir la plante qui plongera ses racines dans la terre, complétant ainsi le cycle des naissances et des destructions.

Images de crânes, habituelles dans l'œuvre de Miquel Barceló, autoportraits, représentations de l'angoisse, de la difficulté à perdurer, à laisser la trace d'une présence qui n'est, après tout, qu'un «*éclair de chair qui tente de s'accrocher, dans le bref instant d'une vie, à l'âpre relief du monde*». La nature morte devient alors *vanité*, figure emblématique de la fugacité de la vie et de ses plaisirs, et, en dernière instance, *memento mori*, rappel du temps qui passe et de la mort comme destin de toute vie, mais aussi, de toute peinture. Ce qui reste, c'est une prière: «*Lorsque les termites auront dévoré les musées, lorsque mes œuvres auront été réduites en poussière, si quelque chose doit survivre, je prie le ciel que ce soit une papaye ouverte, ou la rondeur d'un ventre, et surtout qu'il demeure un peu de cette chaleur, après tant de temps, de ce feu qui me brûle.*»

M. R.

[3] Cité *in*: Miquel Barceló, *Mapamundi*, Fondation Maeght, avril-juin 2002, p. 82.

de tintes religiosos que más tarde, hacia 1998, utilizaría en la decoración de una iglesia abandonada en Palermo. De la misma época es Cécile de 9 meses *(1992), donde Barceló, que admira profundamente a Giacometti, se enfrenta dramáticamente a las tensas relaciones entre el pintor y su modelo:* escojo, *dice,* de alguna forma modelos que se parecen a mis cuadros. *Es decir, cuerpos y rostros construidos por capas superpuestas de tierra y carne, que cuestionan el soporte plano, mezclando con el pigmento cenizas volcánicas, lodo de los ríos,* oxidaciones naturales *que a partir de 1992 consigue los resultados más espectaculares al aprovechar las grietas y agujeros producidos por las termitas. Como el vientre preñado de Cécile, la pintura de Barceló adquiere progresivamente una dimensión tridimensional, como si se trataba de un material en crecimiento continuo al que incorpora, piedras y semillas, huesos, desechos y desperdicios:* en toda la pintura occidental el modelo ha estado en un espacio exterior... pero al estar sobre el cuadro desaparece este espacio... es sólo pintura. *Corporización de la pintura que le llevará a las primeras esculturas en arcilla y los trabajos en bronce como* Sin título. Semilla *(1993), un cráneo-simiente que, como indica Jean-Luc Olivié, conserva las huellas de los dedos del artista, incidiendo en el componente pictórico del proceso escultórico; la muerte como germen de una vida nueva, la posibilidad de que de las cuencas vacías, resto calcinado de seres humanos y animales, florezca una raíz que volverá a hundirse en la tierra completando el ciclo de nacimiento y destrucción de la vida.*

Imágenes de cráneos, habituales en la obra de Miquel Barceló como autorretratos, representaciones de la ansiedad del ser humano por permanecer, dejar un rastro de una presencia que no es, después de todo, más que un relámpago de carne que, en el breve instante de una vida, trata de aferrarse al áspero relieve del mundo. *La naturaleza muerta se convierte en este momento en una* vanitas, *figura emblemática de la fugacidad de la vida y sus placeres, y, por último, en un* memento mori *que recuerda el paso del tiempo y la muerte como el exclusivo destino de la vida, pero también, de la pintura. Permanece, entonces, una plegaria:* Cuando las termitas hayan devorado los museos. Cuando mis obras se hayan reducido a polvo. Si debe sobrevivir algún fragmento... pido al cielo que sea una papaya abierta o la redondez de un vientre, y sobre todo que conserven algo del calor (después de tanto tiempo) del fuego que me abrasa.

M. R.

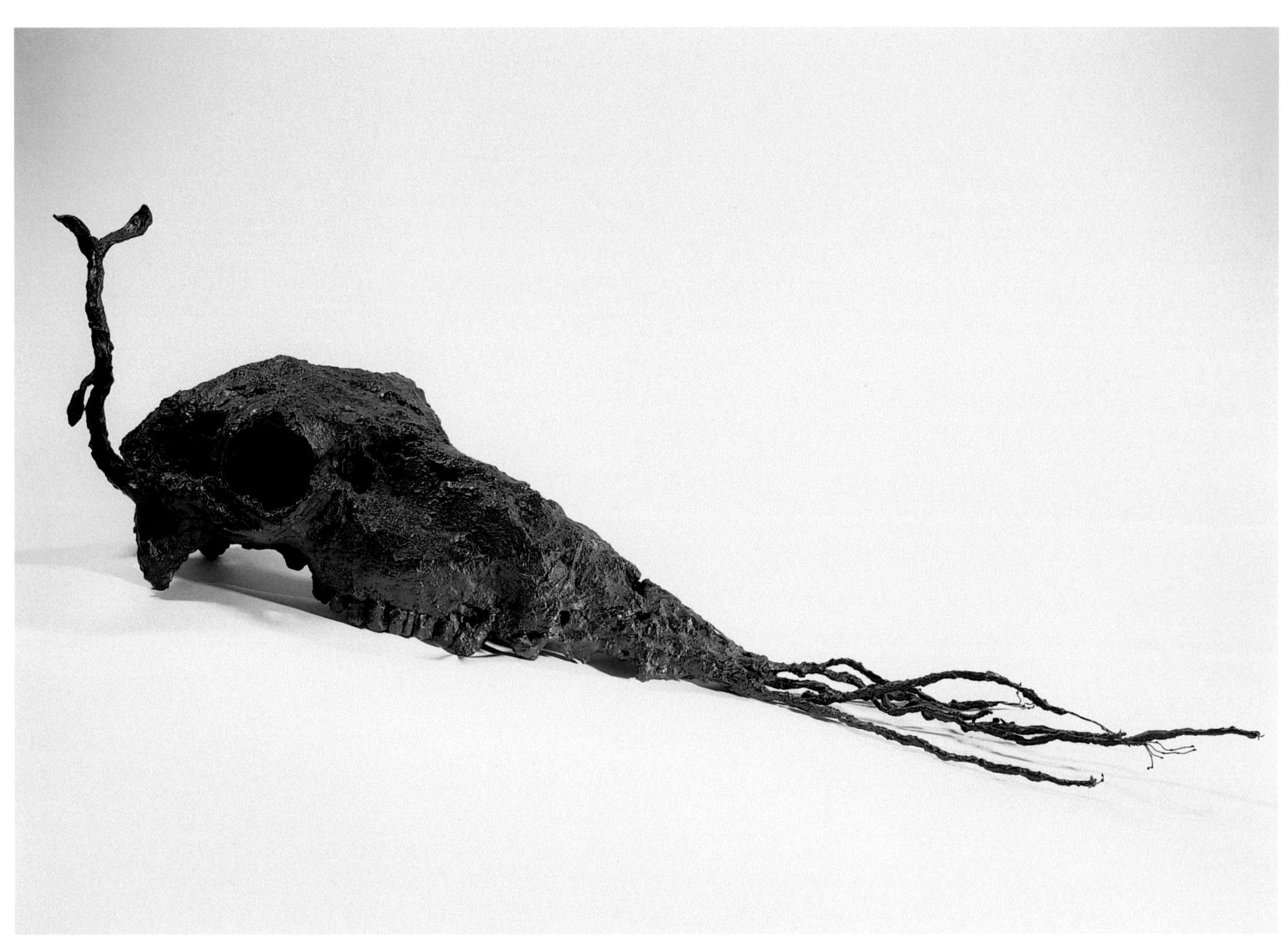

67 Miquel Barceló
Sans titre. Semence
Sin título. Semilla
1993
Bronze 1/8
47 × 184 × 50 cm
Galerie Bruno Bischofberger, Zurich

Liste des œuvres
Lista de obras

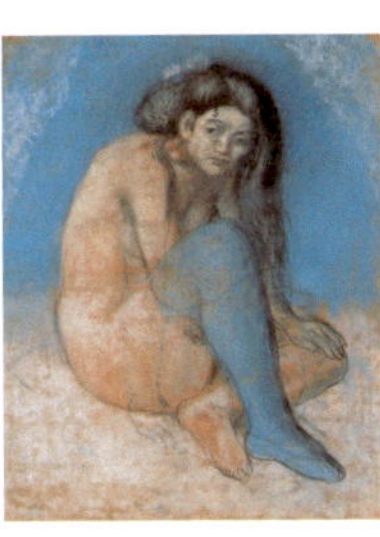

Pablo Picasso
Nu aux jambes croisées
Desnudo con piernas cruzadas
1903
Pastel sur papier monté sur toile
57×43 cm
Collection Louis et Evelyn Franck
En dépôt à la Fondation Pierre Gianadda, Martigny
Page 11

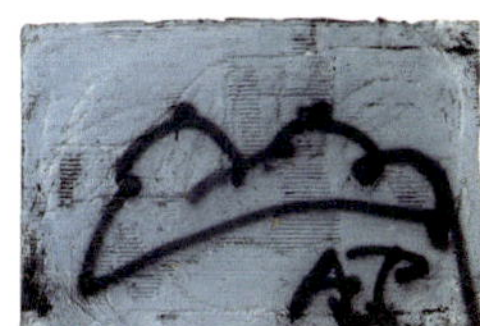

Antoni Tàpies
Spray noir
Spray negro
1988
Peinture sur carton
52,5×76,5 cm
Collection Fondation Pierre Gianadda, Martigny
Page 15

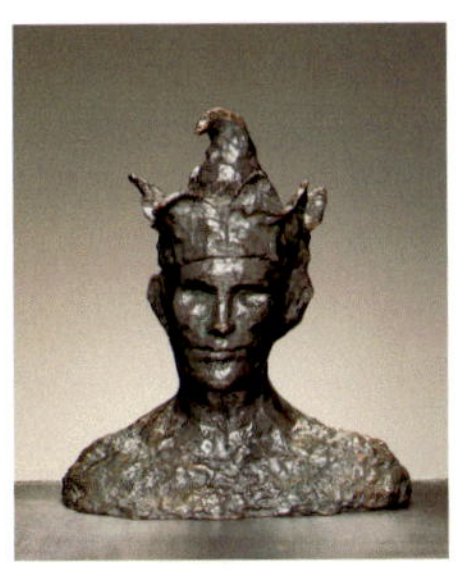

Pablo Picasso
Arlequin. Tête de fou
Arlequín. Cabeza de loco
1905
Bronze
40×32×22 cm
Collection Fondation Pierre Gianadda, Martigny
Page 13

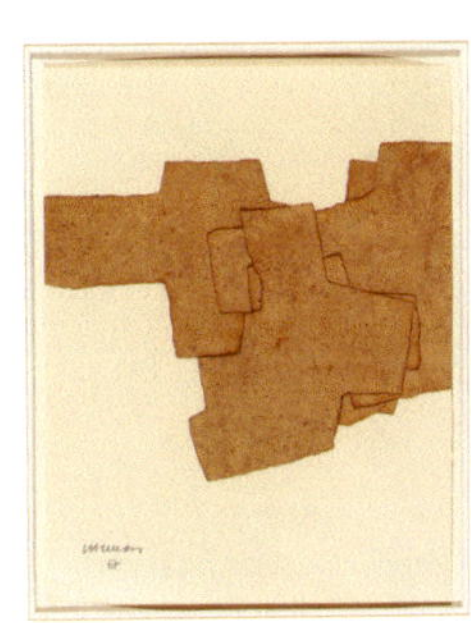

Eduardo Chillida
Collage brun
Collage pardo
1975
Papier de carton collé
29×22 cm
Collection Fondation Pierre Gianadda, Martigny
Page 17

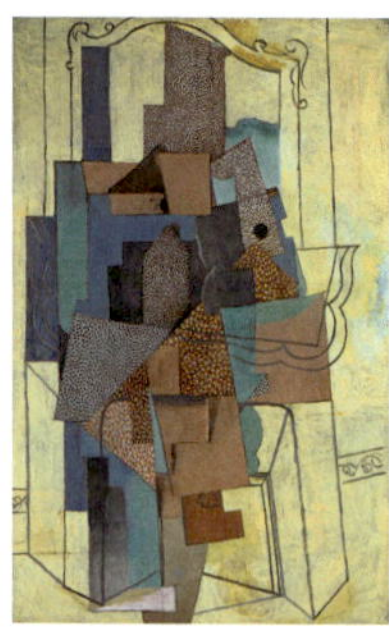

1 Pablo Picasso
Homme à la cheminée
Hombre junto a la chimenea
1916
Huile sur toile, 130×81 cm
Musée national Picasso, Paris
Page 61

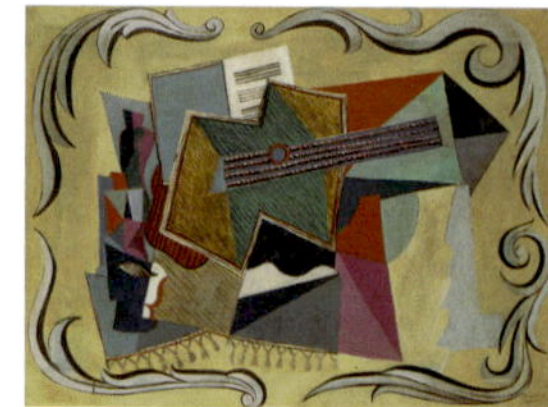

5 Pablo Picasso
Guitare
Guitarra
1920
Huile sur toile, 89×116 cm
Collection particulière
Courtesy Art Focus, Zurich
Page 62

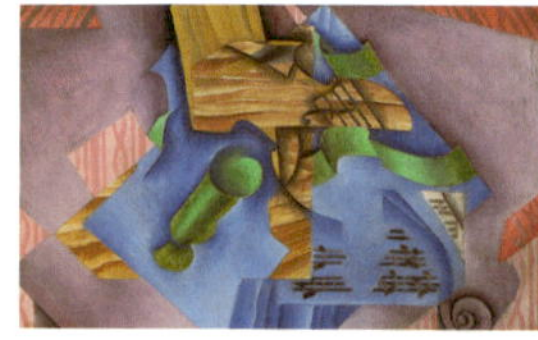

2 Juan Gris
Violon et verre
Violín y vaso
1913
Huile sur toile, 46×73 cm
Donation de M. et Mme André Lefèvre
Centre Georges Pompidou, Paris
Musée national d'art moderne/
Centre de création industrielle
Page 72

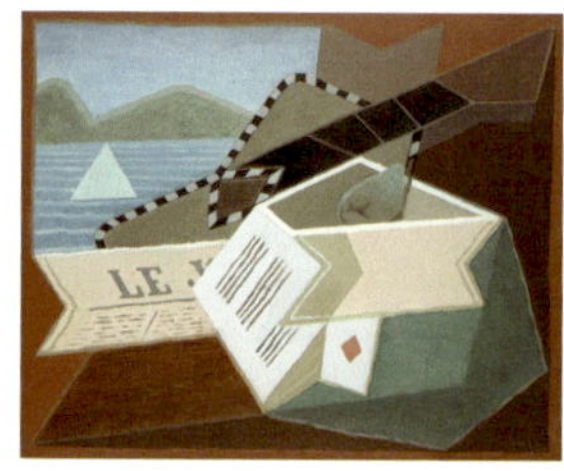

6 Juan Gris
La Guitare devant la mer
Guitarra ante el mar
1925
Huile sur toile, 53×64 cm
Museo Nacional
Centro de Arte Reina Sofía, Madrid
Page 77

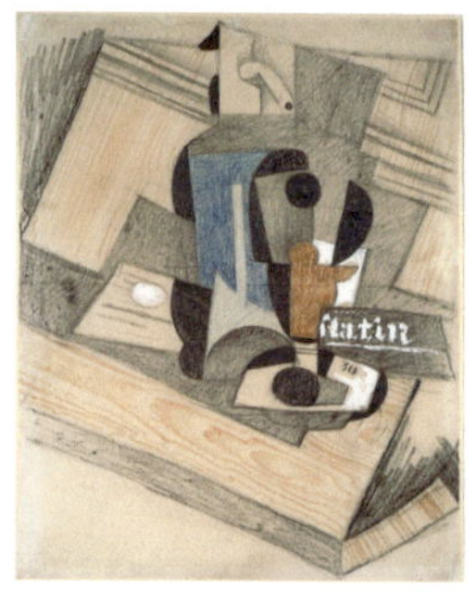

3 Juan Gris
Siphon et verre
Sifón y vaso
1916
Crayon sanguine et gouache sur papier,
45×35 cm
Collection particulière
Page 73

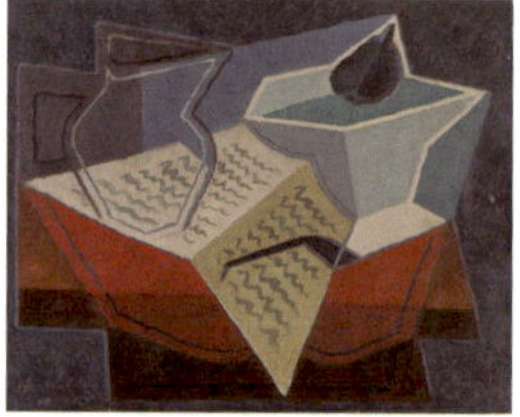

6*bis* Juan Gris
La Carafe sur la lettre
La jarra sobre la carta
1926
Huile sur toile, 38×46 cm
Collection particulière, Suisse
Page 78

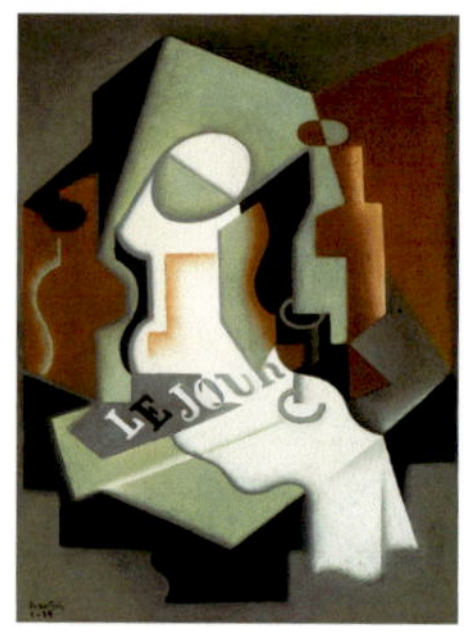

4 Juan Gris
Bouteille et compotier
Botella y frutero
1919
Huile sur toile, 74×54 cm
Museo Thyssen-Bornemisza, Madrid
Page 75

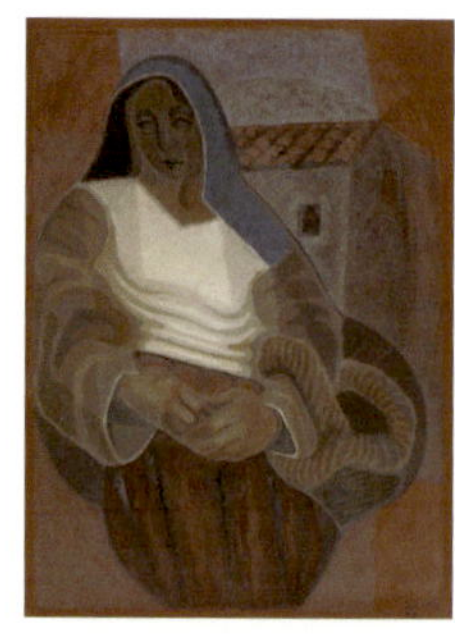

7 Juan Gris
La Paysanne
La campesina
1926
Huile sur toile, 92×65 cm
Kunstmuseum Bern
Fondation Othmar Huber, Berne
Page 79

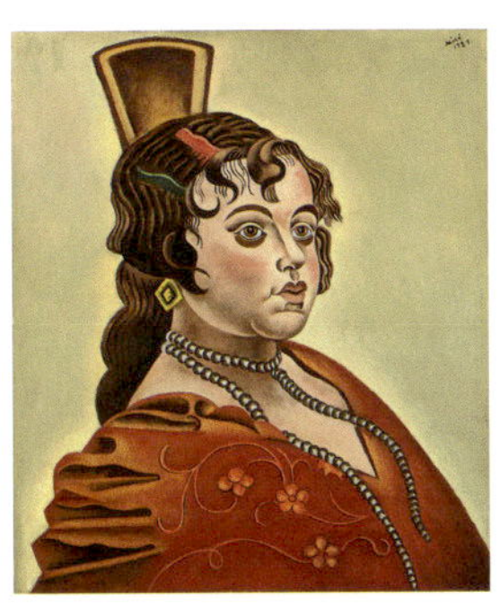

8 Joan Miró
Portrait de danseuse espagnole
Retrato de bailarina española
1921
Huile sur toile, 66×56 cm
Musée national Picasso, Paris
Page 83

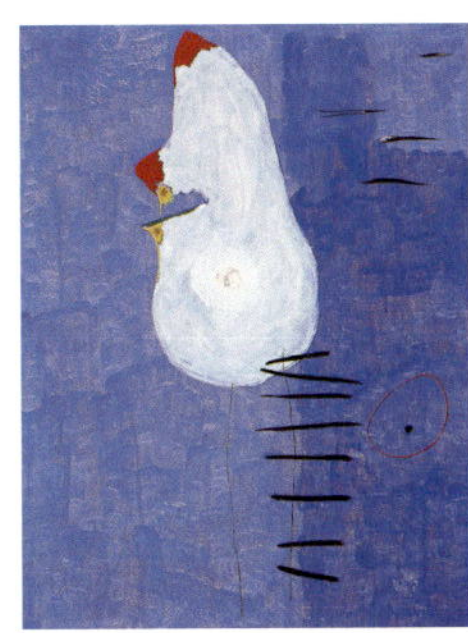

12 Joan Miró
Peinture
Pintura
1927
Huile sur toile, 116×89 cm
Museo Nacional
Centro de Arte Reina Sofía, Madrid
Page 84

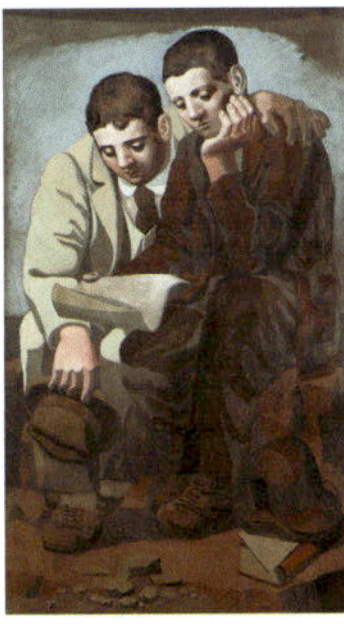

9 Pablo Picasso
La Lecture de la lettre
La lectura de la carta
1921
Huile sur toile, 184×105 cm
Musée national Picasso, Paris
Page 63

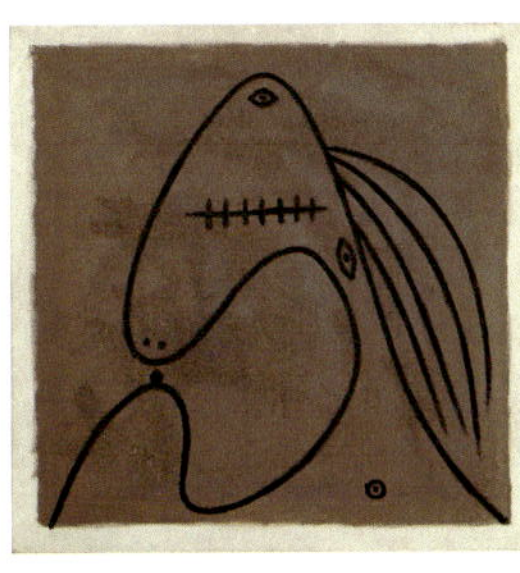

13 Pablo Picasso
Tête de femme
Cabeza de mujer
1927-1928
Huile et sable sur toile, 55×55 cm
Musée national Picasso, Paris
Page 65

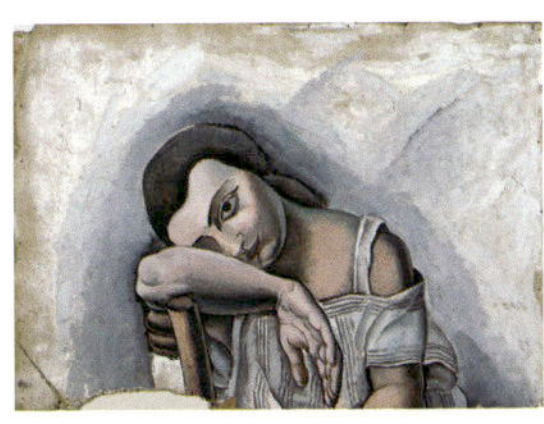

10 Salvador Dalí
Portrait de ma sœur
Retrato de mi hermana
vers 1923-1924
Huile sur carton, 55×75,2 cm
Fundación Gala-Salvador Dalí, Gerona
Page 95

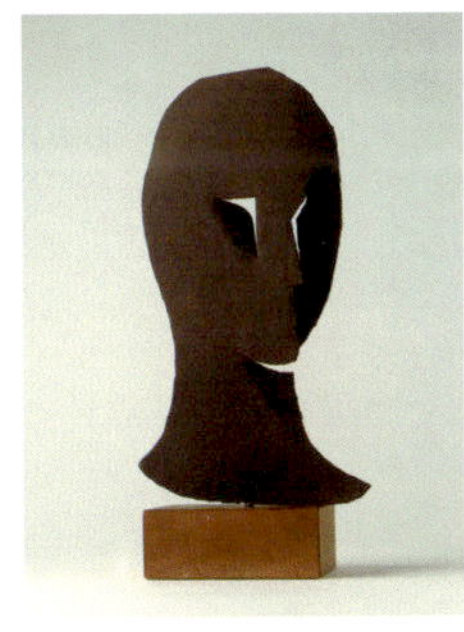

14 Julio González
Masque d'adolescent
Máscara de adolescente
vers 1929-1930
Fer forgé, coupé, courbé,
32,6×17,5×3 cm
Instituto Valenciano de Arte Moderno
(IVAM). Generalitat Valenciana, Valencia
Donation C. Martínez et V. Grimminger,
Paris
Page 102

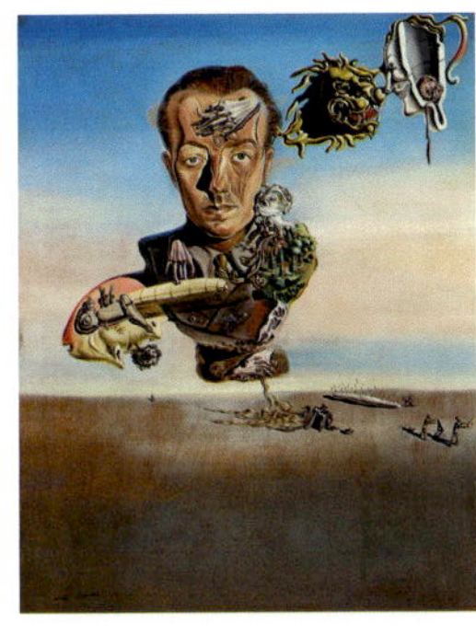

11 Salvador Dalí
Portrait de Paul Eluard
Retrato de Paul Éluard
1929
Huile sur carton, 33×25 cm
Collection particulière
Page 97

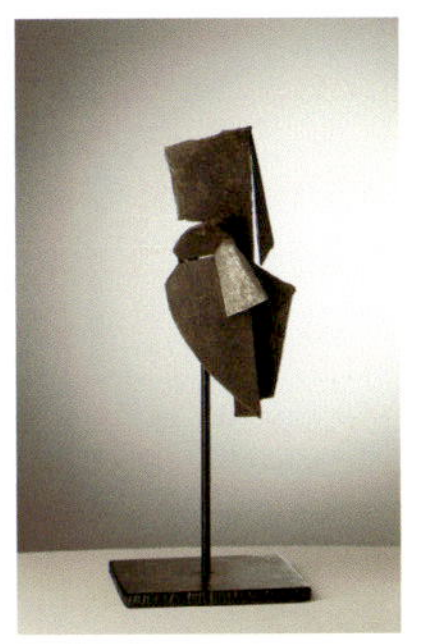

15 Julio González
Masque dit L'aimée
Máscara llamada La amada
vers 1932-1933
Fer forgé, soudé, 25×15×5,1 cm
Collection particulière
Courtesy Art Focus, Zurich
Page 103

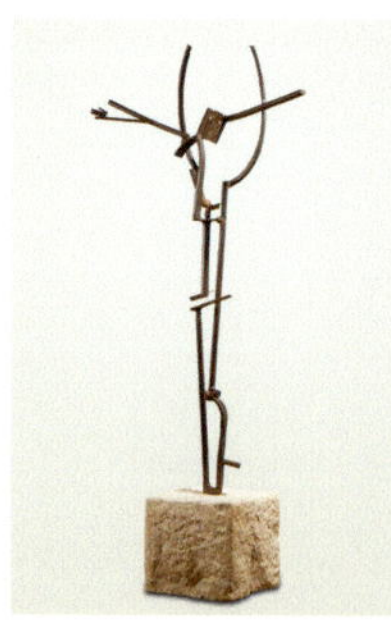

16 Julio González
Grand Personnage debout
Gran personaje de pie
vers 1932-1935
Fer forgé, soudé, 128×67×16 cm
Fondation Marguerite et Aimé Maeght, Saint-Paul, France
Page 105

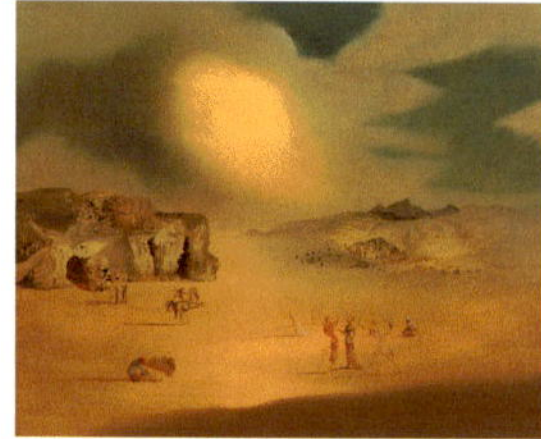

20 Salvador Dalí
Paysage païen moyen
Paisaje pagano mediano
1937
Huile sur toile, 38,4×46,7 cm
Fundación Gala-Salvador Dalí, Gerona
Page 99

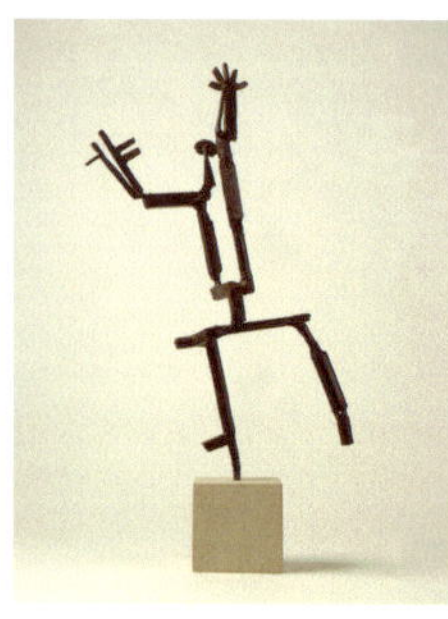

17 Julio González
Danseuse à la marguerite
Bailarina de la margarita
vers 1937
Fer, 48,3×29,2×10 cm
Instituto Valenciano de Arte Moderno (IVAM). Generalitat Valenciana, Valencia
Page 109

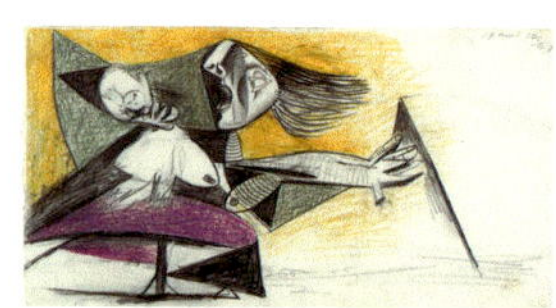

21 Pablo Picasso
Mère avec enfant mort II (Guernica)
Madre con niño muerto II (Guernica)
13 mai 1937
Graphite et crayon de couleur sur papier, 24×45 cm
Museo Nacional
Centro de Arte Reina Sofía, Madrid
Page 66

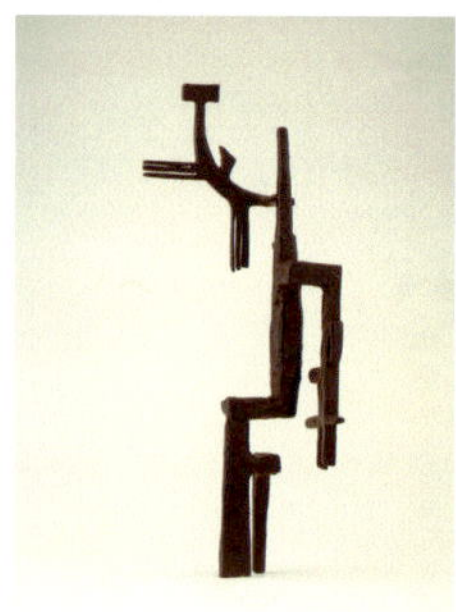

18 Julio González
La Petite Faucille
La pequeña hoz
vers 1937
Bronze, 30×10,5×8 cm
Instituto Valenciano de Arte Moderno (IVAM). Generalitat Valenciana, Valencia
Donation C. Martínez et V. Grimminger, Paris
Page 107

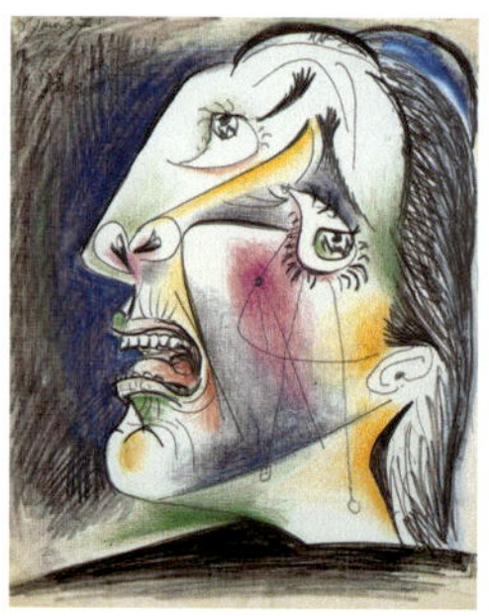

22 Pablo Picasso
Tête pleurant V (Guernica)
Cabeza llorando V (Guernica)
8 juin 1937
Graphite, gouache et crayon de couleur sur papier-toile, 29×23 cm
Museo Nacional
Centro de Arte Reina Sofía, Madrid
Page 67

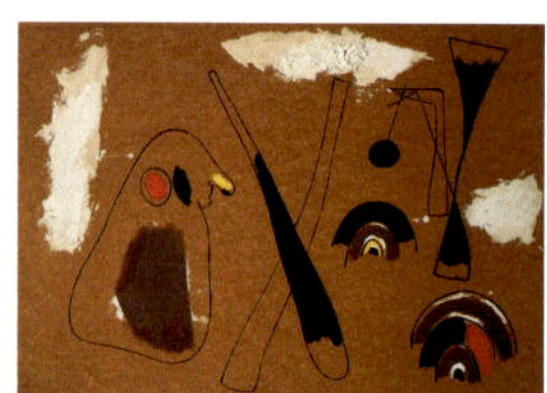

19 Joan Miró
Peinture
Pintura
1936
Technique mixte sur masonite, 78×108 cm
Colección Carmen Thyssen-Bornemisza
En dépôt au Museo Thyssen-Bornemisza, Madrid
Page 85

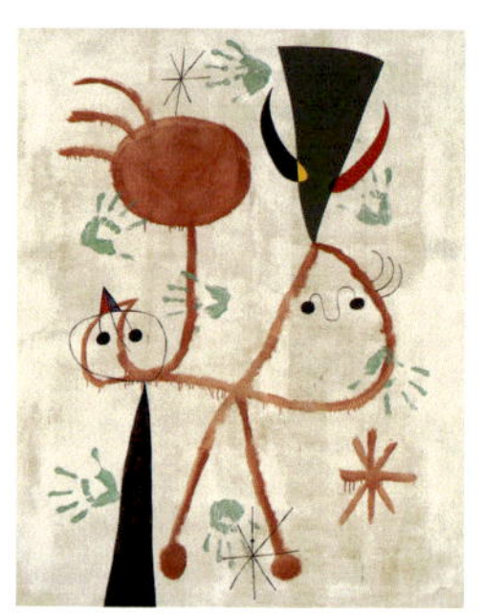

23 Joan Miró
Peinture
Pintura
1950
Huile sur toile, 145×114 cm
Museo Nacional
Centro de Arte Reina Sofía, Madrid
Page 87

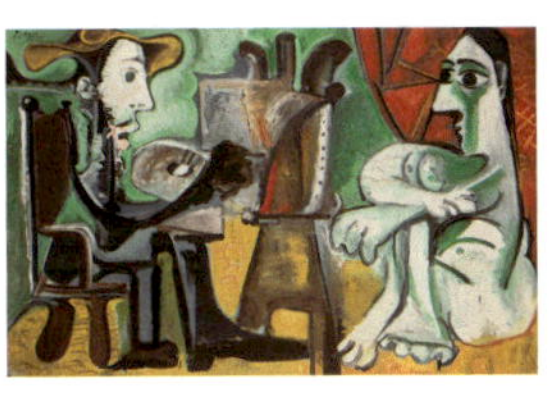

24 Pablo Picasso
Le Peintre et son modèle
El pintor y la modelo
1963
Huile sur toile, 130×195 cm
Museo Nacional
Centro de Arte Reina Sofía, Madrid
Page 69

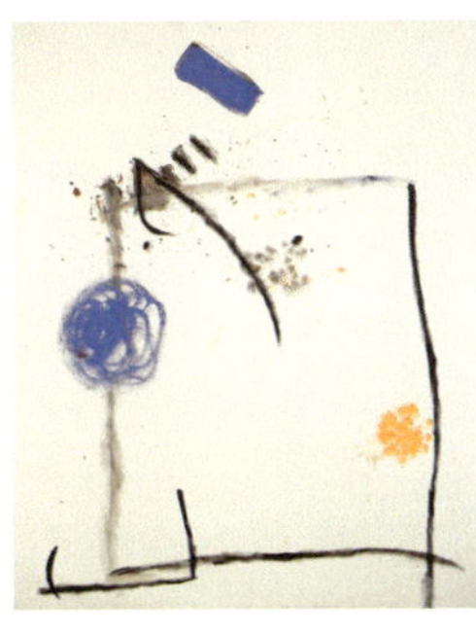

25 Joan Miró
Sans titre
Sin título
1974-1977
Huile sur toile, 162,5×130,5 cm
Fundación Pilar y Joan Miró, Mallorca
Page 88

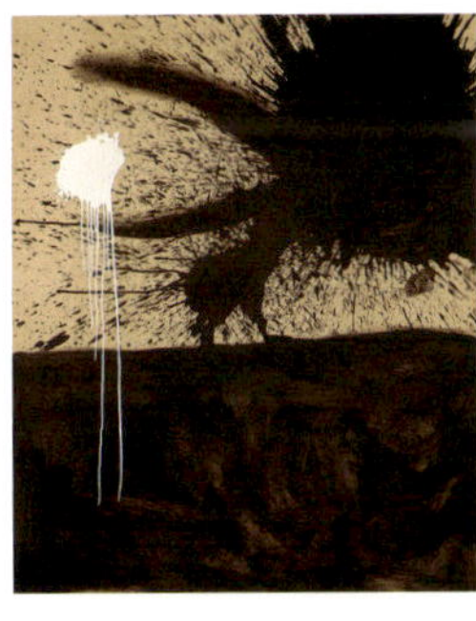

26 Joan Miró
Sans titre
Sin título
1973-1978
Acrylique sur toile, 161,5×130,5 cm
Fundación Pilar y Joan Miró, Mallorca
Page 89

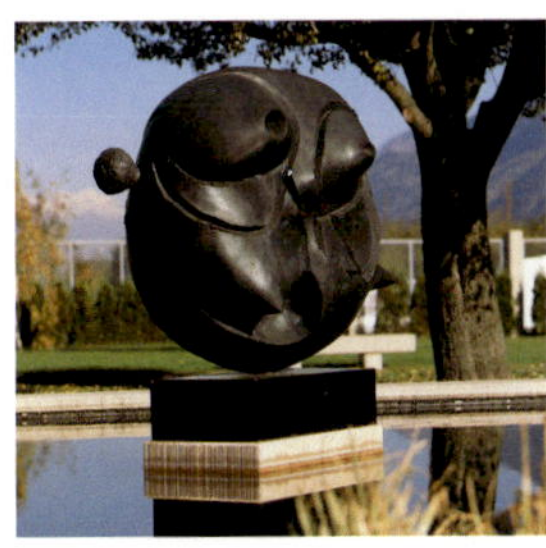

27 Joan Miró
Tête
Cabeza
1974
Bronze, 128×154×58 cm
Collection Fondation Pierre Gianadda, Martigny
Page 91

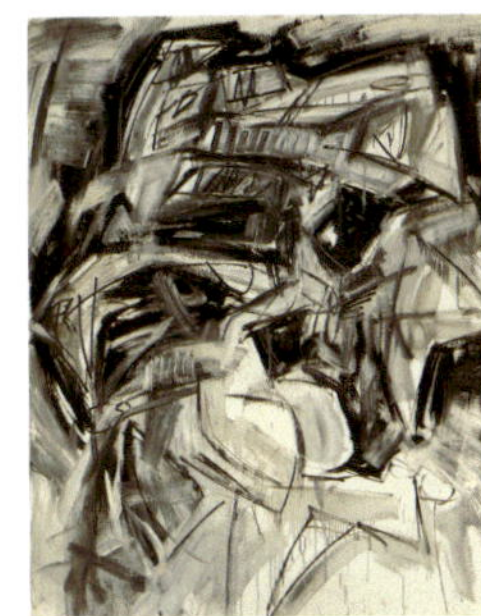

28 Antonio Saura
Soleá
Soleá
1956
Huile sur toile, 162×130 cm
Colección de Arte Contemporáneo, Fundación "la Caixa", Barcelona
Page 123

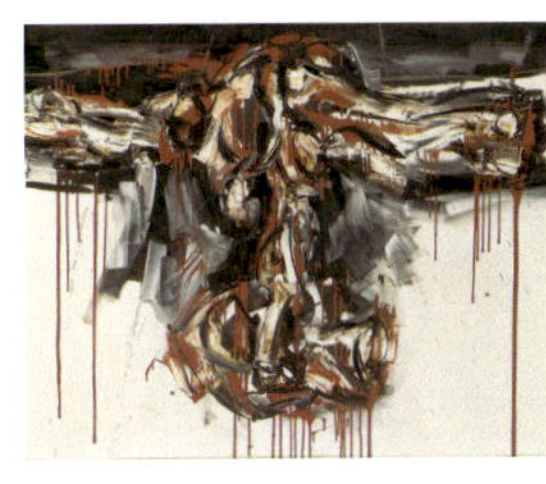

29 Antonio Saura
La Crucifixion rouge
Crucifixión roja
1963
Huile sur toile, 130×162 cm
Collection des Musées d'art et d'histoire de la Ville de Genève
Page 125

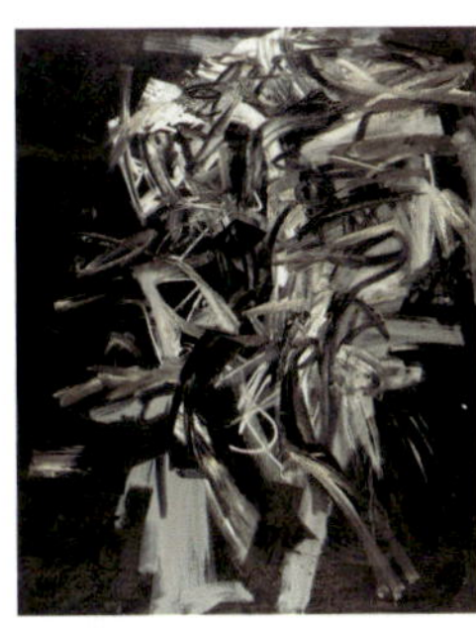

30 Antonio Saura
Silena
Silena
1957
Huile sur toile, 162×130 cm
Instituto Valenciano de Arte Moderno (IVAM). Generalitat Valenciana, Valencia
Page 127

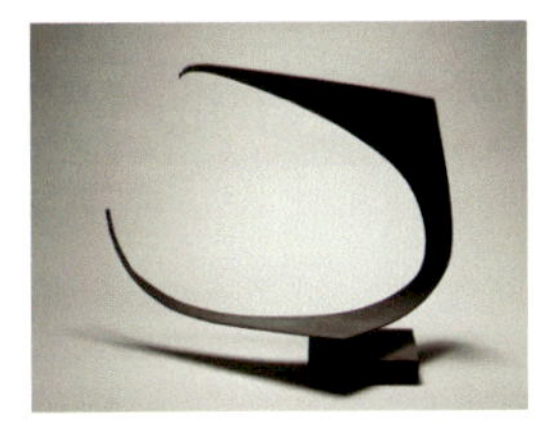

31 Jorge Oteiza
Suspension vide. Stèle funéraire. Hommage à René Couzinet
Suspensión vacía. Estela funeraria. Homenaje a René Couzinet
1957
Fer forgé, 51,5×65×42,5 cm
Museo Nacional
Centro de Arte Reina Sofía, Madrid
Page 130

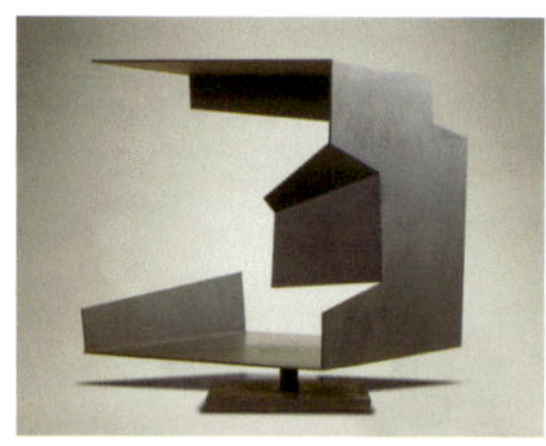

32 Jorge Oteiza
Boîte vide
Caja vacía
1958
Fer, 42×42,5×42 cm
Colección de Arte Contemporáneo, Fundación "la Caixa", Barcelona
Page 131

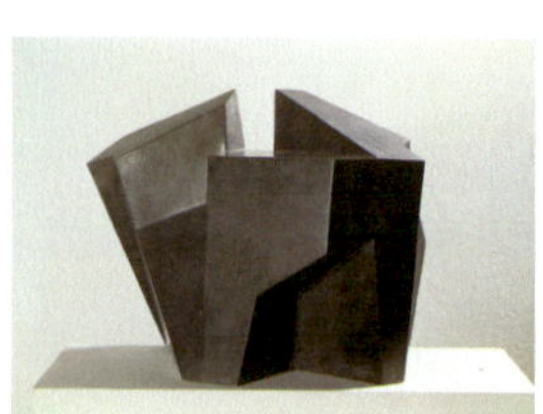

33 Jorge Oteiza
Macle ternaire avec la matrice. Malevitch-Atarrabi
Macla ternaria con la matriz. Malevitch-Atarrabi
1974
Pierre, 50×39×40 cm
Colección de Arte Contemporáneo, Fundación "la Caixa", Barcelona
Page 133

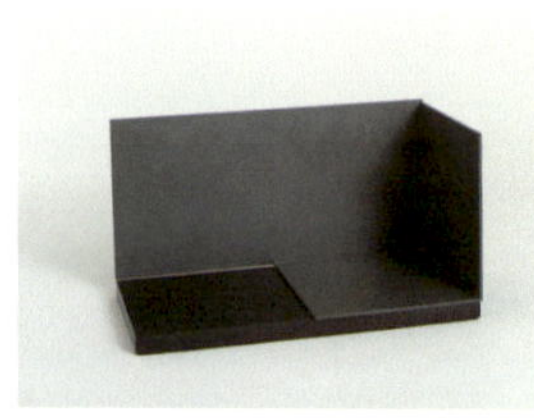

34 Jorge Oteiza
Hommage à Velázquez
Homenaje a Velázquez
1958
Acier, 20×40×20 cm
ARTIUM de Álava. Vitoria-Gasteiz
Page 135

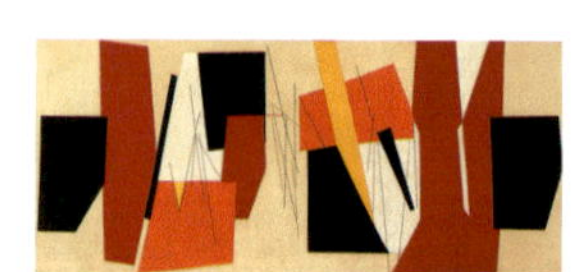

35 Pablo Palazuelo
Aube
Alborada
1952
Huile sur toile, 101×220 cm
Colección de Arte Contemporáneo, Fundación "la Caixa", Barcelona
Page 139

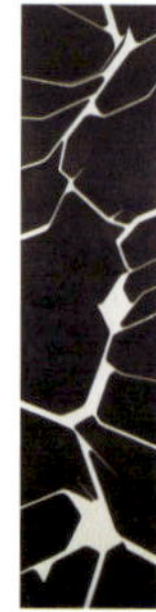

36 Pablo Palazuelo
Tempo
Tempo
vers 1960-1970
Huile sur toile, 224,5×54,3 cm
Instituto Valenciano de Arte Moderno (IVAM). Generalitat Valenciana, Valencia
Page 141

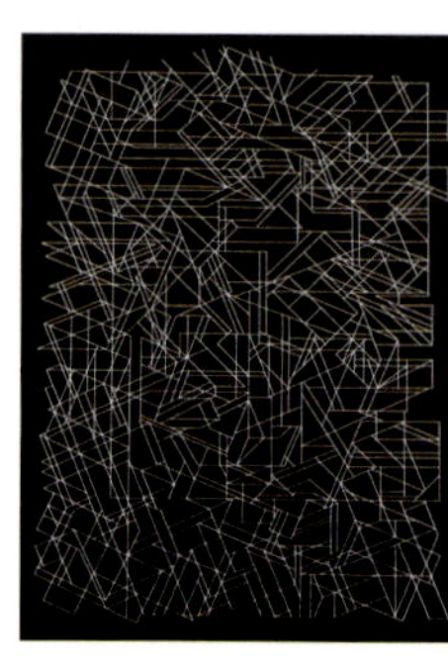

37 Pablo Palazuelo
Minos
Minos
1992
Huile sur toile, 220×165 cm
Colección Banco Zaragozano
Page 143

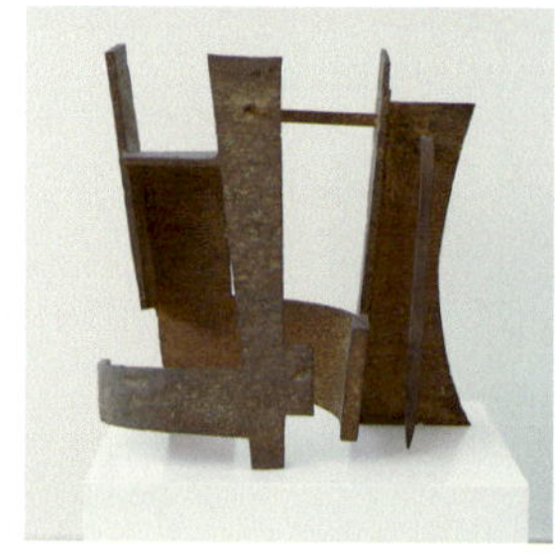

38 Eduardo Chillida
Espaces perforés II
Espacios perforados II
1952
Fer, 79,5×76×43,5 cm
Colección Banco Guipuzcoano, San Sebastián
Page 147

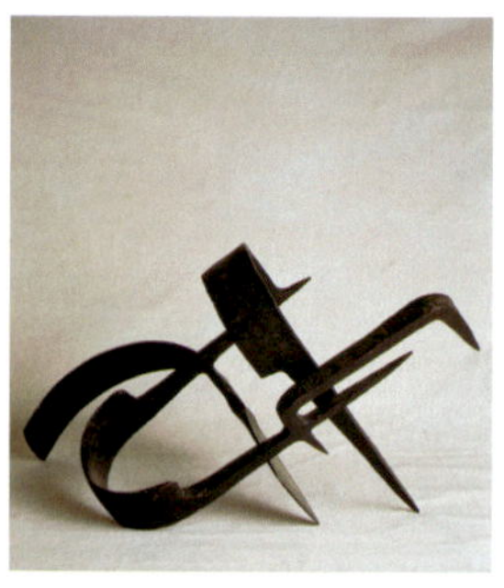

39 Eduardo Chillida
Du plan obscur
Plano oscuro
1956
Fer forgé, 23×44,5×24,2 cm
Colecciones ICO
Page 148

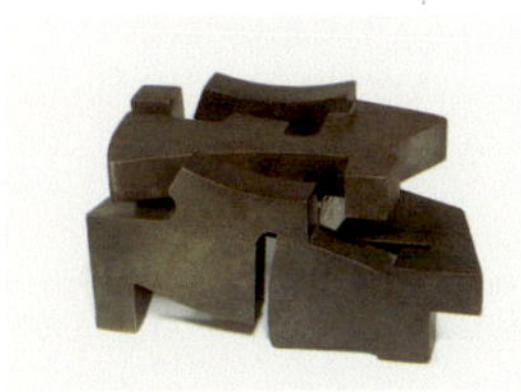

40 Eduardo Chillida
Champ espace de paix I
Campo espacio de paz I
1965
Acier, 19×22×38 cm
Collection particulière
Page 149

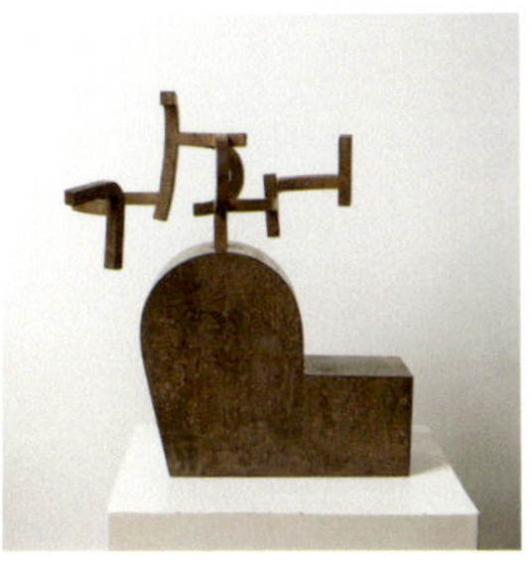

41 Eduardo Chillida
Projet Peigne du Vent II
Proyecto Peine del Viento II
1968
Acier, 67×37×32 cm
Collection de l'artiste
Page 151

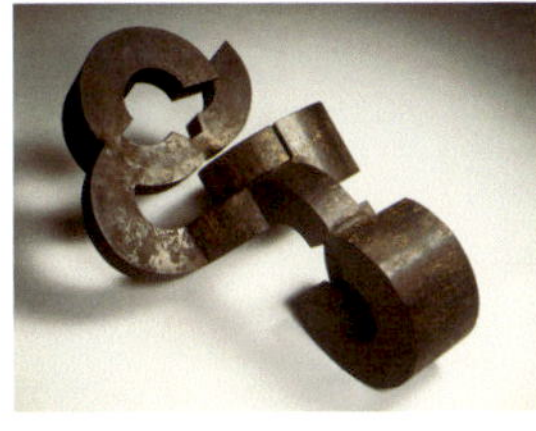

42 Eduardo Chillida
Trois orifices
Iru Zulo
1973-1974
Fer forgé, 40×78×50 cm
Kunstmuseum Bern, acquis grâce à la Fondation Hermann et Margrit Rupf et des Musées de Berne
Page 152

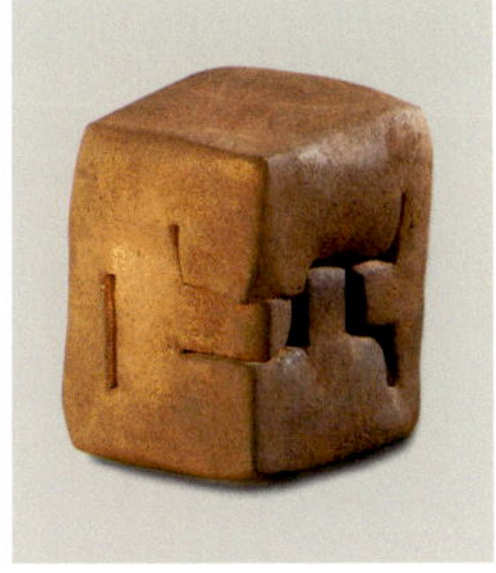

43 Eduardo Chillida
Terre
Lurra
1979
Terre chamottée, 21×19×19 cm
Collection Fondation Pierre Gianadda, Martigny
Page 153

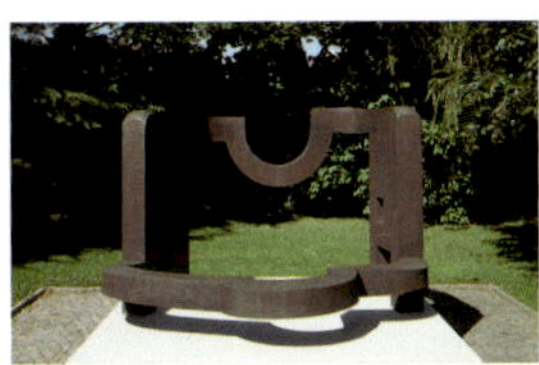

44 Eduardo Chillida
De la Musique II
De Musica II
1988
Acier (pièce unique), 140×211×216 cm
Collection Fondation Pierre Gianadda, Martigny
Page 155

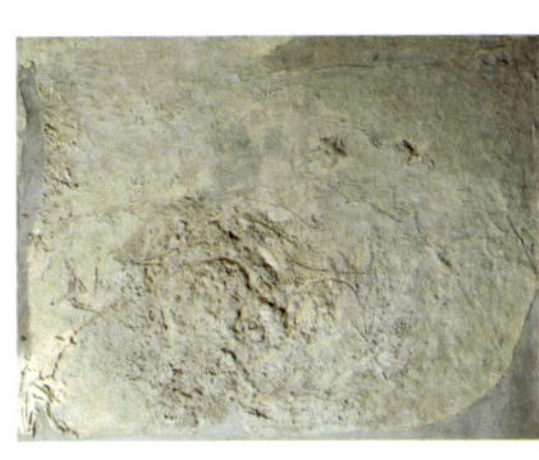

45 Antoni Tàpies
Forme gris bleuâtre
Forma gris azulada
1955
Technique mixte sur toile, 72×92 cm
Colección BBVA
Page 159

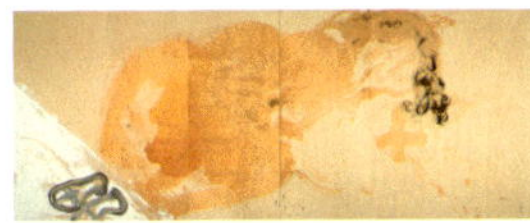

46 Antoni Tàpies
Collage de cheveux
Collage de cabellos
1985
Technique mixte sur bois, 130×324 cm
Instituto Valenciano de Arte Moderno (IVAM). Generalitat Valenciana, Valencia
Page 161

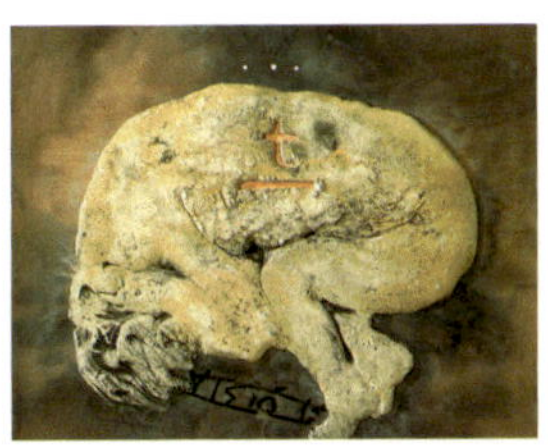

47 Antoni Tàpies
Vision première
Visión primera
2001
Technique mixte sur bois, 130×162 cm
Collection Fondation Pierre Gianadda, Martigny
Page 163

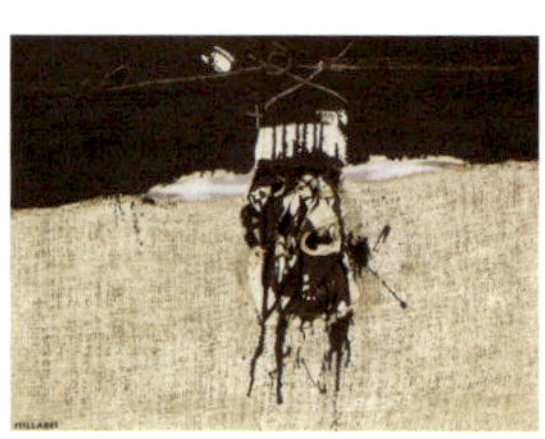

48 Manolo Millares
Tableau 85
Cuadro 85
1959
Technique mixte sur toile de jute, 97×130 cm
Colección de Arte Contemporáneo, Fundación "la Caixa", Barcelona
Page 167

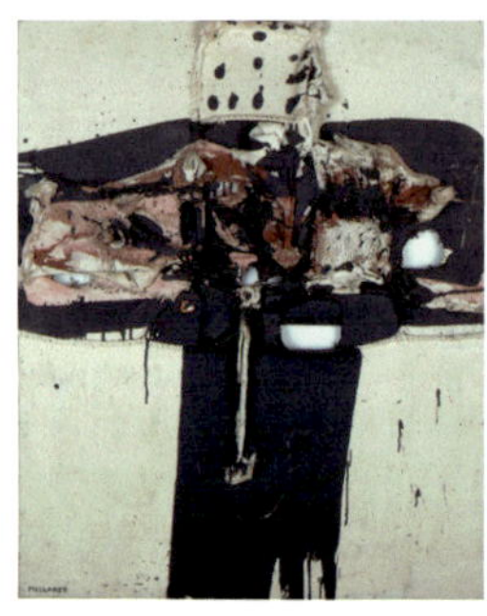

49 Manolo Millares
Tableau 163
Cuadro 163
1962
Technique mixte sur toile de jute, 100×81 cm
Instituto Valenciano de Arte Moderno (IVAM). Generalitat Valenciana, Valencia
Page 168

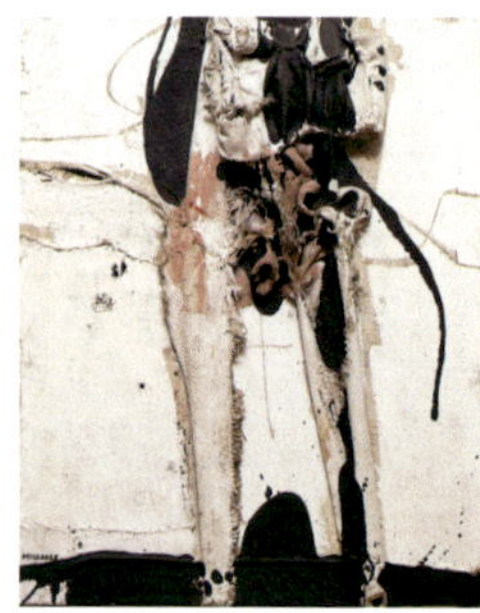

50 Manolo Millares
Tableau 198
Cuadro 198
1962
Technique mixte sur toile de jute, 100×81 cm
Colección LL-A
Page 169

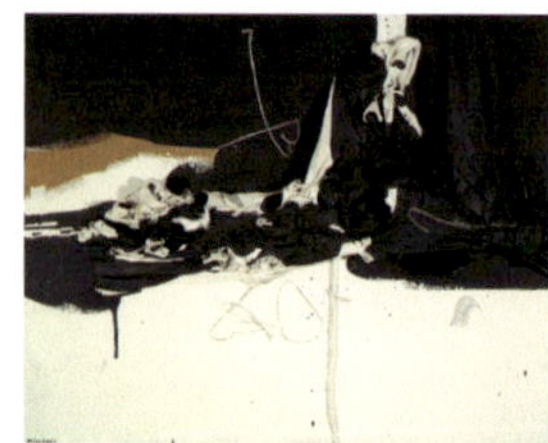

51 Manolo Millares
Galerie de la mine
Galería de la mina
1965
Technique mixte sur toile de jute, 81,5×100 cm
Colección de la Fundación Juan March, Madrid
Page 171

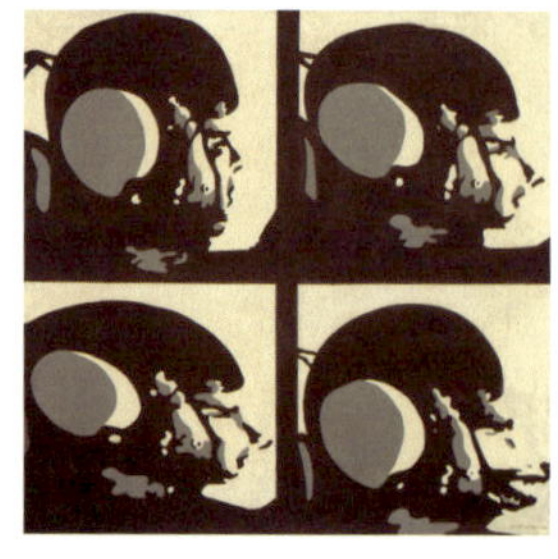

52 Equipo Crónica
La Métamorphose du pilote
La metamorfosis del piloto
1966
Acrylique sur tablex, 53,5×53,5 cm
Instituto Valenciano de Arte Moderno (IVAM). Generalitat Valenciana, Valencia
Page 174

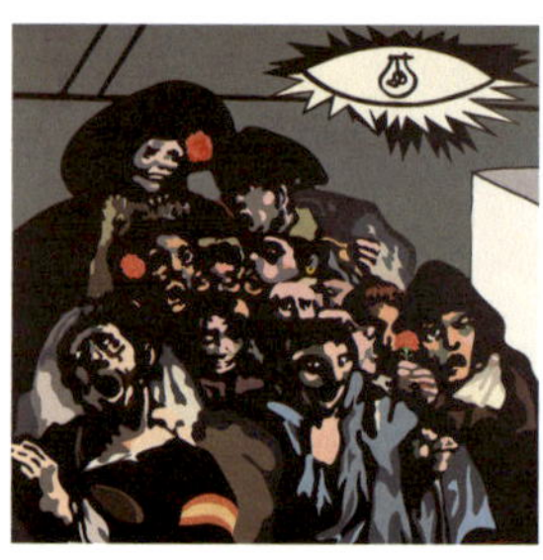

53 Equipo Crónica
Sabbat
Aquelarre
1969
Acrylique sur masonite, 69×69 cm
Colección de Arte Contemporáneo, Fundación "la Caixa", Barcelona
Page 175

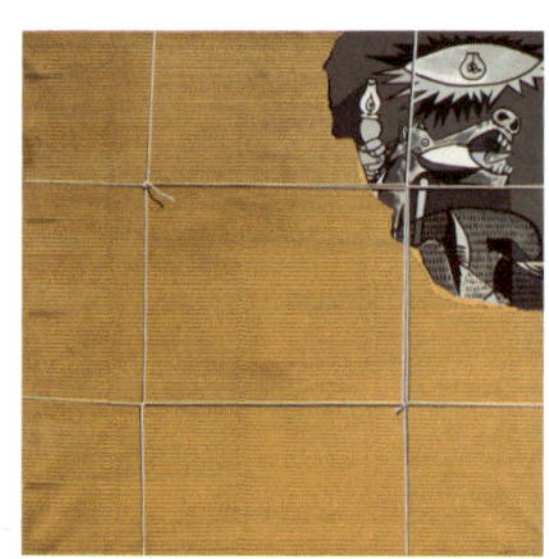

54 Equipo Crónica
L'Emballage
El embalaje
1969
Acrylique sur toile, 123,3×122 cm
Colección de Arte Contemporáneo, Fundación "la Caixa", Barcelona
Page 177

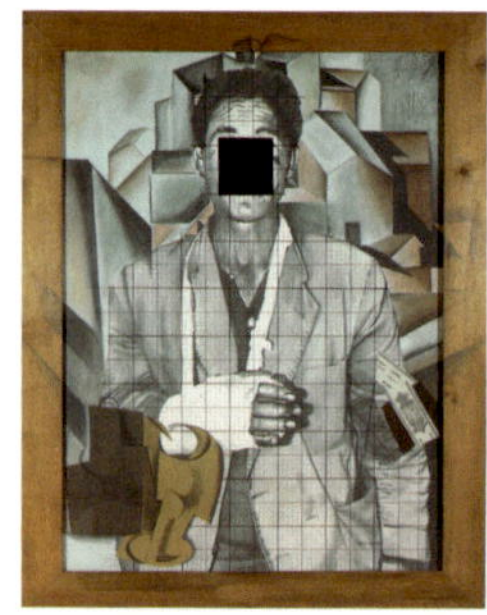

55 Equipo Crónica
Chronique rurale
Crónica rural
1973
Technique mixte sur carton, 127×97 cm
Collection particulière
Page 179

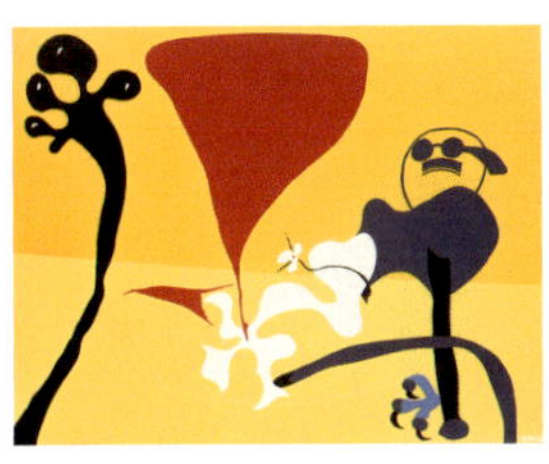

56 Eduardo Arroyo
Mort du poète Miguel Hernández
Muerte del poeta Miguel Hernández
1966
Huile sur toile, 73×92 cm
Colección de Arte Contemporáneo, Fundación "la Caixa", Barcelona
Page 183

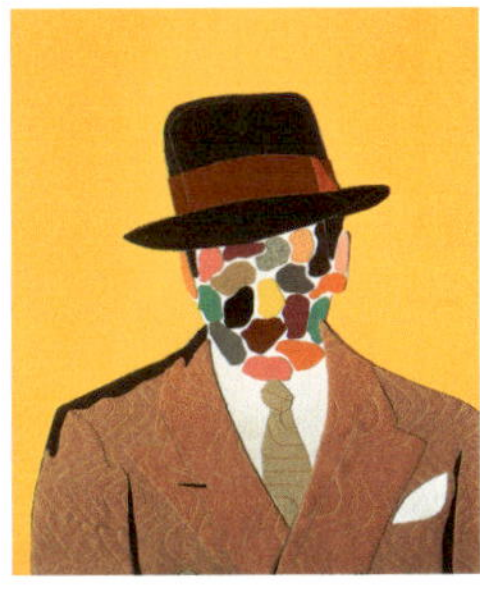

57 Eduardo Arroyo
Portrait-Peintre
Retrato-Peintre
1975
Collage de papier de verre, 80×60 cm
Colección de Arte Contemporáneo, Fundación "la Caixa", Barcelona
Page 185

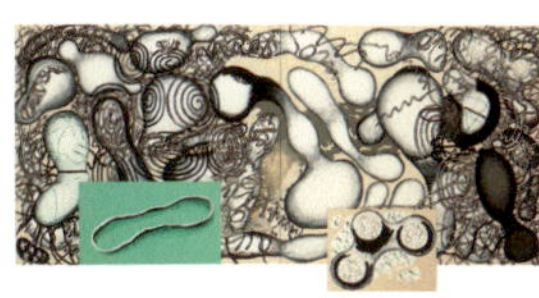

58 Luis Gordillo
Desafinadamente tuyo
Desafinadamente tuyo
1989
Acrylique sur toile, 143×314+50×65 cm
Collection particulière
Page 201

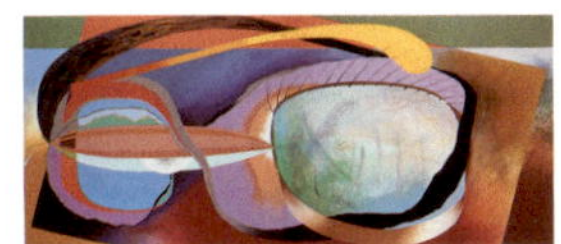

59 Carlos Alcolea
Les Lunettes
Las gafas
1978
Acrylique sur toile, 170×400 cm
Collection particulière
Page 207

60 José María Sicilia
Sans titre V
Sin título V
1990
Technique mixte sur toile, 220×220 cm
Colección Banco Zaragozano
Page 211

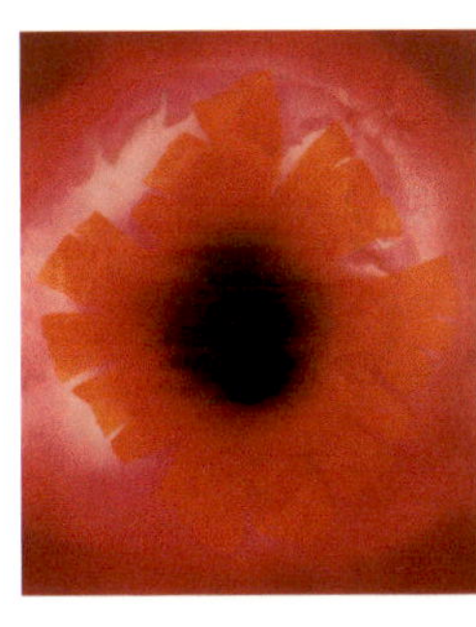

61 José María Sicilia
Sans titre VIII
Sin título VIII
2002
Technique mixte et cire, 180×156,5 cm
Art & Public, Pierre Huber, Genève
Page 212

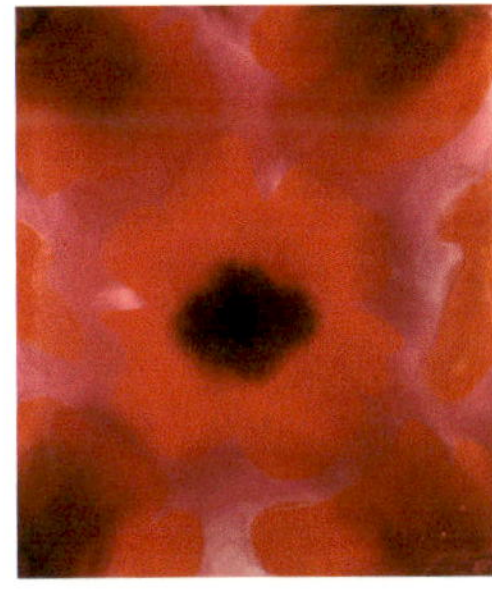

62 José María Sicilia
Sans titre VI
Sin título VI
2002
Technique mixte et cire, 184,5×156,5 cm
Art & Public, Pierre Huber, Genève
Page 213

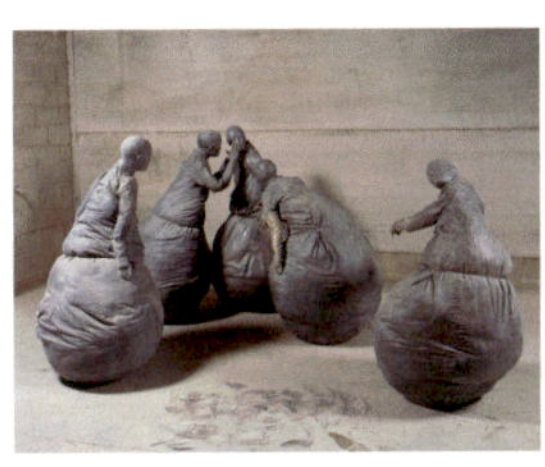

63 Juan Muñoz
Conversation Piece
Conversation Piece
1996
Résine de polyester et câble d'acier
Cinq pièces de 164×80×80 cm chacune
Collection particulière
Page 219

64 Miquel Barceló
Paysage pour aveugles sur fond vert
Paisaje para ciegos sobre fondo verde
1989
Technique mixte sur toile, 200×300 cm
Colección BBVA
Page 223

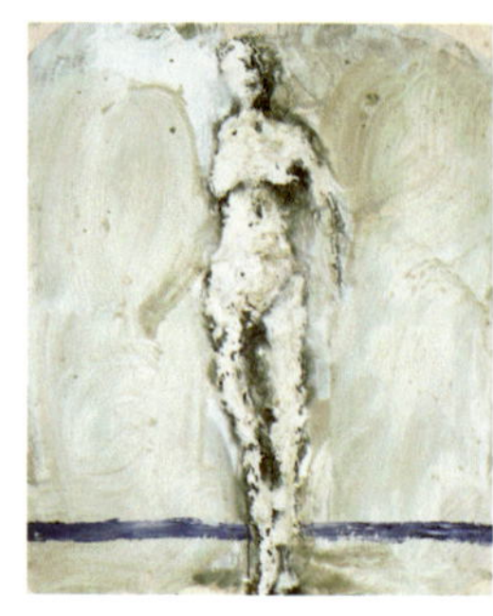

66 Miquel Barceló
Cécile à 9 mois
Cécile de 9 meses
1992
Technique mixte sur toile, 100×81 cm
Collection particulière
Page 225

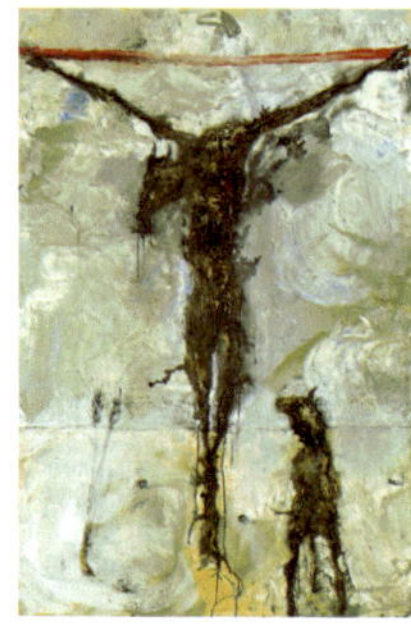

65 Miquel Barceló
Somalie 92
Somalia 92
1992
Technique mixte sur toile, 195×130 cm
Collection particulière
Page 224

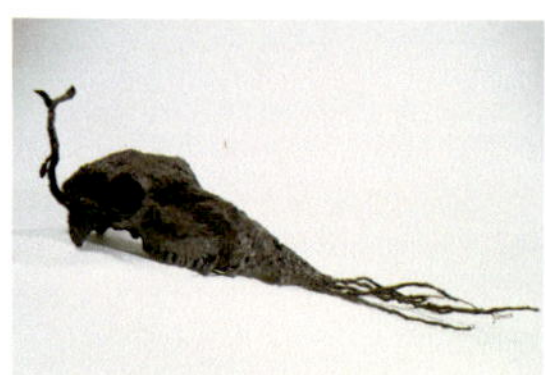

67 Miquel Barceló
Sans titre. Semence
Sin título. Semilla
1993
Bronze 1/8, 47×184×50 cm
Galerie Bruno Bischofberger, Zurich
Page 227

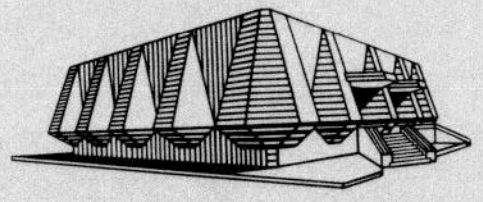

Nous tenons à témoigner notre gratitude aux Amis de la Fondation et aux généreux donateurs qui, par leur contribution, nous permettent la mise sur pied de notre programme de concerts et d'expositions.

Nous remercions tout particulièrement:

La Commune de Martigny
L'Etat du Valais

Banque Cantonale du Valais
Banque Julius Bär & Cie SA
Caves Orsat-Rouvinez Vins
Champagne Moët & Chandon
Les Chemins de fer fédéraux suisses
Christie's Suisse, J.-L. R.
Conseil de la culture, Etat du Valais
Credit Suisse Private Banking
Groupe Mutuel, Martigny
Hôtel La Porte d'Octodure, Martigny-Croix
Imprimeries Réunies Lausanne s.a.
Loterie Romande
Les Fils de Charles Favre SA, Sion
Le Gourmet, Hôtel du Forum, Martigny
La Mobilière, assurances et prévoyance
M. John Magnier
Mme H. M.-B., Berne
M. J. J. et Mme A. La B., Belgique
Journal Le Temps
Mme Brigitte Mavromichalis, Martigny
Nestlé SA, Vevey
Le Nouvelliste et Feuille d'Avis du Valais
Rentenanstalt Swiss Life
Société de développement de Martigny
Swiss Air Lines
Office du Tourisme de Martigny
Touring Club Suisse Valais
Le Tunnel du Grand-Saint-Bernard

ainsi que:

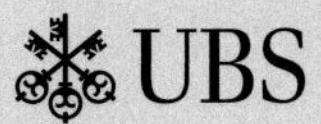

La Fondation Pierre Gianadda

Temple de platine à Fr. 5000.–

Alpina Versicherung, Beat W. Meier, Zurich
Alpwater, eau minérale naturelle, Saxon
Assunta Sommella Peluso,
Ada Peluso and Romano I. Peluso
in memory of Ignazio Peluso
AXA Art Assurances SA, Zurich
Bugnon Gérald, Verbier
Burrus Charles et Bernadette, Boncourt
Caves Orsat SA, Martigny
Distillerie Louis Morand et Cie, Martigny
Expositions Natural Le Coultre SA,
Genève
Genevoise Assurances, Genève
Henniez SA, eaux minérales, Henniez
Hôtel des Bains de Saillon
Hôtel du Parc SA, Martigny
Imprimeries Réunies Lausanne s.a.,
Renens
Kuhn & Bülow, Versicherungsmakler,
Zurich
La Mobilière, Assurances & prévoyance,
Martigny
Magnier John, Verbier
Mayer Dan, Gstaad
Paul Marti Matériaux SA, Martigny
Pictet & Cie, Genève
Pour-cent culturel MIGROS
Provins Valais, Sion
Rouvinez Vins SA
SGA, Bernard Develey, Sion
Société de Développement, Martigny
Touring Club Suisse Valais, Sion
Veuthey & Cie SA, Martigny

Chapiteau d'or à Fr. 1000.–

Allianz Assurances, Martigny
Anonyme, Paris
Ascenseurs Schindler SA, Lausanne,
succursale de Sion
Association culturelle, Les Amis de
Daisy Bacca, Les Fontaines/Ollon
Association des Résidents de la Vallée
de Chamonix, France
AXO - P.S.I., espaces publicitaires,
Jean-François Simond,
Meythet/Annecy, France
Barbier Marie-Christine, Villars
Basler Versicherungs-Gesellschaft,
Abt. Transportversicherung, Bâle
Bauknecht SA, appareils ménagers,
Crissier
Baumgartner Papiers SA,
Lausanne/Crissier
Berrut G. et J., Hôtel Bedford, Paris
Betondrance SA, Martigny
Bétrisey Edouard,
gypserie-peinture-vitrerie, Martigny
Bloemsma Marco P., Lausanne
Bonhôte Anne, journaliste, Anières
BSI SA, Lausanne, Genève
Café «Les Platanes», Etienne Subilia,
Martigny
Café de la Place, Martigny
Cappi-Marcoz SA, agence en douane,
Martigny
Centre Rhodanien d'Impression SA,
Martigny
Charles Lucienne, Epalinges
Classe Matu 1954-1955, Saint-Maurice
Conforti Monique, Erval SA, Martigny
Conforti Roger SA, Martigny
Constantin Martial, Vernayaz
Coop Valais, Châteauneuf-Conthey
Corboud Gérard, Blonay
Couchepin Jean-Jules, Martigny
Couchepin Pascal, Conseiller fédéral,
Président de la Confédération
De Kalbermatten Bruno, Jouxtens-Mézery
D'Ormesson André, Paris
Dumas-Hermes Thierry et Odile, Genève
F.-P. M., France
Favre SA, transports internationaux,
Martigny
Fidag SA, fiduciaire, Martigny
Fondation du Grand-Théâtre de Genève,
Guy Demole, Genève
Fournier Daniel, agencements d'intérieurs,
Martigny
Gagnebin Yvonne et Georges, Echandens
Galerie Latour, Martigny
Gandur Jean-Claude, Tannay
Generali Assurances, inauguration des
bureaux, Joseph Bron, Martigny
Gianadda François et Sakkas Yannis,
avocats et notaires, Martigny
Gianadda Mariella, Martigny
Givel Jean-Claude, Lonay
Givel Roger, Lonay
Glassey SA, matériel industriel
électrotechnique, Martigny
Grande Dixence SA, Sion
Grieu Maryvonne, Bussigny
Gross Christophe, Allianz Assurances,
Martigny
Hôtel-restaurant Transalpin, Martigny
Huber Jean-Claude, Martigny
Imprimerie Montfort,
Jean-Jacques Pahud, Monthey
Kohler Max, Zurich
La Plâtrière SA, Granges
La Poste Suisse, Car postal
Valais Romand - Haut-Léman,
Anne-Marie de Andrea, Sion
Lagonico Carmela, Cully
Lagonico Pierre, Cully
Lambrecht Barbara, Clarens
Le Gourmet, Hôtel du Forum, Martigny
Le Gourmet, Hôtel du Forum, Martigny
Les Fils de Charles Favre SA, Sion
Les Fils de Charles Favre SA, Sion
Levy James et Mireille, Lausanne
Leyvraz Jacques, Agence Michaud &
Burkhard, Lausanne
Lonfat Raymond et Amely, Crans-sur-Sierre
Losinger Holding SA,
Jacky Gillmann, Berne
Luxit Isolations SA - Vaparoid SA,
Châtel-Saint-Denis
Luyet Michel, électricité, Martigny
Lyceum Club International, Neuchâtel
M. K. G., Suisse
Mannheimer Versicherung AG, Zurich
Manor AG, Bâle
Marmoran SA, Bernard Berra, Martigny
Massimi-Darbellay Jacques et Lilette,
Martigny
Matériaux Buser & Cie SA, Martigny
Mayer Sara, Genève
Morand Mireille, Martigny
Moret Serge & Fils, primeurs, Martigny
Municipalité de Salvan
Nardin Pierre-Antoine, Le Locle
Nehama Albert, Saint-Prex
Noetzli Rodolphe, Neuchâtel
Nordmann Monique, Vandœuvres
Nouvelles Imprimeries Pillet -
Saint-Augustin SA, M. Schwéry,
Martigny
Oberson Marguerite, Verbier
Odier Patrick, Lombard Odier & Cie, Genève
Odier Patrick, Lombard Odier & Cie, Genève
Optigal SA, Martigny, Courtepin
Orgamol SA, fabrication de produits
chimiques, Evionnaz
PAM SA, Martigny, Sion, Eyholz
Pharmacies de la Gare, Centrale,
de la Poste, Lauber, Vouilloz et Zurcher,
Martigny
Pot Philippe et Janine, Mollie-Margot
Publicitas Valais
Reinshagen Maria, Zurich
Reliures Schumacher,
Raoul Philipona, Schmitten
Restaurant «Les Touristes»,
Maria et Fred Faibella, Martigny
Resto-bar «Le Loup Blanc»,
Maria et Fred Faibella, Martigny

Reynard Jacques et Consorts, stores, Savièse
Rochat Papiers, Nyon
Rossa Jean-Michel, chauffage et sanitaire, Martigny
Rykiel Sonia, Paris
Sanval SA, Jean-Pierre Bringhen, Martigny
Saudan Les Boutiques, Martigny
Sauval Alain près l'Ambassade de France, Berne
Schaller Roland, Lutry
Téléverbier SA, Verbier
Tetra Laval International SA, Pully
Torrione Jean-Pierre, Rizerie du Simplon, Martigny
Touring Info Service SA, Genève
Tunnel du Grand-Saint-Bernard
UBS SA, François Gay, Sion
Varnoux Gisèle, La Tour-de-Peilz
Vocat Olivier, avocat-notaire, Martigny
Voutaz Pierre, Martigny
VS Etanchéité 2000 SA, étanchéité-asphaltage, Sion
Winterthur Assurances, Vincent Mussler, Lausanne
Winterthur Assurances, Philippe Vouilloz, Martigny
Yerlès Fernande, Martigny
Zschokke Construction SA, Martigny
Zurcher Jean-Marc, dentiste, Martigny
Zurcher Jean-Marie et Danièle, médecin dentiste, Martigny
Zurich Compagnie d'Assurances, Pierre Voutaz, Martigny

Stèle d'argent à Fr. 500.–

AGF / PHENIX, Jean-Bernard Pitteloud, Sion
Air-Confort, Olivier Buchard, Martigny
Alvarez de Miranda Hélène, Chêne-Bougeries
Ambassade de la Principauté de Monaco, Berne
Amon Albert, Lausanne
Arcusi Jacques, Vacqueyras, France
Arsidi Victor, Ruvigliana
Artedition R. + E. Reiter, Hinwil
Association du Personnel Enseignant Primaire et Enfantine de Martigny (APEM)
Atelier Jeca, Catherine Vaucher-Cattin, Les Acacias
Auberge du Vieux-Stand, Helmut Schneider, Martigny
Auzan Elizabeth, Fribourg
B. A., Riehen
Bachmann Roger, Cheseaux-Noréaz
Bâloise Assurances, Jean-Michel Boulnoix, Agence de Martigny
Bender Emmanuel SA, paysagistes et Garden-Center, Martigny
Berger Peter, Pully
Bernard Sottas SA, constructions métalliques, Bulle
Bernheim Catherine, Genève
Bernheim Claude et André, Paris
Bestazzoni Umberto, Martigny
BNP Paribas Suisse SA, Genève
Bobst SA, Lausanne
Boreux Gaston, Genève
Bossy Jacqueline, Sion
Boucherie de la Place, José Riesco, Martigny-Bourg
Boucherie Peter Nessier, Münster
Boucherie Valésia, Michel Pysarevitch, Martigny
Bourcart J.-P., IDEAC SA, Ecublens
Bourgeoisie de Martigny
Boutique «Les Mariés de Cédrine», Martigny
Bruchez SA, électricité, Martigny
Buhler-Zurcher Dominique et Jean-Pierre, médecins dentistes, Martigny
Burgener Emmanuel, médecin dentiste, Martigny
Cabinet des Courtiers en Assurances, Stéphane Vannay, Martigny
Café Moccador SA, Louis Chabbey, Martigny
Campeanu Maria, Vétroz
Castion Silvia et Marco, Turin, Italie
Cellier du Manoir, vinothèque, Martigny
Chambovey André, menuiserie, Martigny
Chaudet Marianne, Chexbres
Chavaz Denis, architecte, Sion
Chevron Jean-Jacques, Bogis-Bossey
Cipag SA, Puidoux-Gare
Claivaz Willy, Haute-Nendaz
Classe 1935, Martigny
Clément Joëlle et Pierre, Galerie Clément, Brent
Couchepin Bernard, avocat et notaire, Martigny
Crans-Montana Tourisme, Crans-Montana
D. G., Neuilly-sur-Seine, France
D. A. (Mme), Martigny
D'Ambrosio Vincenzo, Rome
De Haller Yves E., Pully
De Saint Blanquat Evelyne, Villars
De Traz Cécile, Martigny
Debiopharm SA, Rolland-Yves Mauvernay, Lausanne
Del Don Gemma, Gorduno
Delaloye Gaby & Fils SA, Jean-Pierre Delaloye, Ardon
Derveloy Gérald, Martigny
Ducrey Guy, Martigny
Dufour Marcel, Lausanne
Edipresse s.a., direction générale, Lausanne
Egger Heinz, Zurich
En souvenir d'Edouard et de Berthe Anderhub-Zimmermann, Krienz/Lucerne
Entreprise Dénériaz SA, génie civil, béton armé, charpentes, Sion
Etrasa, entreprise de travaux SA, Martigny
Fardel, spécialités alimentaires, Martigny
Feldschlösschen AG, E. Albrecht, Sion
Fischer Edouard-Henri, Rolle
François Madelyne, Lyon, France
Friedli Anne, Martigny
Fumeaux Gabriel, Martigny
Garrone Yannick, Monthey
Gastaldo Yvan, boulangerie, Martigny
Georg Waechter Memorial Foundation, Genève
Gétaz Romang SA, Vevey
Gisling Pierre, Chamby
Givel Edouard et Jacqueline, Anières
Goldschmidt Léo et Anne-Marie, Val-d'Illiez
Grand Gabriel et Chantal, Vernayaz
Grandchamp Claude, Martigny
Grandguillaume Pierre et Cécile, Grandson
Guex-Crosier Jean, Martigny
Hagelberg-Rouxel Reinhild, Meyrin
Hahnloser Bernhard et Mania, Berne
Hauri Arthur-Edouard, Neuchâtel
Héritier & Cie, bâtiments et travaux publics, Sion
Hoffmann Ida, Freudenberg Stiftung, Weinheim, Allemagne
Hopkins Waring, Paris
Hôtel-Club Sunways, Marie-Christine et Marc Laurant, Champex
Huber Suzanne, Genève
Hug Hans-Jürg, Küsnacht
IDIAP, Institut de recherche, Martigny
IMD, Richard Tille, Saint-Prex
Imfeld Gérald, Martigny
Inoxa Perolo et Cie, Centre Magro, Uvrier
Jacquérioz Alexis, vins du Valais, Martigny
Jacquillet Thierry et Marie Annick, Picadilly, Londres
Joehr Jean-Pierre, Ardon
Jotterand François, Saxon
Jung-Power Agnès et Bill, Genève
Kaufman Karen, Zermatt
Kearney-Stevens Kevin et Shirley, Charmey
Kwong Ming, restaurants chinois, Martigny et Lausanne
Lacchini Luigi, Lafin Spa, Crémone, Italie

Lacrouts Roger et Monica, Genève
Lafarge-Cretton Patricia et Roland, Saint-Maurice
Lafont Pierre, Lattes, France
Lambercy Jean-Luc, appareils ménagers, Martigny
Le Gourmet, Hôtel du Forum, Martigny
Lemonnier Pierre, Lens
Les Fils de Charles Favre SA, Sion
Levet Jacqueline, Paris
Levy Evelyn, Jouxtens-Mézery
Lion's Club Sion, Valais romand
Lüscher Monique, Clarens
Luy Hannelore, médecin, Martigny
Lyceum Club International, Neuchâtel
Magnin Gabriel et Maryvonne, Sion
Maillard Alain, Lausanne
Manz Privacy Hotels, Ljuba Manz-Lurje, Zoug
Marcie-Rivière Jean-Pierre, Paris
Masson Louis et Nicolette, Pully
Maus Bertrand, Genève
Metzler Georges, Rolle
Meyer François et Hélène, Montreux
Michellod Gilbert et Fils, Monthey
Möbel-Transport AG, Zurich
Monnet Bernard, Martigny
Morard Jacques-Antoine, Genève
Moreillon Marie-Rose, Genève
Murisier Enseignes, Martigny
Neuwerth & Cie SA, ascenseurs, monte-charge, Ardon
Noir Dominique, Monthey
Nordmann Serge et Annick, Vésenaz
Nydegger Simone-Hélène, Lausanne
Odier Patrick, Lombard Odier & Cie, Genève
Pache Jean-Michel, Vernayaz
Pain Josiane, Londres
Peppler Wilhelm, Montagnola
Perolo Raymond, Restorex, Uvrier-Sion
Perrig Antoine, Sion
Perrin Simone, Martigny
Pfister Paul, Bülach
Piota SA, combustibles, Martigny
Pivarski Georges et Liouba, Paris
Pradervand & Cie, Martigny
Pradervand Mooser Michèle, Chesières
Primatrust SA, Philippe Reiser, Genève
Puech-Hermès Nicolas Philippe, Orsières
Putallaz Mizette, Martigny
Ramoni Raymond, Cossonay
Restaurant «Sur-le-Scex», Werner Ammann, Martigny-Croix
Restaurant «Le Pont de Brent», Gérard Rabaey, Brent
Rethoret Michel, Genève
Rhône-Color SA, Sion
Ribet André, professeur en médecine, Verbier
Ribordy Guido, Martigny
Righini Charles et Robert, serrurerie, Martigny
Rocco Giorgio, Crans-sur-Sierre
Romerio Arnaldo, Verbier
Rosat Anne, Les Moulins
Rossenwasser Andrei, Avry-sur-Matran/Fribourg
Rügländer Elsbeth et Pierre, Lucerne
Schenk Francis, Genève
Schroder & Co. Banque SA, Luc Denis, Genève
Sellerie Grandchamp, Claude Grandchamp, Martigny
Société des Vieux-Stelliens Vaudois, Lausanne
SOS Surveillance, Glassey SA, Martigny
Tarica, Paris
Taverne de la Tour, Martigny
TCM Accessoires, Tullio Cavada, Martigny
Tériade Alice, Paris
Tissières Bernard, Martigny
Treves François, Paris
Tripet-Ruchti Jacqueline, Hauterive
Troillet SA, transports, Martigny
Van Meel Peter, Champoussin
Varrin SA, plâtrerie-peinture, Prilly
Vasserot Lucienne, architecte, Pully
Vêtement Monsieur, Martigny
Visentini Nato et Angelo, Martigny
Visuel de Communication, Michel Dayer, Martigny
Vocat Colette, Martigny
Von Ro - Echafaudages, Charrat
von Tscharner Catharina, Gryon
Vouilloz Liliane et Raymond, Fully
Vouilloz Raymond et Liliane, Fully
Vuilloud Pierre-Maurice, médecin dentiste, Monthey
Wartmann Karl, Thônex
Wenger Fredy, Ecublens
Zuchuat & Raymond SNC, carrelages, Martigny
Zwahlen & Mayr SA, charpente métallique, Aigle

Colonne de bronze à Fr. 250.–

A. Varone SA, vitrerie, Martigny
Abriel Aline, Martigny
Adoc Nettoyage Entretien S.à r.l., C.-G. Jaquemet, Neuchâtel
Aebischer Jean-Pierre, Bienne
Aepli André & Fils, tableaux électriques, Dorénaz
Agid Michelle, Chamonix, France
Air-Glaciers SA, transports aériens, Sion
Alcor SA, Jacques Dubouchet, Vernier
Alesia SA, atelier de précision pour l'industrie automobile, Martigny
Alksnis Karlis, Genève
Allemann-Krieger A., Saint-Légier
Allisson Jean-Jacques, Yverdon-les-Bains
Amherd Jean, Mase
Amy-Bossard Christiane, Zinal
Amrein Franz, Genève
Andenmatten Arthur, Genève
Andenmatten Michel et Stéphane, bureau d'ingénieurs SA, Sion
Andenmatten Roland, Martigny
André Busuioc SA, Genève
Anonyme, Commugny
Anonyme, Lausanne
Anonyme, Le Mont-sur-Lausanne
Anonyme, Martigny
Anonyme, Versailles, France
Antonioli Claude-A., médecin dentiste, Genève
Applitec-Omron Systèmes de caisses enregistreuses, J.-D. Schaltegger, Lausanne
Ardin-Scheibli Maria-Pia, Gingins
Argi Maurice, commerçant, Pully
Arnodin Martine et Antoine, Montrouge
Art Lover, Londres
Arts et Vie, résidence de loisirs, Samoens, France
Assal Patrick, médecin dentiste, Lausanne
Assar Florence, Vich
Atib SA, bureau technique, Martigny
Aubry Jean-Michel, médecin, Chêne-Bougeries
Auto-Electricité, Missiliez SA, Martigny
Avilor S.à r.l., Benoît Henriet, Schiltigheim, France
Avoyer Pierre-Alain, Martigny
Axima Romandie SA, Lausanne
B. M.-H., Sierre
Bachelard Jocelyne, Nyon
Badoux Jean-René, Martigny
Baier Nelly, Sierre
Ballenegger Marcel, Lausanne
Balmer André et Frieda, Küsnacht
Bamberger Béatrice, Neuchâtel
Banderet Georges, revêtements de sols, nettoyages, Martigny
Barbey Daniel, Genève
Barbier-Reusen André et Carla, Saint-Pierre-de-Clages

Barruel-Brussin Patrick, artiste lyrique, Bourgoin-Jallieu, France
Bartholdi Paul et Irène, Nyon
Baruh Micheline, Cologny
Baudry Gérard, Grand-Lancy
Baumgartner Pierre et Marguerite, Ostermundigen
Baur François et Madeline, Rillieux, France
Beck Henri et Jeannine, Pully
Belet Louis-Ph., Vendlincourt
Belgrand Jacques, Belmont
Bellwald Anton-Andreas, Bâle
Benczi Françoise, Zurich
Bender Yvon, serrurerie, Martigny
Beney Jean-Michel, Venthône
Benoit Michel F., Genève
Berclaz Jean-Paul, Sierre
Berclaz Simone, Orsières
Berdat Françoise, Chamoson
Berguerand Anne, Martigny
Berlie Jacques, Miex
Bernasconi Giancarlo, Agno
Bernasconi Sylvie, Troinex
Berne Jacques et Annick, Le Havre, France
Berthoud Jackie, Genève
Berti Nicole, Villars-sur-Ollon
Bertrand Catherine, Genève
Bessero Marianne, Martigny
Betschard Isabelle, Thônex
Bezençon Michel, Erde
Bezinge Albert, Sion
BFF & Associés, Marcel Pilet, Lausanne
Biaggi André, directeur UBS SA, Crans
Bich Sabine, Nyon
Bideaux Alain, Foucherans, France
Bigler Alain, Genève
Billaud Sophie, Yverdon-les-Bains
Binz Urban, Saint-Sulpice
Bircher Carole, Verbier
Bischof Louis et Jeannette, Muntelier
Bischofberger Irmgard, Chêne-Bourg
Blanc Jacky, Monthey
Blank Sanford, Fishers Island, USA
Blaser André et Marie-Jeanne, Prangins
Bloch Raymond C. et Monique, médecin dentiste, Berne
Blum Jean et Tatiana, Gstaad
Boers Ettie, Borex
Boiseaux Christian, Annecy, France
Boissier Marie-Françoise, Verbier
Boissonnas Jacques et Sonia, Thônex
Bollin Dorothée, Martigny
Bolomey Marianne, Trimbach
Bonvin Louis, Crans-sur-Sierre
Bonvin Roger, architecte, Martigny
Bonvin Rosemary, Monthey
Bonvin Venance, Lens
Bordet Gaston, Besançon, France
Bordoni Silvia, Lugano
Boucherie de Châtelaine, Bernard et Chantal Menuz, Châtelaine
Boucheron Alain, Prangins
Bourban Narcisse, ingénieur, Haute-Nendaz
Bourgeois Huguette, Genève
Bourges Pierre, Chamonix, France
Bourlard Hervé, Martigny
Bovier Josiane, Clarens
Bozzi Aldo, Corsier-sur-Vevey
Brabeck Carolina, L'Oréal, Carouge
Bretz Carlo et Roberta, Martigny
Bridel Frank, Blonay
Broekman - van der Linden Queenie, Hilversum, Pays-Bas
Brossy Liliane et Claude, Echandens
Bruchez Jean-Louis, Martigny
Brünisholz Lynda, Vevey
Buchs Jean-Gérard, Haute-Nendaz
Buchs Michel, Ardon
Bucofi SA, Saint-Maurice
Bureau d'architecture, Philippe Brochellaz, Martigny
Bureau Technique Moret SA, Martigny
Buriat Jean-Louis, Paris
Burki Marcel, Lausanne
Burri-Dumrauf Irma et Pierre, Croix-de-Rozon
Burrus Yvane, Crans
Buser Niklaus et Michelle, Le Bry
Butler Angela, Genève
C. J., Lyon, France
Café-restaurant de Plan-Cerisier, Roger Terrettaz, Martigny-Croix
Caillat Claude, Lausanne
Caille Suzanne, Prangins
Calandra Micheline et Pierre-Marie, Peseux
Campanelli Rocco et Silvia, Plan-les-Ouates
Campanini Claude, cabinet médical FMH, La Chaux-de-Fonds
Campion Jean-Claude, Gampel
Camporini Yolande, Bossey, France
Cand Jean-François, Yverdon-les-Bains
Canonica Margrit, Horw
Cardana Cristiano, Verbania-Pallanza, Italie
Carenini Plinio, Bellinzone
Carline Automobile Boisset SA, Martigny
Carron Anita, Coutellerie Carron, Martigny
Carron Josiane, Fully
Carruzzo Georges, Pully
Cart Madeleine, Besançon, France
Cartier Jacqueline, Genève
Castella Pascal et Eliette, Saint-Pierre-de-Clages
Cavallero Yolande, Vandœuvres
Cavé Jacques, Martigny
Caveau des Ursulines, Gérard Dorsaz, Martigny-Bourg
Ceffa-Payne Gilbert, Veyrier
Cerez Jean-Pierre et Gisèle, Chancy
Cert SA, Martigny
Cesaris Filippo, Milan, Italie
Chable Daniel et Laurence, Chexbres
Chalvignac Philippe, Paris
Chanton Josef-Marie et Marlis, Viège
Chapatte Francis, Grandvaux
Chapman Andrew, Bâle
Chapon Jean, médecin, Triors, France
Chappaz Claude, avocat et notaire, Martigny
Chappot SA, solutions informatiques, Martigny
Chatillon Françoise, Laconnex
Chaussures Alpina SA, Martigny
Chevalley-Vouilloz Annette, Onex
Cidel SA, Jean-Pierre Girard, Lutry
Ciocca-Ruchet Mary-Claude, Lausanne
Citroen Olga, Villars-sur-Ollon
Clerc Jean-Michel, Martigny
Clivaz Fabienne, Genève
Closuit Jean-Marie, avocat et notaire, Martigny
Closuit Léonard, Martigny
Closuit Marie-Thérèse, Martigny
CMD Hôtels et Restaurants SA, Lausanne
Cohen Luciano Pietro, Genève
Collège de Bagnes, Le Châble
Collin Robert, Les Rousses, France
Collombin Gabriel, Les Granges
Colomb Geneviève et Gérard, Bex
Comba Ina, Nyon
Commune de Bagnes, Le Châble
Commune de Martigny-Combe
Compagnies de Chemins de Fer, Martigny-Châtelard, Martigny-Orsières
Comptoir Suisse, Lausanne
Computerlove SA, Gilbert Darbellay, Martigny
Comte Geneviève et Hervé, Pharmacie de la Gare, Martigny
Comte Philippe, entrepreneur, Genève
Constantin Jean-Claude, pépinière et jardinerie, Martigny
Constantin Nadia, Montana
Coppey Charles-Albert et Christian, bureau d'architecture, Martigny
Copt Aloys, Martigny
Copt Marius-Pascal, avocat et notaire, Martigny
Couchepin François, Lausanne
Cousin Bernard, Fleurier
Cravino Luigi, Frassinello, Italie

Crettaz Arsène, Assurances, Martigny
Crettenand Dominique, vitrerie-encadrements, Riddes
Crettenand Narcisse, Isérables
Crettex Bernard, droguerie-herboristerie, Martigny
Crettex Germaine, Petit-Lancy
Crettex Reber Evelyne, Sous-Préfet du District de Sion, Sion
Cretton Bernard, Monthey
Cross Peter et Valérie, Ollon
Crot Eric, médecin dentiste, Yverdon-les-Bains
Cuendet J.-F., professeur honoraire FMH ophtalmologie, Pully
Cuennet Marina, Echallens
Cuenod & Payot SA, entreprise de génie civil et bâtiment, Lausanne
Cunningham-Reid Helene, Gstaad
Curchod Liliane, Onnens
Curinga Félix, Pully
Cusani Josy, Martigny
Cuypers Marc et Maret Roland, Martigny
Dallèves Anaïs, Salins
Damoiseau Philippe, Blonay
Dapples-Chable Françoise, Boudry
Darbellay Jean-Paul, architecte, Martigny
Darbellay Michel, atelier photo, Martigny
Darbellay Paule, Martigny
Darbellay Paulon et Willy, Martigny
D'Arcis Yves, Pomy
Darioli Fabien, Martigny
d'Auriol Olivier, Pully
de Buman Jean-Luc et Marie-Danièle, Epalinges
de Candia Florence, Pully
De Haller Emmanuel B., Thalwil
de Kalbermatten Anne-Marie et Jean-Pierre
De Kalbermatten Isabelle, Salvan
de Montmollin Violaine, Neuchâtel
De Peyer Béatrice, Onex
de Preux Marie-Madeleine, Verbier
de Rambures Francis, Verbier
De Torrenté Bernard, Sion
Debrunner SA, Philippe Darbellay, Martigny
Décaillet Charles-Henri, Troistorrents
Defago Daniel, Veyras
Delacretaz Bernard, Lausanne
Délez Charly, Martigny
Delgado Francisco, Vandœuvres
Della Torre Carla, Arzo
Deller Maurice, Mollie-Margot
Dely Isabelle et Olivier, Martigny
Denis Paulette, Genève
Desbois Gérard, Saint-Louis, France
Dessarzin Dominique, Lausanne
Diacon Philippe, La Tour-de-Peilz

Didierjean Liliane, Genève
Diener-Carton Robert, Montreux
Diethelm Roger, Carbona SA, Sion
Dirac Georges-Albert, Martigny
Djokitch Christine et Alexandre, Genève
Dolder Denise et Pierre, Morgins
Donatella Rosa-Doudin, Lincoln, USA
Donette Levillayer Monique, Orléans, France
Dorsaz François, bureau technique, Martigny
Dorsaz Pierre, architecte, Verbier
Dovat Viviane, Cointrin
Doy Jacques et Nella, Anières
Drabbe-Seemann Virginia, Verbier
Dreyfus Pierre et Patricia, Bâle
Driancourt Catherine, Hermance
Droz Marthe, Sion
du Parc Locmaria Brigitte, Paris
Dubach Hermine-Hélène, Grand-Lancy
Dubath Jean-Yves, Lausanne
Duclos Anne et Michel, Chambésy
Ducrey Jacques, médecin, Martigny
Ducry Alexandre et Ott Alexandra, Martigny
Dunant Yves, Chexbres
Duperrex Elisabeth, La Tour-de-Peilz
Duplirex, L'Espace Bureautique SA, Martigny
Durand Benoît, Lausanne
Durand Dominique, Paris
Durandin Marie-Gabrielle, Monthey
Duriaux André, Genève
Duruaz Anne, Cologny
Dutoit Bernard, Lausanne
Eberhard Michael et Gunda, Chamoson
Eckert Jean-François, Les Marécottes
Ecol'Arts, Nicole Giroud, Martigny
Edholm Per, Lausanne
Egger Erwin, Allianz - Suisse, Fribourg
Ehrbar Ernest, Lausanne
Ehrsam Jean-Pierre, Aigle
Eicher Peter, Paderborn, Allemagne
Eisenhardt Christoph et Anne, Baar
Elalouf Alin, Le Mont-sur-Lausanne
Electricité d'Emosson SA, Martigny
Electro-Industriel SA, Martigny
Elettricità Cavalli SA
Emonet Joseph SA, commerce de fers, Martigny
Emonet Philippe, médecin, Martigny
Entreprise Gay SA, Gérard Gay, Choëx
Etienne Régis, Dardilly, France
Evreinow Alexandra, Sion
Faessler Georges, Pully
Falciola Jean-Claude, Genève
Falkenburger Paul, Grimisuat
Fallou Pierre-Marie, Artenay, France

Famé Charles, Corseaux
Fanchamps Nadine, Zermatt
Farage Vincent, Fribourg
Farine Françoise, Thônex
Fauquex Arlette, Genève
Faure Isabelle, Verscio
Favre Myriam, Genève
Favre Olivier, Lavey-Village
Favre Roland R., Stallikon
Favre-Crettaz Luciana, Riddes
Favre-Emonet Jean-Bernard et Michelle, Sion
Febex SA, Paul Brunner, Bex
Feiereisen Josette, Bulle
Fellay Michèle et Luc, Martigny
Ferrari Olivier, Jongny
Ferrari Pierre, Martigny
Ficasion, matériel incendie, Anne-Brigitte Balet Nicolas, Riddes
Fiduciaire Duc-Sarrasin & Cie SA, Martigny
Fiduciaire Laurent Bender SA, Martigny
Fiechter Michèle, Conches
Fillet Jean, pasteur, Thônex
Filliez Bernard, Martigny
Fischer Alain, Cortaillod
Fischer Hans-Jürgen, médecin-chef, Alle
Fischer Sonia, Thônex
Fixap SA, entretien d'immeubles, Monthey
Flipo Jérôme, Tourcoing, France
Foire du Valais, Martigny
Folly Jannick, Fribourg
Fondazione Orchidea, Mauro Regazzoni, Riazzino
Forclaz Geneviève et Roger, Berne
Fortini Christiane, La Rippe
Frachebourg Jean-Louis, Sion
Fraissinet Marguerite, Saint-Sulpice
Franc Robert, Martigny
Franzetti Fabrice, architecte, Martigny
Franzetti Joseph, architecte, membre de la SIA, Martigny
Frass Antoine, Sion
Frehner & Fils SA, Martigny
Frey Joan, Genolier
Froidevaux Anne-Claude, Onex
Fulchiron Roland et Bernadette, Ecully, France
Fumex Bernard, Evian, France
Furrer Jean-François, Chêne-Bougeries
Fustinoni Andrea, Ecublens
G. F. M., Genève
Gagneux Eliane, Bâle
Gaillard Herrera Pérez María et Christophe, Martigny
Gaillard Robert, Genève
Galeazzi Jacqueline et Gilbert, Martigny

Galerie du Rhône SA,
Pierre-Alain Crettenand, Sion
Galland Christiane, Romainmôtier
Galletti Charles-Henri, Monthey
Ganzoni Blandine et Philippe, Genève
Garage Auto Bob, Philippe Buthey,
Martigny
Garage Check-point, Martigny
Garage de Verdan, Fully
Garage Olympic, A. Antille, Martigny
Garance Gabriel, Meyrin
Gardaz Jacques, Vevey
Gaspoz Pierre, Ostermundigen
Gaudin Georges, Sion
Gault John, Orsières
Gautier Jacques, avocat, Genève
Gay-Crosier François, Verbier
Gebhard Charles, Küsnacht
Gebruers Frédéric, Carouge
Gedon Jacques, Martigny
Geiser Clinton E., Blonay
Geissbuhler Frédéric, Auvernier
Gemünd Danièle, Castelveccana/Varese,
Italie
Genoud Antoine, Sion
Genton Etienne, Monthey
Georg Jean-William, Grandson
Georges André, Chêne-Bougeries
Gianadda Géraldine, Martigny
Gianadda Gilberte, Martigny
Gianadda Laurent, No Comment,
Martigny
Giclo S.à r.l., peinture, Martigny
Gilliéron Michel, Corcelles
Gips-Union SA, Martigny
Girod Dominique, Genève
Girod Erika et Charles, Zurich
Giroud Léon, transports et terrassements,
Martigny
Giroud Pierre, Martigny
Glinne Pascale, Belmont-sur-Lausanne
Gloor Mario, Genève
Godefroy Hubert, Albertville, France
Golay Brigitte et André, Martigny
Golaz Edmond, Genève
Gontard-Delvermoz Anne-Marie,
Saint-Didier-au-Mont-d'Or, France
Gonvers Serge, Vétroz
González Manuel, Villars-sur-Glâne
Gorgemans André, Verbier
Goyon-Segura Danièle, Evian, France
Graf-Amsler Hermina et Alfred, Clarens
Gram SA, René Beck, Villeneuve
Grandjean Claude, Le Mont-sur-Lausanne
Granges Jean-Claude,
Tea-room «Les Arcades», Fully
Grasso Carlo, peintre, Calizzano, Italie

Grimler Pierre, Fonds de prévoyance,
Chêne-Bourg
Gudefin Philippe, Verbier
Guelat Laurent, Fully
Guex Pascal, Martigny
Guex-Crosier Jean-Pierre, Martigny
Guggenheim Josi, Zurich
Guigoz Françoise, Vex
Guillemin Pierre, Bernex
Guinchard Jean-Marc, Genève
Guinnard Fabienne, Lausanne
Günther Alfred, Filisur
Gurtner Gisèle, Chamby
Haenny Rodolphe, Lausanne
Halle Maria et Mark, Givrins
Halperin Noemi, Genève
Hart-Albertini Karen, Verbier
Hauser Aude, Versoix
Heintz Bertha, Monthey
Held Roland, La Tour-de-Peilz
Henchoz Michel, Aïre
Henneberger Christiane, Lausanne
Héritier Josiane, Savièse
Hervé Jacques et Evelyne,
Maurecourt, France
Heyd Pascale, Genève
Hintermeister James, Lutry
Histoire & Voyages, Philippe André,
Lausanne
Holmes Inez, Ferney-Voltaire, France
Horisberger Eliane, La Chaux-de-Fonds
Horn Benoît, Soultz, France
Hôtel Bristol, Verbier
Hôtel Mont-Rouge, Jean-Jacques Lathion,
Haute-Nendaz
Hôtel de la Poste, Famille Claivaz,
Martigny
Hôtel de Ravoire, Ravoire
Hôtel du Rhône, Otto Kuonen, Martigny
Hôtel Eden, Patrick Barras,
Crans-sur-Sierre
Hôtel Faucigny, Chamonix, France
Hôtel-restaurant du Catogne,
Famille Favez, La Douay, Orsières
Hottelier Jacqueline, Plan-les-Ouates
Hubin Colette, Lausanne
Hübscher Manuela, Collex
Huet Marika, La Rippe
Hug Pierre, Birmensdorf
Hugenin Rose-Marie, Neuchâtel
Hugon Renée, La Tour-de-Peilz
Hummel Charles, ancien ambassadeur,
Saxon
Hunziker Ruth, Veyrier
Hurni Bettina S., Genève
Imhof Anton, La Tour-de-Peilz
Imhof Charlotte, Vichères

Impresa di Pittura, Attilio Cossi, Ascona
Imprimerie Commerciale de Martigny SA
Imprimerie Schmid SA, Sion
INGESCO SA, Air Center, Vernier
Invernizzi Fausto, Quartino
Iori Ressorts SA, Charrat
Irisarri Marie-Elisabeth, Genève
Iso-Dog, J.-J. Tharin, Cossonay
Jaccard Francis, physiothérapie, Martigny
Jaccard Jacqueline, Chêne-Bougeries
Jaccard Marc, Morges
Jackson Marie-Christine, Lausanne
Jacquérioz Michel, architecte, Martigny
Jacquier-Delaloye Anne, Savièse
Jagstaidt Véronique, psychologue-
psychothérapeute, Evian, France
Jallut SA, peinture et vernis, Bussigny
James Roundell Ltd, Jocelyne Keller,
Genève
Jan Gloria, Lausanne
Jaquet Albert, Clarens
Jawlensky Angelica, Minusio
Jeanneret Claude,
Fiduciaire de Malagnou SA, Genève
Jeannot Michel-Georges,
Clermont-Ferrand, France
Jeanrenaud Ingrid, Montana
JohnsonDiversey, Pierre Kuhn, Lausanne
Joliat Jérôme, Genève
Joly Marie-Laure, Küsnacht
Joris Françoise, Agence du Lac,
Champex
Jotterand Michèle, Vessy
Jouvray Christiane, Société ITTAC,
La Mure, France
Jovanovic Jovan et Vukica, Genève
Juda Henri, Dexi Banque privée SA,
Lausanne
Jules Rey SA, Crans
Jung Chantal et Urs, Chapelle-sur-Glâne
Kaba Gilgen SA, Sion
Kaiser Peter et Erica, Saint-Légier
Kapsopoulos Théophanis,
chef d'orchestre, Fribourg
Karl Meyer SA, Le Mont-sur-Lausanne
Kaspar SA, Philippe Bender, Martigny
Kaufmann Peter G., Lausanne
Kegel Sabine, Genève
Keller Annette et Gibbs Sandra, Nyon
Kerstin Karbe, Petit-Lancy
Kessler Didier, Genève
Kilp Winfried et Angelika
Kindler Philippe et Anne-Marie,
La Conversion
King Lina, Vésenaz
Kirchhof Sylvia, Carouge
Klaus André, Arweg SA, Epalinges

Kleiner Max, Staufen
Koeppel Catherine, Fully
Kohler Catherine et Robert, Yverdon-les-Bains
Krafft Pierre, Lutry
Krayenbühl Thomas, Jona
Krüger Otto, Sion
Krumwieh Dorothée, Genève
Kuonen Claude, Success Communications SA, Pully
Kurmann Jean-Paul, Monthey
La Genevoise, Guy Quinodoz, agent général, Sion
La Griffe Ausoni SA, Lausanne, Montreux, Villars
La Semeuse, Marc Bloch, La Chaux-de-Fonds
Lacombe François, Chambéry
Lacroix Alain, Villars-sur-Ollon
Lacroix Rolande, Gryon
Lak Willem et Caroline, Les Granges/Salvan
Lambelet Charles-Edouard, Glion
Langenberger Christiane, Conseillère aux Etats, Romanel-sur-Morges
Langraf Madeleine, Vevey
Lanzoni Rinaldo, Genève
Latour Claude, La Conversion
Lauber Joseph, Martigny
Laubhus AG, Rüfenach
Laumonier François, Consul général de France, Genève
Lehner et Tonossi SA, aciers-quincaillerie-mazout, Sierre
Lejeune Jean-François, Bellevaux, France
Lendi Beat, cabinet médical, Prilly
Léonard Gary, Ravoire
Léonard Patrick, Etagnères
Leonardon Dominique, Zurich
Lévy Guy, médecin directeur de la CRS, Fribourg
Lewis-Einhorn Rose N., Begnins
Lieber Anne et Yves, Saint-Sulpice
Lilla Marcelle, Genève
Limacher Florence et Stern Richard, Eysins
Linsig-Marti Elsa, Val-d'Illiez
Livio Annie, Le Mont-sur-Lausanne
Locatelli Pompeo, Milan, Italie
Locher-Frey Anna Vera, Muri bei Bern
Locht Jean-Louis, Veyras
Lonero Pimpi, Rome
Lonfat Juliane, Martigny
Lorenz Claudine et Musso Florian, Sion
Loretan Barthélemy, L'Atelier de Saillon, Saillon
Losmaz Jacqueline, Le Lignon
Lucchesi Fabienne, Neuchâtel
Lucchesi Serenella, Monaco
Lucchini & Fils, fabrique de peinture, Genève
Luce Fabrice, Galmiz
Lugon Bernard, médecin dentiste, Martigny
Lugon Moulin Elisabeth, Grimisuat
Luisier Adeline, Berne
Lüscher Bernhard et Marianne, Winterthur
Lustenberger-Zumbühl Werner et Annelies, Littau
Lux Frédéric, Genève
M. F., Sion
Mabilon Frédérique, Genève
Machado Alvaro, Lausanne
Maetzler Anne-Marie, La Fouly
Maier Walter, Roche
Maillard Gaston-François, Lausanne
Malard Raoul et Brigitte, Martigny
Mamon Delia, Verbier
Marchand Yves-Olivier, Onex
Marin Bernard, Martigny
Martin Isabelle, artisane, Apples
Martin Nicole, Paris
Martin Suzanne, Bottmingen
Massard Rita, Martigny
Masson André, avocat et notaire, Martigny
Massot Dominique, Genève
Maurer Willy et Jacqueline, Riehen
Maurer Yolande, Martigny
Mauris Bernard, Plan-les-Ouates
Mechta Nasria-Myriam, Association Les enfants de personne, Sion
Méga SA, traitement de béton et sols sans joints, Martigny
Mello Ceresa Emanuela et Emiliano, Sordevolo, Italie
Mendes de Leon Luis, Champéry
Menétrey-Henchoz Jacques et Christiane, Porsel
Mercier Michèle, Russin
Méribé, service d'entretien d'ascenseurs et monte-charge, Riddes
Merz Otto, pasteur, Uitikon
Mestdjian Marie Amahid, Genève
Métrailler Mario, Martigny
Métrailler Pierrot et Eléonore, Sion
Métral Raymond, Ravoire
Mettler Elisabeth et Alfred, Möhlin
Meunier Gérard, La Chaux-de-Fonds
Meyer Daniel, La Tour-de-Peilz
Meyer Urs, Founex
Miauton Pierre-Alex, ingénieur agronome, Bassins
Michaël Zuber SA, Lausanne
Michaud Marcel, Paris
Michelet Freddy, Sion
Michellod Guy, chauffage et sanitaire, Martigny
Michellod-Rossier Marie-Thérèse, Leytron
Miglioli-Chenevard Magali, Pully
Misteli Yvette Rachel, Neuchâtel
Mittelheisser Marguerite, Illzach, France
Mivelaz Olivier, Ovronnaz
Moillen Marcel, Martigny
Moillen Monique, Martigny
Mollard André, Genève
Mommeja Bernard, Genève
Monnard Christian et Gabrielle, Martigny-Croix
Monnet Gertrude, Genève
Montfort Evelyne, Hauterive
Morand Mathilde, Genève
Moret Georges, Martigny
Moser Jean-Pierre, Lutry
Motel des Sports, E. Grognuz/Biselx, Martigny
Mottiez Michel, Saint-Maurice
Mouthon Anne-Marie, Neuchâtel
Müller Christophe et Anne-Rose, Berne
Murith-Descloux Jean et Christine, Fribourg
Muselik Dana, psychologue FSP, Lausanne
Nagovsky Tatiana, Genève
Nahaï Aimée, Chernex
Nahon Philippe, Courbevoie, France
Nanchen Josiane, Martigny
Nejad Ruth G., Chailly-Montreux
Nickel-Darbellay Liliane, Vernayaz
Nicolazzi René, Genève
Nicolet Olivier, Martigny
Nicollerat Combustibles, Martigny
Noisard Marie-Thérèse, Moutier
Noordenbos-Huber Marianne, Eindhoven, Pays-Bas
Nosetti Orlando, Gudo
Novarina Catherine, Thonon, France
Novati Manuela, Peschiera Borromeo, Italie
Nuñes Eduardo et Isabel, Martigny
Obrist Reto, médecin, Sierre
Oertli Barbara, Genève
Oetterli Anita, Lommiswil
OLF SA, Corminbœuf
Oliva Olivia, Lausanne
Olsburgh Nelly et John, Pully
Ott Pierre-Alain, médecin dentiste, Genève
Otten J. D., Waalre, Pays-Bas
Ouari Khemissi, Setif, Algérie
P. Y. G., anonyme, Genève
Pabsch Elisabeth, Bonn, Allemagne
Paccolat Fabienne, Martigny
Panigas Magda, Hôtel-restaurant-pizzeria de la Douane, Martigny
Papilloud Jean-Claude, CREACTIF, Martigny

Parchet Maria, Clarens
Pâris-Hamelin Annette, Boulogne, France
Pasquier André, médecin, Saxon
Pasquier Jean et Bernadette, Martigny
Paul François, Ollon
Pauzé Mariette, Sierre
Pefferkorn Jean-Paul et Michèle, Limoges, France
Pegurri Simone, Lausanne
Pellaud Charly, Restaurant La Boveyre, Epinassey
Pellaud René, Martigny
Pellouchoud Janine, Martigny
Pépinières Bollin, arbres fruitiers et d'ornement, Martigny
Perito Patrizia, Chavannes-de-Bogis
Perraudin Georges, Martigny
Perréard Patrick, Genève
Perret Alain, Vercorin
Perrier Jean-Louis, Neuchâtel
Perrin Catherine, Montreux
Perrin Charly, relieur-encadreur, Martigny
Perruchoud Lucien, Réchy
Perthuis Gwilherm, Amancy, France
Pesant Virginie, Conches
Petch Anna, Verbier
Petek Dubravka et Antonino, Préverenges
Peten Evelyne, Lauenen
Petersen Yvette, Saint-Maurice
Petite Jacques et Marie-Françoise, Martigny
Petit-Tahier Jacqueline, Beaune, France
Petroff Michel et Claire, Le Grand-Saconnex
Pfändler Simone, La Chaux-de-Fonds
Pfister Germaine, Ayer
Pfyffer Marie-Christine, Neuchâtel
Phenix Assurances, Lausanne
Philippin Bernard, Attractions du Châtelard, Le Châtelard
Phillips Monique, Lausanne
Piatti Jean-Jacques, Sion
Picard-Billi Bianca, Chevreuse, France
Pignat Daniel, Plan-Cerisier, Martigny-Croix
Pilet Jean-Marie, historien d'art, Lausanne
Pillet Liline, Martigny
Pillonel André, Genève
Pillonel Bernard, Kuala Lumpur, Malaysia
Pilloud Adelaïde, Marchissy
Pitteloud Anne-Lise, Sion
Pittet Pierre, Moiry
Piubellini Gérard, Lausanne
Plaut Anita, Genève
Poinssot Marie-Cécile, Garches, France
Polli et Cie SA, Martigny
Pommery Philippe, Verbier
Pont René-Pierre, Granges
Portianucha Alex, photographe, Genève
Pralong Jean, bureau d'ingénieurs civils, Saint-Martin
Praz Bernadette, Sion
Preisig Heinz, Photo Studio, Sion
Préperier Michel, Le Châble
Probst Elena, Lisbonne
Progin Roland, Peseux
Pufke Siegfried, médecin, Menden
Puhl Lore, Champex
Puippe Janine, Ostermundigen
R. M. + N. M. Thurau Dafflon, Widen
Raboud Jean-Joseph, Köniz
Radvila Andreas, Mollens
Raemy Michel, Bulle
Raggenbass-Couchepin René et Florence, Martigny
Ramseyer Jean-Pierre, Grimisuat
Rausing Birgit, Tetra Pak
Rausis Maurice, Martigny
Raymond Jean, Chernex
Reber Guy et Edith, Collonge-Bellerive
Rebord Mario, Martigny
Rebord Philippe, Sullens
Rebstein Gioia et François, La Conversion
Redalié Tatiana, Genève
Régie Bersier & Cie, Philippe et Wiebke, Les Acacias
Reichenbach Myriam, secrétaire, Sion
Reicke Ingalisa, Bâle
Reisser André, Berne
Renck Yvette, Monthey
Renout Marie-Thérèse et Pierre, Murist
Repellin Marc et Pascale, Albertville, France
Restaurant «Le Bourg-Ville», Martigny
Reutersward Carl Frederik, Bussigny
Reverdin Claude, Genève
Reymond Anne-Catherine, Lausanne
Reymond-Rivier Berthe, Jouxtens-Mézery
Richard Hubert, Paris
Rieder Systems SA, Lutry
Rinaldi Roselyne, Vouvry
Ritou Jean et Hélène, Paris
Ritter Ernest et Albina, Lausanne
Rivier Françoise, Aïre
Rivier-Aviragnet Sylvaine
Robert André, Neuchâtel
Roberts Ian, Pully
Robinet André et Henry Daniel, Fontaine-lès-Dijon, France
Robinson-Svoboda Madeleine, Montreux
Rochat Michèle, Lausanne
Rodin Stratégies SA, Villars-sur-Ollon
Roduit et Michellod, appareils ménagers, Martigny
Roduit Georges, fournitures industrielles, Martigny
Rollason Michèle, Genthod
Romani Adami Cecilia, Milan, Italie
Romero Jean-Paul, Lutry
Rondi-Schnydrig Marie-Thérèse, Pfäffikon
Roos Susy, médecin, Gerzensee
Rossetti Etienne, ingénieur EPFL, La Tour-de-Peilz
Roth Elisabeth, Genève
Rouiller Bernard, Praz-de-Fort
Rouiller Jean-Marie, Martigny
Roulin Charles, Genève
Roux Jennifer, Lugrin
Roux Roland, Pully
Ruchat René Armand Louis, Versoix
Rudaz Roger et Hertha, Monthey
Rybicki Jean-Noël, luthier, Sion
S. J., Genolier
S. I. P. Sécurité SA, Vernayaz
Sables & Graviers Schiffenen SA, Villars-sur-Glâne
Saint-Denis Marc, Vandœuvre-lès-Nancy, France
Salamin Electricité, Martigny
Salvadori Giovanna, Bergame, Italie
Salvan Paul et Franziska, Avully
Sandoz François et Isabelle, Chamoson
Sarrasin Monique, Bovernier
Sarrasin Olivier, Saint-Maurice
Saudan Georges, Martigny
Saudan Pierre, Martigny
Saunier Jacques, Genève
Saur Christoph, Heidenheim, Allemagne
Sauret Huguette, Tassin, France
Sauthier Edmond et Michèle, Martigny
Sauthier Marie-Claude, Riddes
Sauty Irène, Genève
Sauty Marie, Denens
Schaller Julie et Dominique, Onex
Schaub Elisabeth, Chavannes-de-Bogis
Scheidegger Frédéric, Martigny
Schelker Markus, Oberwil
Schellenberg Marie-Claire, Sion
Schenker Erna, Corsier
Scheurer Gérard, Aigle
Schiller Hans, neurologue FMH, Zurich
Schlup Hansrudolf et Juliette, Môtier
Schmid Bernard, MOM Consulting SA, Martigny
Schmid Monique, Saconnex-d'Arve
Schmidt Jürgen, Wiesbaden, Allemagne
Schmutz Aloys, Conthey
Schmutz Doris, Brione
Scholer Urs, Blonay
Schulthess Maschinen SA, Lausanne et Chalais
Schwartz Jean-Pierre et Pascale, Sallanches, France
Schweiger Ian, Founex

Secretan Arnaud et Marie-Pierre, Paudex
Séris Geneviève et Jean-François, Chamonix, France
Servoz Henri, Verbier
Sibilla Christiane, Crans
Sieber Hans-Peter, Mörigen
Siegenthaler Marie-Claude, Tavannes
Simond Denis, Pully
Simonetta Anne-Lise, Ravoire
Simonin Josiane, Hauts-Geneveys
Sitbon Diana, Vessy
Sleator Donald, Lausanne
Smith Hector, Montreux
Société d'Electricité, Martigny-Bourg
Société des Cafetiers de la Ville de Martigny
Sola Didact, Martigny
Solot Liliane, Crans-sur-Sierre
Soulier Alain, Crans-sur-Sierre
Soulier Jacqueline, Genève
Sousi Gérard, président d'Art et Droit, Lyon, France
Spira Jean, Porrentruy
Stahli Georges, Collonge-Bellerive
Stähli Regula, Nidau
Stalder Mireille, Meyrin
Stamm Roger, Oberwil
Station Combustia, Martigny
Steeg François, Crans-sur-Sierre
Stefanini Giuliana, Bernex
Stelling Nicolas, médecin dentiste, Estavayer-le-Lac
Stephan SA, constructions métalliques, Givisiez
Stettler Martine, Martigny
Stricker Marie-Claude, Vevey
Strohhecker Pierre, Gland
Strub To et Irina, Filmstudio 2S, Thoune
Strübin Peter, Viège
Suchet Dominique et Emmanuel, Toussieux, France
Suter Ernest, Staufen
Suter Madeleine, Au Grizzly, Grand-Saconnex
Suys Jean-François, Chardonne
Tabin Marie-Claire, Sierre
Taillandier René, Paris
Tanner Jeanne, Lavey-Village
Tartrifuge SA, A. Calderari, Ecublens
Thalmann Liliane, Muri
Theumann Jacques, Saint-Sulpice
Thiébaud Alain, Peseux
Thiebaud Fred, Verbier
Thiriaux Paule, Tournai, Belgique
Thomann Pierrette, Chernex
Thomas Aldo, Saxon
Thomas Marie Clotilde, Chamonix, France
Thompson Gerry, Verbier
Tiemstra Johanna et Gabriel, Mayens-de-Riddes
Tissières André, médecin dentiste, Martigny
Tomme Jean-Jacques, avocat, Thonon, France
Tonascia Pompeo, Ascona
Töndury-Diebold Claudia, Wollerau
Tonossi Michel, Sierre
Tornay Paul-René, Le Bioley-Salvan
Torosantucci Sandra, La Chaux-de-Fonds
Torrione Joseph, Sion
Touw Danny, Brent
Touzet Dominique, Verbier
Trachsel Ernst et Liselotte, Münchenbuchsee
Trento Longaretti, Bergame, Italie
Triebold Pierre, médecin dentiste, Martigny
Troillet Jacques, institut de physiothérapie, Martigny
Tschan Therese, médecin, Laufen
Tscholl Heinz-Peter, Gams
Türler A. W., Genève
Tyco Système SA, technique de sécurité, Préveranges, France
Ucova, Sion
Udressy Ginette, Monthey
Unverricht Arlette, Bussigny
Vallotton Electricité, Martigny
Valorisations Foncières SA, Genève
Van Prooyen P. C., Rotterdam, Pays-Bas
Van Schelle Charles, Haute-Nendaz
Vegezzi Aleksandra, Genthod
Venetz Annie-Moria, psychologue, Sion
Verhagen Johanna, Val-d'Illiez
Vernaz Nathalie, Monthey
Vetsch Rose-Marie, Renens
Veyssière Marie-Charlotte, Le Perreux, France
Viansone SA, R. + G. Dafflon et J. Noverraz, Meyrin
Videsa SA, Sion
Vilchien Ingrid, Chêne-Bourg
Vion Josette, Thörishaus
Viotto-Sorenti M.-Cristina, Courmayeur, Italie
Vogel Pierre et Liline, Saint-Légier
Voillat François, Eaunes, France
Voirol Denis, Val-d'Illiez
Vollenweider Ursula, Genolier
Von Allmen Elfie, Verbier
Von der Weid Hélène, Villars-sur-Glâne
von Mandach Claire, Habstetten
Von Muralt F. Peter, Zurich
Von Orelli Jacques et Barbara, Château-d'Œx
Vouga Anne-Françoise, Morges
Vouilloz Claude, Saxon
Voyame Elisabeth, Vevey
Vuillaume R. SA, Robert Vuillaume, Genève-Châtelaine
Vuilleumier Denise, Genève
Vuilleumier Leila et Henri, Pully
Wachsmuth Anne-Marie, Genève
Wadsworth Clare, Condom, France
Waegeli Gilbert et Pierrette, Meinier
Waldvogel Guy, Prangins
Walewski Alexandre, Verbier
Walewski-Colonna Marguerite, Verbier
Walker Catherine, Genthod
Walz Elke et Gerhard, Epalinges
Wasem Marie-Carmen, Sion
Weisbrod Joséphine, Coinsins
Wey Heidi, Monthey
Widmer Karl, Killwangen
Wild Anne-Marie, Les Mosses
Winkelmann Ingrid, Dünsen, Allemagne
Wolfs Peter J., Haute-Nendaz
Wurfbain Elisabeth, Haute-Nendaz
Wyss Anne-Cécile et Gérald, Chêne-Bougeries
Zanetti-Minikus Guido, Füllinsdorf
Zanzi Luigi, professeur, Varese, Italie
Zbinden Michelle, Crans
Zbinden Yves et Corinne, La Neirigue
Zeender Martine, Founex
Zehnder Margrit, Beat et David, Hinterkappelen
Zeller Jean-Pierre, Verbier
Zermatten Agnès, Sion
Ziegler-Suter Marianne, Küsnacht
Zumstein Monique, Aigle
Zürcher Manfred, médecin, Hilterfingen
Zwingli Jürg, Grand-Saconnex

Crédits photographiques
Índice de fotógrafos

© Art & Public, Genève
© Banco Bilbao Vizcaya Argentaria (BBVA), Madrid
© Colección de Arte Contemporáneo, Fundación "la Caixa", Barcelona
© Fundación Gala-Salvador Dalí, Figueras (Gerona)
© Fundación Pilar y Joan Miró, Mallorca
© Galerie Bruno Bischofberger, Zurich
© Hasenclever Benjamin, Munich
© IVAM, Instituto Valenciano de Arte Moderno. Generalitat Valenciana, Valencia
© MNAM, Musée national d'art moderne, Centre Georges Pompidou, Paris
© Musées d'art et d'histoire de la Ville de Genève
© Museo Nacional Centro de Arte Reina Sofía, Madrid
© Museo Thyssen-Bornemisza, Madrid
© ProLitteris, Zurich
© RMN, Paris
© Succession Miró, 2002
© Succession Picasso, 2002

Illustrations dans le catalogue:

© Dalda, Madrid: p. 5
© Giordano Kiki, Saint-Paul: p. 6, en bas à gauche
© Gaechter+Clahsen, Zurich: p. 6, en haut à droite
© MoMA, The Museum of Modern Art, New York: p. 19 (catalogue *Pablo Picasso: A Retrospective*, p. 196)
© Kahnweiler Daniel-Henry: p. 20
© Fundación Pilar y Joan Miró, Mallorca: pp. 24, 80 (photo Man Ray)
© IVAM: pp. 27, 100
© Pérez-Mínguez Luis: pp. 28, 31, 32, 34, 35, 39, 40, 42, 44, 120, 136, 156, 172, 180, 188, 191, 196, 202, 208, 216, 220
© Ibañez, Madrid: p. 29
© Galerie Soledad Lorenzo: p. 43
© *Cahiers d'Art*, Paris: pp. 50, 53
© Galerie Louise Leiris S.A., Paris: p. 78
© Clergue Lucien: p. 58
© MNAM: p. 70
© Fundación Gala-Salvador Dalí, Gerona: p. 92 (photo Ricard Sans)
© Fundación Carlos Catalán: p. 128 (photo Fernando Larruquert)
© Museo Chillida-Leku, San Sebastián: p. 144
© Escobio Elvireta: p. 164

Table des matières
Índice

Edités et coédités par la Fondation Pierre Gianadda

Paul Klee, 1980, par André Kuenzi (épuisé)
Picasso, estampes 1904-1972, 1981, par André Kuenzi (épuisé)
Art japonais dans les collections suisses, 1982, par E. Kondo et J.-M. Gard (épuisé)
Goya dans les collections suisses, 1982, par Pierre Gassier (épuisé)
Manguin parmi les Fauves, 1983, par Pierre Gassier (épuisé)
La Fondation Pierre Gianadda, 1983, par C. de Ceballos et F. Wiblé
Ferdinand Hodler, élève de Ferdinand Sommer, 1983, par Jura Brüschweiler (épuisé)
Rodin, 1984, par Pierre Gassier
Bernard Cathelin, 1985, par Sylvio Acatos (épuisé)
Paul Klee, 1985, par André Kuenzi
Isabelle Tabin-Darbellay, 1985 (épuisé)
Gaston Chaissac, 1986 (épuisé)
Alberto Giacometti, 1986, par André Kuenzi
Alberto Giacometti, 1986, photos Marcel Imsand, texte Pierre Schneider (épuisé)
Egon Schiele, 1986, par Serge Sabarsky (épuisé)
Gustav Klimt, 1986, par Serge Sabarsky (épuisé)
Serge Poliakoff, 1987, par Dora Vallier (épuisé)
Toulouse-Lautrec, 1987, par Pierre Gassier
Paul Delvaux, 1987
Picasso linograveur, 1988, par Danièle Giraudy
Trésors du Musée de São Paulo, 1988:
  Ire partie: *de Raphaël à Corot*, par Ettore Camesasca
  IIe partie: *de Manet à Picasso*, par Ettore Camesasca
Le Musée de l'automobile de la Fondation P. Gianadda, 1988, par E. Schmid (épuisé)
Jules Bissier, 1989, par André Kuenzi
Hans Erni, Vie et mythologie, 1989
Henry Moore, 1989, par David Mitchinson
Le peintre et l'affiche, 1989, par Jean-Louis Capitaine (épuisé)
Louis Soutter, 1990, par André Kuenzi et Annette Ferrari (épuisé)
Fernando Botero, 1990
Modigliani, 1990, par Daniel Marchesseau
Camille Claudel, 1990, par Nicole Barbier
Calima, Colombie précolombienne, 1991, par Marie-Claude Morand (épuisé)
Chagall en Russie, 1991, par Christina Burrus
Sculpture suisse en plein air, 1991, par André Kuenzi, Annette Ferrari et Marcel Joray
Hodler, peintre de l'histoire suisse, 1991, par Jura Brüschweiler
Mizette Putallaz, 1991
Franco Franchi, 1991 (épuisé)
De Goya à Matisse, estampes du Fonds Jacques Doucet, 1992, par Pierre Gassier

Georges Braque, 1992, par Jean-Louis Prat
Ben Nicholson, 1992, par Jeremy Lewison
Georges Borgeaud, 1993
Jean Dubuffet, 1993, par Daniel Marchesseau
Edgar Degas, 1993, par Ronald Pickvance
Marie Laurencin, 1993, par Daniel Marchesseau
Albert Chavaz, 1994, par Marie-Claude Morand
Rodin, dessins et aquarelles, 1994, par Claudie Judrin
De Matisse à Picasso, Collection Jacques et Natasha Gelman, 1994
Egon Schiele, 1995, par Serge Sabarsky
Larionov-Gontcharova, 1995, par Jessica Boissel
Nicolas de Staël, 1995, par Jean-Louis Prat
Suzanne Valadon, 1996, par Daniel Marchesseau
Edouard Manet, 1996, par Ronald Pickvance
Michel Favre, 1996
Les Amusés de l'Automobile, 1996, par Pef
Raoul Dufy, 1997, par Didier Schulmann
Joan Miró, 1997, par Jean-Louis Prat
Icônes russes, Galerie nationale Tretiakov, Moscou, 1997, par Ekaterina L. Selezneva
Diego Rivera et Frida Kahlo, 1998, par Christina Burrus
Collection Louis et Evelyn Franck, 1998
Gauguin, 1998, par Ronald Pickvance
Hans Erni, rétrospective, 1998, par Andres Furger
Turner et les Alpes, 1999, par David Blayney Brown
Pierre Bonnard, 1999, par Jean-Louis Prat
Sam Szafran, 1999, par Jean Clair
Kandinsky et la Russie, 2000, par Lidia Romachkova
Bicentenaire du passage des Alpes par Bonaparte 1800-2000, par Frédéric Künzi
Vincent Van Gogh, 2000, par Ronald Pickvance
Icônes russes. Les saints. Galerie nationale Tretiakov, Moscou, 2000, par Lidia I. Iovleva
Picasso. Sous le soleil de Mithra, 2001, par Jean Clair
Marius Borgeaud, 2001, par Jacques Dominique Rouiller
Les coups de cœur de Léonard Gianadda, 2001 (CD Universal et Philips)
Kees van Dongen, 2002, par Daniel Marchesseau
Léonard de Vinci – L'inventeur, 2002, par Otto Letze
Berthe Morisot, 2002, par Hugues Wilhelm et Sylvie Patry
Jean Lecoultre, 2002, par Michel Thévoz
De Picasso à Barceló. Les artistes espagnols, 2003, par María Antonia de Castro

A paraître

Paul Signac, 2003, par Françoise Cachin et Marina Ferretti-Bocquillon
Albert Anker, 2004, par Thérèse Bhattacharya-Stettler
Chagall, le Théâtre et l'Avant-garde russes, 2004, par Ekaterina L. Selezneva

Commissaire de l'exposition
María Antonia de Castro

Organisation de l'exposition
María Antonia de Castro
Léonard Gianadda

Secrétariat
Gaëlle Olini

Catalogue
María Antonia de Castro

Traducteur
François Boisivon

Editeur: Fondation Pierre Gianadda, 1920 Martigny, Suisse
Tél. +41 027 722 39 78
Fax +41 027 722 31 63
http://www.gianadda.ch
e-mail: info@gianadda.ch

Maquette: Nelly Hofmann, IRL
Composition, photolitho et impression: Imprimeries Réunies Lausanne s.a., 2003
sur papier couché Satimat 150 gm²

Couverture: Salvador Dalí, *Portrait de Paul Eluard*, 1929,
huile sur carton, 33×25 cm, collection particulière

ISBN broché 2-88443-075-X
ISBN relié 2-88443-076-8